高等职业教育计算机类课程
新形态一体化教材

高职计算机类**职业教育**
国家在线精品课程配套教材

计算机网络技术基础

● 主编 何雅琴 游小荣

中国教育出版传媒集团
高等教育出版社·北京

内容提要

本书为职业教育国家在线精品课程配套教材。本书结合近年来网络技术的新发展,融入"网络系统建设与运维"职业技能等级证书的技能要求和网络工程师、网络管理员岗位的工作需求,紧跟技术、行业和企业的发展趋势,侧重技术应用。从能力角度构建知识体系,突出职业能力培养,体现了现代职业教育的思想。

全书以 OSI 参考模型为主线,构建 9 个项目,28 个工作任务,内容涵盖网络基础知识、网络体系结构与协议、物理层、数据链路层、局域网、网络层、传输层、应用层以及网络安全与管理等。内容设计循序渐进,既注重理论知识的传授,又强调实践操作能力的培养,体现了理实一体的教学理念。

本书配有电子课件、授课计划、微课视频、试卷样例和习题答案等丰富的数字化教学资源,授课教师请登录"高等教育出版社产品信息检索系统"(xuanshu.hep.com.cn)搜索下载。

本书可作为高等职业院校"计算机网络基础"课程的教学用书,也可作为计算机网络技术学习者的参考用书。

图书在版编目(CIP)数据

计算机网络技术基础 / 何雅琴,游小荣主编 .

北京:高等教育出版社,2025.8. -- ISBN 978-7-04-064347-3

Ⅰ.TP393

中国国家版本馆 CIP 数据核字第 2025R7Q504 号

Jisuanji Wangluo Jishu Jichu

| 策划编辑 | 柴佳昭 | 责任编辑 | 柴佳昭 | 封面设计 | 张雨微 | 版式设计 | 马 云 |
| 责任绘图 | 李沛蓉 | 责任校对 | 刘娟娟 | 责任印制 | 高 峰 | | |

出版发行	高等教育出版社	网　　址	http://www.hep.edu.cn
社　　址	北京市西城区德外大街 4 号		http://www.hep.com.cn
邮政编码	100120	网上订购	http://www.hepmall.com.cn
印　　刷	北京汇林印务有限公司		http://www.hepmall.com
开　　本	787 mm×1092 mm　1/16		http://www.hepmall.cn
印　　张	19.5		
字　　数	470 千字	版　　次	2025 年 8 月第 1 版
购书热线	010-58581118	印　　次	2025 年 8 月第 1 次印刷
咨询电话	400-810-0598	定　　价	55.00 元

本书如有缺页、倒页、脱页等质量问题,请到所购图书销售部门联系调换
版权所有　侵权必究
物 料 号　64347-00

前言

"计算机网络技术基础"是高等职业院校计算机类专业的基础课程,也是工科专业的通识课,是一门理论与实践紧密联系的课程。本书深入贯彻党的二十大精神,旨在通过教材、课堂和思想引领,全面推动立德树人根本任务的落实。为了加快推进党的二十大精神进教材、进课堂、进头脑,本书中明确了具体教学目标,丰富了德育内容,力求在教育教学过程中实现知识传授与价值引领的有机统一。

本书结合近年来网络技术的新发展及"网络系统建设与运维"职业技能等级证书的技能要求,紧跟技术、行业和企业的发展趋势,侧重技术应用。本书使用国产自主可控的华为 eNSP 软件作为网络模拟实验平台,有助于国产自主可控软件的应用和推广,积极响应国家信创战略。本书从能力角度构建知识体系,突出职业能力培养,以面向应用为目标,以职业场景和项目任务为载体,体现了现代职业教育的思想。

全书以 OSI 参考模型为主线,遵循"理论够用,实践优先"的原则,针对网络工程师和网络管理员岗位的工作需求,进行了全流程的项目化设计。我们依据学生对网络的认知过程,构建了 9 个项目,安排了 28 个工作任务,以实现知识的学习和相关能力的训练。本书内容涵盖网络基础知识、网络体系结构与协议、物理层、数据链路层、局域网、网络层、传输层、应用层以及网络安全与管理等。内容设计既注重理论知识的传授,又强调实践操作能力的培养,体现了理实一体的教学理念。通过循序渐进的学习方式,本书旨在帮助学生逐步掌握核心技能,提升动手能力和就业竞争力,为他们未来的职业发展奠定坚实基础。

本书是职业教育国家在线精品课程"计算机网络与局域网构建"的配套用书,提供了丰富的数字化教学资源,包括电子课件、授课计划、微课视频、试卷样例和习题答案等。读者在"中国大学生 MOOC"网站搜索课程名称即可进行在线精品课程的学习。

本书由常州机电职业技术学院何雅琴和常州纺织服装职业技术学院游小荣担任主编,常州机电职业技术学院刘文平、常州纺织服装职业技术学院裴浩、北京华晟经世信息技术有限公司王福章、马添麒担任副主编,参加本书编写工作的还有常州机电职业技术学院陈俊、顾理军、朱轩、张飞和常州工程职业技术学院钮鑫。全书由常州机电职业技术学院楼竞担任主审,由何雅琴统稿。在本书的编写过程中,北京华晟经世信息技术有限公司提供了许多宝贵的建议和意见,给予编写工作大力支持及指导,在此郑重致谢。

由于技术发展日新月异,加之编者水平有限,书中可能存在不足或错误之处,我们诚挚地欢迎广大读者提出宝贵的意见和建议,以便在后续的修订中予以改进。

编 者
2025 年 1 月

目录

项目 1　从这里步入网络的世界——认识计算机网络　1

项目导读　/1
职业能力目标和要求　/1
情景导入　/2
任务 1.1　认识计算机机房的网络　/3
　　任务描述　/3
　　任务目的　/3
　　知识准备　/3
　　　1.1.1　计算机网络的定义与功能　/3
　　　1.1.2　计算机网络的产生与发展　/4
　　　1.1.3　计算机网络的组成　/8
　　任务实战　/11
任务 1.2　使用 Visio 软件绘制中小型网络拓扑结构图　/12
　　任务描述　/12
　　任务目的　/12
　　知识准备　/12
　　　1.2.1　计算机网络的分类　/12
　　　1.2.2　计算机网络的拓扑结构　/15
　　任务实战　/17
任务 1.3　体验网络的应用　/25
　　任务描述　/25
　　任务目的　/25
　　知识准备　/25
　　　1.3.1　计算机网络的应用　/25
　　　1.3.2　计算机网络新技术　/27
　　任务实战　/28
思考与练习　/32

项目 2 从这里深入了解网络——认识计算机网络体系结构与协议   35

项目导读 /35
职业能力目标和要求 /35
情景导入 /36
任务 2.1 使用 eNSP 网络仿真平台探析数据在网络中的传输过程 /37
 任务描述 /37
 任务目的 /37
 知识准备 /37
  2.1.1 网络通信需要解决的主要问题 /37
  2.1.2 网络体系结构与协议 /38
  2.1.3 OSI 参考模型 /39
 任务实战 /44
任务 2.2 依据 TCP/IP 参考模型进行网络故障的分层检测与排除 /53
 任务描述 /53
 任务目的 /53
 知识准备 /53
  2.2.1 TCP/IP 参考模型 /53
  2.2.2 OSI 参考模型与 TCP/IP 参考模型的比较 /56
 任务实战 /57
思考与练习 /58

项目 3 网络连接的基础——物理层   61

项目导读 /61
职业能力目标和要求 /61
情景导入 /62
任务 3.1 串行通信技术实践 /63
 任务描述 /63
 任务目的 /63
 知识准备 /63
  3.1.1 物理层的作用 /63
  3.1.2 数据通信的基本概念 /64
  3.1.3 数据通信系统模型 /66
  3.1.4 数据通信主要性能指标 /67
  3.1.5 数据通信方式 /68
 任务实战 /70

任务 3.2　信号编码训练　　　　　　　　　　　　　　　　　　　　　　　　　/74
　　任务描述　　　　　　　　　　　　　　　　　　　　　　　　　　　　　/74
　　任务目的　　　　　　　　　　　　　　　　　　　　　　　　　　　　　/74
　　知识准备　　　　　　　　　　　　　　　　　　　　　　　　　　　　　/74
　　　3.2.1　数据编码技术　　　　　　　　　　　　　　　　　　　　　　　/74
　　　3.2.2　多路复用技术　　　　　　　　　　　　　　　　　　　　　　　/78
　　　3.2.3　数据交换技术　　　　　　　　　　　　　　　　　　　　　　　/81
　　任务实战　　　　　　　　　　　　　　　　　　　　　　　　　　　　　/84
任务 3.3　双绞线制作　　　　　　　　　　　　　　　　　　　　　　　　　/85
　　任务描述　　　　　　　　　　　　　　　　　　　　　　　　　　　　　/85
　　任务目的　　　　　　　　　　　　　　　　　　　　　　　　　　　　　/85
　　知识准备　　　　　　　　　　　　　　　　　　　　　　　　　　　　　/86
　　　3.3.1　双绞线　　　　　　　　　　　　　　　　　　　　　　　　　　/86
　　　3.3.2　同轴电缆　　　　　　　　　　　　　　　　　　　　　　　　　/88
　　　3.3.3　光纤　　　　　　　　　　　　　　　　　　　　　　　　　　　/89
　　　3.3.4　无线传输介质　　　　　　　　　　　　　　　　　　　　　　　/90
　　任务实战　　　　　　　　　　　　　　　　　　　　　　　　　　　　　/93
思考与练习　　　　　　　　　　　　　　　　　　　　　　　　　　　　　　/97

项目 4　数据安全传输的护卫——数据链路层　　　99

项目导读　　　　　　　　　　　　　　　　　　　　　　　　　　　　　　　/99
职业能力目标和要求　　　　　　　　　　　　　　　　　　　　　　　　　　/99
情景导入　　　　　　　　　　　　　　　　　　　　　　　　　　　　　　　/100
任务 4.1　本机 MAC 地址解析　　　　　　　　　　　　　　　　　　　　　/101
　　任务描述　　　　　　　　　　　　　　　　　　　　　　　　　　　　　/101
　　任务目的　　　　　　　　　　　　　　　　　　　　　　　　　　　　　/101
　　知识准备　　　　　　　　　　　　　　　　　　　　　　　　　　　　　/101
　　　4.1.1　数据链路层的功能　　　　　　　　　　　　　　　　　　　　　/101
　　　4.1.2　数据链路层设备　　　　　　　　　　　　　　　　　　　　　　/102
　　　4.1.3　MAC 地址　　　　　　　　　　　　　　　　　　　　　　　　/103
　　　4.1.4　以太网帧格式　　　　　　　　　　　　　　　　　　　　　　　/104
　　任务实战　　　　　　　　　　　　　　　　　　　　　　　　　　　　　/104
任务 4.2　数据链路层抓包实践　　　　　　　　　　　　　　　　　　　　　/106
　　任务描述　　　　　　　　　　　　　　　　　　　　　　　　　　　　　/106
　　任务目的　　　　　　　　　　　　　　　　　　　　　　　　　　　　　/106
　　知识准备　　　　　　　　　　　　　　　　　　　　　　　　　　　　　/107
　　　4.2.1　差错控制　　　　　　　　　　　　　　　　　　　　　　　　　/107

4.2.2 反馈重发机制 /110
4.2.3 流量控制 /110
任务实战 /112
思考与练习 /115

项目 5 网络的重要组成部分——局域网　117

项目导读 /117
职业能力目标和要求 /117
情景导入 /118
任务 5.1　组建简单交换式以太网 /119
　任务描述 /119
　任务目的 /119
　知识准备 /119
　　5.1.1　局域网的特点与分类 /119
　　5.1.2　局域网体系结构与 IEEE 802 标准 /121
　　5.1.3　介质访问控制技术 /123
　　5.1.4　以太网技术 /123
　　5.1.5　局域网组网设备 /124
　任务实战 /126
任务 5.2　交换机 VLAN 配置实践 /132
　任务描述 /132
　任务目的 /132
　知识准备 /133
　　5.2.1　VLAN 的优点 /133
　　5.2.2　VLAN 的实现方式 /134
　任务实战 /135
任务 5.3　使用 Linksys-WRT300N 组建无线局域网 /142
　任务描述 /142
　任务目的 /142
　知识准备 /142
　　5.3.1　无线局域网标准 /142
　　5.3.2　无线局域网的产品和组件 /143
　　5.3.3　无线局域网的组网方式 /146
　任务实战 /148
思考与练习 /151

项目 6　网络体系架构的核心部件——网络层　153

项目导读　/153
职业能力目标和要求　/153
情景导入　/154

任务 6.1　查看本机 TCP/IP 配置　/155
　任务描述　/155
　任务目的　/155
　知识准备　/155
　　6.1.1　网络层的作用　/155
　　6.1.2　网络层提供的服务　/156
　任务实战　/157

任务 6.2　IP 地址规划　/159
　任务描述　/159
　任务目的　/159
　知识准备　/159
　　6.2.1　IP 地址基础知识　/159
　　6.2.2　特殊 IP 地址及应用　/161
　　6.2.3　子网划分技术　/162
　任务实战　/166

任务 6.3　IPv6 地址配置　/167
　任务描述　/167
　任务目的　/167
　知识准备　/167
　　6.3.1　IPv6 概述　/167
　　6.3.2　IPv6 表示形式　/168
　　6.3.3　IPv6 分类及过渡技术　/169
　任务实战　/170

任务 6.4　ARP 命令实践　/173
　任务描述　/173
　任务目的　/173
　知识准备　/173
　　6.4.1　ARP 与 RARP　/173
　　6.4.2　ICMP　/175
　任务实战　/175

任务 6.5　动态路由配置实践　/177
　任务描述　/177
　任务目的　/177

知识准备 /177
    6.5.1 路由 /177
    6.5.2 路由协议 /179
任务实战 /180
思考与练习 /187

项目 7　端到端可靠连接的保障——传输层　191

项目导读 /191
职业能力目标和要求 /191
情景导入 /192
任务 7.1　在 eNSP 中体验 Web 传输通信 /193
    任务描述 /193
    任务目的 /193
    知识准备 /193
        7.1.1 传输层的作用与工作过程 /193
        7.1.2 端口号 /194
    任务实战 /195
任务 7.2　TCP 抓包实践 /200
    任务描述 /200
    任务目的 /200
    知识准备 /200
        7.2.1 TCP 概述 /200
        7.2.2 TCP 报文格式 /201
        7.2.3 TCP 连接实现 /201
    任务实战 /203
任务 7.3　UDP 抓包实践 /208
    任务描述 /208
    任务目的 /208
    知识准备 /208
        7.3.1 UDP 概述 /208
        7.3.2 UDP 报文格式 /209
    任务实战 /209
思考与练习 /213

项目 8　计算机网络与用户之间的桥梁——应用层　215

项目导读　/215
职业能力目标和要求　/215
情景导入　/216
任务 8.1　Windows 操作系统的安装　/217
　任务描述　/217
　任务目的　/217
　知识准备　/217
　　8.1.1　应用层功能　/217
　　8.1.2　C/S 结构　/217
　　8.1.3　虚拟环境的搭建　/218
　　8.1.4　网络操作系统的类型选择　/220
　任务实战　/222
任务 8.2　DNS 服务器的安装与配置　/226
　任务描述　/226
　任务目的　/226
　知识准备　/226
　　8.2.1　DNS 的域名结构　/226
　　8.2.2　域名解析方式　/229
　任务实战　/230
任务 8.3　DHCP 服务器的安装与配置　/236
　任务描述　/236
　任务目的　/237
　知识准备　/237
　　8.3.1　DHCP 概述　/237
　　8.3.2　DHCP 工作机制　/238
　　8.3.3　IP 地址租用和续租　/238
　任务实战　/239
任务 8.4　WWW 服务器的安装与配置　/244
　任务描述　/244
　任务目的　/244
　知识准备　/244
　　8.4.1　WWW 服务的相关概念　/244
　　8.4.2　Web 服务的工作过程　/247
　　8.4.3　HTTPS　/247
　任务实战　/248
任务 8.5　FTP 服务器的安装与配置　/252

任务描述	/252
任务目的	/253
知识准备	/253
8.5.1　FTP 概述	/253
8.5.2　FTP 服务的工作过程	/253
8.5.3　SFTP 介绍	/255
任务实战	/255
思考与练习	/265

项目 9　网络安全护卫——网络安全与管理　267

项目导读	/267
职业能力目标和要求	/267
情景导入	/268
任务 9.1　使用 Nmap 进行网络扫描	/269
任务描述	/269
任务目的	/269
知识准备	/269
9.1.1　常见威胁和攻击	/269
9.1.2　网络安全模型	/271
9.1.3　网络安全法律法规	/273
任务实战	/275
任务 9.2　使用 eNSP 搭建加密通信信道	/278
任务描述	/278
任务目的	/279
知识准备	/279
9.2.1　加密算法的历史	/279
9.2.2　现代加密算法	/280
9.2.3　国产密码算法	/281
任务实战	/282
思考与练习	/297

参考文献　299

项目1 从这里步入网络的世界——认识计算机网络

 项目导读

本项目的目标是让读者了解计算机网络基础知识，对计算机网络有一个初步的认识。主要内容为：计算机网络的发展、计算机网络的定义和基本功能、计算机网络的分类和特点、网络拓扑结构、网络发展趋势等。重难点以及课证融通点见表1-1。

表1-1 项目1重难点及课证融通点

重点	计算机网络的定义和分类、网络拓扑结构
难点	网络拓扑结构，能够根据用户需求选择合适的拓扑结构进行组网，能够绘制简单的拓扑图
课证融通点	其中网络的定义、功能、分类等相关内容对接1+X证书"网络系统建设与运维（初级）"与"网络系统建设与运维（中级）"考点

 职业能力目标和要求

知识目标
❖ 理解计算机网络的定义和功能；
❖ 了解计算机网络的产生和发展历史；
❖ 了解计算机网络的应用与网络新技术；
❖ 掌握计算机网络的分类；
❖ 掌握Visio绘图软件的使用。

能力目标
❖ 能够区分不同的网络类型；

项目 1　从这里步入网络的世界——认识计算机网络

- ❖ 能够根据需求进行拓扑结构的选择和设计；
- ❖ 能够使用 Visio 软件绘制中小型网络拓扑图。

素养目标

- ❖ 加强爱国主义教育、弘扬爱国精神与工匠精神；
- ❖ 培养自我学习的能力和习惯；
- ❖ 具备全局观念，能够与团队其他成员进行良好的协调合作。

情景导入

小海是网络专业的一名新生，怀揣着对学习信息技术的热情和对网络世界的好奇，加入了学校的信研网络社团，开始了他的校园网络管理员的成长之旅。

小马：小海，欢迎加入我们社团，我是社长小马。我们社团的工作是协助信息中心的老师管理和维护校园网。你需要尽快掌握网络管理的基础知识，包括网络拓扑结构、IP 地址管理、网络设备配置等。

小海：好的，那我应该从哪里学起呢？

小马：你可以借一些有关计算机网络技术、网络组建方面的书籍学习一下，网上资源也很丰富，中国大学 MOOC、智慧职教等学习平台上就有很多不错的课程，比如中国大学 MOOC 平台的"计算机网络与局域网构建"这门课就讲得很不错，你可以边学习边实践。这个星期，你可以从计算机网络的基础知识入手，学习如何查看和解读网络拓扑图，学会使用 Visio 软件绘制网络拓扑图。

任务 1.1　认识计算机机房的网络

任务描述

小海为了让自己能够尽早胜任社团工作,给自己列了一个学习计划,他想从以下几方面去了解网络:

1. 学习计算机网络的基础知识,包括计算机网络前世今生、计算机网络的定义和功能、网络由什么组成等;
2. 参观校园内的网络,实地探究,了解机房网络的组网方式和所需设备。

任务目的

通过观察机房的网络,认识机房的网络设备,了解各种设备的用途和互连方式。

知识准备

1.1.1　计算机网络的定义与功能

1. 计算机网络的定义

计算机网络是指将不同地理位置且功能相对独立的多个计算机系统通过通信设备和线路连接起来,在功能完善的网络软件和协议的支持下,以实现数据通信和资源共享为目标的系统。

微课 1-1
计算机网络的
定义与功能

从定义中看出计算机网络涉及以下 3 个方面的问题:
- 至少有两台及以上功能独立的计算机互连;
- 需要通信设备与线路介质;
- 需要网络软件即通信协议和网络操作系统。

人们组建计算机网络的目的是为了实现计算机之间的数据通信和资源共享,包括硬件资源、软件资源和数据资源的共享。

> **小贴士**　共享是计算机网络的主要功能之一,网络社会中的个体既可能是资源的提供者,也可能是资源的接收者。计算机网络影响如此之大、发展速率如此之快的一个重要因素是资源的共享。"任何时间、任何地点"的信息服务,为计算机网络注入了强大的生命力,没有共享就没有互联网的今天。共享不仅提高了资源的利用率,也是奉献精神的体现。在共享时代,要乐于奉献,善于分享。

2. 计算机网络的功能

计算机网络的主要功能包括数据通信、资源共享、负载均衡和分布式处理、信息的集中和综合处理等 4 项。

(1) 数据通信

数据通信是计算机网络的一项基本功能,它包括网络用户之间、各处理器之间,以及用户与处理器之间的数据通信,数据形式可以是文本、声音、图像和视频等多媒体数据,其主要提供语音、传真、电子邮件、电子数据交换(Electronic Data Interchange,EDI)、电子公告牌系统(Bulletin Board System,BBS)、远程登录和浏览等数据通信服务。

(2) 资源共享

资源共享是计算机网络的另一项基本功能。这里的资源主要包括硬件资源和软件资源。硬件资源包括处理机、存储器、服务器和打印设备等;软件资源包括各种系统软件、应用软件和数据等。资源共享功能不仅可以让用户克服地理位置上的距离,共享网络中的资源,还可以提高资源利用率,避免重复劳动和投入,提高系统整体性能。

(3) 负载均衡和分布式处理

负载均衡是指当网络中某个节点系统负载过重时,新的任务可以通过网络传送到其他较为空闲的计算机系统中处理。

分布式处理是指当网络中某个节点的性能不能满足处理某项复杂任务时,通过调用网络中的其他计算资源进行分工合作,以共同完成某项任务的处理方式。网格计算就是分布式处理的一种应用。

(4) 信息的集中和综合处理

以网络为基础,将分布在不同地理位置的各种信息通过计算机采集后存储于数据库,并进行整理、分析和综合处理。譬如企业资源计划 ERP 系统,通过网络将企业订单、原材料、库存、生产、销售和财务等生产经营各方面数据集中在数据库中,通过对这些数据的综合分析处理,提供企业生产和经营管理的重要信息,帮助企业进行决策,提高企业效率和竞争力。大数据和云计算就是基于计算机网络的这些功能实现的。

应当指出,上面列举的计算机网络基本功能并不是完全独立存在的,它们之间相辅相成。以这些功能为基础,可以在网络上开发出许许多多的应用。

1.1.2 计算机网络的产生与发展

计算机网络的产生和发展是 20 世纪人类科技发展的重要里程碑之一。其起源可以追溯到 20 世纪 50 年代,随着电子计算机技术的发展,人们开始探索如何让多台计算机之间实现数据共享和协同工作。以下是计算机网络发展的几个关键阶段。

1. 面向终端的计算机网络阶段

这一阶段主要在 20 世纪 50 年代~20 世纪 60 年代,其以主机为中心,通过计算机实现与远程终端的数据通信,如图 1-1 所示。面向终端的计算机网络又称为分时多用户联机系统,早期的计算机系统均设置在专用机房里,人们在自己的终端上提出请求,通过通信线路传送到中央服务器,在分时访问和使用中央服务器上的信息资源后,再将信息处理结果通过通信线路送回到各终端用户。

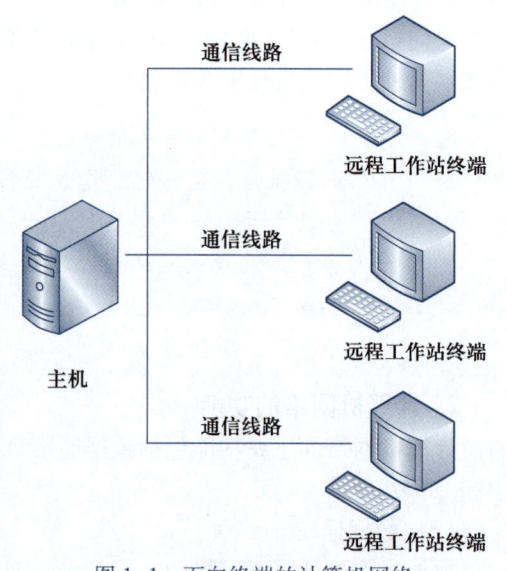

图 1-1 面向终端的计算机网络

20世纪60年代初,SABRE-1航空订票系统就是用一台计算机与2000多个终端组成了典型的第一代计算机通信网络。

分时访问这一技术直到今天还在大量应用,此阶段网络的主要特点如下:
- 以主机为中心,面向终端;
- 分时访问和使用中央服务器上的信息资源;
- 中央服务器的性能和运算速度决定连接终端用户的数量。

微课 1-2
计算机网络的
产生与发展

2. 计算机互联阶段

第二阶段是在20世纪60年代~20世纪70年代之间,这一阶段是以通信子网为中心,通过公用通信子网实现计算机之间的通信,如图1-2所示。

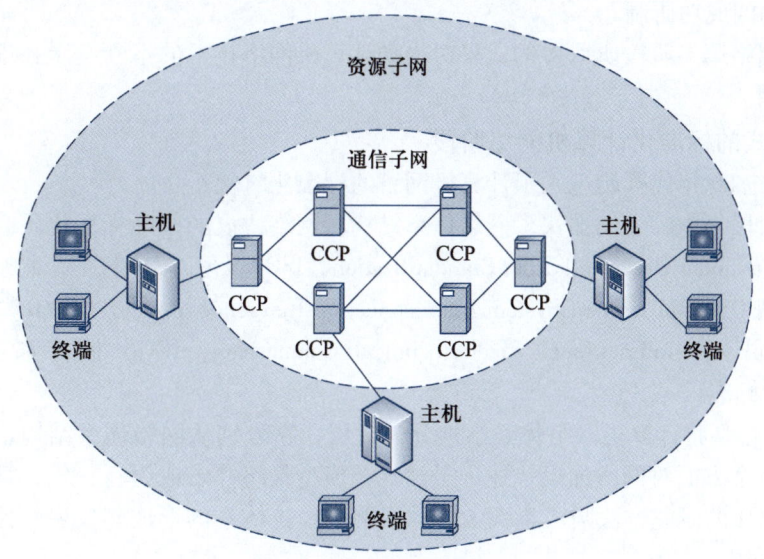

图 1-2　计算机网络的逻辑划分

随着科学技术与经济的不断发展,不同部门、不同地区甚至不同领域之间的合作与交流越来越频繁,人们开始更多地希望能够将若干分散的计算机网络连接起来,以便进行更为广泛的信息传递和资源共享。

为了在各主机系统之间进行信息传输,人们使用了一个功能简单的计算机来处理终端设备的通信信息和控制通信线路,以此实现"计算机—计算机"之间的信息交流。这一阶段最为引人瞩目的成果即是今天Internet的雏形——ARPANET。ARPANET从1969年的4个节点经过10余年的发展,到1983年迅速扩充到100多个节点。ARPANET的思想一直延续到今天,它完成了对计算机网络的定义和分类,促进了传输控制协议/Internet互联协议TCP/IP(Transmission Control Protocol/Internet Protocol,TCP/IP)的发展,为最终Internet的形成奠定了基础。

在这一时期,公用数据网(Public Data Network,PDN)技术也得到迅速发展。计算机网络逻辑上分为资源子网和通信子网,分散的通信子网的建设造价高昂,并且利用率较低,重复建设浪费极大,PDN的出现解决了这一问题。典型的公用数据网有TELENET、TRANSPAS、PSS和DATAPAC等。

5

随着计算机外部通信条件的改善，人们开始了对计算机局域网（Local Area Network，LAN）的研究。1972年，美国加州大学研制成功了纽霍尔环网（Newhall），1974年，英国剑桥大学开发出剑桥环网（Cambridge Ring）。与此同时，一些大型计算机公司开始提出了初步的网络体系结构与相关协议。

第二阶段是计算机网络全面发展的时期，公用数据网和局域网的快速发展形成了网络多样化的局面，这一阶段网络的主要特点如下：

- 以通信子网为中心，实现了"计算机—计算机"的通信；
- ARPANET的出现，为Internet及网络标准化建设打下了坚实的基础；
- 大批公用数据网的出现；
- 局域网的成功研制。

计算机网络第二阶段所取得的成果对推动计算机网络技术的不断发展和进步起到了极为重要的作用。

3. 开放式的标准化计算机网络阶段

从20世纪80年代开始进入了计算机网络的标准化时代。

在这一阶段当中，人们加快了网络体系结构和网络协议的国际标准化研究。国际标准化组织（International Organization for Standardization，ISO）经过多年努力，制定了开放系统互连参考模型OSI/RM（Open System Interconnection Reference Model，OSI/RM），即ISO和国际电工委员会（International Electrotechnical Commission，IEC）制定和公布的ISO/IEC7498国际标准。

OSI参考模型将计算机网络体系结构分为7层，它分别从网络体系结构、网络组织和网络配置这3个方面对网络加以描述。虽然这一模型最终并未成为新一代计算机网络的标准，但OSI/RM的研究方法与成果大大推动了网络理论体系的形成与发展，并起到了重要的理论指导作用。

20世纪80年代初，在OSI参考模型与协议理论研究不断深入的同时，Internet技术也蓬勃发展，人们开发了大量基于TCP/IP的应用软件。该网络协议具有标准开放性、网络环境相对独立性、物理无关性及网络地址唯一性等优点。随着Internet的广泛使用，TCP/IP最终成为计算机网络的公认国际标准。

在这一时期的局域网领域中，以太网（Ethernet）、令牌总线网（Token Bus）和令牌环网（Token Ring）取得了突破性的发展，局域网开始向着互联高速化、管理智能化及安全可靠性逐步提升的方向发展。通过在局域网之间进行连接，应用更加广阔的城域网和广域网开始出现。

这一阶段计算机网络的重要标志是TCP/IP的最终形成，OSI参考模型的出现为计算机网络理论的研究奠定了基础，对局域网的研究也取得了突破性的发展，这一阶段网络的主要特点如下：

- 网络技术标准化的要求更为迫切；
- 制定出计算机网络体系结构OSI参考模型；
- 随着Internet的发展，TCP/IP的广泛应用；
- 局域网的全面发展。

4. 新一代综合性、智能化、宽带高速网络阶段

从20世纪90年代开始计算机网络进入第四个发展阶段，这是一个智能化、全球化、高速化、个性化的网络时代。这一时期，互联网（Internet）进入了高速发展时期，截至2023年，全球大约有67%的人口，即54亿人接入互联网。我国于1994年4月20日正式接入国际互联网，截至2023年12月，中国上网用户达到10.92亿人，互联网普及率达到77.5%。网络的商业化也加快了发展步伐，网络已不仅仅只是进行科研和学术交流的地方，它已经深入到社会生活的每一个角落，改变着人们传统的生活和工作方式。网络的全球化将地球变得更像一个"村落"，它将人类彼此之间的联系变得更为紧密；宽带综合业务数据网、帧中继、异步传输模式网（ATM）、高速局域网，甚至虚拟网络的出现标志着网络在高速地蓬勃发展；能够进行动态网络资源分配和具有通信业务自应变能力的智能化网络已经进入了人们的研究视线；而电子商务、远程教育、远程医疗等个性化的网络服务成为新的经济增长点。这一阶段网络的主要特点如下：

- 网络的高速发展时期；
- 网络在社会生活中的大量应用阶段；
- 网络经济的快速发展。

5. 下一代网络的发展趋势

下一代计算机网络（Next Generation Computer Network，NGCN）是指在现有技术基础上，结合最新的科研成果和市场需求，为应对未来信息社会的挑战而设计和构建的先进网络系统。这一代网络的目标在于提供更高的带宽、更低的延迟、更强的安全性、更大的可扩展性以及更智能的服务交付。以下是一些下一代计算机网络的关键发展趋势和技术特点。

量子通信与量子互联网：利用量子纠缠和量子密钥分发等原理，实现理论上无条件安全的通信，这将是下一代网络在安全性方面的一大飞跃。

光网络与光子计算：利用光子代替电子进行数据传输和处理，实现更高的数据传输速率和更低的能耗，特别是在数据中心内部和数据中心之间的连接上。

软件定义网络（SDN）和网络功能虚拟化（NFV）：通过将网络控制与数据转发分离，以及将网络功能转化为软件实现，提供更灵活的网络管理和服务部署能力。

意图驱动网络（Intent-Driven Network，IDN）：用户只需声明其网络意图，系统即可自动配置和优化网络，使网络管理更加高效、直观。

边缘计算与雾计算：将计算和存储资源部署更接近数据源，减少数据传输延迟，提高响应速度，特别适合实时数据处理和低延迟应用。

5G/6G及以后的无线网络：提供更高的数据传输速率、更低的延迟和更大的连接密度，支撑大规模物联网（IoT）、自动驾驶等新兴应用。

区块链技术集成：利用区块链的去中心化特性，增强网络的安全性、透明度和信任度，特别是在数据交换、身份验证和交易记录等方面。

人工智能与机器学习：在网络管理、流量优化、安全防护等方面融入AI技术，实现网络的自我学习、自我优化和预测性维护。

绿色网络：设计和实施节能高效的网络技术与策略，减少碳排放，适应全球对可持续发展的要求。

下一代计算机网络的发展是一个持续演进的过程，它融合了多种前沿技术和理念，旨在构建一个更加智能、高效、安全和可持续的网络生态系统，以满足未来社会和经济的需求。

> **小贴士**
>
> 随着信息技术的飞速发展，互联网和数据中心的规模不断扩大，信息通信技术（ICT）行业已成为全球电力消耗和碳排放的主要来源之一。预计到2030年，全球数据中心的电力需求增长可能高达50%。此外，电子设备的生产和废弃处理过程中也会产生大量废弃物和有害物质，对环境造成沉重负担。绿色网络是在全球环保意识增强、资源约束加剧、气候变化挑战日益严峻的背景下提出的，它的目的是减少能耗、降低成本、提升企业形象和创新能力，这不仅有利于环境保护，也促进了经济的可持续发展，是未来网络发展的必然趋势。

1.1.3 计算机网络的组成

从逻辑功能的角度看，计算机网络由通信子网和资源子网组成；从物理构成的角度看，计算机网络由硬件系统和软件系统两部分组成。

1. 计算机网络的逻辑组成

从功能上可将计算机网络逻辑划分为通信子网和资源子网，如图 1-3 所示。

微课 1-3 计算机网络的组成

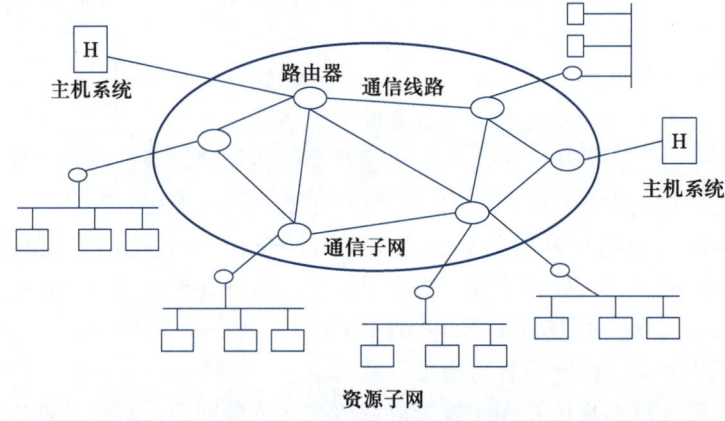

图 1-3 通信子网和资源子网

（1）通信子网

通信子网（communication subnet）是指网络中实现网络通信功能的设备及其软件的集合。通信设备、网络通信协议、通信控制软件等属于通信子网，是网络的内层，负责信息的传输，主要为用户提供数据的传输、转接、加工、变换等。通信子网的任务是在端节点之间传送报文，主要由转节点和通信链路组成。

通信子网主要包括中继器、集线器、网桥、路由器、网关等硬件设备。

（2）资源子网

资源子网负责全网的数据处理业务，并向网络用户提供各种网络资源和网络服务。资源子网主要由主机、终端及相应的输入输出设备、各种软件资源和数据资源构成。主机可以是大型机、中型机、小型机、工作站或者微型机，它通过高速通信线路与通信控制处理机相连。主机系统一般拥有各种终端用户需要访问的资源，它负担着数据处理的任务。终端是用户进行网络操作时所使用的末端设备，它是用户访问网络的界面，可以直接或通过通信控制处理机与主机相连。终端设备的种类很多，如阴极射线管（Cathode Ray Tube，CRT）监视器、键盘、网络打印机、传真机和个人计算机等。软件资源和数据资源包括网络操作系统、网络通信协议、网络应用软件和数据库系统等。

随着计算机网络技术的发展，特别是计算机和路由设备的广泛使用，现代网络中的通信子网与资源子网技术也发生了巨大变化。在资源子网中，大量的个人计算机和服务器通过局域网接入广域网。在通信子网中，用于实现广域网与广域网之间互联的通信控制处理机普遍采用被称为核心路由器的路由设备。

2. 计算机网络的物理构成

从物理构成的角度看，计算机网络由硬件系统和软件系统两部分组成。

（1）计算机网络硬件系统

计算机网络硬件系统是计算机网络的基础，一般包括计算机设备、传输介质和网络连接设备及辅助设备组成。

① **服务器**

服务器是一种专门设计的高性能计算机系统，它在网络环境中扮演着中心角色，负责为客户端设备（如个人计算机、手机、其他服务器等）提供各种服务和资源。这些服务可以包括文件存储与共享、网页托管（通过 Web 服务器软件如 Apache 或 Nginx）、邮件服务（如 SMTP 服务器）、数据库管理、打印服务以及应用程序服务等。

② **客户机**

客户机是指连接到计算机网络中并通过应用程序来执行任务的个人计算机，也称为网络工作站。

③ **网卡**

服务器和客户机都需要安装网卡，其是计算机和传输介质之间的物理接口，又称为网络适配器。网卡的作用是将计算机内的数据转换成传输介质上的信号发送出去，并把传输介质上的信号转换成计算机内的数据接收进来。

④ **通信介质**

通信介质也称为传输介质，用于连接计算机网络中的网络设备，传输介质一般可分为有线传输介质和无线传输介质两大类。常用的有线传输介质是双绞线、同轴电缆和光纤，常用的无线传输介质是微波、激光和红外线等。

⑤ **通信处理设备**

通信处理设备主要包括调制解调器、中继器、集线器、网桥、交换机、路由器和网关等。

调制解调器：调制解调器（Modem）是远程计算机通过电话线连接网络所需配置的设备。调制是指发送方将数字信号转换为线缆所能传输的模拟信号。解调是指接收方将模拟信号还原为数字信号。调制解调器同时具备调制和解调双重功能，因此它既能发送又能接收。

中继器和集线器：由于信号在线路中传输会发生衰减，当扩展网络的传输距离时，可以使用中继器使信号不失真地继续传播。中继器（Repeater）可以把接收到的信号进行物理性再生并传输，即在确保信号可识别的前提下延长了线缆的距离。由于中继器不转换任何信息，因此和中继器相连接的网络必须使用同样的访问控制方式。集线器（Hub）是一种特殊的中继器。它除了对接收到的信号进行再生并传输外，还可以为网络布线和集中管理带来方便。集线器一般有 8~16 个端口，供计算机、服务器和网络打印机等网络设备连接使用。

网桥：网桥（Bridge）不仅能再生数据，还能够实现不同类型的局域网互联。网桥能够识别数据的目的地址，如果数据目的不属于本网段，就把数据发送到其他网段上。

交换机：交换机（Switch）分为第二层交换机和第三层交换机。第二层交换机同时具备了集线器和网桥的功能。第三层交换机除了具有第二层交换机的功能之外，还具有路由选择功能。

路由器：路由器（Router）具有数据格式转换功能，可以连接不同类型的网络。路由器能够识别数据的目的地址所在的网络，其能根据内置的路由表从多条通路中选择一条最佳路径发送数据。

网关：网关（Gateway）又叫协议转换器，它的作用是使网络上采用不同高层协议的主机能够互相通信，进而完成分布式应用。网关是传输设备中最复杂的一个，主要用于连接不同体系结构的网络或局域网与主机的连接。

⑥ **外部设备**

外部设备通常指一些大型的、昂贵的设备，如大型激光打印机、大容量存储系统、绘图设备等，是可被网络用户共享的硬件资源。

（2）**计算机网络软件系统**

计算机网络软件系统一般包括网络操作系统、网络通信协议、网络管理软件和网络应用软件。

① **网络操作系统**

网络操作系统是用于管理网络的软件、硬件资源，提供简单网络管理的系统软件。常见的几种网络操作系统有 Windows 系列、UNIX 系列和 Linux 系列等。与单机操作系统相比，服务器操作系统运行非常稳定，可提供更多的网络服务。

② **网络通信协议**

网络通信协议为连接不同操作系统和不同硬件体系结构的计算机网络提供通信支持，是一种网络通用语言，它规定了网络中互通信息的规则。Internet 采用的主要协议是 TCP/IP，该协议也是目前应用最广泛的网络通信协议，其他常见的网络通信协议还有 IPX/SPX 等协议。

③ **网络管理软件**

网络管理软件提供性能管理、配置管理、故障管理、计费管理、安全管理和网络运行状态监视与统计等功能。

④ **网络应用软件**

网络应用软件是指能够为网络用户提供各种服务的软件，它用于提供或获取网络上的共享资源，如浏览软件、传输软件、远程登录软件、即时通信软件等。

▶ 任务实战

认识计算机机房的网络

【实践环境】

学校计算机机房网络设备。

【任务步骤】

1. 由教师按班级人数进行分组,分成6~8人一组。
2. 学生参观机房,如图1-4所示,并由教师对照机房网络,讲解机房组网设备、组网介质和连接方式。

图1-4 学生机房示意图

3. 学生根据教师讲解,认真观察,画出机房的网络结构草图。并在表格中记录机房使用的主要网络设备的名称、型号、传输介质、连接方式等,见表1-2。

表1-2 机房网络结构分析

网络结构草图	
组网设备	
传输介质	
连接方式	

【思考问题】
1. 组网中常见的网络设备有哪些?
2. 机房网络中用到了什么传输介质?

任务 1.2 使用 Visio 软件绘制中小型网络拓扑结构图

▶ 任务描述

参观完机房网络,小海对网络设备和网络连接有了一定的了解,社长小马希望小海能够多接触一些网络,所以又给小海布置了一个新任务,让他绘制一个中小型企业的网络拓扑图。能够分析和设计网络拓扑图是网络实践的基本功之一。网络拓扑图不仅是网络工程的基础,也是网络工程师确保网络高效、安全、可靠运行的关键工具。为了深入理解各种拓扑结构的特点及其对网络性能的影响。小海将任务进行了分解,他决定从以下几方面入手:

1. 了解网络的分类;
2. 弄清各种拓扑的优缺点及适用场景;
3. 安装 Visio 软件,学习并使用该软件绘制企业网络拓扑结构图。

▶ 任务目的

思考中小型企业组网使用的拓扑结构,并学会使用 Visio 软件绘制中小企业网络拓扑结构图。

▶ 知识准备

1.2.1 计算机网络的分类

微课 1-4
计算机网络的分类

计算机网络的种类有很多,根据不同的分类方法,可以得到不同类型的计算机网络。

1. 按覆盖地理范围分类

按照覆盖地理范围对网络进行分类是目前最为常见的一种计算机网络分类方法。按覆盖范围的不同直接影响网络技术的选择与实现。也就是说,局域网、城域网和广域网。

(1)局域网(Local Area Network,LAN)

局域网的覆盖范围一般在几十米到几千米之间,如一座建筑物内、一个校园内,或者一个企业范围内。局域网通常用于单位建设、管理和维护,如网吧、校园网、企业网等都是局域网。其具有数据传输速率高、传输延时低和误码率低等特点,如图 1-5 所示。

(2)城域网(Metropolitan Area Network,MAN)

城域网的覆盖范围一般在几千米到几十千米之间,是介于局域网与广域网之间的一种网络形式,它主要满足城市、郊区的联网需求,如图 1-6 所示。

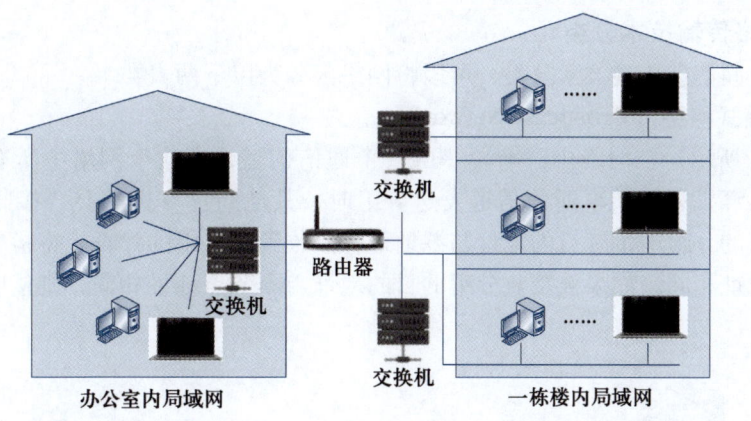

图 1-5 局域网

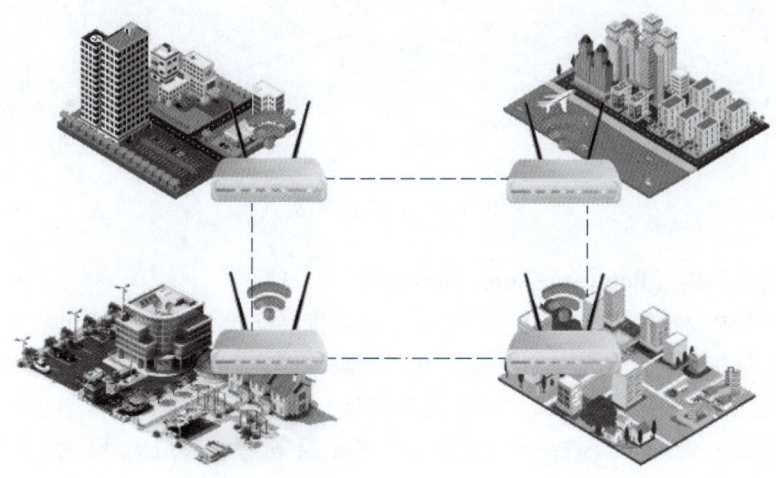

图 1-6 城域网

(3) 广域网 (Wide Area Network, WAN)

广域网的覆盖范围一般在几十千米到几千千米之间,能够在很大范围内实现信息传递和资源共享。譬如全国性的网络、国家与国家或洲际间建立的网络都属于广域网。人们所熟悉的 Internet 就是广域网中最典型的例子,如图 1-7 所示。

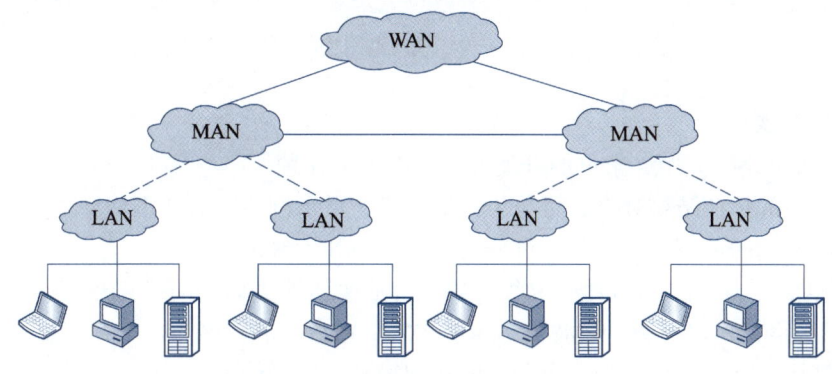

图 1-7 广域网

2. 按网络传输技术分类

按主机之间信息传输技术分类，可以将网络区分为以下两大类。

（1）广播式网络（Broadcast Network）

如图 1-8 所示，在网络中只有单一的一个通信信道，由这个网络中所有的主机所共享。当一台计算机利用共享通信信道发送分组时，其他的计算机都会"接收"到这个分组。由于发送的分组中带有目的地址与源地址，接收到该分组的计算机将检查目的地址是否与本节点地址相同。如果被接收分组的目的地址与本节点地址相同，则接收该分组，否则丢弃该分组。

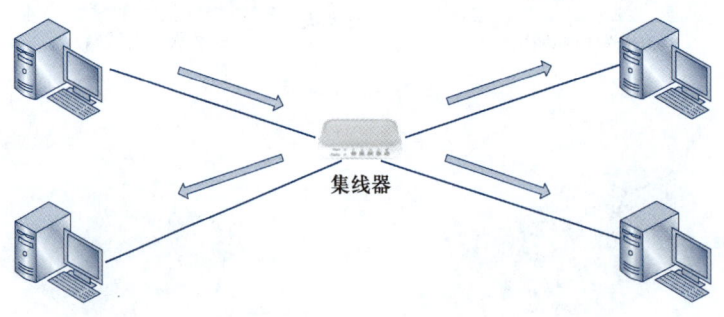

图 1-8　广播式网络

（2）点到点网络（Point-to-Point Network）

当一个网络中成对的主机之间存在着若干对的相互连接关系时，便组成了一个点到点的网络，如图 1-9 所示。在每一对主机之间进行通信时，一台主机作为信息的"源"（发送地），另一台主机则作为信息的"宿"（目的地，这里的"宿"是指归宿的意思，即信息到达的终点或目的地）。允许一台主机可以与多台主机建立起成对通信关系。

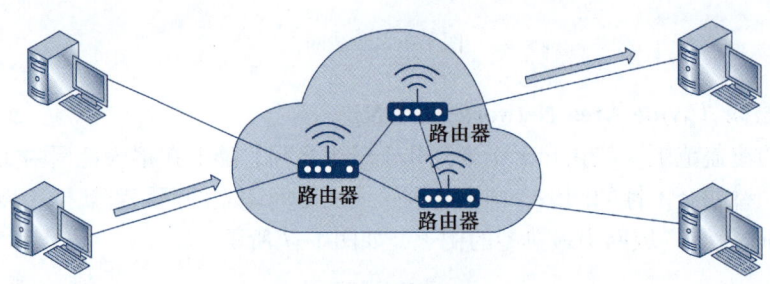

图 1-9　点到点网络

3. 其他分类

在计算机网络研究中，常见的分类方法还有以下几种：

① 按网络的拓扑结构分类，可分为环形网络、星形网络、总线型网络等。

② 按所使用的通信介质分类，可分为有线网络和无线网络。

- 有线网络：采用如双绞线、光缆等物理介质来传输数据的网络。
- 无线网络：采用卫星、微波等无线形式来传输数据的网络。

③ 按使用网络的对象分类，可分为公众网络和专用网络。

- 公用网络：又称为公众网，它是为全社会所有人提供服务的网络，如 Internet。
- 专用网络：为一个或几个部门所有，它只为拥有者提供服务，如银行系统的网络。

④ 按网络传输速度的高低分类，可分为低速网络、中速网络和高速网络。

- 低速网络：网上数据传输速率在 300 bit/s～1.4 Mbit/s 之间的系统。
- 中速网络：网上数据传输速率在 1.5 Mbit/s～45 Mbit/s 之间的系统。
- 高速网络：网上数据传输速率在 50 Mbit/s～1000 Mbit/s 之间的系统。

⑤ 按网络控制方式分类，可分为集中式计算机网络和分布式计算机网络。

- 集中式计算机网络：这种网络处理的控制功能高度集中在一个或几个少数的节点上，所有的信息流都必须经过这些节点之一，星形网络和树形网络都是典型的集中式网络。
- 分布式计算机网络：这种网络中不存在一个统一处理的控制中心，网络的任一节点都至少和另外两个节点相连接。

1.2.2 计算机网络的拓扑结构

网络拓扑结构反映了网络的连接结构关系，它对于网络的性能、可靠性及建设管理成本等都有着重要的影响，在网络构建时，网络拓扑结构往往是首先要考虑的因素。

1. 计算机网络拓扑概念

所谓"拓扑"就是把实体抽象成与其形状、大小无关的"点"，而把连接实体的线路抽象成"线"，以图的形式来表示这些点与线之间的关系，其目的在于研究这些点线之间的连接关系。表示点和线之间连接关系的图被称为拓扑结构图。

微课 1-5
计算机网络的拓扑结构

在计算机网络中，把计算机、终端设备及通信处理机等设备抽象成点，把连接这些设备的通信线路抽象成线，并将这些点和线所构成的图形称为网络拓扑结构图。

2. 计算机网络常见拓扑结构

在计算机网络中，常见的网络拓扑结构有总线型、星形、环形、树形和网状。由于不同的网络拓扑结构各有优缺点，现代网络一般不会单独采用某种网络拓扑结构，而是在不同的部位采用不同的网络拓扑结构，因此，现代网络往往是以上各种网络拓扑的综合。常见的网络拓扑结构简单示意图如图 1-10 所示。

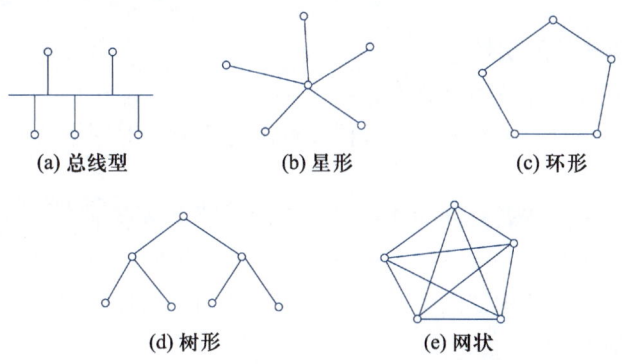

图 1-10　常见计算机网络拓扑结构示意图

（1）总线型

总线型拓扑结构采用单根线路作为传输介质，如图1-10（a）所示，它是一种广播型网络，其特点如下：
- 所有节点直接连接到一条物理链路上；
- 任何一个节点发送的数据都通过总线传播，同时能够被总线上的所有其他节点接收到；
- 同一时刻只能有一个节点发送数据，其他节点只能接收数据；
- 优点是网络拓扑结构形式简单，易于扩展；
- 缺点是可靠性和灵活性差，传输延时不确定。

（2）星形

星形拓扑结构中有一个中心节点，其他各节点通过各自的线路与中心节点相连接，形成辐射状星形拓扑结构，如图1-10（b）所示，其特点如下：
- 各节点间的通信必须通过中心节点转发；
- 优点是结构简单，组网容易，管理方便，可扩展性强；
- 缺点是中心节点的故障会造成整个网络的瘫痪，容易产生网络可靠性瓶颈，需耗费大量线缆，安装维护工作量较大。

（3）环形

环形拓扑结构中各节点和通信线路连接形成一个封闭的环，如图1-10（c）所示，其特点如下：
- 数据只能按照一个方向传输，发送端发出的数据沿环绕行一周后回到发送端，由发送端将其从环上收回；
- 任何一个节点发出的数据都可以被环上的其他节点接收到；
- 优点是结构简单，易于实现，传输延时确定，路径选择简单；
- 缺点是任何一个节点出现故障都可能造成网络瘫痪，维护与管理复杂，扩展困难。节点的加入和拆除过程比较复杂。

（4）树形

树形拓扑结构像树的形状，从根开始，扩展出树枝。树形拓扑结构可以看成星形拓扑结构的一种扩展，它适用于分级管理和控制的网络系统，如图1-10（d）所示，其特点如下：
- 数据流具有明显的层次性；
- 优点是易于扩展，容易隔离故障；
- 缺点是对根节点的依赖性大，一旦根节点出现故障，对网络其他节点影响较大。

（5）网状

在网状拓扑结构中，节点之间的连接是任意的，每个节点都有多条线路与其他节点相连，使得节点与节点之间存在多条路径可选，在传输数据时，可以灵活地选用空闲路径或者避开故障线路，其拓扑结构如图1-10（e）所示。网状拓扑可以充分、合理地使用网络线路资源，其特点如下：
- 节点间的连接是任意的，没有规律；
- 优点是多条链路，提供冗余，可靠性高；

● 缺点是网络结构复杂，建设和管理成本高。

由于广域网覆盖范围广，传输距离长，局部网络故障会给大量用户带来严重危害，为了提高网络可靠性，广域网一般采用网状网络拓扑结构。

任务实战

使用 Visio 软件绘制中小型企业网络拓扑结构图

【实践环境】

装有 Visio 软件的计算机。

【任务步骤】

Visio 是 Office 软件系列中一款专业的商用矢量绘图软件。图 1-11 是某中小型企业网络拓扑结构，请利用 Visio 软件绘制该网络拓扑图。

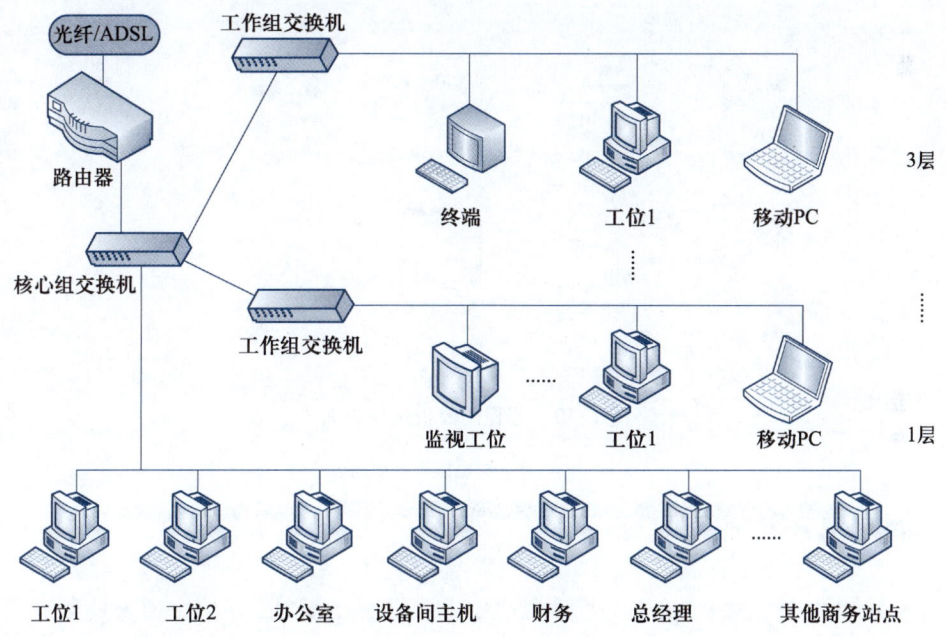

图 1-11 中小型企业网络拓扑

1. Visio 基本操作

本节以 Visio 2010 为例。安装好 Visio 2010 后，单击"开始"菜单，依次选择"所有程序"→Microsoft Office→Microsoft Visio 2010 命令，即可启动 Visio 2010。打开后界面如图 1-12 所示。

选择图 1-12 中任一模板或空白绘图，可以创建新的绘图页。如在"模板类别"组中选择"流程图"→"基本流程图"，如图 1-13 所示。

Visio 绘图环境主要由标题栏、功能区、模具、图件、绘图区、状态栏等构成，如图 1-14 所示。

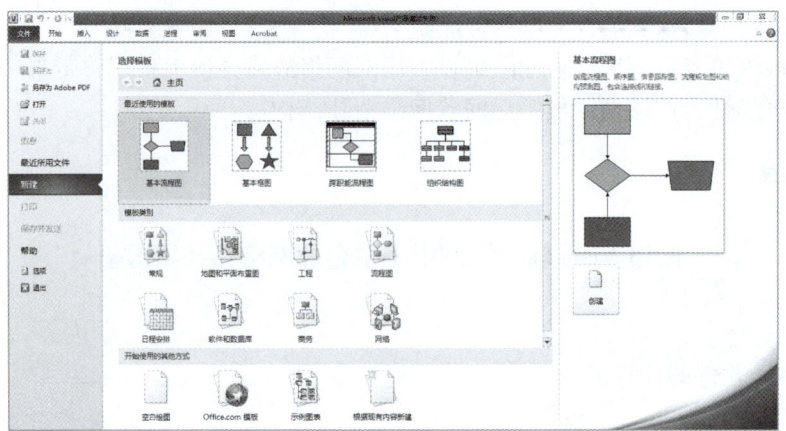

图 1-12　Visio 2010 界面示意图

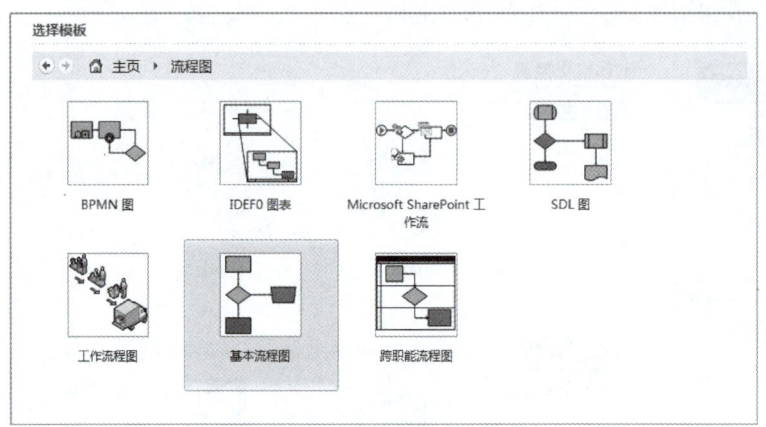

图 1-13　流程图模板选择界面

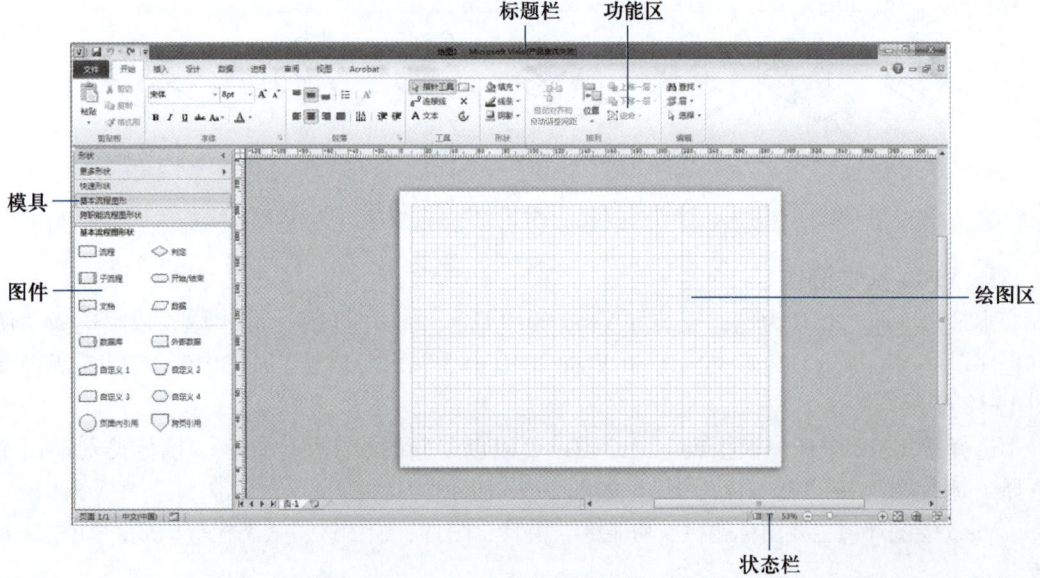

图 1-14　Visio 绘图环境

下面介绍 Visio 中模具、图件和模板三要素。

模具：指与模板相关联的图件（或称形状）的集合。利用模具可以迅速绘制相应的图件。模具中包含了图件。

图件：可以反复创建的图形。

模板：是一组模具和绘图区的设置信息，是针对某种特定的绘图任务或样板而组织起来的一系列主控图形的集合，利用模板可以方便地绘制用户所需要的图形。

2. Visio 图形操作

创建好 Visio 绘图环境后，就需要进行相应的图形操作。在 Visio 中，绘图主要通过绘图工具和模具来完成。通过绘图工具可以绘制矩形、椭圆、折线、任意多边形和弧形等图形，如图 1-15 所示。在模具中选择合适的图件可以绘制各种各样的专业图形，如图 1-16 所示。

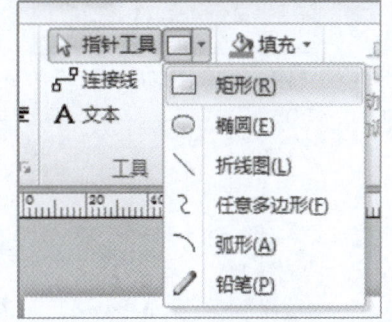

图 1-15　绘图工具选择界面

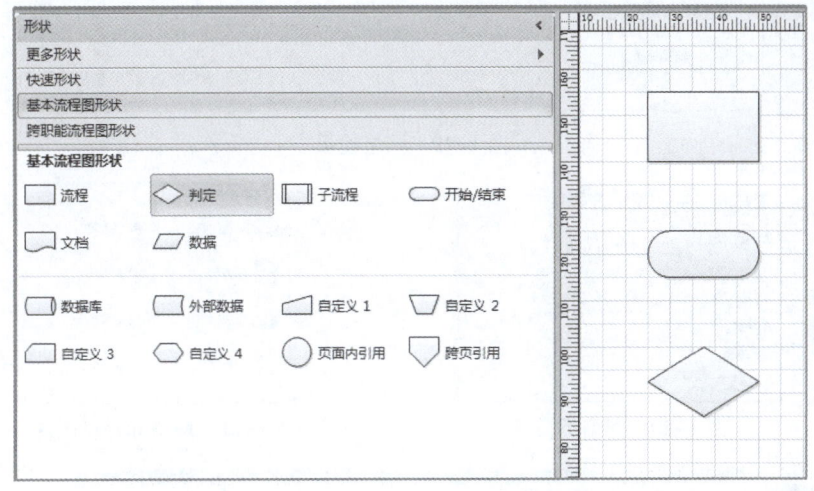

图 1-16　图件选择界面

在功能区的"形状"选项组中可以修改图形的填充颜色、边框、阴影等属性，如图 1-17 所示。

3. Visio 模板及模具的使用

模板是 Visio 中提供的一种图形素材格式，其中可以包含各种图形元素或图像，Visio 2010 提供了丰富的模板供用户选择和调用。Visio 2010 共提供了 8 个模板类别，每个模板又包含若干模具，每个模具又包含若干图件，如图 1-18~图 1-21 所示。

绘图过程中也可以使用外置的模具，具体操作如下。

（1）在左侧模具中单击"更多形状"，在弹出的菜单中选择"打开模具"，如图 1-22 所示。

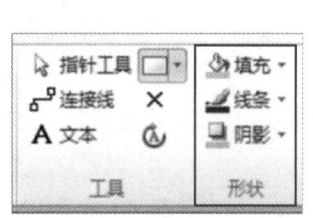

图 1-17　图形属性设置

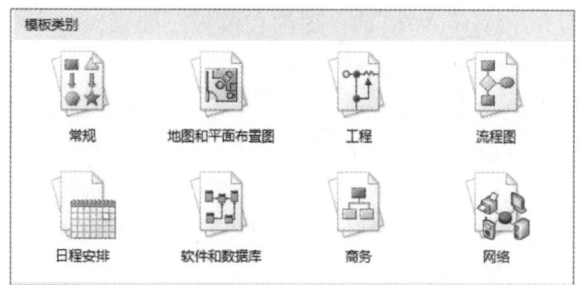

图 1-18　模板类别

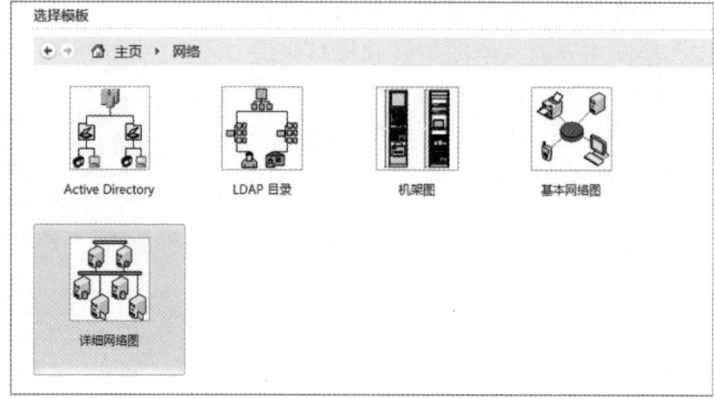

图 1-19　网络模板

图 1-20　网络类模具

图 1-21　网络和外设图件

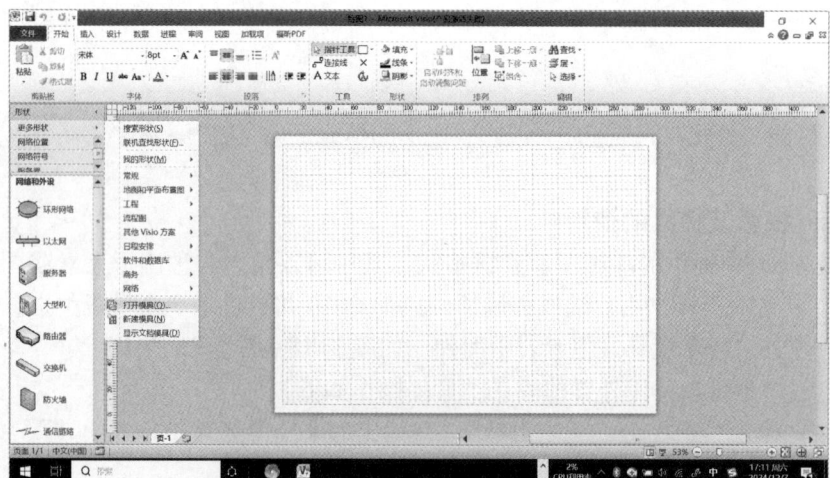

图 1-22　打开模具

（2）找到外置模具所在文件目录，如图 1-23 所示。

（3）以使用"People"模具为例，单击"People"模具后，将成功添加该模具，并在 Visio 中显示对应的图件，如图 1-24 所示。

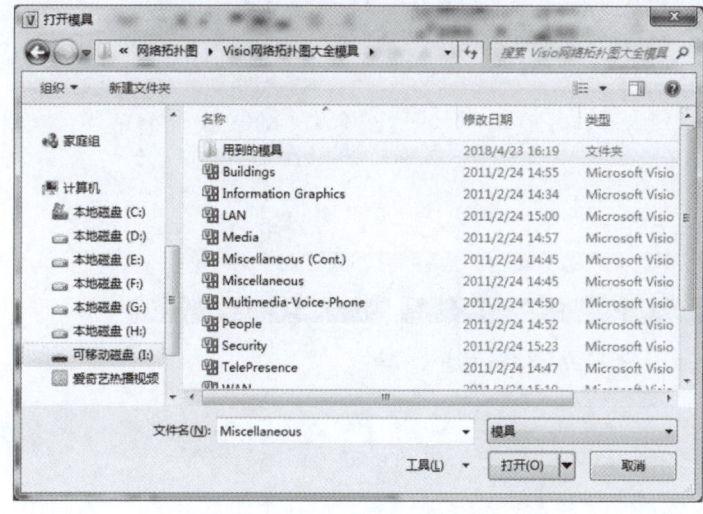

图 1-23　选择所需模具

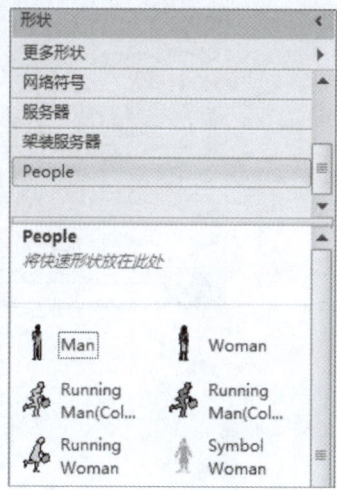

图 1-24　People 模具

4. 中小型企业网络拓扑图绘制

步骤 1：打开 Microsoft Office Visio 2010 软件。在默认窗口中，在"模具类别"组中选择"网络"→"详细网络图"，单击"创建"按钮，如图 1-25 所示。

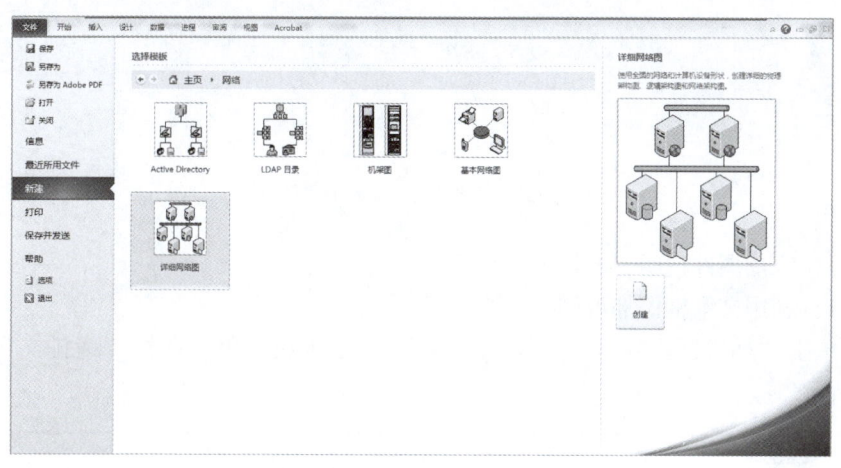

图 1-25　新建详细网络图

步骤 2：为了使图件颜色、效果等更加丰富，在"设计"选项卡选择"奥斯汀 颜色简单阴影 效果"主题，如图 1-26 所示，也可根据自己的喜好自主选择其他类型的主题。

步骤 3：在绘图区添加路由器、交换机、计算机等网络设备，如图 1-27 所示。

（1）在"网络和外设"模具中选择路由器和交换机。

（2）在"计算机和显示器"模具中选择终端计算机。

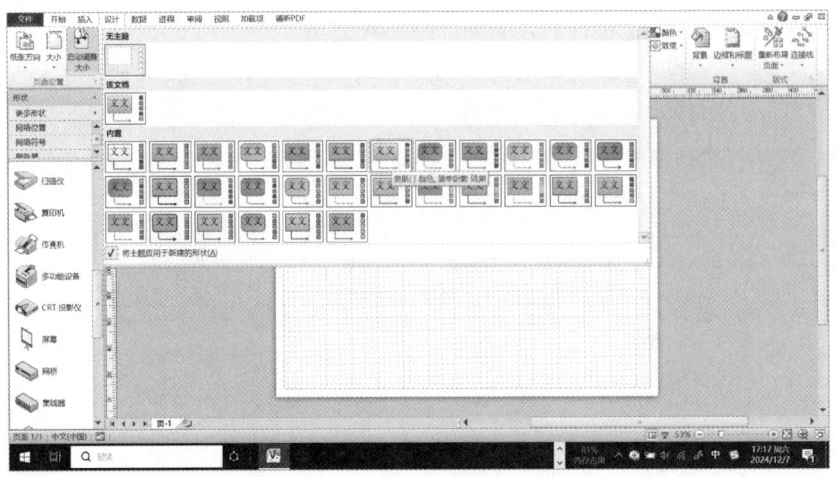

图 1-26　选择主题

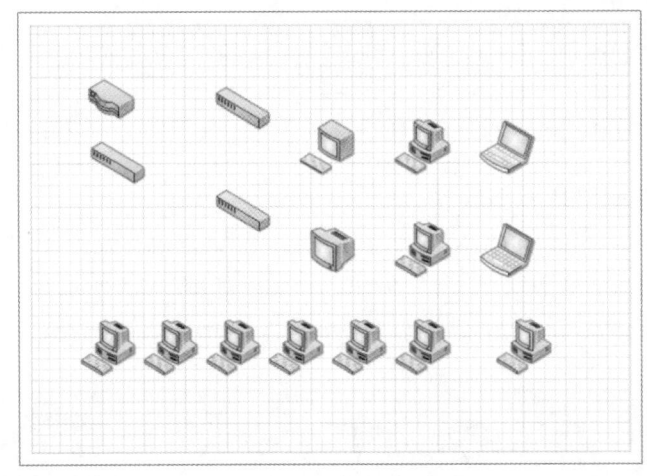

图 1-27　在绘图区添加相关图件

步骤 4：添加图件说明，有以下两种方法。

方法 1：利用文本框添加说明。

（1）单击"插入"选项卡，选择"文本框"，在下拉菜单中选择"横排文本框"，如图 1-28 所示。

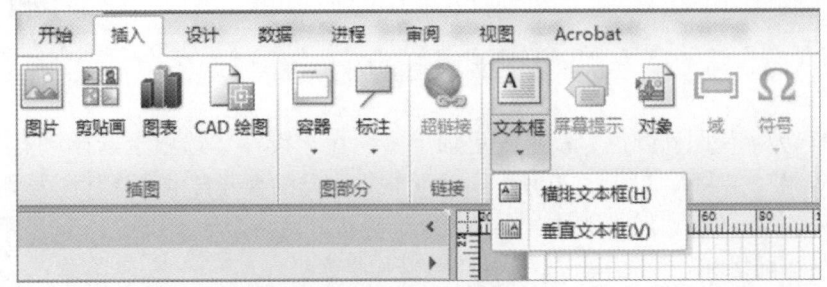

图 1-28　选择"横排文本框"

（2）在需添加说明的图件下方，插入文本框，并输入相应的文字，如图 1-29 所示。如果字号太小，可在"开始"选项卡→"字体"下拉列表里修改字号大小。

方法 2：直接双击图件添加说明，如图 1-30 所示。

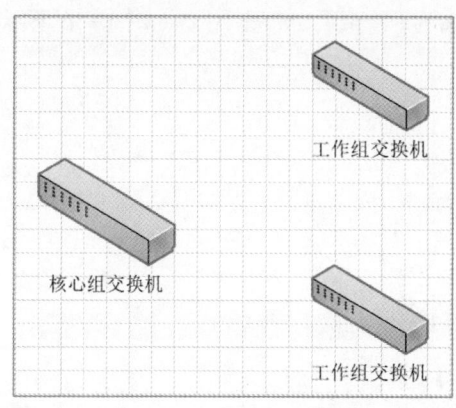

图 1-29　添加交换机说明

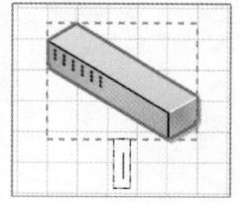

图 1-30　双击图件添加说明

步骤 5：添加设备连接线。

（1）单击功能区的"工具"下拉按钮，在下拉菜单中选择"折线图"，如图 1-31 所示。

（2）将鼠标移至图件上（以核心组交换机为例），可以看到核心组交换机上显示红色正方形（如图 1-32 所示），按住鼠标左键画折线，并延伸至工作组交换机，如图 1-33 所示。

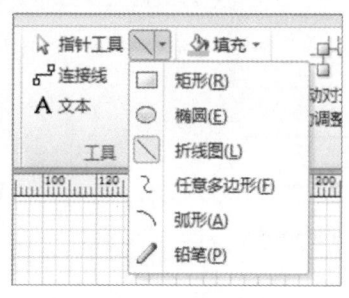

图 1-31　选择折线图

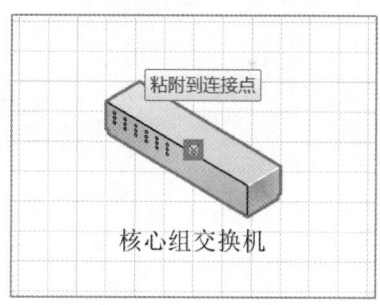

图 1-32　显示红色粘贴点

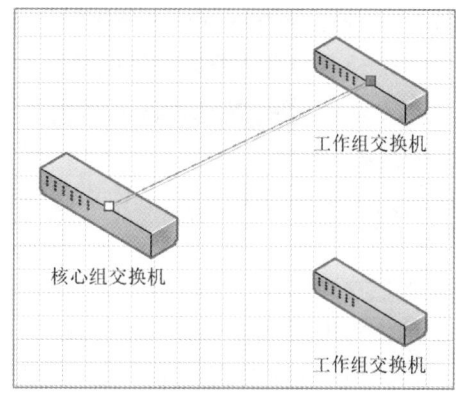

图 1-33　添加交换机互连线

（3）设置折线属性。

可以发现直接添加的折线有阴影，单击"形状"选项组的"阴影"下拉按钮，可以修改阴影效果，如图 1-34 所示，折线已去除阴影效果。

还需要调整折线的颜色为"黑色"，粗细为"1 pt"，如图 1-35、图 1-36 所示。

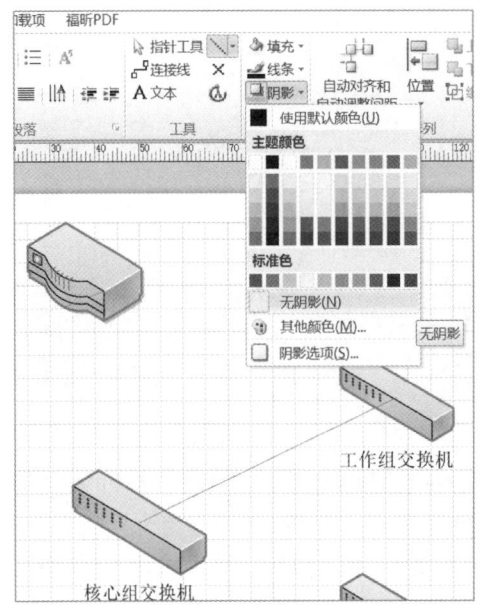

图 1-34　去除阴影效果图

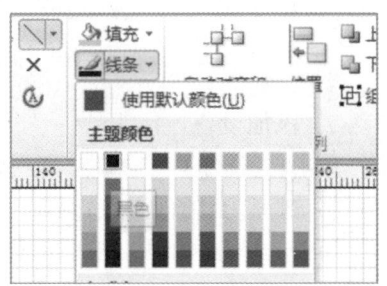

图 1-35　修改颜色

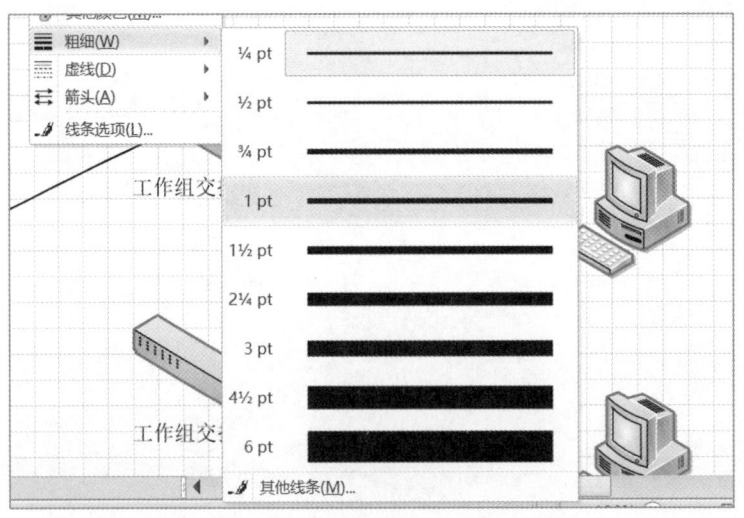

图 1-36　修改粗细

步骤 6：设置设备连接线的层次。

选中折线后，右击，在弹出的快捷菜单中选择"置于底层"，如图 1-37 所示。

用上述所学绘制方法，完成图 1-11 中小型企业网络拓扑结构图的绘制。

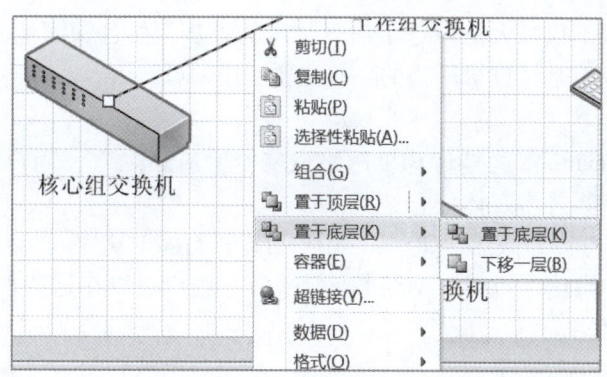

图 1-37　修改连接线显示层次

【思考问题】
1. 常用的网络拓扑结构有哪些？
2. 思考校园网组网用的是哪种拓扑结构？这种结构的优势是什么？

任务 1.3　体验网络的应用

任务描述

随着网络技术的快速发展，网络已经成为现代社会不可或缺的一部分，它提供了海量的信息和资源，为学习提供了前所未有的便利和机会。小海想获取更多和专业相关的知识，于是他找到了专业导师寻求帮助。导师向他推荐了一些优质的学习平台，如中国大学 MOOC、智慧职教等平台，上面有很多优质的专业课程，提供了丰富的多媒体资源，如视频、动画、电子书、在线测验等，可供学习者学习。还向他推荐了一些知名的网站和社区，如 CSDN、51CTO 等，这些平台和社区不仅提供了丰富的学习资源，还提供了一个与其他技术人员交流的机会。导师告诉小海，可以根据自己的兴趣和技术方向选择最适合自己的平台进行学习。

通过和导师的交流，小海觉得受益匪浅，利用好这些网络资源不仅可以掌握基础知识，还能接触到最新的技术动态和发展趋势。他决定先找一个适合的平台进行专业课程的拓展学习。

任务目的

通过体验网络的应用，能够更好地理解网络技术如何在实际生活、学习中发挥作用，并从中学习网络新技术。

知识准备

1.3.1　计算机网络的应用

随着现代信息社会进程的推进以及通信技术和计算机技术的迅猛发展，计算机网络普及率越来越高，几乎深入社会的各个领域。计算机网络的应用

微课 1-6
计算机网络的
应用与网络
新技术

广泛且多样化，它们不仅极大地促进了信息技术的进步，而且深深地改变了人们的生产、生活和学习方式。以下是计算机网络的一些主要应用领域。

1. 通信与社交

- 电子邮件（Email）：这是计算机网络最基本的应用之一，用户可以发送和接收文本、图片、音频和视频等多媒体信息；
- 即时通信（IM）：如微信、QQ等，用户可以进行实时文字、语音和视频交流；
- 社交媒体：如微信、抖音、小红书、知乎等，用户可以在这些平台上分享内容、交流想法、建立社交网络。

2. 信息检索与知识管理

- 搜索引擎：如百度、360搜索等，用户可以通过输入关键词来查找互联网上的信息；
- 图书馆和学术资源：大学图书馆、公共图书馆和学术数据库提供了大量的在线书籍、期刊和论文供用户查阅；
- 企业内容管理系统（ECMS）：这些系统用于管理企业内部的文档、数据和知识库。

3. 电子商务

- B2B（企业对企业）：企业之间通过电子网络进行产品、服务及信息的交换；
- B2C（企业对消费者）：在线购物平台如淘宝、京东等可供消费者购买商品和服务；
- C2C（消费者对消费者）：如闲鱼等平台可供个人之间进行商品交易。

4. 远程工作与在线教育

- 远程工作：如腾讯会议、钉钉等视频会议工具可支持远程办公；
- 在线教育：MOOC（大规模开放在线课程）如智慧职教、中国大学MOOC等提供了各种学科的在线课程；
- 虚拟教室和实验室：通过网络，学生可以在家访问学校的虚拟教室和实验室资源。

5. 娱乐与媒体

- 在线视频流媒体：如爱奇艺、优酷、腾讯视频等提供电影、电视剧、纪录片等视频内容；
- 音乐流媒体：如QQ音乐、网易云音乐等提供音乐播放和下载服务；
- 网络游戏：网络游戏使玩家通过互联网进行实时互动。

6. 金融服务

- 网上银行：用户可以通过互联网进行账户查询、转账、支付账单等操作；
- 股票交易：投资者可以通过在线交易平台买卖股票和其他金融产品；
- 加密货币：如比特币、以太坊等，它们的交易和钱包管理主要依赖于计算机网络。

> **小贴士**
>
> 校园网贷看似便捷，实则暗藏风险。它利用学生缺乏收入来源，以及金融知识不足的弱点，以快速放款、低门槛为饵，引诱借贷。然而，高额利息、隐性费用加之严厉的催收手段，往往让学生债台高筑，影响学业，甚至心理健康。有的平台违规操作，泄露个人信息，增加安全风险。因此，广大学生需提高警惕，树立正确消费观，遇到经济困难时，应首先寻求学校资助、勤工俭学等正规途径解决。同时，加深对金融知识的学习，识别并远离非法借贷，保护自己的信用未来。

7. 企业资源管理
- 企业资源规划（ERP）系统：整合企业内部各个部门的数据和流程，如供应链、财务、人力资源等；
- 客户关系管理（CRM）系统：用于管理客户信息、销售流程、客户服务等。

8. 物联网（IoT）
- 智能家居：通过网络连接和控制家庭设备，如智能灯泡、恒温器、安全系统等；
- 工业物联网：在制造业、能源、交通等领域，通过传感器和数据分析优化运营效率。

9. 科研与模拟
- 高性能计算（HPC）：用于科学计算、数据分析、模拟和可视化等任务；
- 分布式计算：如 SETI@home、Folding@home 等项目，利用大量普通计算机的空闲计算能力进行科学研究。

10. 政府与公共服务
- 电子政务：政府通过网络提供信息、服务和交互，如在线申请、查询、支付等；
- 智慧城市：通过物联网、大数据等技术优化城市管理和服务，如智能交通、环境监测等。

这些只是计算机网络应用的一部分，随着技术的不断进步，新的应用领域还将不断涌现。

1.3.2 计算机网络新技术

计算机网络新技术正在迅速发展，这些新技术不仅提升了网络性能，还为人们的工作和生活带来了极大的便利。

光纤通信技术：随着对高速率、大容量通信需求的增长，光纤通信技术持续演进。这包括使用更先进的光纤类型、波分复用（WDM）技术提高单根光纤的数据传输能力，以及光子集成电路（PIC）技术来降低成本和能耗。

5G 和未来移动网络：第五代移动通信技术（5G）已经在全球范围内推广，提供了更高的数据速率、更低的延迟和更大的连接密度。研究正在向 6G 迈进，预计会带来更极致的性能指标，支持大规模机器类型通信（mMTC）和超可靠低延迟通信（uRLLC）场景。

> **小贴士**　中国在全球 5G 发展中处于领跑位置，拥有全球 70% 的 5G 基站，城市覆盖率位居首位。在 5G 标准制定中贡献突出，国际标准文稿占比 32%，主导项目达 40%。以华为为代表的中国企业，在 5G 专利和技术商用上位居全球前列，加速了 5G 技术的国际化应用。中国凭借大规模基础设施建设和持续技术革新，实现了 5G 普及率的飞跃，为全球 5G 生态系统树立了典范。

云计算与边缘计算：云计算为用户提供按需的计算资源和服务，而边缘计算则将计算和数据存储能力推向更接近用户的网络边缘，减少延迟，提高数据处理效率，适用于物联网（IoT）、实时数据分析等领域。

物联网（IoT）：物联网技术通过网络连接物理设备，使万物互联成为可能，应用覆盖智慧城市、智能家居、工业自动化等多个方面。

大数据与人工智能：大数据技术为处理、分析海量数据提供了方法和工具，与机器学习、深度学习等人工智能技术结合，提升了数据分析的准确性和洞察力，广泛应用于预测分析、智能决策支持等领域。

网络安全与隐私保护：面对日益增长的网络威胁，新的安全技术和策略不断涌现，如区块链技术用于数据防篡改、同态加密技术保障数据在处理过程中的隐私，以及零信任架构的推广等。

量子通信：虽然尚处于研发阶段，量子通信凭借其理论上无条件的安全性，有望为未来的数据传输提供革命性的安全保障。

网络切片：作为 5G 网络的一项关键技术，网络切片允许运营商创建多个逻辑上独立的网络，每个切片可以针对特定的服务或应用需求定制，如低延迟切片用于远程手术，高带宽切片用于高清视频传输。

这些新技术不仅提升了网络性能和安全性，还推动了云计算、物联网、大数据等领域的发展，为社会的数字化转型提供了强有力的支持。随着技术的不断进步和应用场景的不断拓展，计算机网络新技术将继续发挥重要作用，推动社会的快速发展。

▶ 任务实战

体验网络的应用

【实践环境】

接入 Internet 的计算机。

【任务步骤】

以中国大学 MOOC 平台"计算机网络与局域网构建"课程为例，介绍如何加入课程，进行学习。

1. PC 端加入课程学习方法

① 输入官网网址，进入中国大学 MOOC，在搜索框内输入课程名"计算机网络与局域网构建"，如图 1-38 所示。

图 1-38　中国大学 MOOC 主页

② 单击"搜索"按钮后进入以下界面，如图 1-39 所示。

图 1-39　中国大学 MOOC 搜索课程页面

③ 第一门课程"计算机网络与局域网构建"就是需要加入的课程，选择课程，单击"立即参加"按钮，如图 1-40 所示。

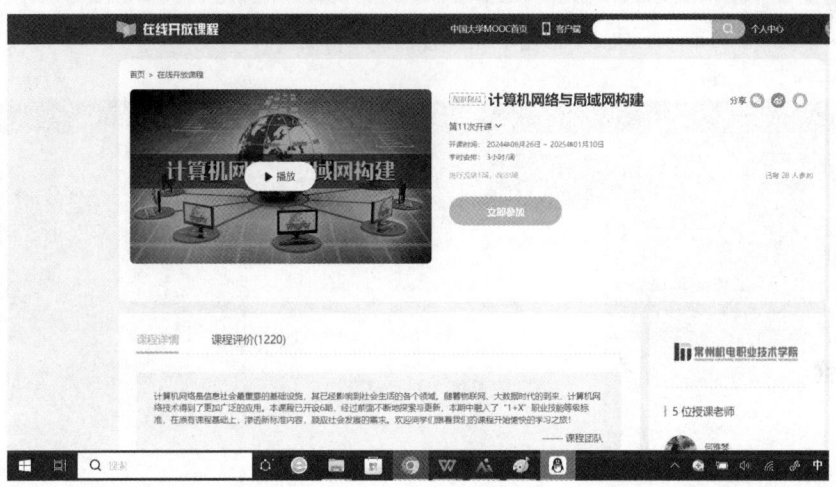

图 1-40　加入课程页面

④ 如果是第一次登录，需要先注册，注册时会有相应提示，如图 1-41 所示。

图 1-41　注册页面

⑤ 注册成功，出现以下提示，如图 1-42 所示，使用注册账号进行登录，如图 1-43 所示。

图 1-42　注册成功页面

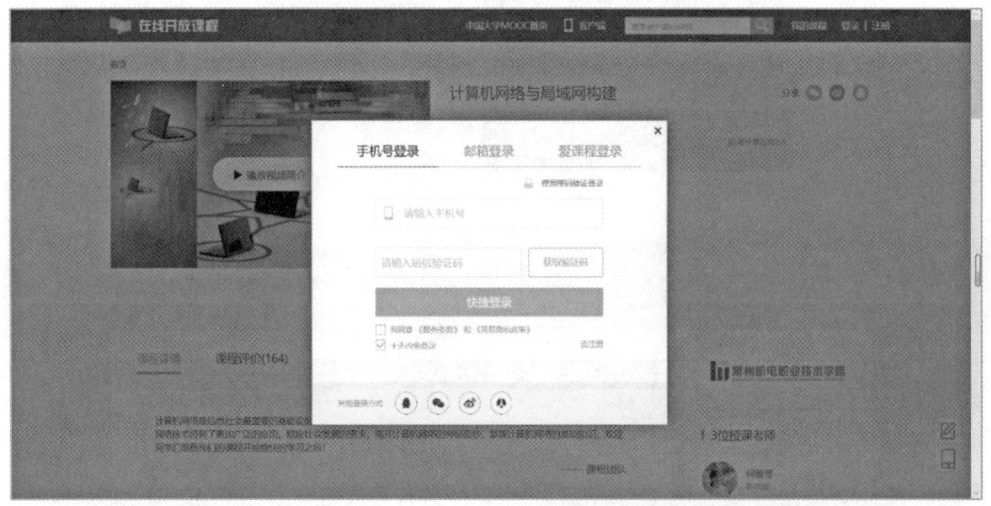

图 1-43　登录界面

⑥ 登录成功后，选择"个人中心"→"设置"，如图 1-44 所示，可以根据自己的学习需要修改自己的昵称为：班级 姓名。如"网络 2441 肖晓"，如图 1-45 所示。

⑦ 修改成功后，可以看到如图 1-46 所示的界面。（注：一定要选最新的一次开课时间，已经结束的不要加入）

2. 手机端加入课程方法

如在手机端使用，请在手机端下载"中国大学 MOOC"App，用已注册的账号密码登录即可查看"课程使用说明"视频。

任务 1.3 体验网络的应用

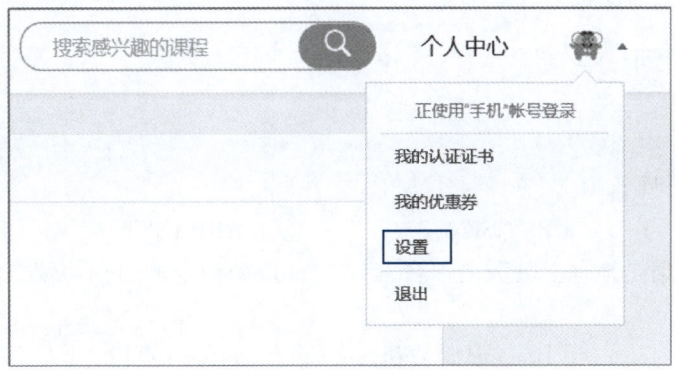

图 1-44 个人中心

图 1-45 修改昵称

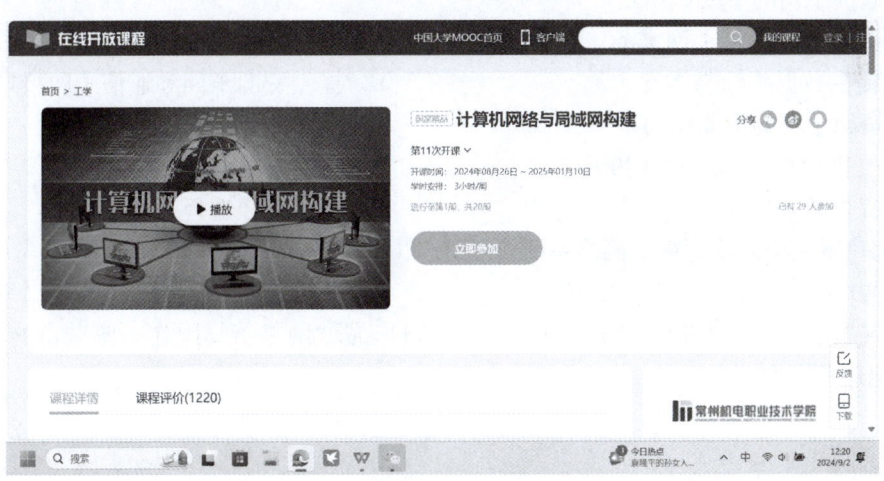

图 1-46 参加课程页面

【思考问题】

1. 国内优质学习平台有哪些？
2. 优质的网络社区有哪些？

思考与练习

一、选择题

1. Internet 起源于（　　）网络。
   A. BITNET　　　　　B. NSFNET　　　　　C. ARPANET　　　　　D. CSNET

2. 计算机网络是地理上分散的多台（　　）遵循约定的通信协议，通过软硬件互联的系统。
   A. 计算机　　　　　B. 主从计算机　　　　C. 自主计算机　　　　D. 数字设备

3. 世界上第一个分组交换网是（　　）。
   A. ARPANET　　　　B. 电信网　　　　　　C. 以太网　　　　　　D. Internet

4. 目前，大型广域网和远程计算机网络采用的拓扑结构是（　　）。
   A. 总线型　　　　　B. 环形　　　　　　　C. 树形　　　　　　　D. 网状

5. 计算机网络互联的主要目的是（　　）。
   A. 制定网络协议　　　　　　　　　　　　B. 将计算机技术与通信技术相结合
   C. 集中计算机　　　　　　　　　　　　　D. 资源共享

6. Internet 属于（　　）。
   A. LAN　　　　　　B. WAN　　　　　　　C. MAN　　　　　　　D. WLAN

7. 计算机网络可以共享的资源包括（　　）。
   A. 硬件、软件和数据　　　　　　　　　　B. 主机、外设、软件
   C. 硬件、应用程序、数据　　　　　　　　D. 主机、应用程序、数据

8. 通信子网的主要作用是（　　）。
   A. 为端用户提供上网服务　　　　　　　　B. 为其他用户提供共享资源
   C. 提供数据传输与转发　　　　　　　　　D. 提供资源子网和通信子网接口

9. 资源子网的主要作用是（　　）。
   A. 提供用户共享的软件和硬件　　　　　　B. 交换数据信息
   C. 提供传输线路　　　　　　　　　　　　D. 进行路径选择

10. 一座大楼内的计算机网络系统属于（　　）。
    A. WLAN　　　　　B. WAN　　　　　　　C. MAN　　　　　　　D. LAN

11. （"网络系统建设与运维" 1+X 证书样题）城域网是指局限在一座城市的范围内，覆盖的地理范围在（　　）。
    A. 十几千米　　　　　　　　　　　　　　B. 几十千米
    C. 几百千米　　　　　　　　　　　　　　D. 十几千米至几十千米内

二、填空题

1. 计算机网络是_____技术和_____技术相结合的产物。
2. 按照传输介质，计算机网络可以分为_____和_____。
3. 局域网的英文缩写为_____，城域网的英文缩写为_____，广域网的英文缩写为_____。
4. 计算机网络是由通信子网和_____组成的。

5. 计算机网络按照网络拓扑结构分为_____、_____、_____、_____和_____。

6. 计算机网络的软件主要有以下几种类别：_____、_____、_____、_____。

三、问答题

1. 什么是计算机网络，其主要功能是什么？
2. 按网络覆盖的地理范围可以将计算机网络分为哪几种？它们的基本特征各是什么？
3. 什么是计算机网络的拓扑结构？常见的网络拓扑结构有几种？各有什么特点？
4. 计算机网络的发展经历了哪几个发展阶段？各有什么特点？
5. 计算机网络从逻辑上划分可以分为哪几部分？其主要功能是什么？

项目 2 从这里深入了解网络——认识计算机网络体系结构与协议

 项目导读

本项目的目标是能够深入了解计算机网络及其体系结构，能够知道数据是如何在网络中传输的。主要内容为：计算机网络体系结构、网络协议及其作用、OSI 参考模型和 TCP/IP 参考模型。本项目重难点及课证融通点见表 2-1。

表 2-1 项目 2 重难点及课证融通点

重点	OSI 参考模型，TCP/IP 参考模型
难点	根据所学的参考模型每一层的功能，能够总结归纳出数据在网络中的传输过程
课证融通点	其中 OSI 参考模型与 TCP/IP 参考模型相关内容对接 1+X 证书"网络系统建设与运维（中级）"考点

 职业能力目标和要求

知识目标
❖ 了解分层设计的思想和网络协议的概念；
❖ 掌握 OSI 参考模型各层功能；
❖ 掌握 OSI 参考模型中数据传输的过程；
❖ 掌握 TCP/IP 参考模型各层功能及协议。
❖ 掌握华为 eNSP 网络仿真平台的使用。

能力目标
❖ 能够分析数据在网络中的传输过程；
❖ 能够利用参考模型进行网络故障的定位与排除。

项目 2　从这里深入了解网络——认识计算机网络体系结构与协议

素养目标
- ❖ 能够运用自我学习的方法，有持续学习的习惯，树立终身学习的理念；
- ❖ 增强严格遵守规范的意识，养成良好的职业素养；
- ❖ 弘扬勇于探索未知、追求真理的精神。

情景导入

小海学习计算机网络已经快一个月了，随着对网络知识的深入了解，他对网络技术的兴趣愈发浓厚。一天，当他正通过电子邮件与远在海外的好友交流时，心中涌现出了许多疑问：电子邮件究竟是怎样发送出去的？对方又是如何收到的？尽管彼此相隔万里，信息传输却能如此迅速，这一切真是太神奇了！怀着这些疑问，小海找到了他的专业指导老师——何老师。

何老师耐心地告诉小海：为了让分布在不同地理位置且功能相对独立的计算机之间实现通信并共享资源，计算机网络系统需要涉及和解决许多复杂的问题，包括信号传输、差错控制、寻址、数据交换和提供用户接口等一系列问题。为了让这样一个系统高效、可靠地运行，网络中的各个组成部分必须遵循一套合理且严格的网络标准，这就是所谓的网络体系结构，它是为简化这些问题的研究、设计与实现而抽象出来的一种结构模型。通过学习网络体系结构与协议，掌握计算机网络的分层模型，就能理解数据在网络中是如何传输的。

听完何老师的介绍，小海迫不及待想要深入了解计算机网络体系结构的奥秘，探索神奇的网络世界。

任务 2.1　使用 eNSP 网络仿真平台探析数据在网络中的传输过程

▶ 任务描述

小海为了弄清楚数据在网络中传输的过程，查阅了大量的资料，并整理了他的学习笔记，认为以下几个方面是理解这一过程的关键：
1. 网络通信需要解决的核心问题。
2. 网络通信的规范和标准。
3. 网络的层次结构模型及各层的功能。

▶ 任务目的

通过华为 eNSP 网络仿真平台抓取数据包后，分析 OSI 参考模型各层的协议数据单元，了解数据在网络中传输的过程。

▶ 知识准备

2.1.1　网络通信需要解决的主要问题

计算机网络通信管理的核心在于软件和硬件资源的安全、可靠和高效应用，尤其是在网络应用规模不断扩大和信息量激增的情况下，如何提升效率和实现快速、大流量、多媒体通信变得尤为重要。网络通信需要解决的主要问题包括以下 9 个方面。

微课 2-1
网络通信需要
解决的问题

1. 寻址

在庞大的网络中，主机和节点众多，部分主机还运行着多个应用程序。为识别通信双方，需有一种寻址机制来指定目标，这通常通过分配唯一地址的方式来实现。

2. 差错控制

物理链路并非始终可靠，因此需要差错控制机制来保障数据的准确性。这包括使用统一的检错和纠错算法或规定数据重发的规则。同时，还需通过报文编号等方式解决报文次序颠倒的问题。

3. 流量控制

关于发送方发送数据过快，接收方难以应付这一问题，人们提出了各种方案来防止拥塞和数据丢失。例如，接收方向发送方反馈接收方的当前状态，或者采取限制发送方只能以商定的速度进行发送的方案等。

4. 分段及装配

不同网络协议对报文长度有不同的要求，因此需要具备报文分割和重组的功能。对于较小的数据单元，可将其合并为较大的报文发送，以提高传输效率。

5. 路由选择

当存在多条链路时，需要进行路由选择。有时路由选择需要由两层或更多层来决定。

比如上层根据自己的原则确定了某一条链路，下层则根据当前的通信状况在多条可供选择的链路中选择一条。

6. 编码转换

通信信息使用的名字、日期、数量及文字说明等通常由字符串、整型数、浮点数及其他几种简单类型组成的数据结构来表示，编码转换的任务是将这些信息转化为标准格式，以便于传输。

7. 信息表达

为了使通信的各方都能理解交换的信息内容或达到数据高效、快速传送等目的，需要研究数据的表达、压缩、解压缩等技术。

8. 同步问题

数据通信的各方在通信时要建立发送和接收的同步过程，才能保证数据的正确发送和接收。打电话时的电话铃声就是一种同步信号。

9. 数据安全

在数据通信中，为防止数据丢失、非法访问或泄露，有时甚至还要防抵赖，需要不断研发新的加密和解密技术。数据安全是现代数据通信理论中的一个重要组成部分。

> **小贴士**　2024年初，某大学经历了一次严重的数据泄露事件，暴露出校园网络安全防护的薄弱环节。据报道，该大学的一个数据库由于未及时更新安全补丁，被黑客利用漏洞非法访问，导致包括学生和教职工在内的大量个人信息被窃取。泄露的数据包括但不限于个人身份信息、学习成绩、财务记录以及健康档案等敏感信息。
>
> 此次事件不仅严重侵犯了学生们的隐私权，还给学校带来了巨大的声誉损失和法律风险。它提醒了教育机构需要重视网络安全，定期检查和修补系统漏洞，加强数据加密和访问控制措施。此外，对学生和其他相关人员进行网络安全意识培训也是预防类似事件发生的重要措施之一。这个案例强调了即使是在学术环境中，数据安全也不容忽视，必须采取积极的防护措施来保护个人信息免受侵害。

2.1.2　网络体系结构与协议

分层设计是计算机领域甚至人类社会面对复杂问题时常用的方法。计算机网络就是按照高度结构化的设计方法，采用功能分层原理来实现的。

1. 网络分层的原则

在实施网络分层时，要依据以下原则：

① 根据功能进行抽象分层；

② 每层应当实现一个定义明确的功能；

③ 每层功能的选择应该有助于网络协议的标准化；

④ 同一节点相邻层之间通过接口通信，层间接口必须清晰，跨越接口的信息量应尽可能少；

⑤ 每一层都使用下一层的服务，并为上一层提供服务；
⑥ 不同的系统分成相同的层次，对等层次具有相同功能；
⑦ 层的数目要适当。层次太少会引起功能不明确，层次太多则会导致体系结构过于庞大。

2. 计算机网络体系结构

通常，将计算机网络系统中的层、各层中的协议及层次之间的接口的集合称为计算机网络体系结构。计算机网络分层模型如图 2-1 所示。

微课 2-2
网络协议、
网络体系结构

网络体系结构的特点如下：
① 以功能作为划分层次的基础；
② 第 N 层的实体在实现自身定义的功能时，只能使用第 $N-1$ 层提供的服务；
③ 第 N 层向第 $N+1$ 层提供的服务不仅包含第 N 层本身的功能，还包含由下层服务提供的功能；
④ 仅在相邻层间有接口，且所提供服务的具体实现细节对上一层完全屏蔽；
⑤ 不同层次根据本层数据单元格式对数据进行封装。

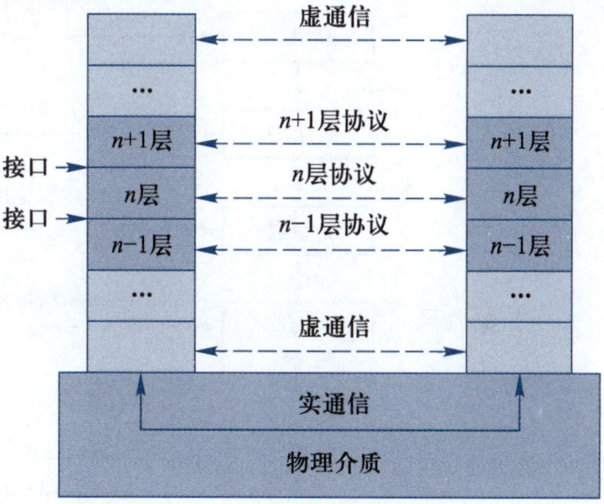

3. 接口和服务

图 2-1 计算机网络分层模型

接口和服务是分层体系结构中十分重要的概念。通过接口和服务能够将各个层次的协议连接为整体，完成网络通信的全部功能。

（1）接口

接口是同一节点内，相邻层之间交换信息的连接点。同一节点内的各相邻层之间都应有明确的接口，高层通过接口向低层提出服务请求，低层通过接口向高层提供服务。

（2）服务

在网络分层结构模型中，每一层为相邻的上一层所提供的功能称为服务。服务是通过接口完成的。N 层使用 $N-1$ 层所提供的服务，向 $N+1$ 层提供功能更强大的服务。

4. 网络协议

在网络通信中，所谓协议，就是通信的计算机双方必须共同遵循的一组约定或规则，如怎样建立连接、怎样相互识别等，只有遵守这个约定或规则，计算机之间才能相互通信和交流。

通常网络协议由以下 3 个要素组成：
① 语法：控制信息或数据的结构和格式；
② 语义：需要发出何种控制信息，完成何种动作，以及做出何种应答；
③ 时序：又可称为"同步"，即事件实现顺序的详细说明。

2.1.3 OSI 参考模型

为了使不同的计算机网络都能互联，20 世纪 70 年代末，国际标准化组织 ISO 提出了

OSI（Open System Interconnection，开放式系统互连）参考模型。

微课 2-3
OSI 参考模型

1. OSI 参考模型各层功能介绍

OSI 参考模型将网络结构划分为 7 层，从下往上依次为：物理层、数据链路层、网络层、传输层、会话层、表示层和应用层。如图 2-2 所示，图中虚线连接表示同层之间的协议，实线表示数据流。在发送端，数据由应用层逐层传递到物理层；在接收端，数据由物理层逐层传递到应用层。

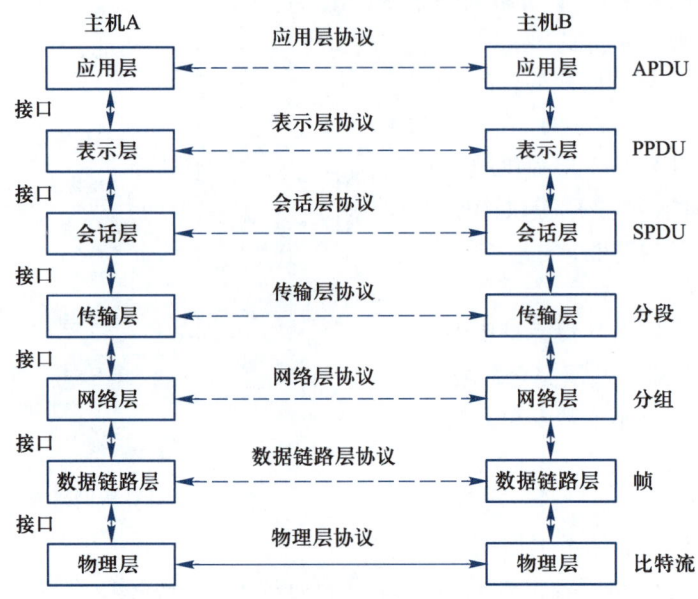

图 2-2　OSI 参考模型

OSI 参考模型的层次是相互独立的，每一层都有各自独立的功能，表格所示为 OSI 参考模型各层功能，见表 2-2。

表 2-2　OSI 参考模型各层功能

OSI 参考模型的层次	主 要 功 能
物理层	定义了网络通信的物理和电气特性，确保原始比特流在物理介质上传输
数据链路层	提供节点之间的可靠数据传输，负责错误检测和帧的封装与解封装
网络层	处理路由选择和寻址，确保数据包在网络中沿最佳路径传输
传输层	提供端到端的可靠数据传输服务，负责流量控制和错误恢复
会话层	建立、管理和终止会话，控制通信两端之间的对话
表示层	处理数据格式化、加密解密和压缩解压，确保数据的一致性
应用层	直接为应用程序提供服务，支持用户应用程序之间的通信

（1）物理层（Physical Layer）

物理层是 OSI 参考模型分层结构体系中最重要、最基础的一层，它建立在传输介质基础上,实现设备之间的物理连接,如图 2-3 所示。

物理层主要包含网络设备连接的各种机械、电气和功能的规范,还定义电位的高低、变化的间隔、电缆的类型、连接器的特性等。物理层的数据单位是比特。

物理层的功能是实现实体之间按比特传输,保证按比特传输的正确性,并向数据链路层提供一个透明的比特流传输服务,在数据终端、数据通信和交换等设备之间完成对数据链路的建立、保持和拆除操作。

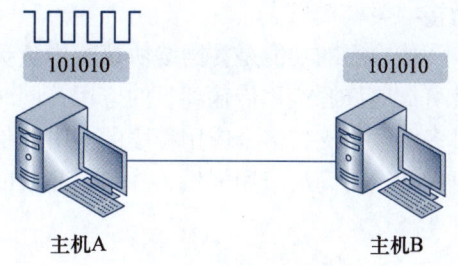

图 2-3 物理层功能

(2) 数据链路层(Data Link Layer)

数据链路层能够对物理链路上产生的差错进行检测和校正,采用差错控制技术来保证数据通信的正确性;数据链路层还提供流量控制服务,以保证不因为发送方速度过快而导致接收方来不及正确接收数据。数据链路层的数据单位是帧。

在数据链路层中,需要解决的问题包括信息模式、操作模式、差错控制、流量控制、信息交换过程控制和通信控制规程等,如图 2-4 所示。

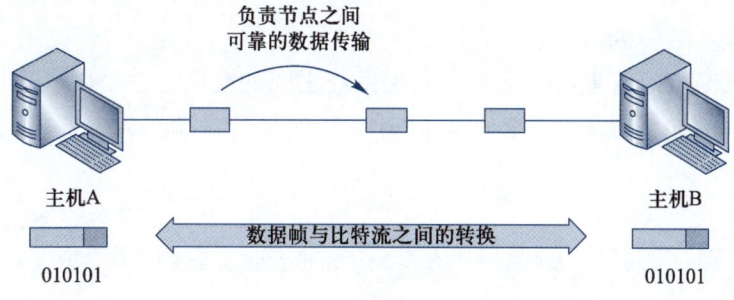

图 2-4 数据链路层功能

(3) 网络层(Network Layer)

网络层的主要任务是提供路由,为数据包的传送选择一条最佳路径。此外,网络层还具有拥塞控制、信息包顺序控制及网络记账等功能。网络层交换的数据单元是分组或数据包。

网络层的功能是向传输层提供服务,同时接受来自数据链路层的服务。网络层提供建立、保持和释放通信连接手段,包括交换方式、路径选择、流量控制、拥塞和死锁等,如图 2-5 所示。

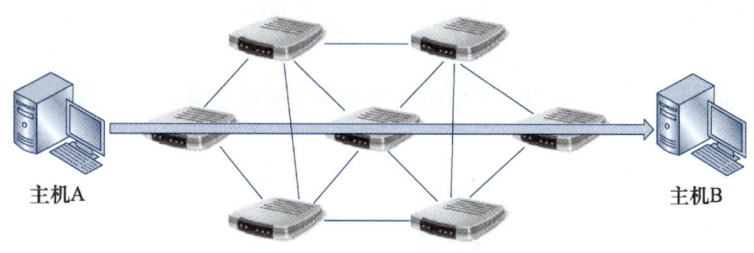

图 2-5 网络层功能

(4) 传输层（Transport Layer）

传输层建立在网络层和会话层之间，是一个独立的结构层，实质上充当了高低层之间衔接的关键接口。

传输层的功能是在网络协议栈中负责提供端到端的通信服务，确保数据无差错、按序且可靠地从源应用传输到目的应用，同时管理流量控制和拥塞控制以优化传输效率，并通过多路复用支持多个应用程序的同时通信。它作为高低层之间的桥梁，增强了底层服务的可靠性，为高层应用提供了稳定、高效的通信环境，如图 2-6 所示。

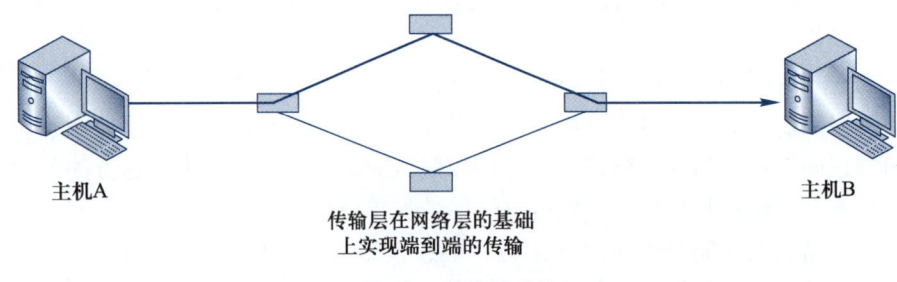

图 2-6 传输层功能

(5) 会话层（Session Layer）

会话层用于建立、管理及终止两个应用系统之间的会话，它是用户连接到网络的接口，其基本任务是负责两主机间原始报文的传输，如图 2-7 所示。

图 2-7 会话层功能

会话层的功能包括会话层连接到传输层的映射、会话连接的流量控制、数据传输、会话连接恢复与释放、会话连接管理、差错控制。

会话层最重要的特征是数据交换。与传输连接相似，一个会话分为建立链路、数据交换和释放链路 3 个阶段。

(6) 表示层（Presentation Layer）

表示层是为应用过程之间传送的信息提供表示方法的服务，它关心的只是发出信息的语法与语义。

表示层的功能主要有不同数据编码格式的转换，提供数据压缩、解压缩服务，对数据进行加密、解密，如图 2-8 所示。

(7) 应用层（Application Layer）

如图 2-9 所示，应用层位于 OSI 参考模型的最高层，是通信用户之间的窗口，为用户提供网络管理、文件传输、事务处理等服务。应用层的内容主要取决于用户各自的需要，这一层涉及的主要问题是分布数据库、分布计算技术、网络操作系统和分布操作系统、远程文件传输、电子邮件、终端电话及远程作业登录与控制等。在 OSI 参考模型的 7 个层次中，应用层是最复杂的，所包含的应用层协议也很多。随着网络应用越来越广泛，应用层协议也越来越丰富，功能越来越强大。

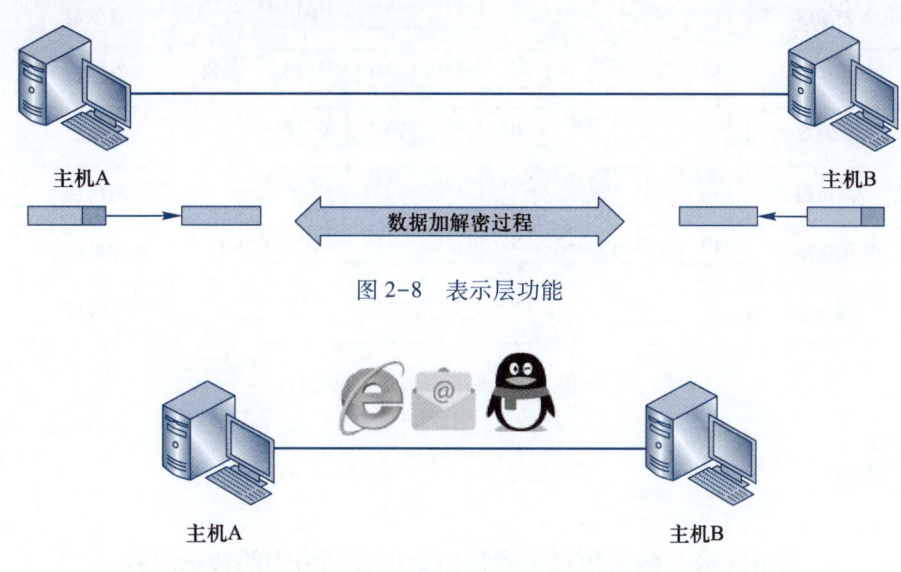

图 2-8　表示层功能

图 2-9　应用层功能

2. OSI 环境中的数据传输过程

微课 2-4
数据在网络
中的传输过程

在 OSI 参考模型中，同等实体间所传输的数据称为协议数据单元（Protocol Data Unit，PDU）。如图 2-10 所示，在 OSI 参考模型中，当一台主机需要传送用户的数据（Data）时，数据首先通过应用层的接口进入应用层。在应用层，用户的数据被加上应用层的报头（Application Header，AH），形成应用层协议数据单元，然后被递交到下一层的表示层。报头及报尾是指对等层之间相互通信所需的控制信息，增加报头（报尾）的过程称为封装。表示层并不"关心"上层应用层的数据格式，而是把整个应用层递交的数据包看成是一个整体进行封装，即加上表示层的报头（Presentation Header，PH）。然后递交到下一层的会话层。同样，会话层、传输层、网络层、数据链路层也都要分别给上层递交下来的数据加上自己的报头。它们是：会话层报头（Session Header，SH）、传输层报头（Transport Header，TH）、网络层报头（Network Header，NH）和数据链路层报头（Data link Header，DH）。其中，数据链路层还要给网络层递交的数据加上数据链路层报尾（Data link Termination，DT）形成最终的数据帧。

当数据帧通过物理层传送到目的主机的物理层时，该主机的物理层把它递交到上层数据链路层。数据链路层负责去掉数据帧的帧头部和帧尾部（同时还进行数据校验）。如果数据没有出错，则递交到上层网络层。同样，网络层、传输层、会话层、表示层、应用层也要做类似的工作。最终，原始数据被递交到目的主机的具体应用程序中。

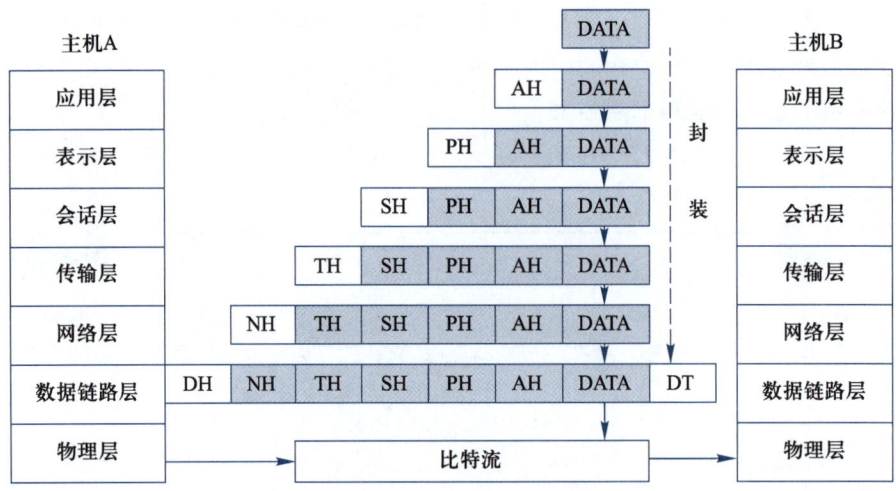

图 2-10　OSI 参考模型的数据传输

▶ 任务实战

使用 eNSP 网络仿真平台探析数据在网络中的传输过程

【实践环境】

安装有华为 eNSP 网络仿真平台的计算机。

【任务步骤】

为了深化对网络体系结构的理解,下面使用 eNSP 来观察数据在传输过程中经过各层时的具体变化。

1. 认识网络仿真平台 eNSP

eNSP（Enterprise Network Simulation Platform）是华为技术有限公司开发的一款企业级网络仿真平台,它提供了一个虚拟化的环境,用户可以在其中创建、配置和管理复杂的网络拓扑结构,包括路由器、交换机、防火墙等网络设备,以及 PC 和其他终端设备。通过 eNSP,网络工程师和技术人员可以进行网络设计、测试、故障排除、协议分析等活动,而无需实际的硬件设备。eNSP 主界面如图 2-11 所示。

软件的主菜单,如图 2-12 所示,提供了"文件""编辑""视图""工具""考试""帮助"菜单,eNSP 的绝大多数功能都能通过选择相应的菜单项来完成。

工具栏如图 2-13 所示,提供了"新建拓扑""保存""放大""缩小""启动设备""停止设备"等常用工具按钮。eNSP 的基本功能都能通过单击相应的工具按钮完成,并且所有工具按钮都有对应的菜单项。

网络设备区如图 2-14 所示,提供交换机、路由器、终端等网络设备和设备连线。网络设备区又分为设备类别区(上部)、设备型号区(中部)和设备描述区(下部)。

eNSP 的工作区如图 2-15 所示,可以将网络设备区中的设备拖曳到此区域,创建网络拓扑。

任务 2.1　使用 eNSP 网络仿真平台探析数据在网络中的传输过程

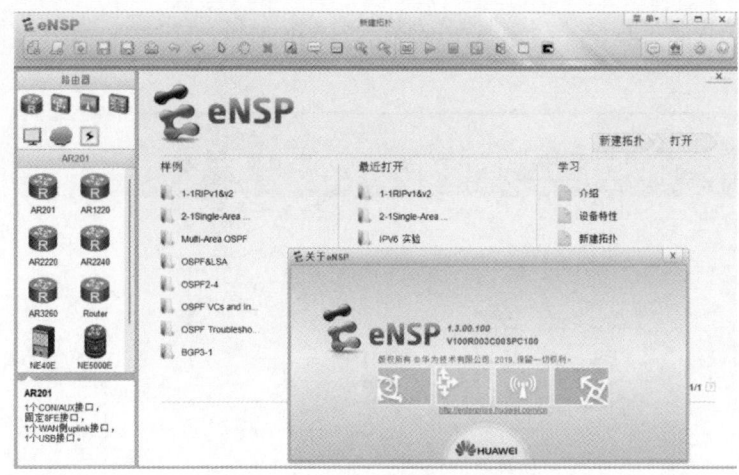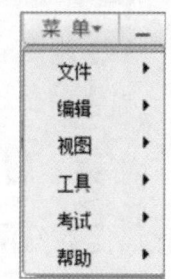

图 2-11　华为 eNSP 主界面　　　　　　　　　图 2-12　华为 eNSP 的主菜单

图 2-13　华为 eNSP 的工具栏

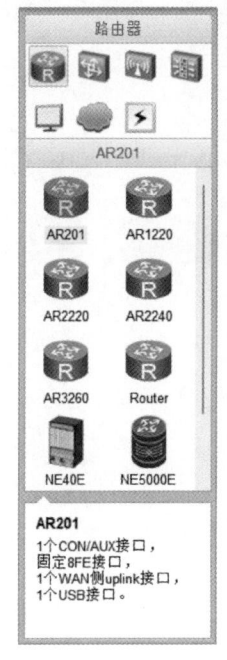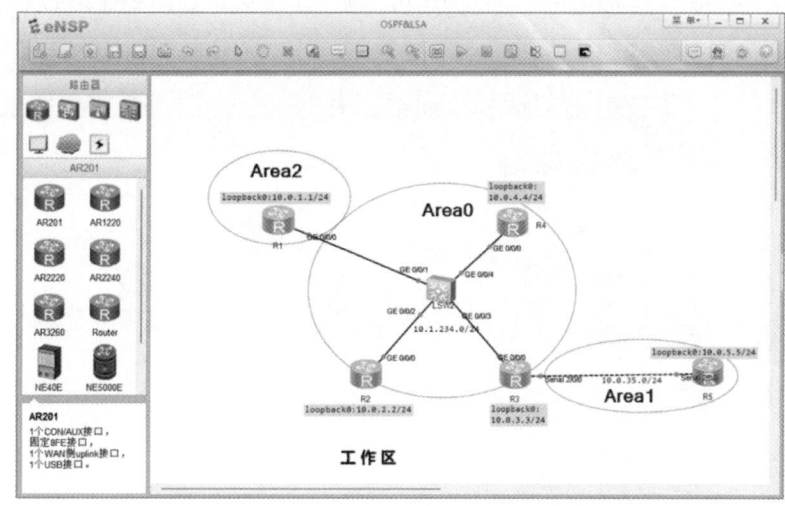

图 2-14　华为 eNSP 的　　　　图 2-15　华为 eNSP 的工作区
　　　　网络设备区

eNSP 的特色功能请扫描二维码学习。

2. 创建网络拓扑

本实验模拟通过 PC 访问 Web 服务器的过程，并观察数据包的封装方式，因此网络拓扑图中需要一台普通的 PC 和一台 Web 服务器。首先打开 eNSP，选

eNSP

45

择"新建拓扑",在左侧网络设备区选择"终端",分别将一台 Client 和一台 Server 拖入工作区,如图 2-16 所示。

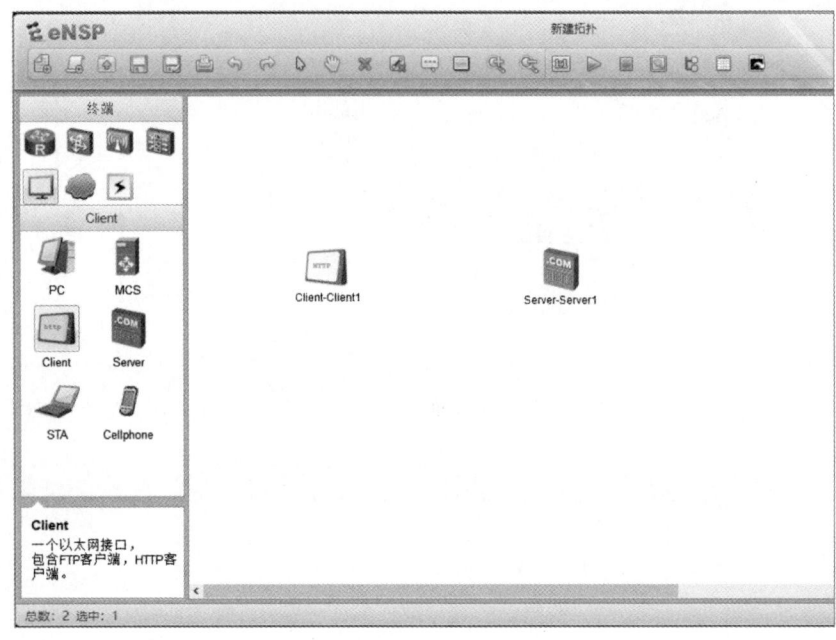

图 2-16 选择设备类型

选择"其他设备",将"HUB"拖入工作区,如图 2-17 所示。

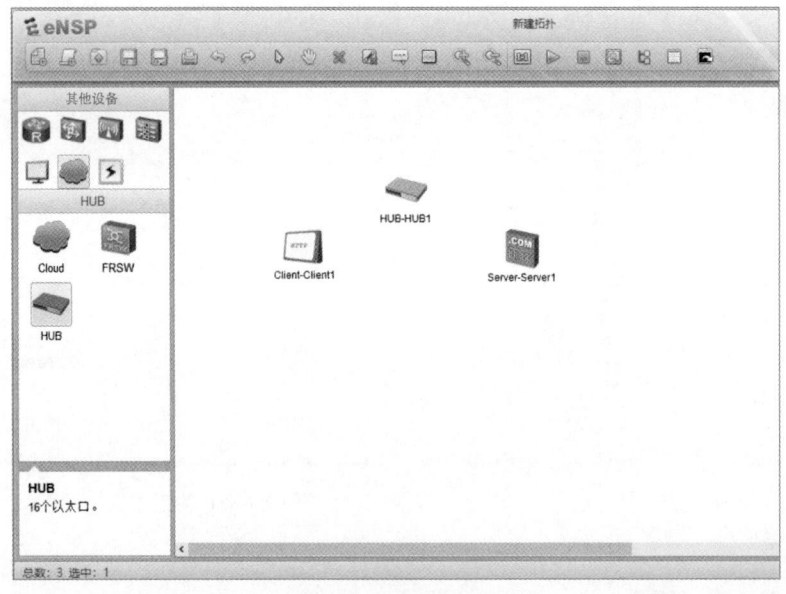

图 2-17 选择 HUB 设备

选择"设备连线",选择"Auto"连线方式,在工作区中分别选择"Client"和"HUB"、"HUB"和"Server",将三台设备用网线进行连接,如图 2-18 所示。

任务 2.1　使用 eNSP 网络仿真平台探析数据在网络中的传输过程

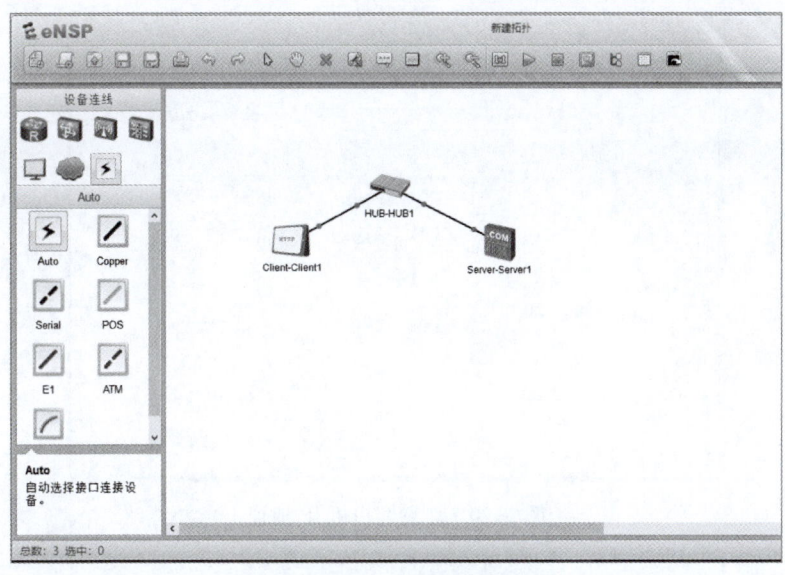

图 2-18　选择连接线连接设备

单击工具栏"开启设备"绿色按钮，启动工作区设备，发现连接线的红色小点在设备启动成功后变为绿色小点，如图 2-19 所示。

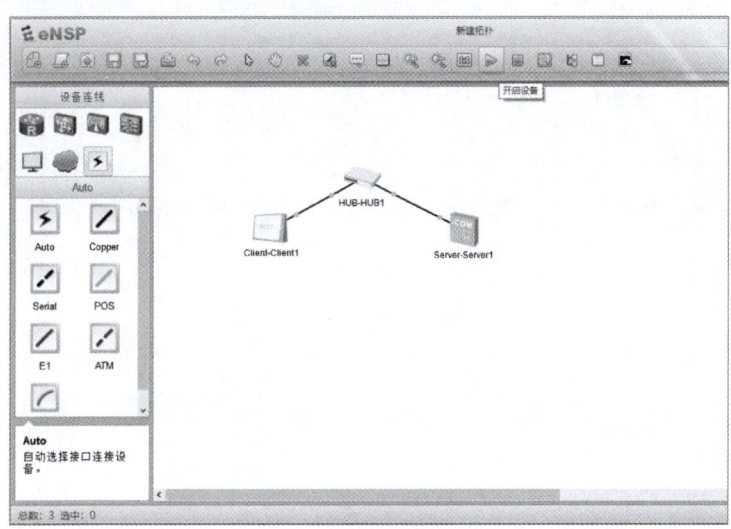

图 2-19　启动设备

双击客户机 Client 打开设置界面，选择"基础配置"选项卡，在"IPv4 配置"中设置计算机的 IP 地址为 192.168.1.1，子网掩码默认 255.255.255.0，单击"保存"按钮，保存 IP 地址，如图 2-20 所示。

用同样的方法设置服务器 Server 的 IP 地址为 192.168.1.100，子网掩码为 255.255.255.0，单击"保存"按钮，如图 2-21 所示。

选择集线器 HUB，右击，在弹出的菜单中选择"数据抓包"→"Ethernet0/0/0"接口，然后打开 Wireshark 网络分析器，准备抓取数据包，观察数据传输情况，如图 2-22 所示。

47

项目 2　从这里深入了解网络——认识计算机网络体系结构与协议

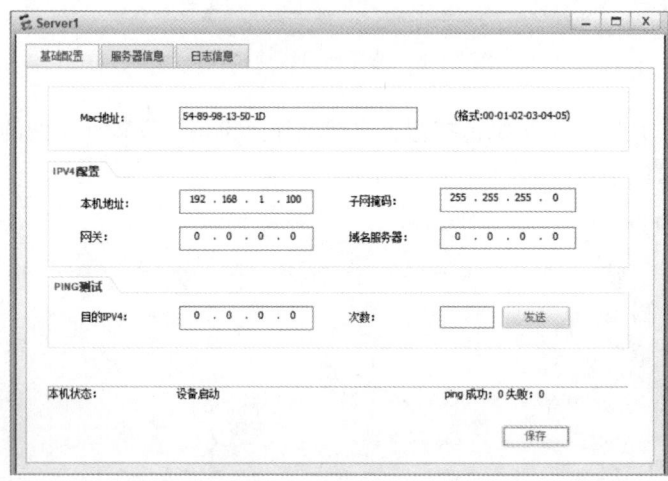

图 2-20　设置客户机 IP 地址

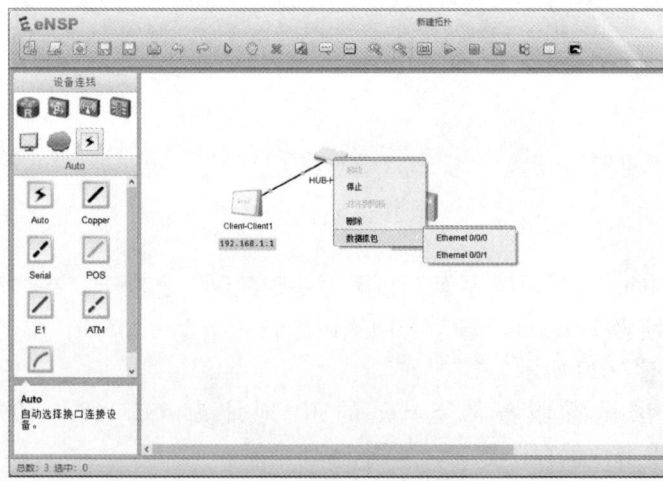

图 2-21　设置服务器 IP 地址

图 2-22　打开数据抓包软件

任务 2.1　使用 eNSP 网络仿真平台探析数据在网络中的传输过程

双击客户机 Client，在 ping 测试下，输入要测试的目的 IPV4 地址，即服务器 Server 的地址：192.168.1.100，输入 ping 的次数为 8 次，单击"发送"按钮，观察 ping 成功或者失败的数据包数量。显示 ping 成功数为 8，表示客户机和服务器间通信正常，如图 2-23 所示。

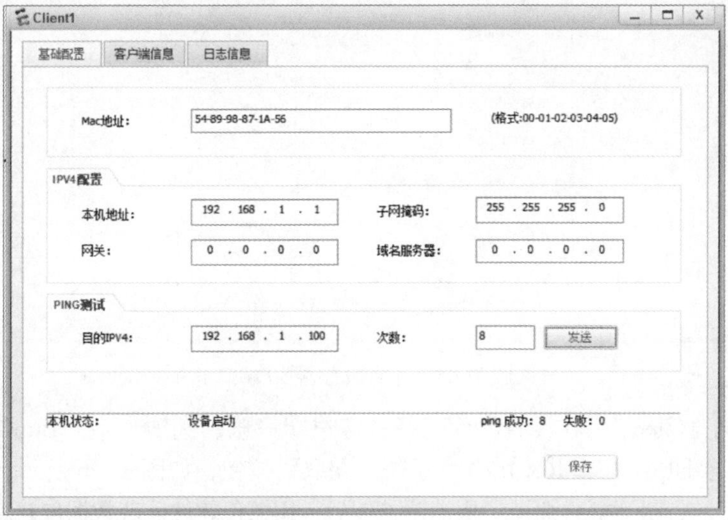

图 2-23　测试连通性

可以看到抓包软件 Wireshark 捕获的数据包从主机 192.168.1.1 发出，被主机 192.168.1.100 接收，有 request 请求和 reply 响应两种数据包，如图 2-24 所示。

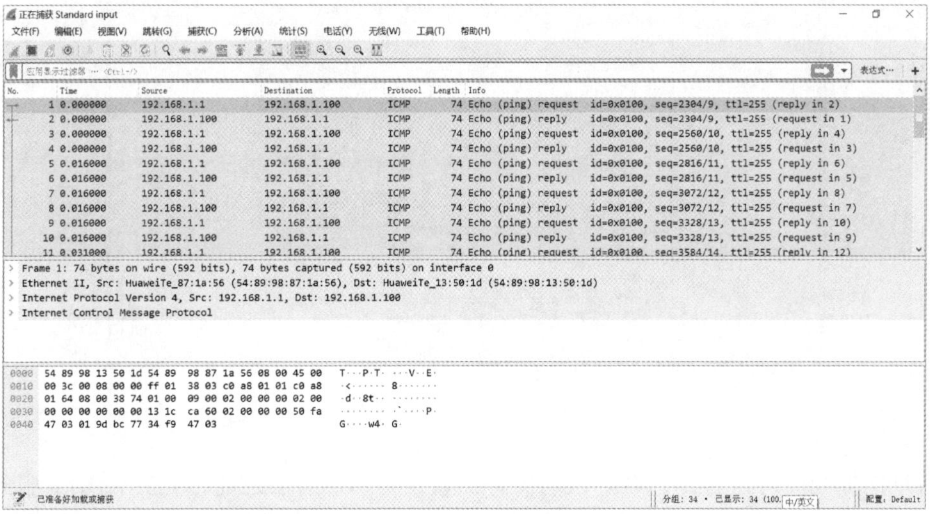

图 2-24　观察数据包

接下来观察用客户机浏览器访问服务器的数据包传输情况。首先需要在服务器上开启这一服务，双击服务器"Server"，打开设置界面选择"服务器信息"选项卡→"HttpServer"选项卡，选择配置文件根目录后单击"启动"按钮，开启 80 端口启动浏览服务，如图 2-25 所示。

图 2-25　开启服务器 80 端口

双击客户机"Client",在设置界面选择"客户端信息"选项卡→"HttpClient"选项卡,在地址栏中输入:http://192.168.1.100,单击"获取"按钮,如图 2-26 所示。可以在弹出的"是否保存该文件?"对话框中选择"取消"按钮后,用抓包软件捕获数据包并观察传输情况。

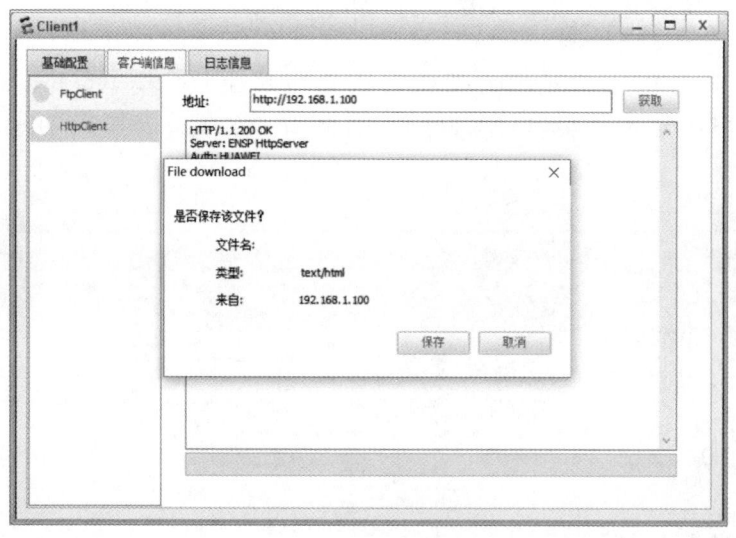

图 2-26　连接 Web 服务器

通过捕捉画面可以看到,客户机向服务器发送 HTTP 请求之前,先要和 Web 服务器建立 TCP 连接,三次握手成功才能向服务器申请下拉网页,如图 2-27 所示。

双击图 2-27 中序号为 22 的记录,可以看到各层数据的概要信息。可以看到 HTTP 报文分别在 OSI 参考模型的第 7、4、3、2、1 层被封装和解封装。单击某一层可以在下方位置看到报文的解释。最底部的是"HTTP"的信息及应用层信息,如图 2-28 所示。

"HTTP"信息的上方为"TCP"信息,即传输层信息。传输层用到的是 TCP 协议,访问目的主机的 80 号端口,如图 2-29 所示。

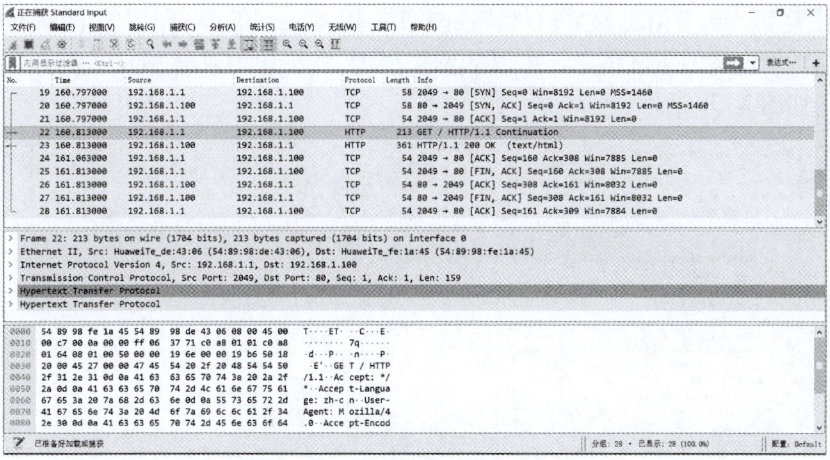

任务 2.1　使用 eNSP 网络仿真平台探析数据在网络中的传输过程

图 2-27　数据包传输捕捉画面

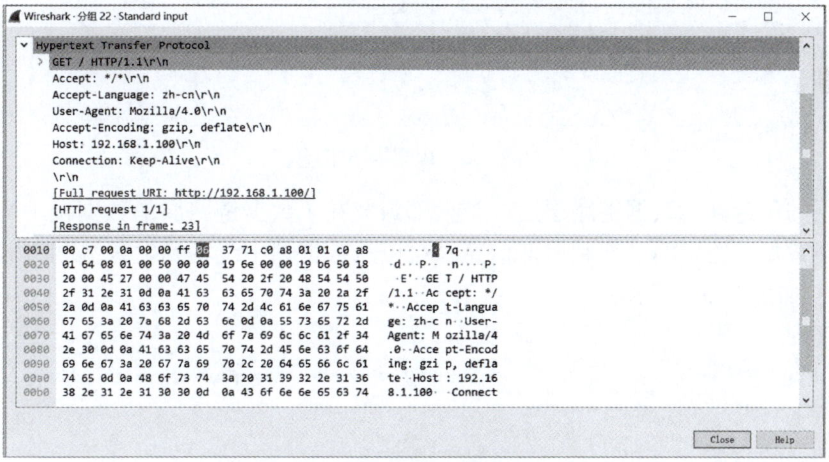

图 2-28　应用层数据信息

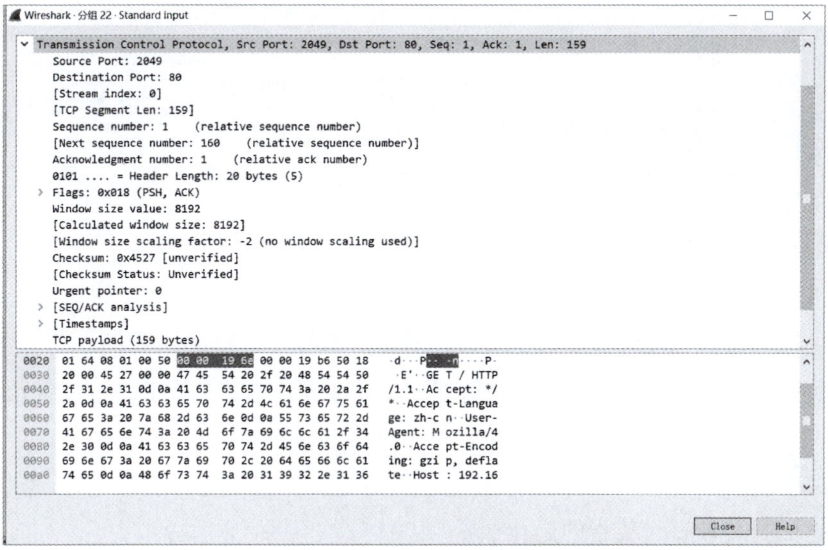

图 2-29　TCP 数据段信息

传输层 TCP 的所有信息都会被封装在网络层 IP 数据包的 DATA 中，同时网络层 IP 数据包还增加了网络层的头部信息，可以从网络层 IP 数据包中观察到发送端和接收端的 IP 地址信息，如图 2-30 所示。

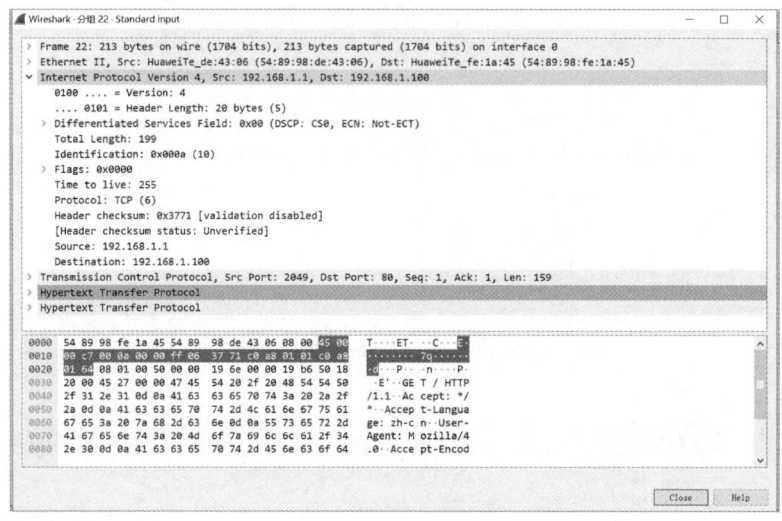

图 2-30　IP 数据包信息

网络层的信息到达数据链路层后，被全部封装在了数据链路层的数据帧 DATA 中，同时还增加了数据链路层的头部和尾部信息，可以从数据帧中观察到发送端和接收端主机的 MAC 地址，如图 2-31 所示。

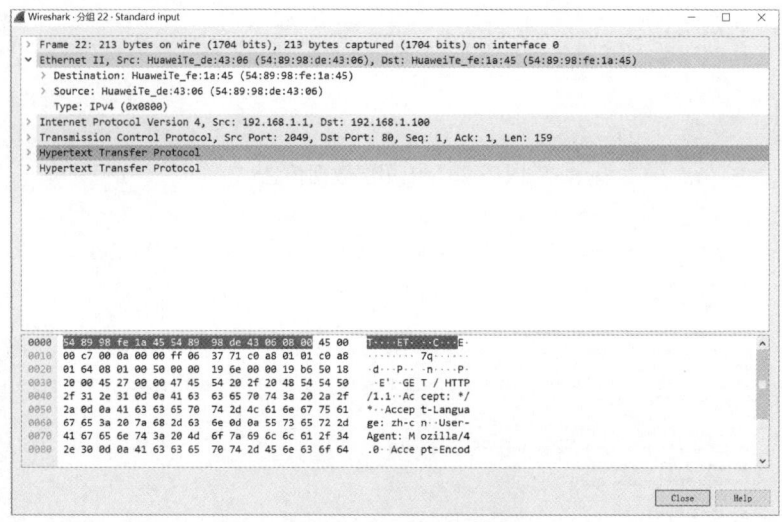

图 2-31　数据帧信息

最后数据链路层将封装的数据交给物理层，变成比特流进行传递。这就是数据传递的全过程。

【思考问题】

1. 数据的封装和解封装指的是什么？
2. 数据在 PC 和 Web 服务器之间的传输过程是怎样的？

任务 2.2 依据 TCP/IP 参考模型进行网络故障的分层检测与排除

▶ 任务描述

通过学习 OSI 参考模型,小海对数据在网络中的传输过程有了初步的理解。然而,社长提醒小海,OSI 参考模型主要是理论上的框架,而在实际的数据通信中,广泛使用的是 TCP/IP 参考模型。社长鼓励小海深入学习 TCP/IP 参考模型,并希望他能运用该模型来定位和解决网络中可能出现的故障。为了帮助小海尽快成长,社长将社团管理的一个网络机房交给他,小海的任务是对机房内的计算机进行维护和管理。

▶ 任务目的

熟悉 TCP/IP 参考模型的层次结构和各层的特点,能够高效分析网络问题并进行精准排故。

▶ 知识准备

2.2.1 TCP/IP 参考模型

OSI 参考模型最初是为了促进网络通信协议簇的标准化而设计的一个工业参考标准。严格遵循 OSI 参考模型的原则,使得不同网络技术之间的互操作变得更为简便。然而,随着互联网在全球范围内的迅猛发展,TCP/IP 逐渐成为一种事实上的标准,并形成了其特有的 TCP/IP 参考模型。

1. TCP/IP 参考模型

TCP/IP 参考模型是首先由 ARPANET 所使用的网络体系结构,这个体系结构在它的两个主要协议(即 TCP 和 IP)出现以后被称为 TCP/IP 参考模型。TCP/IP 参考模型也采用分层体系结构,它与 OSI 参考模型的层次结构相似,它可分为 4 层,由下而上依次为:网络接口层,网际层(IP 层),传输层(TCP 层)和应用层。TCP/IP 参考模型如图 2-32 所示。

微课 2-5
TCP/IP
参考模型

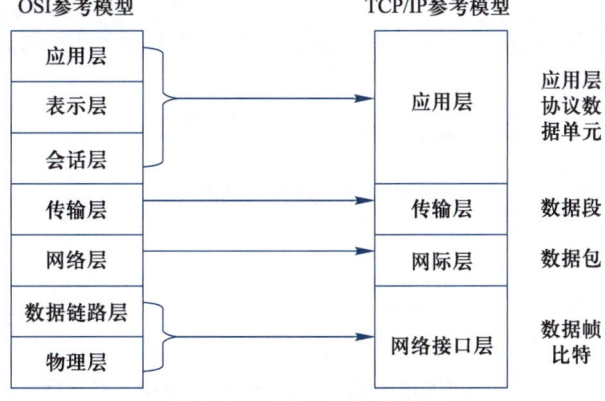

图 2-32 TCP/IP 参考模型

2. TCP/IP 各层功能和主要协议

下面简单介绍 TCP/IP 体系结构各层的功能和主要协议。

(1) 网络接口层

网络接口层的主要功能是连接上一层的 IP 数据包, 通过网络向外发送, 或者接收和处理来自网络上的物理帧, 并抽取 IP 数据传送到网际层, 如图 2-33 所示。

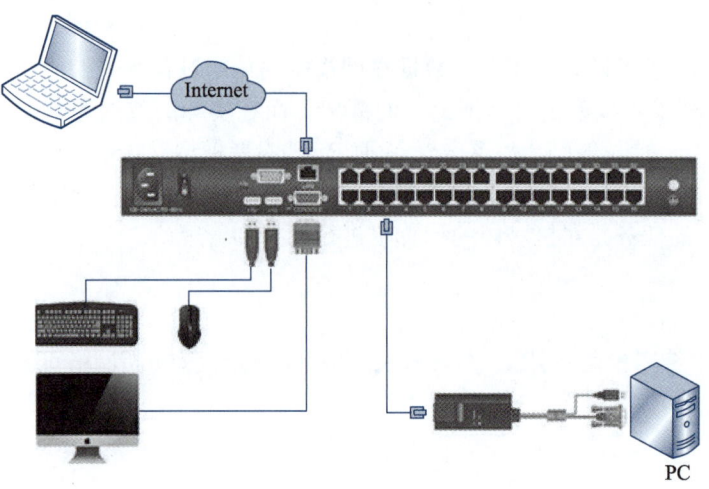

图 2-33 网络接口层连接示意图

TCP/IP 的网络接口层包括各种物理网络协议, 如以太网、令牌环网、帧中继、综合业务数字网 (Integrated Services Digital Network, ISDN) 和分组交换网 X.25 等。当各种物理网被用作传送 IP 数据包的通道时, 就可以认为其是属于这一层的内容。

(2) 网际层 (IP 层)

网际层主要解决计算机之间的通信问题, 它负责独立地将分组从源主机送往目的主机, 涉及为分组提供最佳路径选择和交换功能, 如图 2-34 所示。它是 Internet 通信子网的最高层, 它所提供的是不可靠的无连接数据报机制, 无论传输是否正确, 不做验证, 不发确认, 也不保证分组的正确顺序。

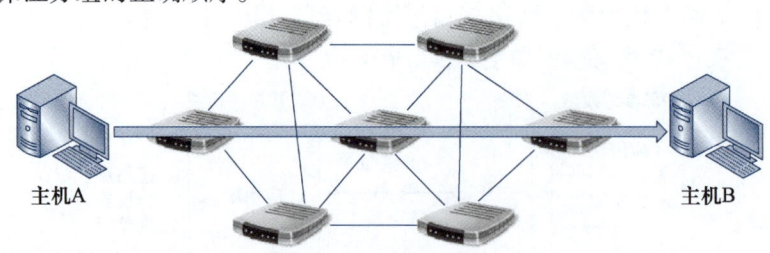

图 2-34 网际层功能

IP 层主要有以下协议:

互联网络协议 (Internet Protocol, IP): 使用 IP 地址确定收发端, 提供端到端的"数据包"传递, 也是 TCP/IP 中处于核心地位的一个协议;

网络控制报文协议 (Internet Control Message Protocol, ICMP): 处理路由, 协助 IP

层实现报文传送的控制，提供错误和信息报告；

地址解析协议（Address Resolution Protocol，ARP）：将网际层地址转换为网络接口层地址，提供将 IP 地址解析为 MAC 地址服务；

逆向地址解析协议（Reverse Address Resolution Protocol，RARP）：将网络接口层地址转换为网际层地址，将 MAC 地址解析为 IP 地址。

（3）传输层（TCP 层）

传输层的作用与 OSI 参考模型中传输层的作用类似，即在源节点和目的节点的两个对等实体间提供可靠的端到端的数据通信，如图 2-35 所示。为保证数据传输的可靠性，传输层协议也提供了确认、差错控制和流量控制等机制。另外，由于在一般计算机中常常是多个应用进程同时访问网络，所以传输层还提供不同应用进程的标识。

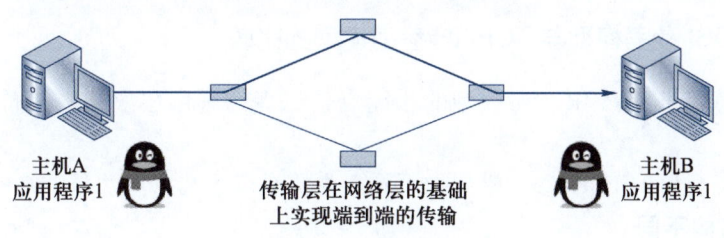

图 2-35　传输层功能

传输层主要有以下协议：

TCP（传输控制协议）：提供可靠的面向连接的数据传输服务；

UDP（用户数据报协议）：采用无连接数据报传送方式，用于一次传输少量信息的情况，如数据查询等，当通信子网相当可靠时，UDP 的优越性会尤为突出。

（4）应用层

应用层涉及为用户提供网络应用，并为这些应用提供网络支撑服务，如图 2-36 所示。由于 TCP/IP 参考模型将所有与应用相关的内容都归为一层，所以在应用层要处理高层协议、数据表达和会话控制等任务。应用层包括了众多的应用与应用支撑协议，随着网络应用的不断发展，应用层协议也在不断地发展与完善。

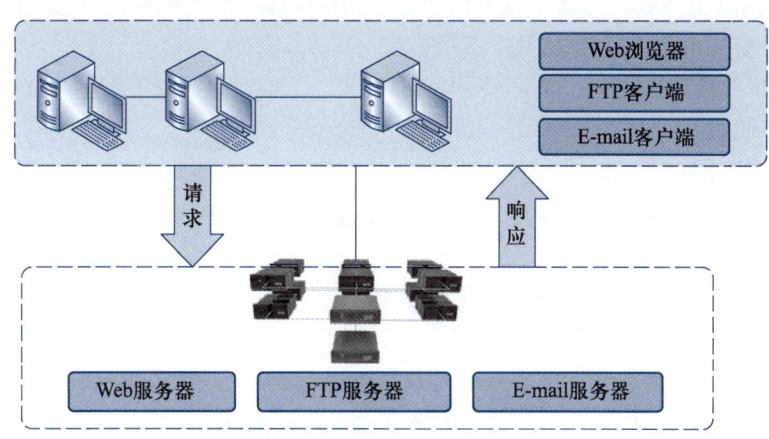

图 2-36　应用层功能

目前，常见的应用层协议主要有以下几种：

FTP（文件传输协议）：为文件传输提供了途径，它允许文件从一台主机传送到另一台主机上（QQ 传送文件会使用这个协议），也可以从 FTP 服务器上下载文件，或者向 FTP 服务器上传文件；

HTTP（超文本传输协议）：用来访问在 WWW 服务器上的各种页面；

DNS（域名服务系统）：用于实现将主机域名解析为 IP 地址，以实现 IP 数据包地址封装；

TELNET（远程终端协议）：实现互联网中的工作站登录到远程服务器的能力；

SMTP（简单邮件传输协议）：实现互联网中电子邮件的传输功能；

RIP（路由信息协议）：用于网络设备之间交换路由信息。

2.2.2 OSI 参考模型与 TCP/IP 参考模型的比较

OSI 参考模型和 TCP/IP 参考模型的相同点是二者均采用层次结构，而且都是按功能分层。

OSI 参考模型和 TCP/IP 参考模型的不同点主要有以下几点。

1. 分层结构不同

OSI 参考模型分 7 层，自下而上分为物理层、数据链路层、网络层、传输层、会话层、表示层和应用层。

TCP/IP 参考模型分 4 层：网络接口层、网际层（IP 层）、传输层（TCP 层）和应用层。

2. 层级功能不同

在 OSI 参考模型中，会话层负责建立、管理和终止表示层实体之间的通信会话。表示层处理数据格式化、加密解密等数据表示问题。

在 TCP/IP 参考模型中，并没有专门的会话层和表示层，这些功能通常由应用层来承担。

3. 实际应用不同

OSI 参考模型更多是一个理论上的框架，旨在为网络通信提供一个全面的概念模型，但在实际应用中并未得到广泛采用。

TCP/IP 参考模型则是基于实际使用的协议簇，它是当前互联网运行的基础，得到了广泛的部署和使用。

4. 兼容性不同

OSI 参考模型强调各层之间的独立性，使得各个层可以在不影响其他层的情况下进行替换或升级。

TCP/IP 参考模型虽然也遵循分层原则，但在实际应用中，某些层的功能可能会有重叠，例如一些应用层协议可能包含了部分会话层的功能。

虽然 OSI 参考模型提供了更为细致的分层和功能划分，但在实际应用中，TCP/IP 参考模型因其简洁性和实用性成为互联网的核心协议栈。OSI 参考模型仍然具有教育意义，因为它帮助理解网络通信的基本原理。两者各有优势，但从实际应用的角度来看，TCP/IP 参考模型是当今互联网的实际标准。

▶ 任务实战

依据 TCP/IP 参考模型进行网络故障的分层检测与排除

【实践环境】

接入互联网的计算机。

【任务步骤】

依据 TCP/IP 参考模型进行网络故障的分层检测与排除是一种系统性的方法，可以帮助网络管理员或技术支持人员有效地诊断并解决问题。以下是按照 TCP/IP 参考模型的 4 层结构来进行故障检测与排除的一般步骤：

1. 网络接口层

检查物理连接：确认所有硬件（如网线、路由器、交换机等）是否正常工作，是否有明显的损坏或松动。

验证链路状态：使用工具（如 ping 命令）检查设备之间的链路是否连通，查看是否有信号丢失或延迟。

2. 网际层

验证 IP 地址配置：检查 IP 地址、子网掩码和默认网关设置是否正确。

测试连通性：使用 ping 命令测试到网关或其他主机的连通性。

检查路由表：使用 route print（Windows）或 netstat -r（Unix/Linux）命令检查路由表是否正确配置。

3. 传输层

检查端口状态：使用 telnet 或 netstat 命令检查服务端口是否开放。

分析流量：使用 Wireshark 等工具捕获网络流量，分析是否有异常情况。

4. 应用层

验证应用配置：检查应用程序配置是否正确，如服务器地址、端口号、认证信息等。

测试应用程序功能：尝试使用应用程序的基本功能，确认是否能够正常工作。

查看日志：查看应用程序的日志文件，寻找任何可能导致问题的错误消息或警告。

综合步骤

从下至上排查：从网络接口层开始向上逐层检查，直到找到问题所在。

记录和分析：记录每个步骤的结果，分析可能的原因，并根据结果采取相应的措施。

恢复与验证：在解决了问题之后进行全面的测试，以确保所有功能恢复正常。

通过这种方法，可以从底层硬件到高层应用，系统地排查并解决网络故障。这种方法不仅有助于快速定位问题，而且还能增强对整个网络架构的理解。以下是如何根据 TCP/IP 参考模型的 4 层结构来进行故障检测与排除的一个实例。

某一天，网络机房有一台计算机无法访问校园网，社团接到报修，派出小海前去检测维修。小海决定依据 TCP/IP 参考模型进行网络故障的分层检测与排除，具体步骤如下。

步骤 1：网络接口层检测。

检查计算机的物理连接是否正常，包括网线连接和无线网络连接。

使用 ping 127.0.0.1 来测试本地回环地址，如果失败，则可能是本地网络配置问题。
使用 ping <本地网关>检查与本地路由器的连通性。

步骤2：网际层检测。

检查计算机的 IP 地址配置是否正确，确认子网掩码和默认网关设置。
使用 ping <Web 服务器 IP>测试与目标服务器的连通性。
查看路由表，确认是否正确指向 Web 服务器所在的网络。

步骤3：传输层检测。

使用 telnet <Web 服务器 IP> 80 或 telnet <Web 服务器 IP> 443 来检查 Web 服务器的端口是否开放。
如果端口不通，检查防火墙设置或服务器端口配置。
使用 Wireshark 捕获数据包，检查是否有异常的 TCP 握手或数据包丢失。

步骤4：应用层检测。

尝试在其他设备上访问该 Web 服务器，确认是否仅限于当前设备的问题。
检查 Web 服务器的日志文件，查找可能的错误信息。
确认 Web 服务器的配置是否正确，例如网站是否启动、是否需要特定的认证信息等。

通过上述步骤，可以系统地从网络接口层到应用层逐一排查，最终定位问题所在，并采取相应措施解决问题。

【思考问题】

1. 分层故障排查的局限性是什么？
2. 如何在日常运维中充分利用 TCP/IP 参考模型？

思考与练习

一、选择题

1. OSI 参考模型从上往下分为哪几层？（　　）
   A. 应用层、会话层、表示层、传输层、网络层、数据链路层、物理层
   B. 应用层、表示层、会话层、网络层、传输层、数据链路层、物理层
   C. 应用层、表示层、会话层、传输层、网络层、数据链路层、物理层
   D. 应用层、表示层、会话层、传输层、网络层、物理层、数据链路层

2. 数据从上到下封装的格式依次是（　　）。
   A. 比特 包 帧 段 数据 B. 数据 段 包 帧 比特
   C. 比特 帧 包 段 数据 D. 数据 包 段 帧 比特

3. 在 OSI 参考模型中，网络层的主要功能是（　　）。
   A. 在信道上传输原始的比特流
   B. 确保到达对方的各段信息正确无误
   C. 确定数据包从源端到目的端如何选择路由
   D. 加强物理层数据传输能力

4. 在 OSI 参考模型中，哪一层实现对数据的加密？（　　）
   A. 传输层　　　B. 表示层　　　C. 会话层　　　D. 网络层

5. 以下哪种设备工作在 OSI 参考模型的数据链路层？（　　）
   A. 路由器　　　　B. 交换机　　　　C. 集线器　　　　D. 调制解调器
6. 下面哪一个是 Internet 使用的核心协议？（　　）
   A. TCP　　　　　B. UDP　　　　　C. TCP/IP　　　　D. IP
7. ARP 的主要功能是（　　）。
   A. 将 IP 地址解析为物理地址　　　B. 将物理地址解析为 IP 地址
   C. 将主机域名解析为 IP 地址　　　D. 将 IP 地址解析为主机域名
8. TCP 与 UDP 使用（　　）对通过网络的不同会话进行跟踪。
   A. 端口号　　　　B. IP 地址　　　　C. MAC 地址　　　D. 序列号
9. （"网络系统建设与运维" 1+X 证书样题）路由器作用于（　　）。
   A. 传输层　　　　B. 物理层　　　　C. 网络层　　　　D. 数据链路层
10. （"网络系统建设与运维" 1+X 证书样题）在 OSI 参考模型的各层次中，（　　）的数据传送单位是报文。
    A. 物理层　　　　B. 传输层　　　　C. 网络层　　　　D. 数据链路层

二、填空题

1. 网络参考模型有_____和_____两种。前者出自 ISO，后者是一个事实上的工业标准。
2. 网络协议 3 要素分别是_____、_____和_____。
3. OSI 参考模型从下到上分为_____、_____、_____、_____、_____、_____和_____。
4. TCP/IP 参考模型的 4 个层次为_____、_____、_____和_____。
5. 在 OSI 参考模型中，数据链路层的协议数据单元通常被称为_____。

三、问答题

1. 简述 OSI 参考模型各层的功能。
2. 简述 TCP/IP 参考模型各层功能及协议。
3. 简述 OSI 环境中数据传输的过程。

项目 3 网络连接的基础——物理层

📖 项目导读

本项目的目标是了解传输介质是如何连接的,不同类型的网络通信时应遵守哪些规范。其主要内容为:物理层的功能、数据通信中的各种参数、数据编码技术、通信方式和传输介质等。本项目重难点及课证融通点见表 3-1。

表 3-1 项目 3 重难点及课证融通点

重点	数据通信方式,数据编码技术,传输介质
难点	根据数据编码技术原理,能够解析编码;能够归纳各种传输介质的功能及应用,能够正确制作网线
课证融通点	其中数据通信与传输介质相关内容对接 1+X 证书"网络系统建设与运维(初级)"与"网络系统建设与运维(中级)"考点

🎯 职业能力目标和要求

知识目标
- ❖ 掌握各种传输介质的工作原理;
- ❖ 熟悉各种传输介质的特点和应用场合;
- ❖ 理解通信传输原理;
- ❖ 理解数据编码原理;
- ❖ 理解多路复用技术。

能力目标
- ❖ 能按拓扑结构选择适合的传输介质进行组网;
- ❖ 能够独立制作双绞线并进行正确连接。

项目 3 网络连接的基础——物理层

素养目标

- ❖ 具有严谨作风，能够自觉执行标准操作程序，自觉执行安全操作规程；
- ❖ 具有工匠精神，能够爱岗敬业、遵章守纪、履行职责，有良好的劳动习惯；
- ❖ 具备全局观念，能够与团队其他成员进行良好的协调合作。

情景导入

信研网络社团组织了一次特别的活动，带领社员们参观学校的信息中心机房，并观摩了整个校园网络布局的沙盘模型。通过这次参观，社员们对学校的三层网络架构有了深入的理解。随后，信息中心主任主持了一场题为《我们身边的网络》的主题讲座，进一步加深了大家对网络的认知。

在互动交流环节中，新加入的小海提出了一个问题："在当今以及未来的信息社会里，通信作为人们获取、传递和交换信息的关键方式，其核心在于确保两台计算机间的数据能够顺利交换。那么，为了保证这种数据交换的有效性，都有哪些通信技术是必不可少的呢？"

而另一位社员则关注到设备间连接所使用的传输介质存在差异："在今天的参观过程中，我注意到一些设备之间使用了双绞线连接，而另一些则选用了光纤。请问，在实际应用中，传输介质的选型及其适用场合有哪些考虑因素？"

针对这些问题，信息中心主任从物理层的功能、数据通信的基本原理等多个角度进行了详尽解答。同时，主任还给信研网络社团布置了一项实践任务：设计并搭建一个能够支持 48 台计算机互联的网络环境。这一任务旨在让社员们将理论知识应用于实践中，提升解决实际问题的能力。

任务 3.1 串行通信技术实践

▶ 任务描述

听完主题讲座,小海对网络有了更深层次的理解。为了进一步探索网络通信的原理,他查阅了丰富的网络资源和图书馆相关文献。然而,他对具体的数据传输机制仍感到困惑。因此,他决定从 OSI 模型的物理层入手,研究数据通信的基本方式、物理接口的特性,以及影响数据通信性能的关键指标等,以期更好地理解不同接口间的兼容性和高效数据交换的实现。

▶ 任务目的

通过学习物理层的作用及功能,了解数据通信模型和数据通信主要性能指标,掌握数据传输技术。

▶ 知识准备

3.1.1 物理层的作用

微课 3-1
物理层的作用

物理层是 OSI 参考模型中的第一层,它虽然处于最低层,却是整个开放系统互连的基础,可以使节点与节点之间直接进行网络连接,并向数据链路层提供原始比特流传输服务。物理层需要解决与比特流物理传输有关的一系列问题,包括传输介质、信道类型、数据与信号之间的转换、信号传输中的衰减和噪声及设备之间的物理接口等。

物理层协议实际上是规定与传输介质接口的机械特性、电气特性、功能特性和规程特性,具体作用如下。

1. 机械特性

机械特性指明接口所用接线器的形状和尺寸、引线数目和排列、固定和锁定装置等。机械特性决定了网络设备与通信线路在形状上的可连接性。例如,平时常见的各种规格的接头(RJ-45 等),其尺寸都有严格的规定,如图 3-1 所示。这些特性确保了不同设备之间能够正确地连接起来,使得信号能够顺利传输。

2. 电气特性

电气特性指明在接口电缆的各条线上传输信号时所需的电压、电流、信号波形等电气参数。这些参数确保了信号在传输过程中能够保持稳定,不会因为电气参数的不匹配而造成信号失真。电气特性决定了数据传输速率和信号传输距离。

3. 功能特性

功能特性指明某条线上出现某一电平表示何种意义,即接口信号引脚的功能分配和确切定义,确保数据传输过程中各个信号线能够正确地发送和接收信号,从而实现数据的正常传输。例如,双绞线的 8 根线及引脚分别实现数据的发送和数据的接收,如图 3-2 所示。

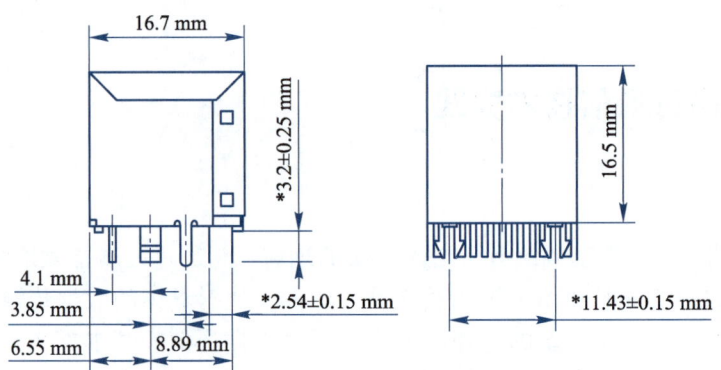

图 3-1　RJ-45 接头尺寸

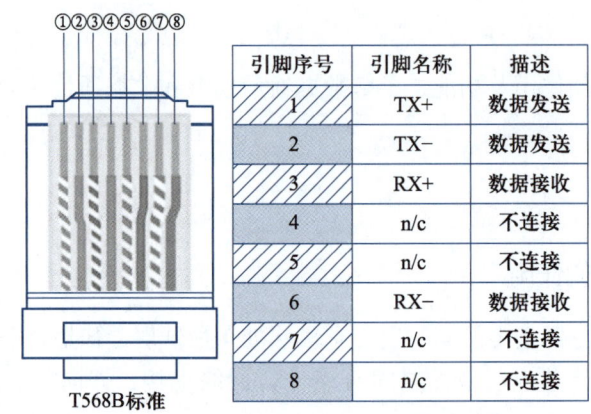

图 3-2　RJ-45 接头及双绞线功能特性

4. 规程特性

规程特性规定了在信号线上传输比特流的一组控制过程和步骤,包括各信号间的时序关系。

以上 4 个特性实现了物理层在传输数据时对于信号、接口和传输介质的规定。

3.1.2　数据通信的基本概念

微课 3-2
数据通信

从某种意义上讲,计算机网络是建立在数据通信系统之上的资源共享系统,因为计算机网络的主要功能是实现信息资源的交换与共享,而信息是以数据形式来表达的,所以,计算机网络必须解决数据通信问题。如果没有数据通信功能,计算机网络就没有物理基础。

1. 信息、数据和信号

信息、数据和信号这三者是紧密相关的。

信息是人们对现实世界事物存在方式或运动状态的某种认识,是指有用的知识或消息。计算机网络通信的目的就是为了交换信息。信息的表达形式多种多样,可以是数值、文字、图形、图像、声音和动画等,这些信息的表现形式通常被称为数据(Data)。所以,数据可以定义为把事物的某些属性规范化后的表现形式,它能被识别,也可以被描述,例如十进制数、二进制数、字符、图像等。

数据是承载消息的实体（某种符号系统）。最小的数据单位是 bit（位），一个 bit 代表一个 0 或 1，见表 3-2。

表 3-2 数据单位举例

Byte	一个英文字母就占用一个字节，也就是 8 位；一个汉字占用两个字节
1 KB	一份简短的文档或一张小图片，有些会有几十 KB 到几百 KB
1 MB	一首 MP3 格式的音乐通常 3 MB~5 MB。一部手机拍摄的照片在 1 MB~5 MB
1 GB	一部标清电影 1 GB~2 GB。一个操作系统 10 GB~20 GB
1 TB	大型企业的数据库在几十 TB 到几百 TB。一台服务器的硬盘 1 TB~10 TB
1 PB	大型云存储服务可以存储几百 PB 到几千 PB 的数据
1 EB	全球互联网公司，如阿里、华为、腾讯需要处理几百 EB 的数据
1 ZB	目前，全球的数据总量已经达到 ZB 级别

信号是数据的具体物理表现，具有确定的物理描述，如电压、电流、磁场强度等。

2. 模拟信号与数字信号

信号是数据的载体，是数据在传输介质上传输过程中的表示形式，可分为模拟信号和数字信号。

模拟信号是指信号的因变量随时间连续变化的信号，即信号参数的取值是连续的，如图 3-3（a）所示。语音信号、模拟电视信号、温度、压力、速度等传感器输出的信号都是模拟信号。

数字信号是指信号的因变量不随时间连续变化的信号，即信号参数的取值是离散的，如图 3-3（b）所示。计算机数据、数字电视信号、数字电话信号等都是数字信号。

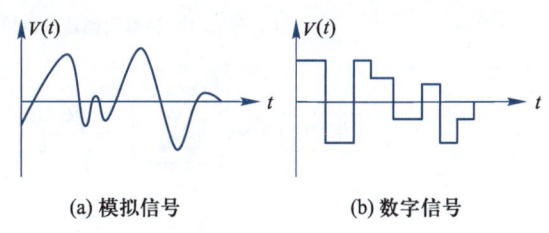

图 3-3 模拟信号与数字信号

模拟信号和数字信号在一定条件下是可以相互转换的。模拟信号可以通过采样、模数转换、编码等技术变成数字信号，而数字信号也可以通过解码、数模转换等技术转变为模拟信号。

3. 数据通信

发送方将要发送的数据转换成信号，通过物理信道传送到数据接收方的过程称为数据通信。由于信号可以是连续变化的模拟信号，也可以是离散变化的数字信号，所以数据通信被分为模拟数据通信和数字数据通信。所谓模拟数据通信是指在模拟信道上以模拟信号形式来传输数据，而数字数据通信则是指利用数字信道以数字信号的方式来传递数据。

4. 信源、信宿和信道

在数据通信中，通常将数据的发送方称为信源，而将数据的接收方称为信宿。信源和信宿一般是计算机或者其他一些数据通信设备。

为了在信源和信宿之间实现有效的数据传输，必须在信源和信宿之间建立一条传送信号的物理通道，这条通道被称为物理信道，简称信道。按照传输介质类型划分，信道可以分为有线信道和无线信道；按照信道中所传输的信号类型划分，信道可以分为模拟信道和数字信道。

3.1.3 数据通信系统模型

数据通信系统是指通过通信线路和通信控制设备将分布在不同地点的数据终端设备连接起来，实现数据传输功能的系统。如图3-4所示为数据通信系统的基本模型。

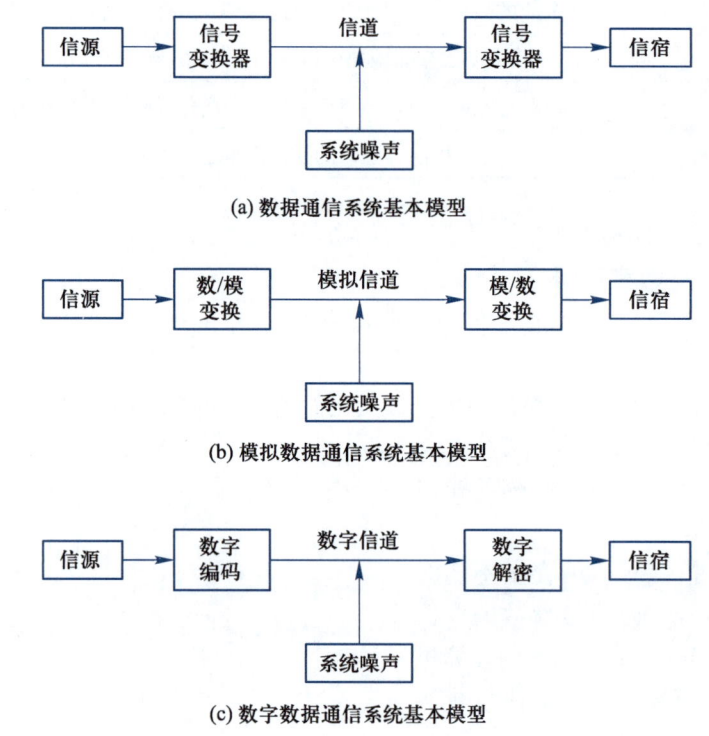

图3-4 数据通信系统的基本模型

数据通信系统由信源、信宿和信道三部分组成。其中，信源与信宿分别是数据的发出点和目的地，又被称为数据终端设备（Data Terminal Equipment，DTE）。DTE使用的数据与通信线路传输的数据，从类型来看，大多数时候是不一样的，需要进行变换。进行信号变换的设备称作DCE，即信号变换器。信号变换器的功能是把信源所要发送的数据转换成适合在信道上传输的信号，或者相反，把从信道上接收到的信号转换成信宿能够识别的数据。

若为模拟信道，则信号变换器的主要功能是分别在发送端和接收端完成数/模和模/数转换，如调制解调器；若为数字信道，则信号变换器的主要功能是分别在发送端和接收端完成数字数据的编码和解密。

在计算机网络发展的初期，DTE中使用的是数字信号，通信线路传输的是模拟信号。

DCE 负责信号变换，典型的设备是 Modem，即调制解调器。通常将数字信号变换为模拟信号称作调制；将模拟信号变换为数字信号称作解调制。二者的变换方法是相似的，通常在同一个设备上实现。

如图 3-4 所示可以看出，数据通信系统主要解决以下三个问题：一是信道的选择与构建；二是数据与信号的相互转换；三是抑制通信系统噪声，保证传输质量。

3.1.4 数据通信主要性能指标

数据通信的任务是传输信息，涉及的技术指标有数据传输速率、信道容量、信道带宽、频带利用率、误码率和信道延迟。

微课 3-3
数据通信主要
技术指标

1. 数据传输速率

数据传输速率是指传输线路上传输信息的速度，有数据传输速率和信号传输速率两种度量值。

（1）数据传输速率。数据传输速率又称比特率，指单位时间内所传送的二进制比特位的个数，单位为比特每秒，表示为 bit/s。

例如，一个数字通信系统，它每秒传输 600 个二进制位，它的数据传输速率是 600 比特/秒（600 bit/s）。

比特率可用以下公式表示：

$$S = (1/T)\log_2 N$$

式中，S——比特率，bit/s；

T——脉冲宽度，秒；

N——一个脉冲所表示的有效状态数，即调制电平数，通常为 2 的整数倍。

例如，一连续信号 $f=1200\,\text{Hz}$，每个信号可表示 4 个不同的状态，则比特率为 2400 bit/s：

$$S = (1/T)\log_2 N = 1200 \times \log_2 4 = 2400\,\text{bit/s}$$

（2）信号传输速率。信号传输速率又称波特率或调制速率，指单位时间内所传送的信号个数，单位为波特，表示为 baud 波特，可用以下公式表示。

$$B = 1/T$$

式中，B——波特率，baud；

T——信号周期，秒。

例如，若一连续信号 $f=1200\,\text{Hz}$，则 $B=1/T=1200\,\text{baud}$。

（3）比特率与波特率的关系。比特率与波特率都是衡量信息在传输线路上传输快慢的指标，但两者针对的对象有所不同，比特率针对的是二进制位数据传输，波特率针对信号波形的传输，两者之间存在以下关系：

$$S = B\log_2 N$$

式中，N——一个脉冲所表示的有效状态数，即调制电平数。

2. 信道带宽或信道容量

信道带宽（有时也使用信道容量）代表了信道传输数据的能力，是描述信道的主要指标之一。

通信系统中传输信息的信道具有一定的工作频率范围（频带宽度），称为信道带宽，通常用 MHz 作为单位。信道容量是指单位时间内信道所能传输的最大信息量，它体现了信道的传输能力。信道容量是一种特殊的传输速率，它可以用比特率或波特率来表示。

通常情况下，信道带宽越宽，单位时间内信道上传输的信息量就越多，则信道容量就越大，传输效率就越高。

3. 频带利用率

在比较不同通信系统的效率时，只看它们的传输速率是不够的，还要看传输这样的信息所占用的频带。通常来说，通信系统占用的频带越宽，传输信息的能力应该越强。用来衡量通信系统信息传输效率的指标应该是单位频带内的传输速率，记为 η，且

$$\eta = 传输速率/占用带宽$$

式中 η 的单位为比特/秒·赫兹（bit/s·Hz）。

例如，某数据通信系统，其比特率为 9600 bit/s，占用频带为 6 kHz，则其频带利用率为 $\eta = 1.6\,\text{bit/s} \cdot \text{Hz}$。

4. 误码率

误码率表示在某一段时间内二进制数据位传输中出错的概率，是衡量数据通信系统可靠性的主要指标。可用以下公式表示。

$$Pe = Ne/N$$

式中，Pe——误码率；

Ne——单位时间内接收错误的码元数；

N——单位时间内系统传输的总码元数。

在计算机网络中，数据传输误码率一般都低于 10^{-6}。

5. 信道延迟

信号在信道中从源端到达宿端需要的时间即为信道延迟，它与信道的长度及信号传播方式、传输介质等有关。电信号一般以接近光速的速度（300 m/μs）传播，但随着传输介质的不同而略有差别。例如，电信号在电缆中的传播速度一般为光速的 77%，即 200 m/μs 左右。

3.1.5 数据通信方式

1. 串行通信和并行通信

微课 3-4
数据通信方式

根据数据通信过程中每次传输的位数不同，可将通信方式分为：串行通信和并行通信。

串行通信：数据是一个比特一个比特依次发送的，如图 3-5 所示。其优点是通信线路简单，占用引脚资源少，但传输速度慢，适合远距离传输。

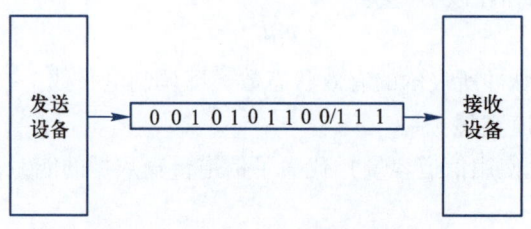

图 3-5 串行通信

并行通信:一次发送 N 个比特,需要 N 条传输线路。因此,在发送端和接收端之间需要有 N 条传输线路,如图 3-6 所示。其优点是传输速度快,但占用引脚资源多,成本高,不适合远距离传输。多用于计算机内部各部件之间或近距离设备之间的传输。

在计算机网络中,数据远距离传输使用串行通信,计算机内部的数据传输,常使用并行通信。

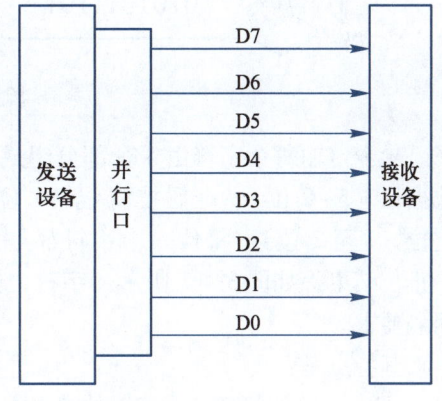

图 3-6 并行通信

2. 单工通信、半双工通信和全双工通信

根据数据在线路上传输的方向和特点,将通信方式又分为单工通信、半双工通信和全双工通信。

单工通信:数据只按照一个方向传送而不能反方向传送,例如无线电广播,如图 3-7 所示。

图 3-7 单工通信

半双工通信:数据可以双向通信,但不能同时进行,采用切换的方式,例如对讲机,如图 3-8 所示。

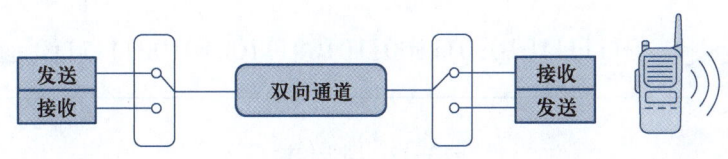

图 3-8 半双工通信

全双工通信:可以同时双向传输数据,例如电话、计算机网络,如图 3-9 所示。

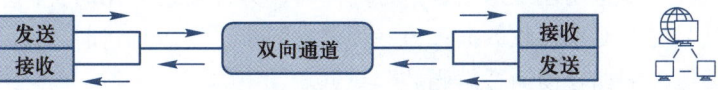

图 3-9 全双工通信

> **小贴士**
>
> 　　单工、双工及半双工这三种通信模式,尽管在复杂性上各有差异,但每种方式都有其独特的作用与应用场景,并由相应的通信协议来规定。生活中,做任何事情都要遵守一定的规则,"不以规矩,无以成方圆"。我们应该做一个懂规矩、守规矩的人。

3. 异步传输和同步传输

采用异步传输方式,以字节为传输单位,字节之间的时间间隔不是固定的,字节中的每个比特仍然要同步,也就是各比特的持续时间是相同的,即"字符内同步,字符间异步"。接收端仅在每个字节的起始处对字节内的比特实现同步,如图 3-10 所示。

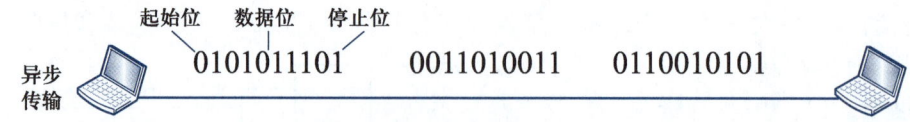

图 3-10 异步传输

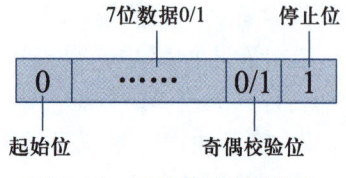

异步传输每个字符由 4 个部分组成：起始位（1 位）、数据位（5~8 位）、奇偶校验位（1 位，也可没有）、停止位（1 至 2 位）。每传一个字符都是由起始位开始，以停止位结束，如图 3-11 所示。字符之间没有固定的时间间隔要求。

图 3-11 异步传输数据结构

其特点是：

(1) 起始位起到一个字符内各位的同步作用；

(2) 每个字符增加起止位，传输效率有所下降；

(3) 控制简单，实现容易，适于低速率场合。

采用同步传输方式，数据传输不是以字符为单位而是以数据块为单位传输的，在每个数据块的前后加上同步字节，同步字节一般使用同步字符 SYN "01101000" 表示，或一个同步字节 "01111110" 表示，以完成数据的同步传输过程，接收端在每个比特信号的中间时刻进行检测，以判别接收到的是比特 0 还是比特 1，如图 3-12 所示。

图 3-12 同步传输

实现收发双方时钟同步的方法主要有两种：一种是外同步，在收发双方之间添加一条单独的时钟信号线，发送端在发送数据信号的同时，另外发送一路时钟同步信号，接收端按照时钟同步信号的节奏来接收数据；另一种是内同步，发送端将时钟同步信号编码到发送数据中一起传输，例如曼彻斯特编码。

▶ 任务实战

串行通信技术实践

【实践环境】

带有 RS232 接口或 COM 口的计算机 1 台、华为交换机 1 台及 RS232 串口线 1 根。也可使用 eNSP 模拟器仿真串口通信。

【任务步骤】

使用 eNSP 模拟器来模拟终端设备与交换机之间的数据通信。

1. 打开 eNSP 模拟器，选择 PC 和交换机，并在"设备连线"选项卡中选用"CTL"

任务 3.1 串行通信技术实践

互连线，如图 3-13 所示进行正确连接，并开启所有设备。

图 3-13　网络拓扑

2. 右击 PC 图标，选择"设置"菜单，打开 PC 配置界面，如图 3-14 所示。设置 PC IP 地址为"192.168.1.1/24"，主机名为"host-pc"。

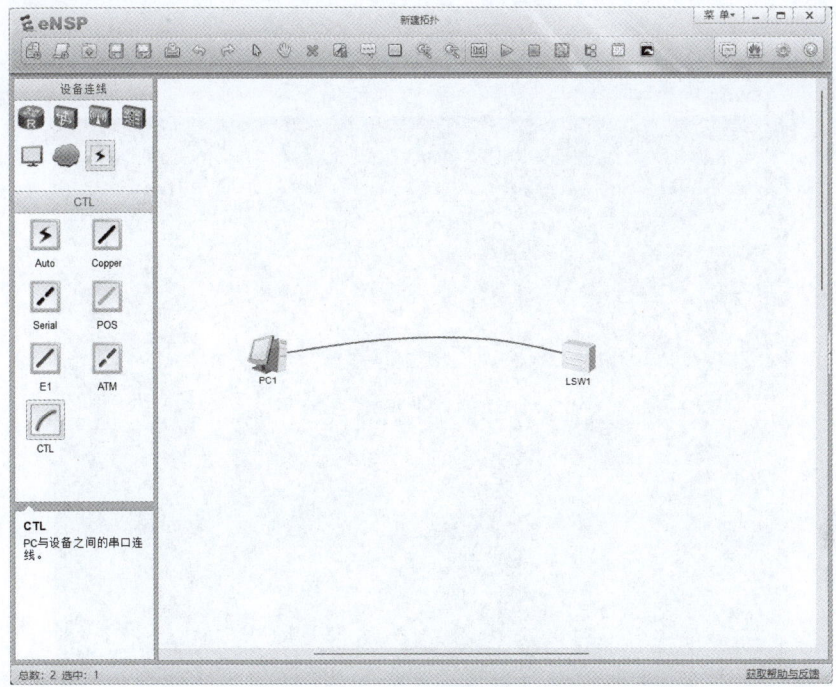

图 3-14　PC 配置界面

3. 双击交换机图标，查看交换机配置界面，如图3-15所示。可以看到交换机的主机名为Huawei。

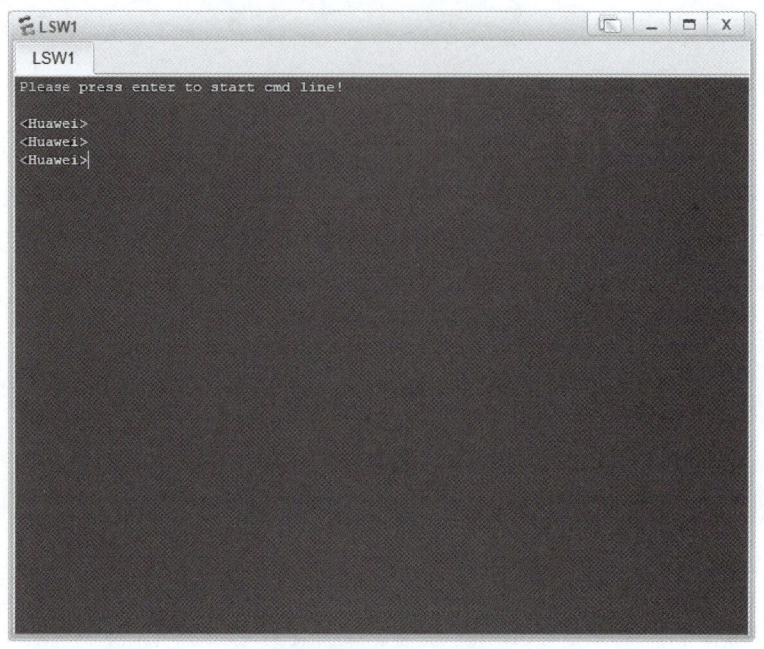

图3-15　交换机配置界面

4. 打开PC配置界面。选择"串口"选项卡，设置串口通信参数，如图3-16所示，波特率：9600，数据位：8，奇偶位：无，停止位：1，流控：无。

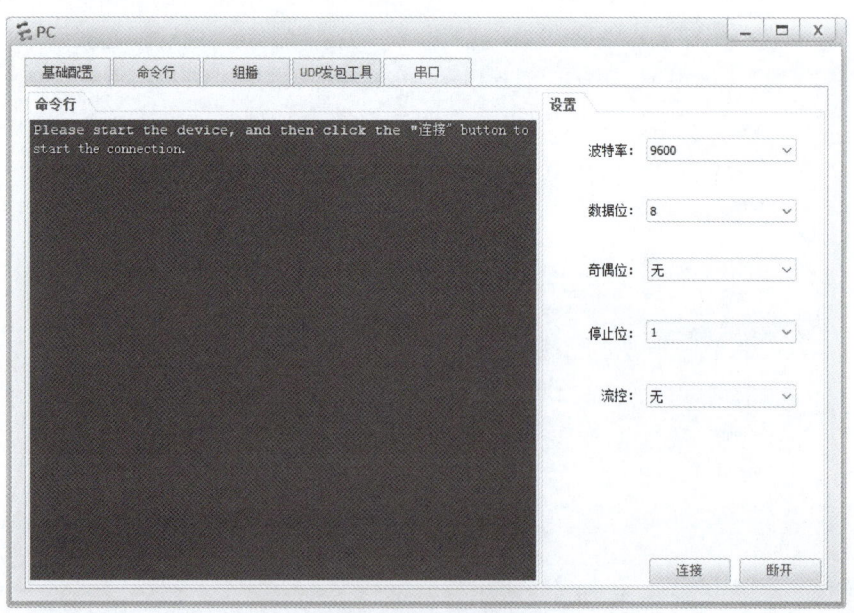

图3-16　设置串口通信参数

5. 单击"连接"按钮连接交换机，如图 3-17 所示。

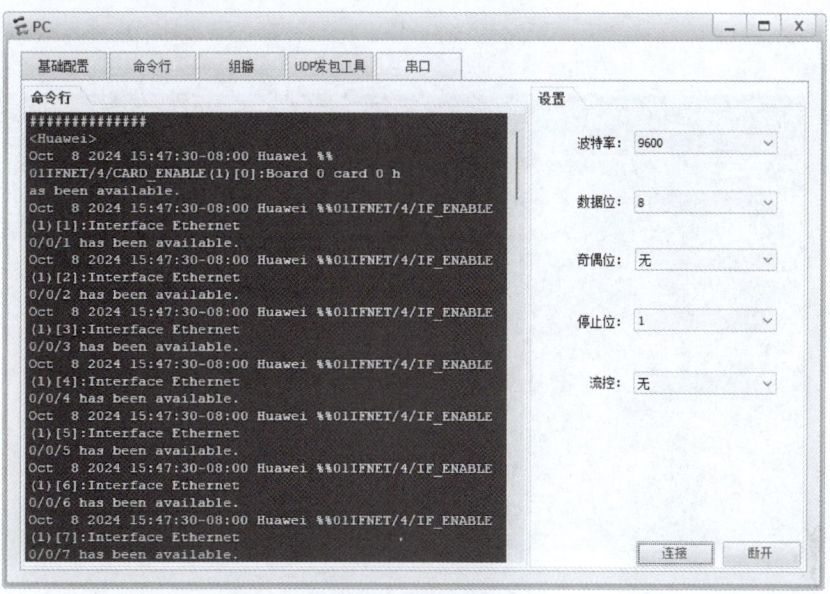

图 3-17　连接交换机

6. 在"命令行"界面中输入下列命令，实现通过串口对交换机进行配置，如图 3-18 所示。

system-view　　　　　#从用户视图切换到系统视图命令
sysname {名称}　　　 #修改为指定名称

例如输入 sysname SW1，将交换机的主机名改成 SW1

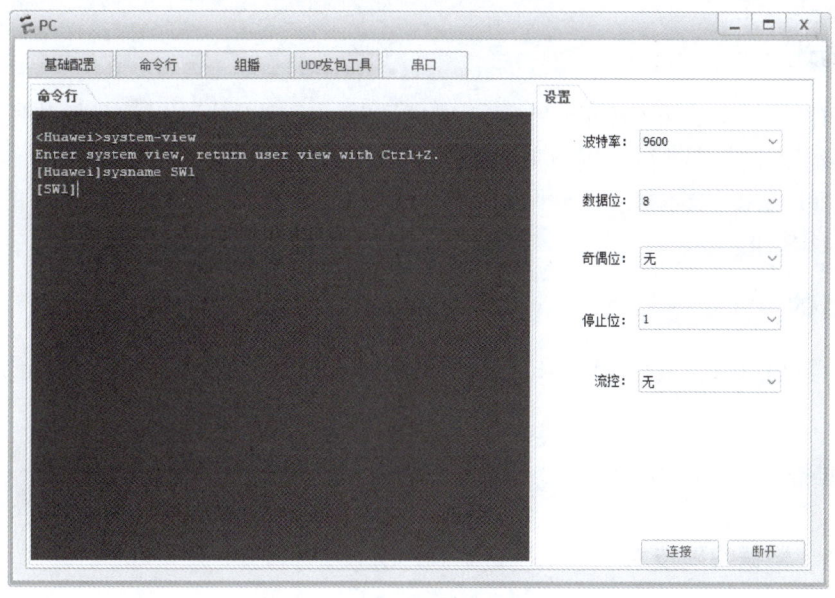

图 3-18　通过串口对交换机进行配置

7. 打开交换机配置界面，可以发现交换机的主机名已经改成 SW1，如图 3-19 所示。

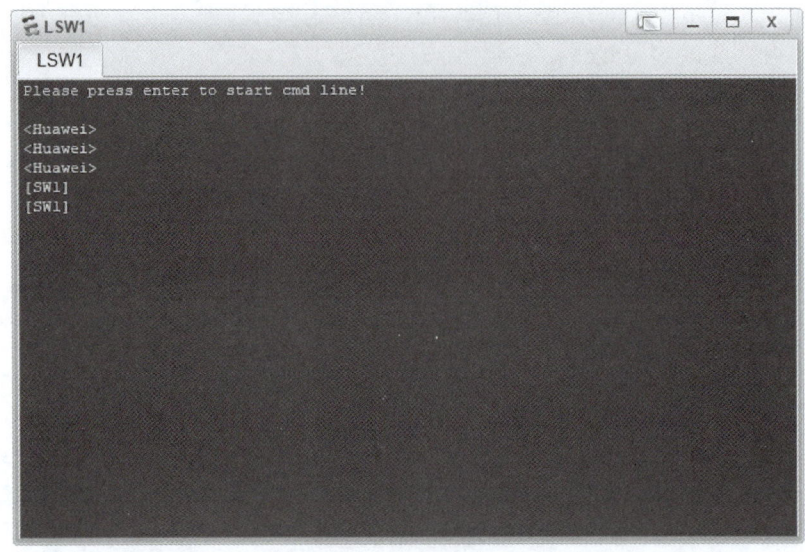

图 3-19　交换机配置界面

【思考问题】

现在大多数计算机没有 RS232 接口或 COM 口，那如何通过串口线和交换机互连呢？

任务 3.2　信号编码训练

▶ 任务描述

随着对网络知识的深入探索，小海发现自己对计算机网络的兴趣日益浓厚。他了解到，在网络发展的早期阶段，用户主要通过电话线使用拨号连接上网，而如今，我们已经可以通过网线或无线技术接入互联网。小海好奇的是，这些不同的数据在不同的介质上是怎么表示或编码的？

▶ 任务目的

掌握计算机数据在不同的信道中传输所采用的编码方式，能够绘制不同编码方式的信号图。

▶ 知识准备

3.2.1　数据编码技术

计算机数据在网络中传输，通信信道无外乎两种类型：模拟信道和数字信道。在模拟信道传输时，要把计算机数据转换成适合在模拟信道传输的模拟信号，在数字信道传输时，要把计算机数据转换成适合在数字信道传输的数字信号。

数据编码方式分为两类：模拟信号编码和数字信号编码。常用的数据编码方式如图 3-20 所示。

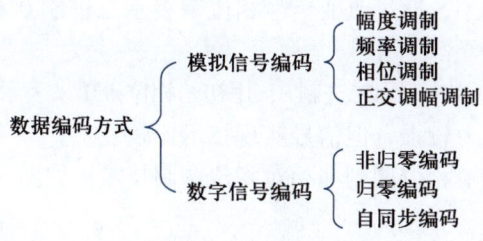

图 3-20　常用数据编码方式

1. 模拟信号编码技术

计算机中的数字数据在网络中若要用模拟信号表示，就要进行调制，将数字数据变换成适于模拟信道传输的信号。解调是将模拟信号转换为数字数据。

模拟信号最基本的调制方法有 4 种：幅移键控（幅度调制）、频移键控（频率调制）、相移键控（相位调制）和将调整幅度与相位变化结合的方式（正交调幅调制），相位调制技术又分绝对相位调制技术和相对相位调制技术，下面主要介绍前 3 种调制技术。

（1）幅度调制（Amplitude Modulation，AM）

幅度调制即载波的振幅随着基带数字信号的变化而变化。这种调幅方法被称为幅移键控。在调幅编码技术中，通过改变信号幅度来表示二进制 0 和 1，而振幅改变的同时，信号的频率和相位保持不变，哪个振幅代表 0，哪个振幅代表 1，则由系统设计者决定，如图 3-21（a）所示。

微课 3-5
模拟信号编码

例如，数字信号 1 用有载波的信号表示，数字信号 0 用无载波的信号表示，如图 3-21（b）所示。其特点是信号容易实现，技术简单，但抗干扰能力差。

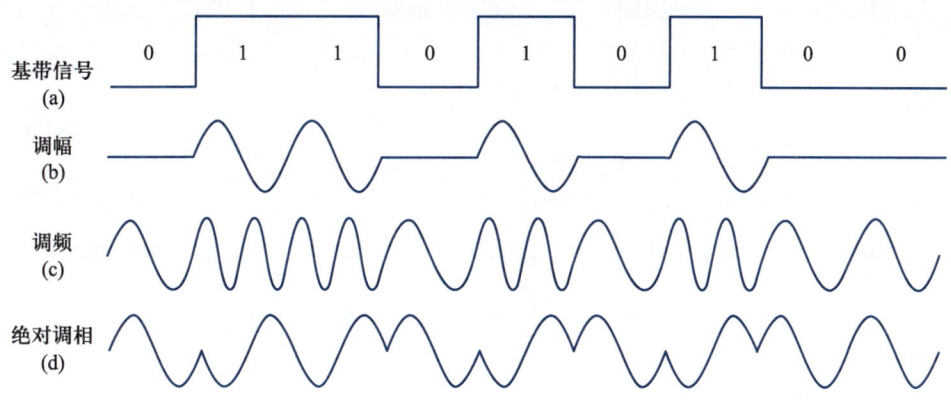

图 3-21　模拟信号调制方法

（2）频率调制（Frequency Modulation，FM）

频率调制即载波的频率随着基带数字信号的变化而变化。这种调频方法被称为频移键控。在调频编码技术中，通过改变信号频率来表示二进制 0 和 1，而信号的振幅和相位保持不变。

如图 3-21（c）所示。其特点是信号容易实现，技术简单，但抗干扰能力较强。

（3）相位调制（Phase Modulation，PM）

相位调制即载波的初始相位随着基带数字信号的变化而变化。这种调相方法被称为相移键控。在调相编码技术中，通过改变信号相位来表示二进制 0 和 1，最大振幅和频率都保持不变。

例如，可以用初始相位 0^0 来表示二进制 0，用初始相位 180^0 来表示二进制 1，如图 3-21（d）所示。其特点是抗干扰能力较强，但信号实现技术比较复杂。

相位调制技术又分绝对相位调制和相对相位调制技术，如图 3-22 所示。

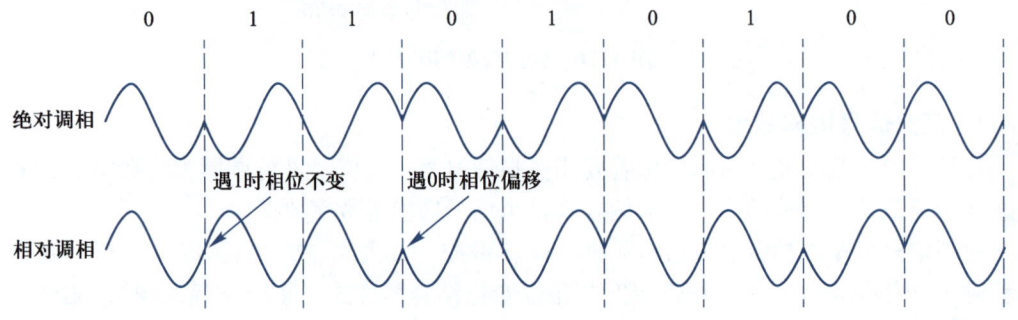

图 3-22　相位调制技术分类

微课 3-6
数字信号编码

2. 数字信号编码技术

数字数据的数字信号编码，就是要解决数字数据的数字信号表示问题，即通过对数字信号进行编码来表示数据。数字信号编码的工作由网络上的硬件完成，常用的编码方法有以下三种。

（1）非归零编码

非归零编码可分为单极性非归零编码和双极性非归零编码。如图 3-23（a）所示为单极性非归零编码：在每一码元时间内，无电压表示数字"0"，有恒定的正电压表示数字"1"。如图 3-23（b）所示为双极性非归零编码：在每一码元时间内，以恒定的负电压表示数字"0"，以恒定的正电压表示数字"1"。

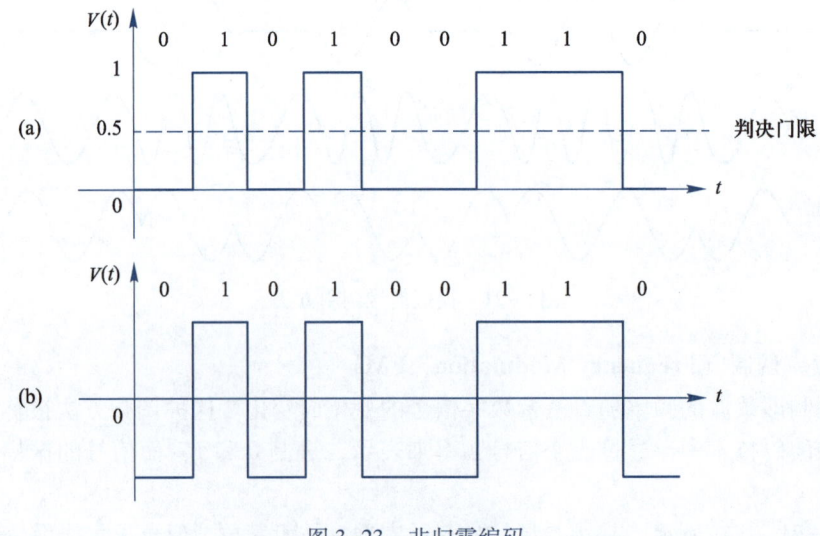

图 3-23　非归零编码

非归零编码是指编码在发送"0"或"1"时，在一码元的时间内不会返回初始状态（零）。当连续发送"1"或"0"时，上一码元与下一码元之间没有间隙，使接收方和发送方无法保持同步，如图3-24所示。为了保证收、发双方同步，往往在发送非归零编码的同时还要用另一个信道同时发送同步时钟信号。

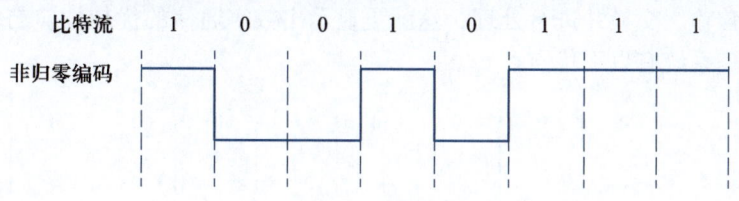

图3-24 非归零编码连续信号

（2）归零编码

归零编码是指编码在发送"0"或"1"时，在一码元的时间内会返回初始状态（零），如图3-25所示。归零编码可分为单极性归零编码和双极性归零编码。

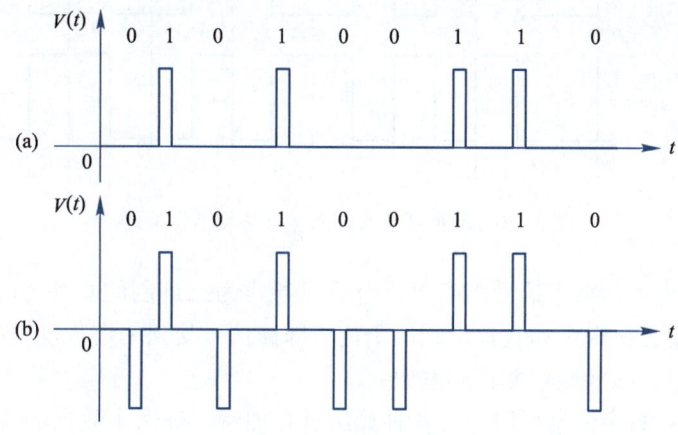

图3-25 归零编码

如图3-25（a）所示为单极性归零编码：以无电压表示数字"0"，以恒定的正电压表示数字"1"。与单极性非归零编码的区别是："1"码发送的是窄脉冲，发完后归到零电平。如图3-25（b）所示为双极性归零编码：以恒定的负电压表示数字"0"，以恒定的正电压表示数字"1"。与双极性非归零编码的区别是：两种信号波形发送的都是窄脉冲，发完后归到零电平。

（3）自同步编码

自同步编码是指编码在传输信息的同时，将时钟同步信号一起传输过去。这样在数据传输的同时就不必通过其他信道发送同步信号。局域网中的数据通信常使用自同步编码，其典型代表是曼彻斯特编码和差分曼彻斯特编码，如图3-26所示。

曼彻斯特（Manchester）编码：每一位的中间（1/2周期处）有一跳变，该跳变既作为时钟信号（同步），又作为数据信号。从高到低的跳变表示数字"0"，从低到高的跳变表示数字"1"。

差分曼彻斯特（Different Manchester）编码：每一位的中间（1/2周期处）有一跳变，但是该跳变只作为时钟信号（同步）。数据信号根据每位开始时有无跳变进行取值：有跳变表示数字"0",无跳变表示数字"1"。

近年来,数字通信无论在理论上还是技术上都有了突飞猛进的发展。数字通信和模拟通信相比,具有抗干扰能力强、可以再生中继、便于加密、易于集成化等一系列优点。另外,各种通信业务,无论是话音、电报,还是数据、图像等信号,经过数字化后都可以在数字通信网中传输、交换并进行处理,这就更显示出数字通信的优越性。与模拟通信系统相比,数字通信系统有以下优点。

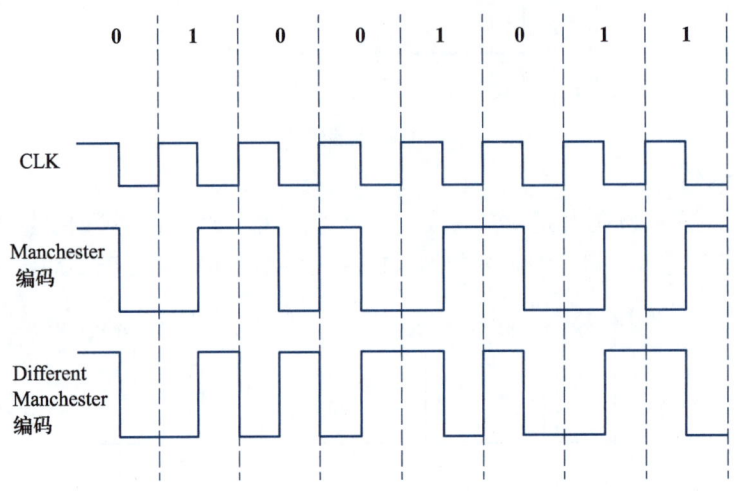

图 3-26 曼彻斯特编码和差分曼彻斯特编码

① 抗干扰能力强:数字信号由离散值组成(通常为二进制的 0 和 1),这使得它们在传输过程中更容易抵抗噪声和其他形式的干扰。即使信号受到一定程度的破坏,只要幅度差异仍然可以区分,接收端就能正确解码。

② 易于加密:数字信息可以通过各种算法进行加密,确保了数据的安全性和隐私性。这对于保护敏感信息至关重要。

③ 便于存储和处理:数字信号可以方便地被计算机和数字设备处理、压缩、存储,并且不会像模拟信号那样随着时间或重复使用而退化。

④ 高效利用频谱资源:通过多路复用技术,如时分多路复用(TDM)、频分多路复用(FDM)或码分多路复用(CDM),数字通信能够更有效地利用可用的频率带宽。

⑤ 高保真度:由于数字通信中可以采用错误检测和纠正机制,因此可以在很大程度上保证传输的信息质量,减少误码率,从而提供更高的保真度。

⑥ 灵活性和多功能性:数字通信系统可以轻松集成语音、视频、文本等多种类型的数据,实现多媒体通信,并且可以根据需要灵活调整配置和服务。

这些特性使得数字通信成为现代通信网络的基础,并广泛应用于互联网、移动电话网络、卫星通信等众多领域。

3.2.2 多路复用技术

在通信技术中,复用就是在一条传输媒体上同时传输多路用户的信号。其目的是提高信道传输效率,减少信道的等待时间,提高信道的利用率,降低通信成本。

当一条传输媒体的传输容量大于多条信道传输的总容量时,就可以通过复用技术,在这条传输媒体上建立多条通信信道,以便充分利用传输媒体的带宽。

尽管实现信道复用会增加通信成本(需要复用器、分用器以及费用较高的大容量共享信道),但在远距离传输时,可以大大节省电缆的成本,以及电缆安装与维护费用,如图 3-27 所示。

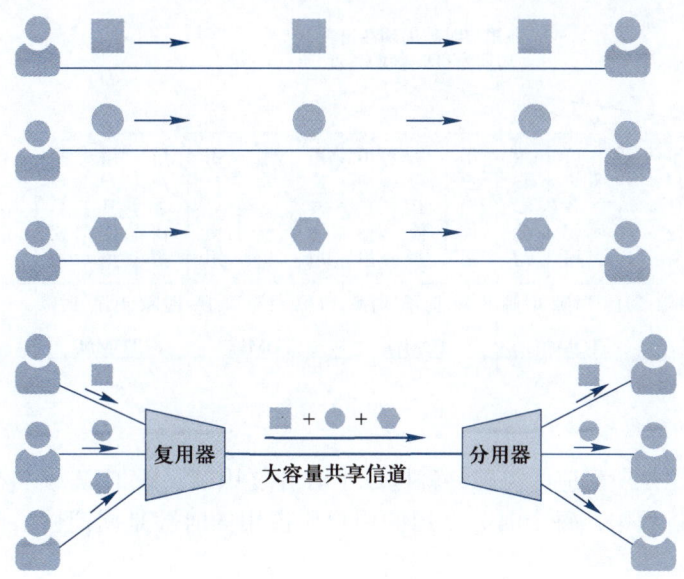

图 3-27　多路复用技术

1. 频分复用(Frequency Division Multiplexing,FDM)

频分复用是将信道的频率带宽划分为多个子频带,每个子频带作为一个通信子信道,每对用户使用其中的一个子信道进行通信,各个子信道之间需要留出隔离频带,以免造成子信道间的干扰。在接收端,使用相关技术将子信道的信号分离出来,恢复原始信号,如图 3-28 所示。

微课 3-7
信道复用技术

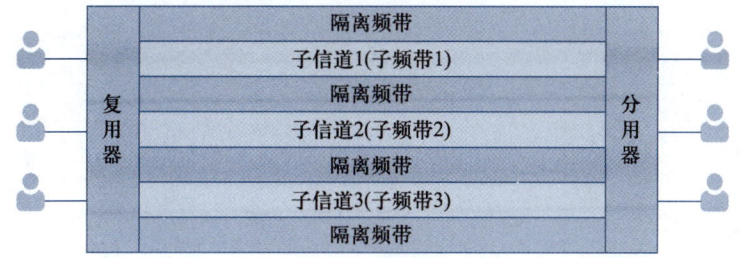

图 3-28　频分复用

如图 3-28 所示为 FDM 系统的原理图,假设有 3 个输入源,分别输入 3 路信号到频分多路器 FDM-MUX,多路器将每路信号调制在不同的载波频率上。采用频分多路复用时数据在各子信道上是并行传输的。由于各子信道相互独立,故一个信道发生故障时不影响其他信道。每路信号以其载波频率为中心,占用一定的带宽,此带宽范围称作一个通道。接收端通过多路分用器将信号分离出来,形成独立的信号供终端使用。

2. 时分复用（Time Division Multiplexing，TDM）

时分复用是将整个信道传输信息的时间划分成若干时间片（简称时隙），每个时隙传输一个信号，如图3-29所示。每一个时分复用的用户，在其相应时隙内，独占传输媒体的资源进行通信，类似于操作系统的并发性。时分复用的所有用户是在不同的时间占用同样的频带宽度。时分复用有利于数字信号的传输。

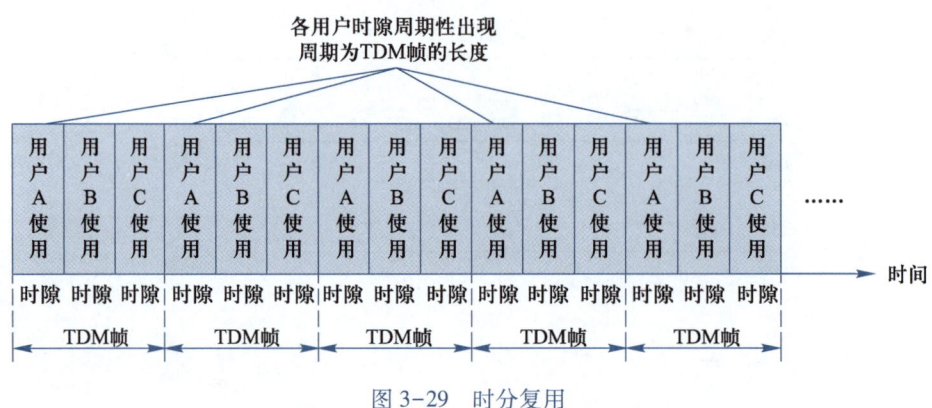

图3-29 时分复用

时分复用的用户所对应的时隙，就构成了时分复用帧，即TDM帧。在使用时分复用技术进行通信的过程中，每个时分复用的用户所占用的时隙是周期性出现的，周期就是TDM帧的长度。

3. 波分复用（WDM）

波分复用是一种将多个不同波长的光信号复用到同一根光纤中进行传输的技术。在发送端，多个光信号经过复用器汇合在一起，并耦合到光纤中进行传输。在接收端，光信号经过解分用器分离，并由光接收机进行进一步处理以恢复原信号，如图3-30所示。这种技术可以有效地提高光纤通信系统的容量和效率。

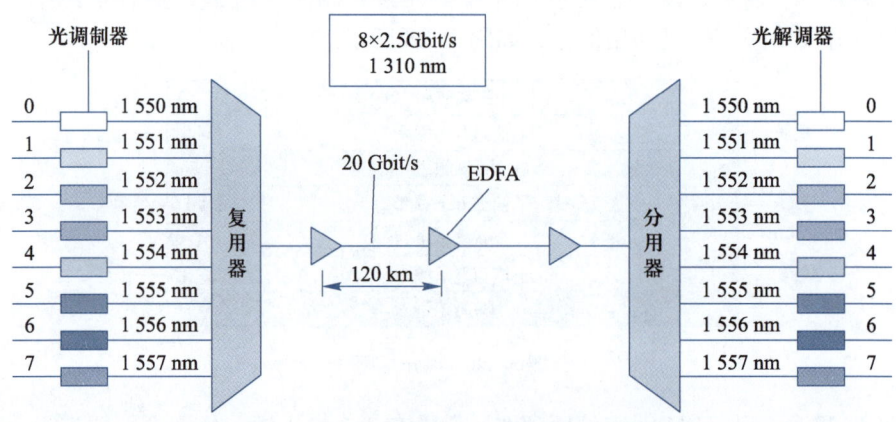

图3-30 波分复用

波分复用具有可灵活增加光纤传输容量、同时传输多路信号、成本低、维护方便、可靠性高、应用领域广泛的技术特点和优势。

4. 码分复用（Code Division Multiple Access，CDMA）

码分多路复用是一种用于移动通信系统、无线计算机网络以及移动性计算机联网的复用技术，它采用地址码和时间、频率共同区分信道的方式。这种技术可以有效地提高频谱资源的利用率，并与波分复用技术结合使用，进一步提高系统容量。

3.2.3 数据交换技术

通信的目的就是为了实现信息的传递。数据经编码后在通信线路上进行传输的最简单形式是在两个互连的设备之间直接进行数据通信。但是网络中所有设备都直接两两相连是不现实的，通常要经过中间节点将数据从信源逐点传送到信宿，从而实现两个设备之间的通信。

在数据通信网络中，通过网络节点的某种转接方式来实现从任一端系统到另一端系统之间接通数据通路的技术称为数据交换技术。网络中常用的数据交换技术可分为两大类：电路交换技术和存储转发交换技术，其中存储转发交换技术又可分为报文交换技术和分组交换技术。

1. 电路交换技术

电路交换方式与电话交换方式的工作过程很类似。两台计算机通过通信子网交换数据之前，首先要在通信子网中通过交换设备间的线路连接，建立一条实际的专用物理通路，如图3-31（a）所示。

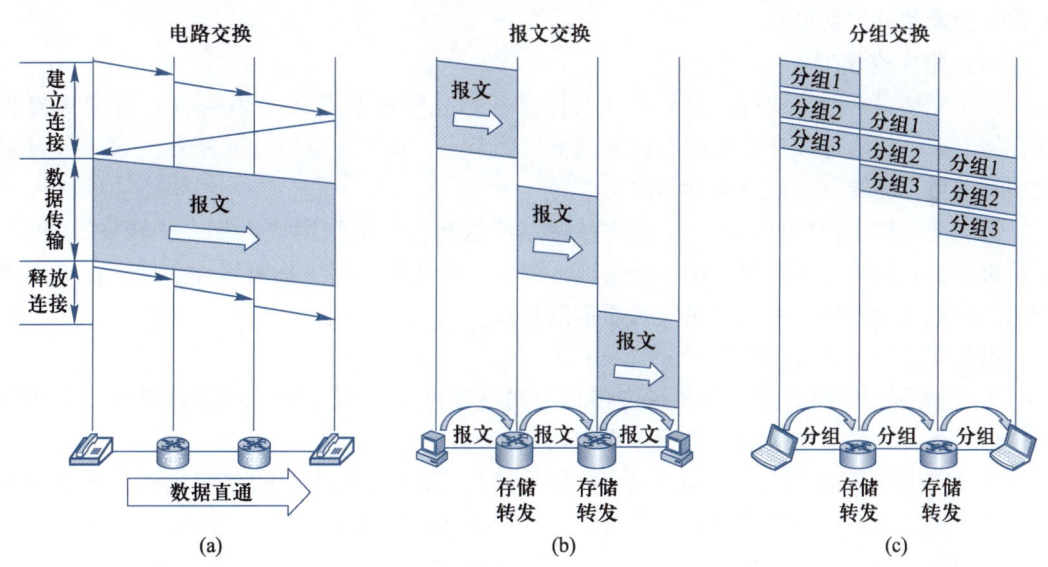

图3-31 数据交换技术分类

电路交换技术主要有以下几个步骤：

① 线路建立：在数据传送之前，必须先建立一条利用中间节点构成的端到端的专用物理连接线路；

② 数据传输：两端点沿着已建立好的线路传输数据；

③ 线路拆除：数据传输结束后，拆除该物理连接，以释放该连接所占用的专用线路资源。

电路交换技术特点如下:

① 线路建立后,所有数据直接传输,因此数据传输可靠、迅速、有序(按原来的次序);

② 线路接通后即为专用信道,因此线路利用率低,如线路空闲时,信道容量被浪费。而线路建立时间较长,会造成有效时间的浪费,如只有少量数据要传送时,也要花不少时间用于建立和拆除电路;

③ 电路交换技术适用于高负荷的持续通信和实时性要求较强的场合(如会话式通信),不适合突发性通信。

电路交换技术的不足之处:

① 资源浪费:计算机网络中数据通信的特点是突发性通信,线路上真正用于传送数据的时间一般不到10%,甚至是1%,在绝大部分时间中线路实际上是空闲的;

② 适应性不强:计算机网络中各种设备差别很大,使用电路交换技术,不同类型、不同规格、不同速率的计算机很难互相进行高效通信;

③ 不够灵活:只要通信双方建立的线路中任何一点出现故障,就必须重新拨号建立新的连接。

2. 存储转发交换

存储转发交换是指网络节点(交换设备)先将途经的数据按传输单元接收并存储下来,然后选择一条适当的链路转发出去。根据转发的数据单元的不同,存储转发交换又分为报文交换和分组交换。

(1) 报文交换

报文交换是指网络的每一个节点(交换设备)先将整个报文(Message)完整地接收并存储下来,然后选择合适的链路转发到下一个节点,如图3-31(b)所示。每个节点都对报文进行存储转发,最终到达目的地。

报文交换技术的特点:第一、报文从源点传送到目的地采用"存储——转发"方式,在传送报文时,某一时刻仅占用一段通道;第二、在交换节点中临时缓冲存储,报文需要排队,故报文交换技术不能满足实时通信的要求。

报文交换技术的优点如下:

① 电路利用率高。由于许多报文可以分时共享两个节点之间的通道,所以对于同样的通信量来说,其对电路的传输能力要求较低;

② 在电路交换网络上,当通信量变得很大时,就不能接收新的呼叫。而在报文交换网络上,通信量大时仍然可以接收报文,不过传送延迟会增加;

③ 报文交换系统可以把一个报文发送到多个目的地,而电路交换网络很难做到这一点。

报文交换技术的缺点如下:

① 不能满足实时或交互式的通信要求,报文经过网络的延迟时间长且不定;

② 有时节点收到过多的数据而无空间存储或不能及时转发时,就不得不丢弃报文,而且发出的报文不能按顺序到达目的地;

③ 在报文交换中,一般不限制报文的大小,这就要求各个中间节点必须使用磁盘等外部设备来缓存较大的数据块,这样提高了对中间设备的要求,同时也增加了设备费用。

(2) 分组交换

报文交换技术不适合进行交互式数据通信，所以为了解决上述问题，人们又引入了分组交换技术。

分组交换是报文交换的一种改进，它将一个完整报文拆分成若干个分组，每个分组的长度有一个上限，有限长度的分组使得每个节点所需的存储能力降低，分组可以存储到内存中，提高了交换速度，如图 3-31（c）所示。分组交换是计算机网络使用最广泛的一种数据交换技术。

分组交换的基本原理：分组交换需要将待传输数据（即报文）分割成较小的数据块，每个数据块附加上地址、序号等控制信息构成数据分组，每个分组独立传输到目的地，目的地将收到的分组重新组装，还原为报文。

分组交换的优点如下：
① 交换设备的存储容量要求低；
② 交换速度快；
③ 可靠传输效率高；
④ 更加公平。

分组交换可采用数据报交换和虚电路交换两种传输方式。

① 数据报交换

数据报交换是一种无连接的服务提供方式。发送端将数据分成若干个较小的分组，采取存储和转发工作方式，允许每个分组走不同的路径，每个分组都被单独处理。

如图 3-32 所示，发送端 A 将待发送的数据拆分为 2 个分组，分组 1 和分组 2 选择了不同的传输路径，最后在交换中心 6 处汇合，数据到达接收端 D 后重新组成完整的数据。

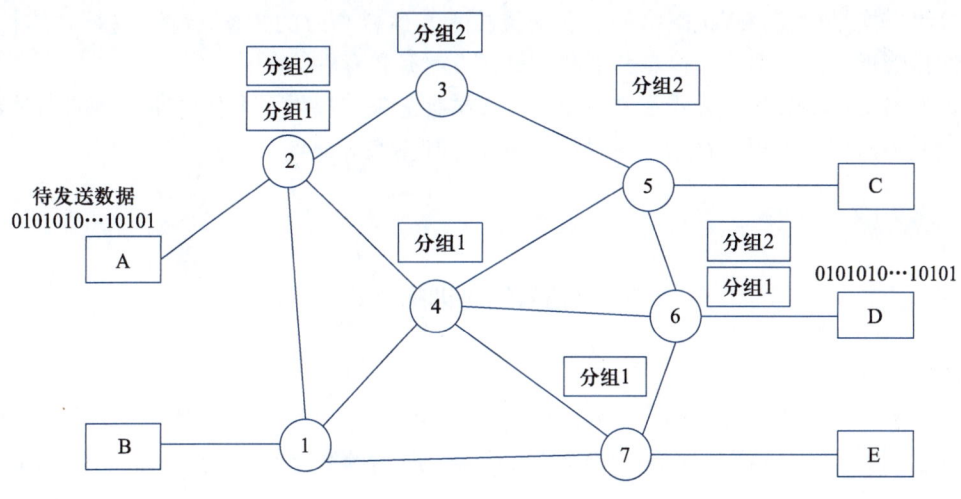

图 3-32 数据报交换实例

② 虚电路交换

虚电路交换是一种面向连接的服务提供方式。在数据发送之前要建立一条逻辑连接，连接建立后，分组数据将在这条逻辑连接上传输，如图 3-33 所示。

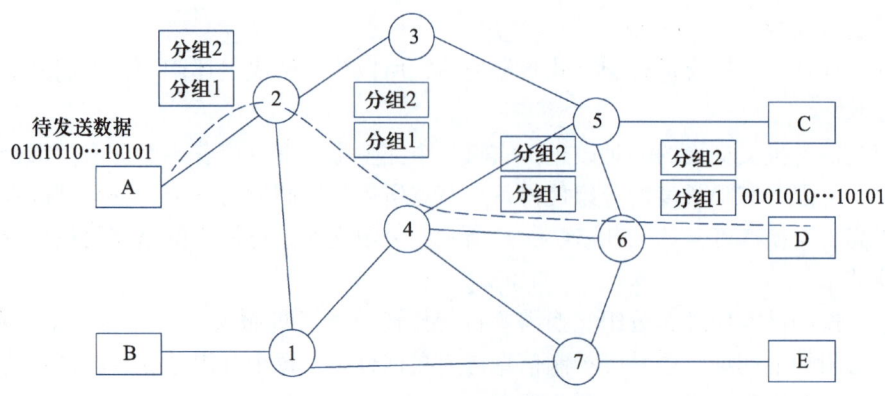

图 3-33 虚电路交换

虚电路交换建立的是逻辑信道,即虚通道,不是电路交换中的一条专用的独占物理信道。虚通道上的交换设备都有缓冲装置,只有在虚通道对应的物理信道空闲时才会进行发送,这实际上是对物理信道使用了分时共享技术。ATM 异步传输模式就是一个典型的虚电路交换技术的应用,ATM 能在一条物理信道上同时建立起多条虚电路,以提供不同的业务(如语音、数据以及图像传送),广泛用于骨干网络,适用于各种高速数据交换业务。

3. 各种交换方式的比较

电路交换适合低频次、大量数据的传输,传输效率高,但建立/释放连接时间长,线路利用率低。

报文交换适合灵活的数据传输需求,无需建立连接,支持差错控制,但报文不定长管理复杂。

分组交换是现代计算机网络的主要交换技术,适合高效的数据传输,支持差错控制,分组定长管理方便,但控制信息开销和存储转发时延仍存在。

虚电路交换将数据报方式和电路交换方式结合起来,提供了类似电路交换的高效数据传输,但仍需建立虚拟电路,存在时间开销和低利用率等缺点。

▶ 任务实战

信号编码训练

【实践环境】

小海和小马搭建了 10BASE-T 的网络环境,小海向小马发送了一串数据,小马的计算机网卡收到如图 3-34 所示的信号波形,小马运用所学的数据编码技术,成功获取了小海发送的数字信号。

【任务步骤】

依据小海和小马的网络环境,可以得知使用的数据编码方式是曼彻斯特编码。
曼彻斯特编码规则:
1. 码元中间时刻的跳转既是表示时钟,也表示数据;

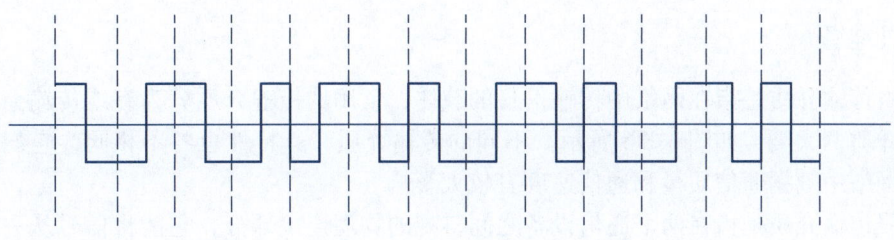

图 3-34 接收信号波形

2. "0"被编码为一个上升沿和一个下降沿；
3. "1"被编码为一个下降沿和一个上升沿。

这种编码方式使得在信号上升沿和下降沿的时刻都存在跳动，从而能够更容易地提取出信号中的时钟信息以供同步使用。由于曼彻斯特码在每个时钟位都必须有一次变化，因此，其编码的效率仅可达到50%左右。

依据曼彻斯特编码规则，如图 3-35 所示，分析其编码的二进制数据为0101100100100。

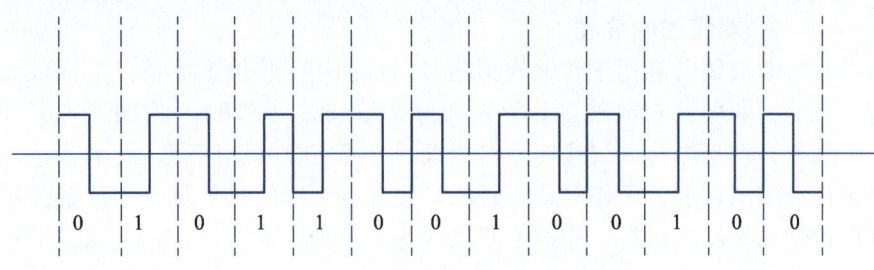

图 3-35 分析接收信号波形

【思考问题】

假设小海使用的是差分曼彻斯特编码技术，那么小马收到时二进制数据是什么？

任务 3.3 双绞线制作

▶ 任务描述

为了优化校园的信息化教学环境，一批老旧机房正在进行改造，一批性能更优的新计算机已经就位。信研网络社团接到了一项重要任务：为这些新设备重新制作并铺设网线，确保所有电脑能够顺利接入校园网络。为了圆满完成这项任务，社团成员们积极投入学习，深入研究传输介质的特点及其制作方法。

▶ 任务目的

熟悉各种传输介质的特点和应用场景；能按拓扑结构选择适合的传输介质进行组网，能够独立制作双绞线。

知识准备

网络传输介质是指在网络中传输信息的载体，常用的传输介质分为有线传输介质和无线传输介质两大类，如图 3-36 所示。不同的传输介质，其特性也各不相同，它们不同的特性对网络中数据通信质量和通信速度有较大影响。

有线传输介质是指在两个通信设备之间实现的物理连接部分，它能将信号从一方传输到另一方，有线传输介质主要有双绞线、同轴电缆和光纤。双绞线和同轴电缆传输电信号，光纤传输光信号。

3.3.1 双绞线

双绞线是目前局域网中最常用的一种布线材料。双绞线是由两根互相绝缘的铜导线用规则的方法扭绞而成的一种传输介质。把两根绝缘的铜导线按一定密度互相绞在一起，可降低信号干扰的程度，每一根导线在传输中辐射的电波会被另一根线上发出的电波抵消。

微课 3-8
通信传输介质

1. 双绞线的分类

双绞线既能用于传输模拟信号，也能用于传输数字信号。双绞线按其是否有屏蔽，可分为非屏蔽双绞线（UTP）和屏蔽双绞线（STP），如图 3-36、图 3-37 所示。二者的差异在于屏蔽双绞线在一对双绞线外面有金属铜缠绕，有的还在几对双绞线的外层用铜编织网包上，用作屏蔽，目的是提高双绞线的抗干扰能力，最外层再包上一层具有保护性的聚乙烯塑料。非屏蔽双绞线除了缺少屏蔽层外，其余均与屏蔽双绞线相同。

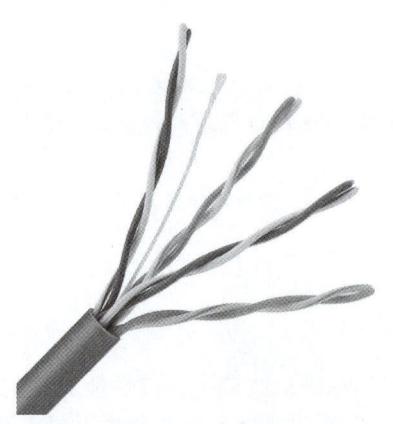 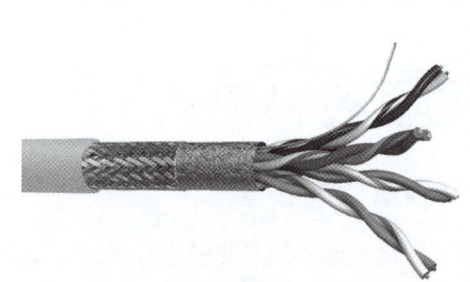

图 3-36　非屏蔽双绞线（UTP）　　　　　图 3-37　屏蔽双绞线（STP）

非屏蔽双绞线是许多类型网络中使用的 4 对线介质。计算机网络中常用的是五类线、超五类线和六类线，见表 3-3。双绞线电缆的外部护套上通常会在每隔一定距离印有一些标识，不同厂商标识略有不同，但主要标识为：双绞线类型、NEC/UL 防火测试和级别、CSA 防火测试、长度标志、生产日期、双绞线的生产商、产品编码。

表 3-3 双绞线分类表

类别	数据传输速率	用途	说明
一类线（CAT1）	最大 20 kbit/s	用于报警系统，或只适用于语音传输	不用于数据传输
二类线（CAT2）	最高 4 Mbit/s	常见于使用 4 Mbit/s 规范令牌传递协议的旧的令牌网	用于语音传输
三类线（CAT3）	最高 10 Mbit/s	应用于语音、10 Mbit/s 以太网（10BASE-T）和 4 Mbit/s 令牌环	最大网段长度为 100 m，采用 RJ 形式的连接器，已淡出市场
四类线（CAT4）	最高 16 Mbit/s	基于令牌的局域网、10BASE-T/100BASE-T 以太网	最大网段长为 100 m，采用 RJ 形式的连接器，未被广泛采用
五类线（CAT5）	最高 100 Mbit/s	主要用于 100BASE-T 和 1000BASE-T 网络	最大网段长为 100 m，采用 RJ 形式的连接器
超五类线（CAT5e）	100 Mbit/s	主要用于千兆位以太网（1000 Mbit/s）	衰减小，串扰少，并且具有更高的衰减与串扰的比值（ACR）和信噪比（SNR）、更小的时延误差，使性能得到很大提高
六类线（CAT6）	最高 1000 Mbit/s	主要用于百兆位以太网（100 Mbit/s）和千兆位以太网（1000 Mbit/s）	改善了在串扰以及回波损耗方面的性能，适用于传输速率高于 1 Gbit/s 的应用
超六类线（CAT6e）	1000 Mbit/s	主要用于千兆位以太网（1000 Mbit/s）	
七类线（CAT7）	10 Gbit/s	用于万兆位以太网	

类型数字越大、版本越新，技术越先进、带宽也越宽，当然价格也越贵。这些不同类型的双绞线标注方法是这样规定的，如果是标准类型则按 CATx 方式标注，如常用的五类线和六类线，则在线的外皮上标注为 CAT5、CAT6。而如果是改进版，就按 CATxe 方式标注，如超五类线就标注为 CAT5e。

无论是哪一种线，衰减都随频率的升高而增大。在设计布线时，要考虑到受到衰减的信号还应当有足够大的振幅，以便在有噪声干扰的条件下能够在接收端正确地被检测出来。

2. 双绞线的线序标准

双绞线的线序标准分为 A、B 两种：一种是 EIA/TIA 568A 标准，一种是 EIA/TIA 568B 标准。如图 3-38 所示。

T568A 排线顺序：绿白、绿、橙白、蓝、蓝白、橙、棕白、棕。

T568B 排线顺序：橙白、橙、绿白、蓝、蓝白、绿、棕白、棕。

在目前的网络中，为了保持最佳的兼容性，普遍采用 EIA/TIA 568B 标准来制作网线。

（1）直连线。直连线用于将计算机连入到集线器或者交换机的以太网端口，或在结构化布线中由计算机连接到信息插座，或由配线架连接到交换机等不同种设备的连接。如

图 3-39 所示给出了 T568B 标准端子的直连线线序排序。

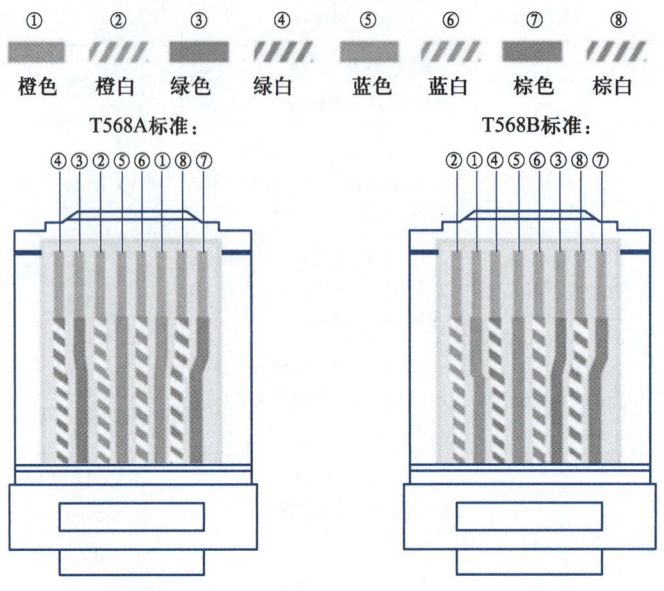

图 3-38　双绞线线序标准

（2）交叉线。交叉线用于计算机与计算机直接连接、交换机与交换机直接连接、路由器与路由器直接连接、计算机连接到路由器的以太网接口等同种设备的连接。交叉线一端排列顺序为 T568B，另一端排列顺序为 T568A，如图 3-40 所示。

图 3-39　T568B 直连线线序　　　　　图 3-40　交叉线排线顺序

注意：目前的网络或者终端设备的网络接口基本上都可以自适应，但仍然需要了解交叉线与直连线在最初的区别和应用。

3.3.2　同轴电缆

同轴电缆（Coaxial Cable）也是一种常见的传输介质。一般是由 4 层物料构成：最内里是一条导电铜线，用来传输信号；线的外面有一层绝缘材料；绝缘层外面又有一层薄的网状外导电体（一般为铜或合金），然后导电体外面是最外层的绝缘物料作为外皮。如图 3-41 所示。

同轴电缆可用于模拟信号和数字信号的传输，适用于各种各样的应用，其中最重要的有电视传播、长途电话传输、计算机系统之间的短距离连接以及局域网等。

同轴电缆可分为两种基本类型：基带同轴电缆和宽带同轴电缆。

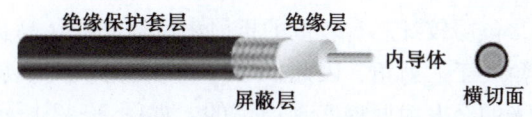

图 3-41 同轴电缆

1. 基带同轴电缆

基带同轴电缆的屏蔽层通常是用铜做成的网状结构，其特征阻抗为 50 Ω。该电缆用于传输数字信号，常用的型号一般有 RG-8（粗缆）和 RG-58（细缆）。粗缆与细缆最直观的区别在于电缆直径不同。粗缆适用于比较大型的局部网络，它的标准距离长，可靠性高；但是粗缆网络必须安装收发器和收发器电缆，安装难度也大，因此总体造价高。相反，细缆则比较简单，造价较低；但由于安装过程中要切断电缆，因而当接头较多时容易产生接触不良的隐患。

无论是使用粗缆还是细缆连接的网络，故障点往往会影响到整根电缆上的所有机器，故障的诊断和修复都很麻烦。因此，基带同轴电缆已逐步被非屏蔽双绞线或光缆所取代。

2. 宽带同轴电缆

宽带同轴电缆的屏蔽层通常是用铝冲压而成的，其特征阻抗为 75 Ω。这种电缆通常用于传输模拟信号，常用型号为 RG-59，是有线电视系统 CATV 中的标准传输线缆，可以在一根电缆中同时传输多路电视信号。

3.3.3 光纤

光纤是光导纤维的简写，是一种可以传输光信号的网络传输介质。与其他传输介质相比，光纤不容易受电磁或无线电频率干扰，所以传输速率较高、带宽较宽、传输距离也较远。同时，光纤也比较轻便，容量较大，本身化学性稳定不易腐蚀，能适应恶劣环境。

光纤通常用高纯度石英玻璃拉成的细丝作为纤芯，纤芯外面包围着一层折射率比纤芯低的玻璃封套，俗称包层，包层使得光线保持在纤芯内。再外面的是一层薄的塑料外套，即涂覆层，用来保护包层。光纤通常被扎成束，外面有外壳保护。如图 3-42 所示。

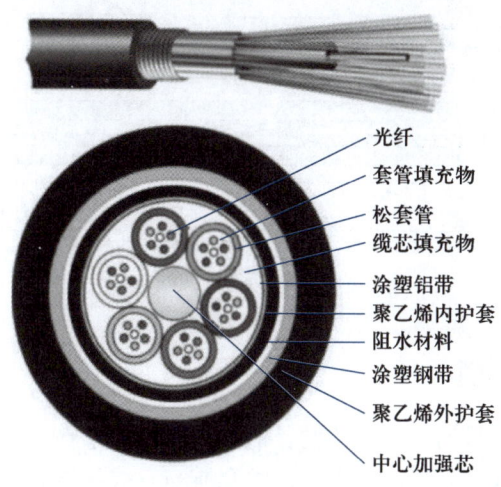

图 3-42 光纤结构

纤芯用来传导光波，包层较纤芯有较低的折射率。当光纤从高折射率的媒体射向低折射率的媒体时，其折射角大于入射角，因此，当入射角足够大时，就会出现全反射。简而言之，光纤主要是利用光的全发射原理实现通信的，如图 3-43 所示。光在纤芯中的传输基本没什么损耗，这是光纤飞速发展的关键因素。

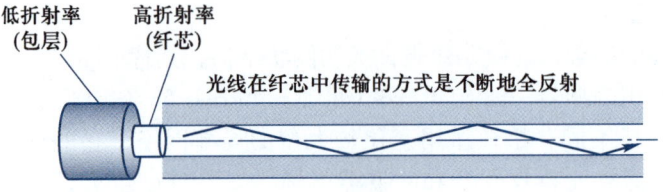

图 3-43 光纤工作原理

光纤根据传输点模数的不同，可以分为单模光纤和多模光纤。所谓"模"是指以一定角度进入光纤的一束光。在多模光纤中，芯的直径是 50 μm 和 62.5 μm 两种，大致与人的头发丝的粗细相当。而单模光纤芯的直径为 8 μm~10 μm，常用的是 9 μm。芯外面包围着一层折射率比较低的玻璃封套，以使光纤保持在芯内，再外面是一层薄塑料外套，用来保护封套。

多模光纤则采用二极管做光源，允许多束光在光纤中同时传输，多模光纤纤芯粗、传输速率低、距离短，整体传输性能差，但其成本低，一般用于建筑物内或地理位置相邻的建筑物间的布线环境。

单模光纤采用固体激光器做光源，只允许一束光传播，纤芯相应比较细，传输频带宽、容量大、传输距离长，但因其需要激光光源，成本较高，通常在建筑物之间或地域分散时使用。如图 3-44 所示。

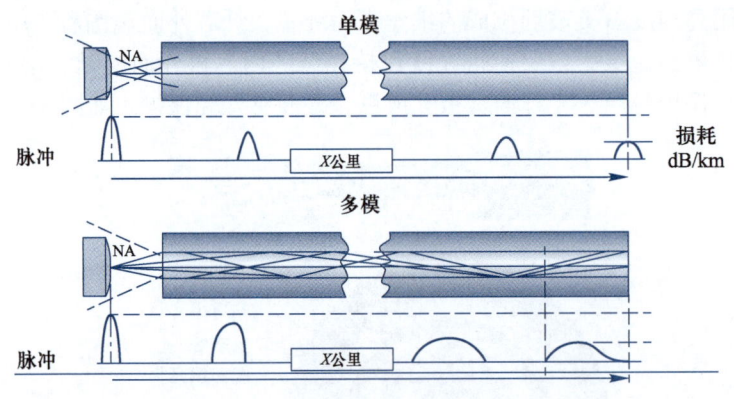

图 3-44 单模光纤与多模光纤

3.3.4 无线传输介质

无线传输介质是指信号通过大气传输，信号不能被约束在一个物理导体内，常见的有无线电波、微波、激光和红外线等。无线传输介质与有线传输介质相比，最大的优点是不需要铺设传输线路，且允许终端设备在一定范围内移动。对于高山、岛屿或偏远地区，有线传输介质铺设困难,这时,无线传输介质就成为有线介质的延长。除此之外,无线传输介质的使用也为大量便携式终端设备接入网络提供了方便。

1. 无线电波

目前大部分的无线网络都采用无线电波作为传输介质,因为无线电波的传输距离较远,也很容易穿过障碍物。无线电波是全方位传播的,因此无线电波的发射和接收装置不需要精确对准。

大气中的电离层是具有离子和自由电子的导电层,无线电波就是利用地面发射的电波通过电离层的反射,或电离层与地面的多次反射而到达接收端的一种远距离通信方式。由于电离层的不稳定性,因而无线通信与其他通信方式相比,在质量上存在不稳定性。如图 3-45 所示。

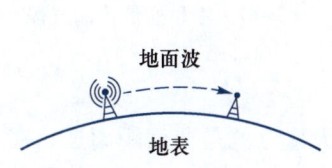

图 3-45 无线电波

无线电波通信使用的频率一般在 30 MHz～1 GHz,它的传播特性与频率有关。在低频段,无线电波能轻易地绕过一般障碍物,但其能量随着传播距离的增大而急剧递减。在高频段,无线电波趋于直线传播并易受障碍物的阻挡,还会被雨水吸收。而对于所有频率的无线电波,都很容易受到其他电子设备的各种电磁干扰。

2. 微波

微波是指频率为 300 MHz～300 GHz 的电磁波,是无线电波中一个有限频带的简称。微波频率比一般的无线电波频率高,通常也称为"超高频电磁波"。

由于微波只能沿直线传播,所以微波的发射天线和接收天线必须精确对准。而且如果两个微波塔相距太远,一方面,地球表面会挡住去路,另一方面,微波长距离传送会发生衰减,因此每隔一段距离就需要一个中继站。中继站之间的距离与微波塔的高度成正比。由于受地形和天线高度的限制,两个中继站之间的距离一般为 30 km～50 km。而对于 100 m 高的微波塔,中继站之间的距离可以达到 80 km。地面微波传输原理如图 3-46 所示。

微波通信在传输质量上比较稳定,但微波在雨雪天气时会被吸收,从而造成损耗。微波通信的缺点是保密性不如电缆和光纤好,对于

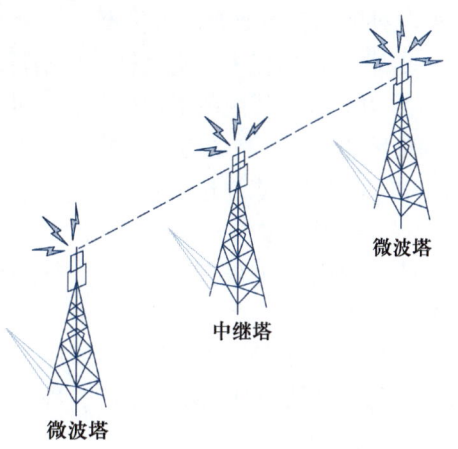

图 3-46 地面微波传输原理

保密性要求比较高的应用场合需要另外采取加密措施。目前数字微波通信被大量运用于计算机之间的数据通信。

3. 卫星通信

在微波通信中，如果使用地球同步卫星做中继站，就是卫星通信。常用的卫星通信方法是在地面站之间利用36000 km高空的同步地球卫星作为中继器的一种微波接力通信。卫星通信可以克服地面微波通信距离的限制，只要在地球赤道上空的同步轨道等距离放置3颗卫星就可以覆盖地球上的全部通信区域。这样，地球上的各个地面站之间就都可以互相通信了。如图3-47所示。

卫星通信可以分空间部分和地面部分，在两个部分之间是传输信道。空间部分是通信卫星，负责微波信号的转发，而地面部分是微波电台，也称为地面站，负责微波信号的发送和接收。

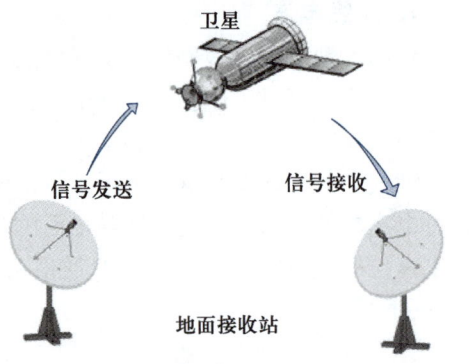

图3-47 卫星通信传输过程

卫星通信可以克服地面微波通信的距离限制，其最大特点就是通信距离远，在卫星电波覆盖范围内，任何一处都可以通信，且通信费用与通信距离无关。卫星通信的频带比微波接力通信的频带更宽，通信容量更大，信号所受到的干扰较小，误码率也较低，通信比较稳定可靠。其缺点是传播时延较长。卫星通信或已成为现代通信的主要手段之一，其应用包括电话、电视、天气预报、军事通信等各种各样的业务和数据传输。但卫星通信的通信费用高，延时较大。

4. 红外线

红外线通信是利用红外线传输信号的通信技术，通信系统配置有红外线发射器和红外线接收器。红外线的频率在300 GHz～200000 GHz的范围，其发射器和接收器可以安装在室内或室外，但它们之间不能有障碍物。

红外线通信主要有以下优点：

① 收发器体积小、质量轻、价格低；

② 红外线的使用范围比较灵活，不像电磁波，能够使用的频率和功率等都要受到国家和地区的限制，有的需要报批；

③ 红外线不能绕越障碍物，只能在可视范围内传输，比较安全，容易管理。

红外线通信主要有以下缺点：

① 不稳定。如果在收发器之间存在障碍物，红外线不能绕行通信。此外，其还比较容易受到太阳光、荧光灯等光噪声干扰；

② 半双工通信。由于容易受到反射影响，收发器的红外线波长是固定的，不易实现多波长的红外线同时收发，难以实现全双工。

5. 激光

激光通信是利用激光束调制成光脉冲用以传输数据。激光通信只能传输数字信号，不能传输模拟信号。激光通信必须配置一对激光收发器，而且要安装在视线范围内。激光的频率比微波高，可以获得较高的带宽。激光具有高度的方向性，因而难以窃听、插入数据和被干扰，但同样易受环境影响，而且传输距离不远。激光通信的另一个缺点是激光硬件会发出少量射线污染环境。

> 小贴士
>
> 中国移动通信技术经历了 1G 空白、2G 跟随、3G 突破、4G 并跑、5G 引领的跨越式发展，走出了一条逆袭之路。我们要牢固树立中华民族自尊心、自信心和自豪感，坚持自力更生、自主创新，勇担网络强国、数字中国、智慧社会的主力军。

▶ 任务实战

双绞线制作

【实践环境】

至少 2 台装有操作系统的计算机，各自安装有可以正常运行的网卡（NIC）。

【任务步骤】

1. 制作双绞线所需材料

（1）双绞线

双绞线是由不同颜色的 4 对 8 芯线组成，每两条按一定规则绞织在一起，成为一个芯线对。

（2）RJ-45 水晶头

双绞线的两端必须都安装 RJ-45 插头，以便插在网卡、集线器（Hub）或交换机（Switch）RJ-45 接口上。水晶头共有 8 个引脚，一般只使用了第 1、2、3、6 号引脚，各引脚的意义如下：引脚 1 接收（Rx+）；引脚 2 接收（Rx-）；引脚 3 发送（Tx+）；引脚 6 发送（Tx-）。

🔊 提示

RJ-45 水晶头的引脚编号顺序是：当金属引脚面对自己，并朝向正上方时，从左向右顺序为 1~8。如图 3-48 所示。水晶头的接线应按标准连接，否则网络无法通信。

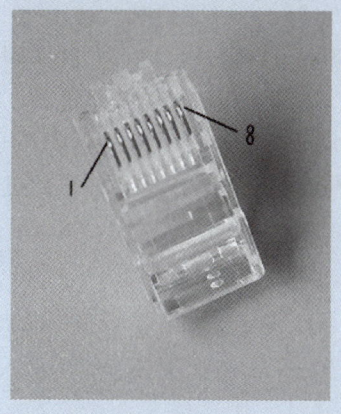

图 3-48　RJ-45 水晶头引脚编号顺序

（3）压线钳

压线钳主要由剥线口、切线口和压线模块组成，功能是剥线、切线和压接 RJ-45 接头。如图 3-49 所示。

（4）测试仪

测试仪是用来测试线缆连通性的工具，通常都有两个 RJ-45 的接口。其面板上有若干指示灯，用来显示导线是否导通。如图 3-50 所示。

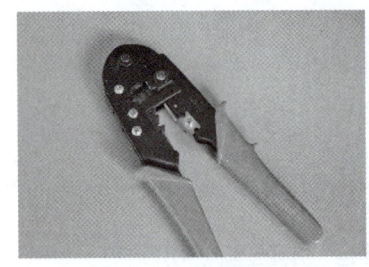

图 3-49　压线钳

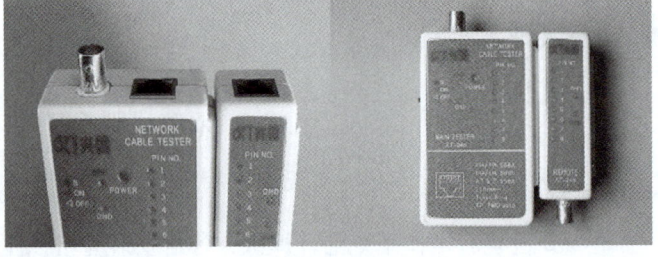

图 3-50　测试仪

2. 双绞线的制作过程

根据设计方案，需要做的是计算机与交换机的连接线，也就是直连线。首先，选用 T568B 线序，是按照：橙白，橙；绿白，蓝；蓝白，绿；棕白，棕的顺序来制作的。两个水晶头的线序都一样。如图 3-51 所示。

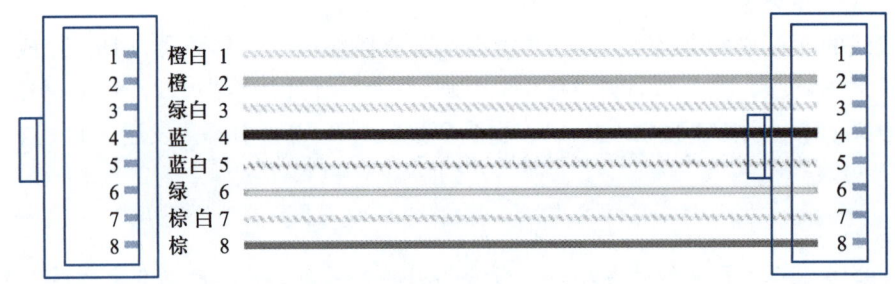

图 3-51　直连线

制作网线的材料和工具准备齐全之后就可以开始制作网线了，网线的制作基本上分为下面几步：剥线、排线、剪线、插线、压线、测线。准备工具如图 3-52 所示。

① 剥线：取适当长度的一段双绞线，然后把网线放入压线钳的剥线口，如图 3-53 所示，慢慢转动网线和钳子，把网线的绝缘皮割开。注意此过程中用力要恰到好处，过轻则剪不断绝缘皮；过重则会把里面的网线剪断。

> 📢 提示
>
> 剥线时长度应适中，不能剥除太多，应该有部分外皮被水晶头的卡口压紧，以承受网线的拉力。一般建议剥去 1.5 cm～2.5 cm 最佳。

② 排线：确定制作的是直连线，并按照对应关系将双绞线中的线色按前面所述的顺序进行排列。如图 3-54 所示。

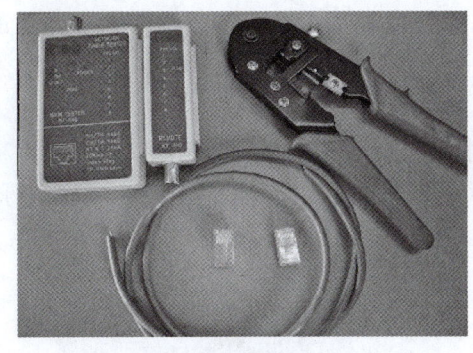

图 3-52 材料和工具

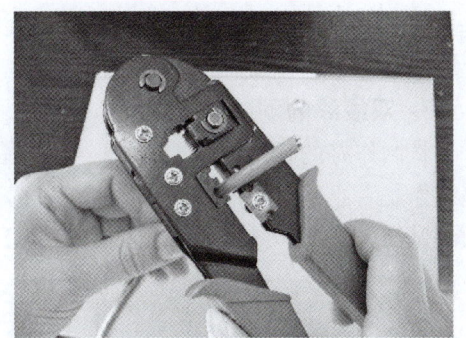

图 3-53 剥线

③ 剪线:把线尽量抻直、压平、挤紧理顺,然后用压线钳把线头剪平齐。如图 3-55 所示。注意,剪的时候需要保留的去掉外层绝缘皮的部分约为 1 cm~1.5 cm。

图 3-54 排线

图 3-55 剪线

> 提示
> 制作过程中左手按住导线将其剪齐拿出后手不能松,否则线序容易打乱。如图 3-56 所示。

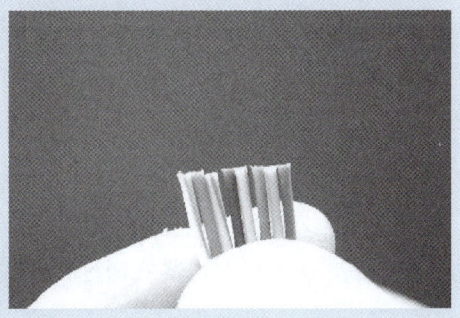

图 3-56 剪齐平的双绞线

④ 插线:以拇指和食指捏住水晶头,使有塑料弹片的一侧向下,金属引脚面向自己,方向朝右上方,接线插口向左下方。将双绞线的 8 根导线插入水晶头,注意要将所有 8 根导线都插到顶端。如图 3-57 所示。

⑤ 压线：将水晶头放入压线钳的压线槽，右手慢慢地用力，用压线钳将水晶头上的金属引脚压紧。如图 3-58 所示。

3. 双绞线的测试

将制作好的双绞线两端的 RJ-45 水晶头分别插入测试仪两端，打开测试仪电源开关检测制作是否正确。如图 3-59 所示测试直连线时，测试仪两端指示灯都按 1~8 顺序闪烁，而测试交叉线时，测试仪的测试端指示灯按 3、6、1、4、5、2、7、8 的顺序闪烁。

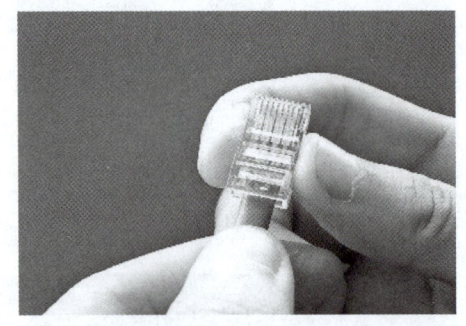

图 3-57 插线

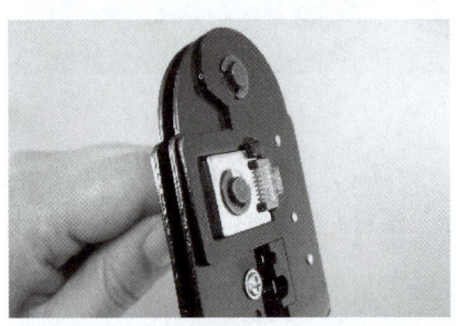

图 3-58 压线

若连接不正常，显示情况如下：

① 当有一根导线断路，则主测试仪和远程测试端对应线号的灯都不亮；

② 当有几条导线断路，则相对应的几条线号的灯都不亮，当导线少于 2 根线连通时，灯都不亮；

③ 当两头网线乱序，则远程测试端的线号灯不会按 1~8 顺序闪烁；

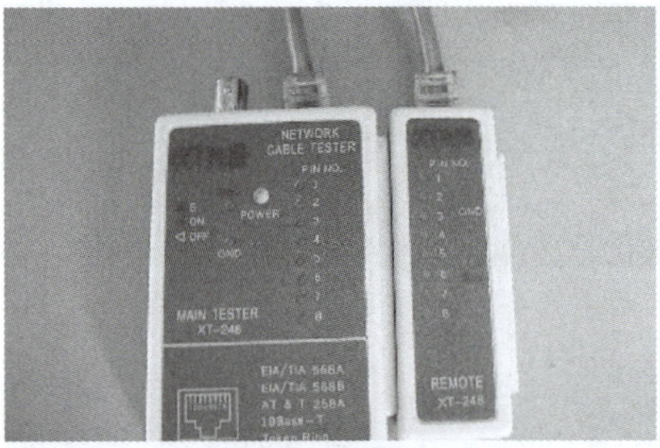

④ 当导线有 2 根短路时，则主测试仪显示不变，而远程测试端显示短路的两根线号灯都亮。若有 3 根以上（含 3 根）线短路时，则所有短路的几条线对应的灯都不亮；

图 3-59 测试

⑤ 如果出现红灯或黄灯，就说明存在接触不良等现象，此时最好先用压线钳压制两端水晶头一次，再测，如果故障依旧存在，就得检查一下芯线的排列顺序是否正确。如果芯线顺序错误，那么就应重新进行制作。

> **小贴士**　在任务实施过程中，需要经过剥线、排线、剪线、插线、压线、测线等一系列的工序才能完成一根双绞线的制作，制作过程中很容易由于粗心等原因导致线缆制作失败，所以在实践的过程中需要凝神聚力，精益求精，培养工匠精神。

【思考问题】

1. 用测线仪测试网线时出现部分灯不亮是什么原因造成的？
2. 制作水晶头时线序接错会产生什么结果？

思考与练习

一、选择题

1. 在物理层接口特性中，用于描述完成每种功能的时间发生顺序的是（　　）。
   A. 机械特性　　　B. 功能特性　　　C. 过程特性　　　D. 电气特性
2. 下列选项中，不属于物理层接口规范定义范畴的是（　　）。
   A. 接口形状　　　B. 引脚功能　　　C. 物理地址　　　D. 信号电平
3. （"网络系统建设与运维"1+X 证书样题）不受电磁干扰和噪声影响的传输介质是（　　）。
   A. 屏蔽双绞线　　B. 非屏蔽双绞线　C. 光纤　　　　　D. 同轴电缆
4. 我们几乎每天都要使用的 Wi-Fi，其信号属于（　　）。
   A. 无线电波　　　B. 微波　　　　　C. 红外线　　　　D. 可见光
5. 双绞线是用两根绝缘导线绞合而成的，绞合的主要目的是（　　）。
   A. 减少干扰　　　　　　　　　　　B. 提高信号传播速率
   C. 增大传输距离　　　　　　　　　D. 增大抗拉强度
6. 多模光纤传输光信号的原理是（　　）。
   A. 光的折射特性　　　　　　　　　B. 光的发射特性
   C. 光的绕射特性　　　　　　　　　D. 光的全反射特性
7. 以下关于单模光纤的说法中，正确的是（　　）。
   A. 光纤越粗，数据传输率越高
   B. 如果光纤的直径减小到只有光的一个波长大小，那么光沿直线传播
   C. 光源可以使用发光二极管
   D. 接收端可使用光电二极管
8. 对讲机的通信方式属于（　　）。
   A. 单向通信　　　B. 双向交替通信　C. 双向同时通信　D. 并行通信
9. 被用于计算机内部数据传输的是（　　）。
   A. 串行传输　　　B. 并行传输　　　C. 同步传输　　　D. 异步传输
10. 一次传输一个字符（5~8 位组成），每个字符用一个起始码引导，同一个停止码结束，如果没有数据发送，发送方可以连续发送停止码，这种通信方式称为（　　）。
    A. 并行传输　　　B. 串行传输　　　C. 同步传输　　　D. 异步传输
11. 以下描述错误的是（　　）。
    A. 无需另外传输同步信号
    B. 微波只能沿直线传播
    C. 直通线用于计算机与计算机直接连接
    D. 差分曼彻斯特编码中用电平高低来表示 0 和 1
12. 传统的模拟电视系统采用的复用方式是（　　）。
    A. 同步 TDM　　　B. 统计 TDM　　　C. FDM　　　　　D. WDM

13.（"网络系统建设与运维" 1+X 证书样题）在以下传输介质中，带宽最宽，抗干扰能力最强的是（　　）。

　　A. 双绞线　　　　　B. 无线信道　　　　C. 同轴电缆　　　　D. 光纤

14. 某网络在物理层规定，信号的电平用+10 V～+15 V 表示二进制 0，用-10 V～+15 V 表示二进制 1，电线长度限于 15 m 以内，这体现了物理层接口的（　　）。

　　A. 机械特性　　　　B. 功能特性　　　　C. 电气特性　　　　D. 规程特性

二、填空题

1. 计算机网络中常用的三种有线媒体是同轴电缆、_____、_____。

2. 串行数据通信的方向性结构有三种，即单工、_____和_____。

3. 通信系统中，称调制前的电信号为_____信号，调制后的信号为调制信号。

4. _____通信只能有一个方向的通信而没有反方向的交互。无线电广播或有线电广播以及电视广播就属于这种类型。

5. 计算机主机与输入、输出设备之间一般采用_____传输方式，如键盘、典型的 RS-232 串口。

6. _____是指二进制码元在数据传输系统中被传错的概率。

7. 基带同轴电缆是指_____Ω 的同轴电缆。它主要用于_____传输系统。

8. 物理层下面的传输媒体中，同轴电缆可分为_____电缆和_____电缆，双绞线可分为_____双绞线和_____双绞线，光纤可分为_____光纤和_____光纤。

三、问答题

1. 组建一个小型对等局域网的物理连接过程中，需要哪些硬件？用五类 UTP 制作直通线和交叉线时，连线顺序有什么不同？两种线各有什么用处？

2. 物理层的接口有哪几个方面的特性？各包含些什么内容？

3. 常用的多路复用技术有哪些？简述其工作原理。

项目 4 数据安全传输的护卫——数据链路层

 项目导读

本项目的目标是了解数据在网络中传输的安全是如何保障的。数据在传输过程中出错了怎么办。用什么方法去检测,用什么方法去纠正。主要内容为:数据链路层的功能、差错控制、流量控制、数据链路层的设备,本项目重、难点及课证融通点见表 4-1 所示。

表 4-1 项目 4 重难点及课证融通点

重点	差错控制、数据链路层设备
难点	CRC 码生成规则
课证融通点	其中交换机相关内容对接 1+X 证书"网络系统建设与运维(初级)"与"网络系统建设与运维(中级)"考点

 职业能力目标和要求

知识目标
- ❖ 理解数据链路层的功能、实现及主要协议;
- ❖ 掌握常见网络设备的功能及应用;
- ❖ 掌握差错控制方法;
- ❖ 掌握以太网 MAC 地址的概念。

能力目标
- ❖ 能进行网络设备的选型与配置;
- ❖ 能够运用正确方法查看 MAC 地址。

项目 4　数据安全传输的护卫——数据链路层

素养目标
- ❖ 培养家国情怀；
- ❖ 能对自我身心需求进行分析评价、适应调节和情绪管理；
- ❖ 培养工匠精神，要求做事严谨、精益求精、着眼细节。

情景导入

信研网络社团已经顺利完成网线的制作与连接工作，现在由小海负责对机房网络进行全面测试。在测试过程中，小海思考了一个问题：在网络传输过程中，数据是否会出错或丢失？如果发生这种情况，应该如何处理？网络又是如何确保数据准确无误地传输到目的地的呢？

带着这些疑问，小海请教了社团指导老师何老师。何老师解释道，在网络传输中，数据确实有可能因信号干扰、硬件故障或其他不可预见的因素而出错或丢失。为了应对这些问题，网络采用了多种机制来保证数据传输的可靠性，比如校验和、自动重传请求、冗余编码等。何老师建议小海深入学习数据链路层的差错控制和流量控制功能，这样可以更好地理解这些技术和策略是如何协同工作的。

任务 4.1 本机 MAC 地址解析

▶ 任务描述

小海为了搞清楚数据链路层的主要功能及应用，打算从以下几方面进行学习：
1. 数据链路层的主要功能。
2. 数据链路层的主要设备。
3. 什么是 MAC 地址？

▶ 任务目的

了解数据链路层的主要功能以及数据帧，观察数据链路层设备，能够掌握查看 MAC 地址的多种方法。

▶ 知识准备

4.1.1 数据链路层的功能

数据链路层是 OSI 参考模型中的第 2 层，它通过封装成帧、差错控制、流量控制、链路管理以及物理地址识别等功能，确保了相邻网络节点之间可靠的数据传输，为上层网络层提供了逻辑无差错的数据传输服务，具体如下。

微课 4-1
数据链路层的作用

① 封装成帧：数据链路层将从网络层接收的数据分割并封装成帧。每个帧都有固定的格式，包括帧头、数据部分和帧尾。帧头包含控制信息，如源地址、目的地址等，帧尾则通常包含用于检测错误的校验序列。通过特定的帧定界符或标志位，接收方能够识别帧的开始和结束，实现帧同步。

② 差错控制：数据链路层采用差错控制机制，如循环冗余校验（CRC）或其他校验方式，检测数据帧在传输过程中是否出错。一旦发现错误，数据链路层可以采取重传等措施来纠正错误，保证数据的完整性和准确性。

③ 流量控制：数据链路层还负责控制数据传输速率，防止发送方过快发送数据导致接收方无法及时处理，从而避免数据丢失或网络拥塞。通过实施流量控制机制，数据链路层能够确保网络资源的有效利用和数据的顺畅传输。

④ 链路管理：对于面向连接的服务，数据链路层还负责链路的建立、维护和释放过程。这包括在通信开始时建立连接、在通信过程中维护连接状态以及在通信结束时释放连接资源。

⑤ 物理地址识别：数据链路层使用物理地址（MAC 地址）来进行节点间的通信。在发送数据时，数据链路层会将目的 MAC 地址添加到帧头中，以确保数据帧能够被正确送达目标主机。

4.1.2 数据链路层设备

1. 网卡（Network Interface Card，NIC）

网卡是数据链路层中最基本的设备之一，它通常被集成在计算机的主板上或作为扩展卡插入计算机的扩展槽中，如图4-1所示。网卡的主要功能是将计算机内部的数据转换为适合在物理介质上传输的格式，并通过物理介质（如双绞线、光纤等）与其他计算机或网络设备进行通信。网卡具有唯一的物理地址（MAC地址），用于在网络中标识和识别设备。一台主机可以插入一块网卡，也可以插入多块网卡。无论是双绞线连接、同轴电缆连接还是光纤连接，都必须借助于网卡才能实现数据的通信。

微课4-2 数据链路层设备

网卡的功能主要有两个：一是将主机的数据封装为帧，并通过网线（对无线网络来说就是无线电波）将数据发送到网络；二是接收网络上其他设备传过来的帧，并将帧重新组合成数据，发送到所在的主机。

2. 网桥（Bridge）

网桥是数据链路层的设备，用于连接多个局域网（LAN），并智能地转发数据帧。它通过检查数据帧的源和目的MAC地址来决定是否以及如何转发数据。其主要功能包括：

（1）网络扩展：网桥可以连接不同的网络段，从而扩大网络的物理覆盖范围和主机数量。

图4-1 有线网卡和无线网卡

（2）数据过滤：它维护一个MAC地址表，依据目的MAC地址判断是否需要转发数据帧，以确保只有必要的流量被传递到相应的网络部分。

（3）逻辑隔离：通过过滤数据帧，网桥可以隔离不同网段之间的通信，防止不必要的广播流量扩散，提升网络的安全性和效率。

（4）速率匹配：网桥内置缓冲器，能够调整不同网段间的数据传输速率，确保数据流畅传输。

（5）协议转换：在某些情况下，网桥还可以转换数据帧格式，使它们兼容不同局域网的协议要求。

3. 交换机（Switch）

交换机是数据链路层中的核心设备之一，通过维护一个MAC地址表来转发数据帧。交换机接收来自端口的数据帧，根据数据帧中的目的MAC地址查找MAC地址表，确定数据帧的转发端口，然后将数据帧转发到相应的端口。交换机能够显著提高网络的数据传输效率和带宽利用率。

交换机由网桥发展而来，其是一种多端口的网桥，通过在交换机内部配备大容量的交换式背板来实现高速数据交换。网桥的端口数较少，通常只有2~4个端口，而交换机通常具有较高的端口密度。交换机的每个端口都可以接入一个网段，也可以直接接入用户主机。与网桥类似,交换机内部也建立了一张"端口号/MAC 地址映射"关系的交换表。当交换机收到数据帧时,首先提取帧首部的目的 MAC 地址,由交换机控制部件根据交换表找出目的 MAC 地址对应的输出端口号,然后在输入端口和输出端口之间建立一条物理连接,并将数据帧从输入端口经过输出端口转发出去,数据帧传送完毕后即撤销连接。若交换机同时收到多个数据帧,并且它们的输出端口不同,交换机将建立多条物理连接,在这些连接上同时转发各自的数据帧,从而实现数据的并发传输。因此,交换机是并行工作的,它支持多个信源与信宿端口之间同时并发通信,大大提高了数据转发的速率。

交换机作为多端口网桥,具备网桥拥有的全部功能,如物理上扩展网络、逻辑上划分网络等。作为网桥的改进设备,首先,交换机可以提供高密度的连接端口;其次,交换机采用基于交换背板的虚电路连接方式,可为每个交换端口提供更高的专用带宽,而网桥在数据流量较大时容易形成瓶颈,影响数据传输速率;另外,交换机的数据转发是基于硬件实现的,所以,较网桥采用软件实现数据存储转发具有更高的交换性能。正因为如此,在交换机问世后,网桥就逐渐退出了第 2 层网络互连设备的市场。

交换机种类很多,如以太网交换机、FDDI 交换机、帧中继交换机、ATM 交换机和令牌环交换机等,如图 4-2 所示给出了常见以太网交换机的产品图。

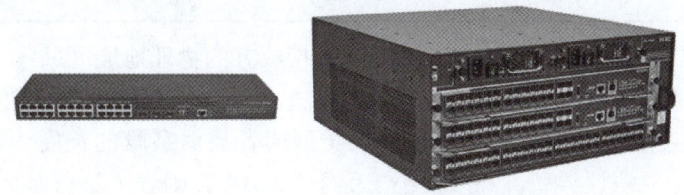

图 4-2 普通交换机和核心交换机

> **小贴士** 在互联网发展之初,交换机的设计与制造一直为思科等国外巨头所垄断。华为率先打破垄断,开启了国产化交换机先河。如今,我国主干网络的核心交换机使用的都是国产品牌,保证了主干网络的通信安全。

4.1.3 MAC 地址

MAC 地址(Media Access Control Address),又称物理地址或硬件地址,它是烧录在网卡等设备里的硬件地址,它具有全球唯一性,理论上讲世界上不存在具有相同 MAC 地址的两台网络设备。因此,MAC 地址可以作为在局域网中的唯一身份标识来标识网络设备(如计算机、交换机等)。

MAC 地址长度为 48 位(6 字节)二进制数,通常被表示为 12 个十六进制数,中间用冒号(:)或连字符(-)分隔,例如 00:90:27:3C:4D:5E 或 00-90-27-3C-4D-5E。

MAC 地址由两部分组成,包括组织标识符和扩展标识符。

1. 1—24 位为组织标识符,由 IEEE(电气和电子工程师协会)分配给各个网络设备制造商的唯一代码,这部分用于标识设备的制造商。

2. 25—48 位为扩展标识符，由制造商自行分配，用于区分同一制造商生产的不同设备。

MAC 地址在局域网（LAN）环境中尤为重要。在计算机网络中，每一台设备都需要一个唯一的标识符来确保数据能够准确地从一个设备传输到另一个设备。当网络设备（如计算机）想要发送数据时，它会将数据封装成一个数据帧，并在帧的头部包含源 MAC 地址（发送设备的 MAC 地址）和目的 MAC 地址（接收设备的 MAC 地址）。交换机等网络设备根据 MAC 地址来决定数据帧的转发路径，从而确保数据能够准确地传输到目标设备。

大多数网络设备的 MAC 地址是预先设定在硬件中的，由制造商在生产过程中写入。在某些情况下，可能需要手动更改网络设备的 MAC 地址（称为"MAC 地址克隆"或"MAC 地址欺骗"）。但需注意，这种操作可能会违反网络协议或导致网络安全问题。

4.1.4 以太网帧格式

以太网协议是数据链路层中使用最广泛的协议，以太网的数据帧格式见表 4-2。

表 4-2 以太网帧格式

目的 MAC 地址 （6 字节）	源 MAC 地址 （6 字节）	类型/数据长度 （2 字节）	数据字段 （46~1500 字节）	检验码 （4 字节）

1. 目的 MAC 地址：长度为 6 字节，表示帧接收方的物理地址（MAC 地址）。
2. 源 MAC 地址：长度为 6 字节，表示帧发送方的物理地址（MAC 地址）。
3. 类型：长度为 2 字节，表示上层协议类型或者数据字段的长度。如果值大于等于 0x0600，则表示上层协议类型。如果值小于等于 0x05DC，则表示是数据字段的长度。
4. 数据字段：长度最小 46 字节，最大 1500 字节，表示包含其他协议报头的数据包。如果数据不足 46 字节，需要补充至 46 字节。
5. 校验码：长度为 4 字节，通常是 CRC 检验码，检验数据在传输过程中是否出错。

▶ 任务实战

本机 MAC 地址解析

【实践环境】

学校计算机机房网络设备。

【任务步骤】

1. 使用可视化界面查看本机 MAC 地址

① 打开"控制面板"，找到"网络和 Internet"，查看"网络和共享中心"，然后"更改适配器设置"，可以看到 WLAN 为无线网卡（如存在无线网卡），以太网为有线网卡，如图 4-3 所示。

② 右击"以太网"查看属性，如图 4-4 所示。

③ 移动光标至"Realtek PCIe GbE Family Controller"，显示出此网卡的 MAC 地址，如图 4-5 所示。

任务 4.1　本机 MAC 地址解析

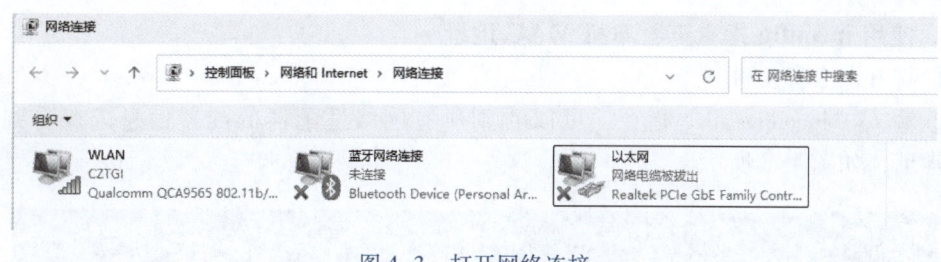

图 4-3　打开网络连接

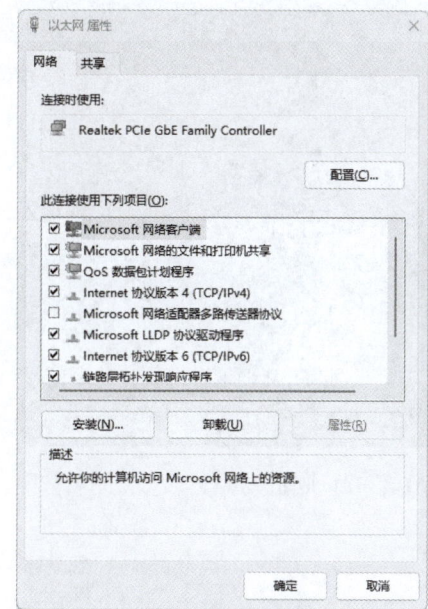

图 4-4　查看属性

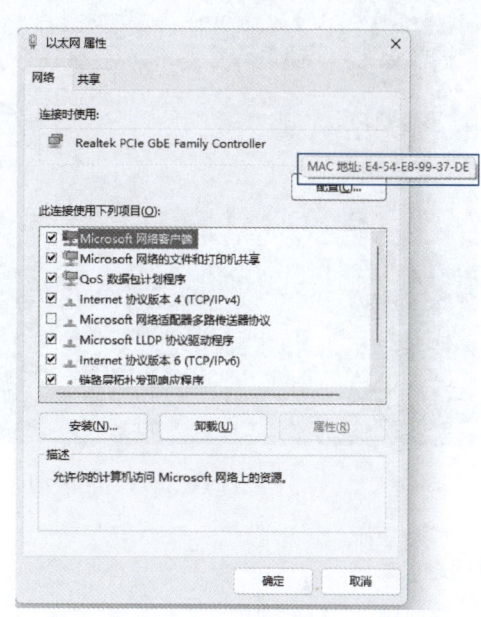

图 4-5　查看 MAC 地址

2. 使用 getmac 指令查看本机 MAC 地址

① 在系统搜索框中输入"cmd"指令，打开命令行窗口，如图 4-6 所示。

图 4-6　命令行窗口

② 输入"getmac/v"指令，可以看到不同的网络适配器的物理地址即 MAC 地址，如图 4-7 所示。

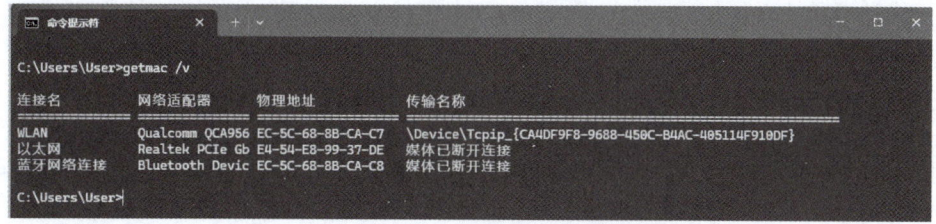

图 4-7　使用 getmac 指令查看 MAC 地址

105

3. 使用 ipconfig 指令查看本机 MAC 地址

① 打开命令行窗口。

② 输入"ipconfig/all"指令，可以看到所有网络适配器的配置信息，查看到本机 MAC 地址，如图 4-8 所示。

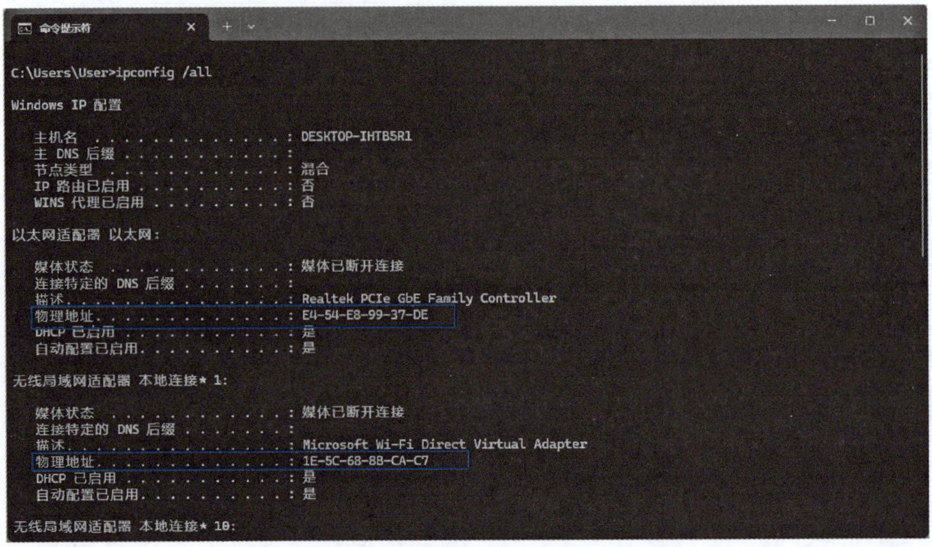

图 4-8 使用 ipconfig 指令查看 MAC 地址

【思考问题】

1. 如何修改 MAC 地址？
2. MAC 地址和 IP 地址有什么不同？

任务 4.2 数据链路层抓包实践

▶ 任务描述

小海为了搞清楚数据链路层控制机制的主要功能及应用，打算从以下几方面进行学习：

1. 数据链路层差错控制。
2. 数据链路层重发控制。
3. 数据链路层流量控制。
4. 数据链路层数据包抓取。

▶ 任务目的

了解数据链路的控制机制，使用抓包软件抓取数据包，并分析数据包，掌握数据分析的方法。

知识准备

4.2.1 差错控制

差错是指接收端收到的数据与发送端发送的数据出现不一致的现象。产生差错的主要原因是在通信线路上存在噪声干扰。这些噪声干扰主要有热噪声、电磁噪声、无线电噪声等。

差错控制的主要作用是发现传输过程中传输数据的错误,以便采取相应措施来纠正传输错误。差错控制的核心是采用校验码机制,利用校验码接收方会对接收到的数据进行校验,以确定数据在传输过程中是否发生差错。校验码按照功能的不同可以分为纠错码和检错码。纠错码不仅能够发现传输中的错误,还能够利用纠错码中的信息纠正传输错误;检错码只能用来发现传输错误,不能用来纠正错误,需要通过反馈重发来纠错。然而,由于使用纠错码时,收发双方需要耗费大量的计算资源,并且传输的冗余编码信息量较大,其系统效率比较低下,因此在计算机网络通信中一般不采用纠错码,而采用检错码加反馈重传机制来实现差错控制。奇偶校验和循环冗余校验是两种常用的技术。

1. 奇偶校验

奇偶校验是一种在数据传输过程中用来检测传输是否出错的校验方法之一。其基本原理是在每一个数据块的末尾添加一个校验位,使得所有数据块中"1"的个数(或"0"的个数)为奇数(或偶数)。在数据接收端,再次对接收到的数据计算奇偶值,并将计算结果与发送端传输的奇偶位进行比对,如果接收到的奇偶值与发送端传输的奇偶位不同,说明传输过程中发生了错误。可以分为水平奇偶校验、垂直奇偶校验和水平垂直奇偶校验。

微课 4-3
奇偶校验

(1)水平奇偶校验

水平奇偶校验是指在面向字符的数据传输中,在每个字符的 7 位信息码后附加一位校验码"0"或者"1",构成带有校验位的码组,使得码组中"1"的个数为偶数个(偶校验)或奇数个(奇检验)。进行数据传送时,把传输的字节和检验码一起发送出去。

例如,有两个字节分别是 1011011 和 1110111,它们的奇校验码对应分别为 10110110 和 11101111,使这两个码组中"1"的个数为奇数个。接收端在收到信号后,对每个码组检查其"1"的个数,如果"1"的个数为奇数(奇校验)或偶数(偶校验)就认为收到的数据正确,否则认为该码组有错,要求发送方重传。

水平奇偶校验也称为横向奇偶校验,其偶校验码见表 4-3,水平奇偶校验只能发现字符传输中的奇数个差错,而不能发现偶数个差错,因而对差错的漏检率接近 50%。

表 4-3 水平偶校验码

字 母	对应 ASCⅡ码	偶 校 验 码
a	1 1 0 0 0 0 1	1
b	1 1 0 0 0 1 0	1
c	1 1 0 0 0 1 1	0
d	1 1 0 0 1 0 0	1

续表

字　母	对应 ASCⅡ 码	偶校验码
e	1100101	0
f	1100110	0
g	1100111	1

（2）垂直奇偶校验

垂直奇偶校验是在整个数据段所有字节的某一位上进行奇偶校验，该数据段由 8 个字节组成，垂直奇偶校验分别对所有字节的第 0 位、第 1 位、…、第 7 位进行。垂直奇校验码见表 4-4。

表 4-4　垂直奇校验码

字　母	对应 ASCⅡ 码
a	1100001
b	1100010
c	1100011
d	1100100
e	1100101
f	1100110
g	1100111
奇校验码	0011111

垂直奇偶校验又称为纵向奇偶校验，它能够检测出每列中所有奇数个差错，但检错不出偶数个差错，其对差错的漏检率接近 50%。

（3）水平垂直奇偶校验

水平垂直奇偶检验又称方块校验，它是水平奇偶校验和垂直奇偶校验的综合，既对每个字节进行校验，又在垂直方向对所有字节的某一位进行校验，因此又称为矩阵码。矩阵码既可以检测出奇数个错，也可以检测出偶数个错。方块奇校验码见表 4-5。

表 4-5　方块奇校验码

字　母	对应 ASCⅡ 码	奇校验码
a	1100001	0
b	1100010	0
c	1100011	1
d	1100100	0
e	1100101	1
f	1100110	1
g	1100111	0
奇校验码	0011111	0

方块校验的特点是：能够检测出所有 3 位或 3 位以下的错误，以及奇数个差错、大部分偶数个差错和一些突发差错，其可使误码率降至原误码率的 1%~0.01%，还可以用来纠正部分差错，其只有部分偶数个差错不能被测出，适用于中、低速传输系统和反馈重传系统。

① 奇校验：在原始数据后添加一个校验位，使得包括校验位在内的数据中 1 的总数为奇数。

② 偶校验：在原始数据后添加一个校验位，使得包括校验位在内的数据中 1 的总数为偶数。

2. 循环冗余校验

循环冗余校验（Cyclic Redundancy Check，CRC）是一种基于多项式除法的错误检测技术。收发双方约定好一个生成多项式 G(X)，发送方基于待发送的数据和 G(X) 计算出差错检测码（冗余码或校验码），并将该码附加在待发送数据的后面。如果接收方收到的数据无法整除 G(X)，则说明数据在传输过程中出现了错误。

微课 4-4
CRC 循环
冗余校验

常用的 CRC 生成多项式有以下几种：

CRC-12　$G(x)=x^{12}+x^{11}+x^3+x^2+x+1$　即（1100000001111）

CRC-16　$G(x)=x^{16}+x^{15}+x^2+1$　即（11000000000000101）

CRC-32　$G(x)=x^{32}+x^{26}+x^{23}+x^{22}+x^{16}+x^{12}+x^{11}+x^{10}+x^8+x^7+x^5+x^4+x^2+x+1$

即（100000100110000010001110110110111）

生成多项式的位数越多，其检错能力越强。

【例 4-1】 已知信息码为 110011，则其信息多项式为 $K(X)=X^5+X^4+X+1$；生成码为 11001，则其生成多项式为 $G(x)=x^4+x^3+1$（这里生成多项式的阶数为 4），求循环冗余码和码字。

解：（1）由生成码 11001 可知，其生成多项式为 $G(x)=x^4+x^3+1$，取其最高项 x^4 与信息多项式 $K(X)$ 相乘得到码字 $T(X)$，即 $T(X)=K(X)\times X^4$

$T(X)=(X^5+X^4+X+1)\times X^4 = X^9+X^8+X^5+X^4$

其对应的码字是 1100110000。

（2）将码字 $T(X)$ 除以生成多项式 $G(x)$ 取余数得到余式 $S(X)$，

即 $S(X) = T(X)/G(x)$（按模二算法取余）

由计算结果得到循环冗余码是 1001，发送的码字是 1100111001。

```
                    1 0 0 0 0 1
G(x)→ 1 1 0 0 1 ) 1 1 0 0 1 1 0 0 0 0   ←T(X)
                  1 1 0 0 1
                      1 0 0 0 0
                      1 1 0 0 1
                        1 0 0 1   ←S(X)（冗余码）
```

【例 4-2】 已知接收到的码字是 1100111001，对应多项式是 $R(X)=X^9+X^8+X^5+X^4+X^3+1$，双方约定的生成码是 11001，其生成多项式是 $G(x)=x^4+x^3+1$（r=4）。验证接收到的码字的正确性；若正确，则指出相应的信息码和冗余码。

解：(1) 用接收到的码字 $R(X)$ 除以生成多项式 $G(x)$ 取余数得到余式 $S(X)$，若余数为 0，则接收到的码字正确；若余数不为 0，则接收到的码字不正确。

即 $S(X) = R(X)/G(x)$ （按模二算法取余）

$$
\begin{array}{r}
100001 \\
G(x) \to 11001 \overline{\smash{)}1100111001} \quad \leftarrow R(X) \\
\underline{11001} \\
11001 \\
\underline{11001} \\
0 \quad \leftarrow S(X)（冗余码）
\end{array}
$$

(2) 根据接收到的码字 1100111001，因为 $r=4$，所以信息码是 110011，冗余码是 1001。

> **小贴士**：校验不仅是检验数据正确性的手段，更是对待学习、工作和生活的严谨态度。正如在校验过程中不断寻找并修正错误一样，在人生的道路上，也应当时刻自省，勇于发现并改正自身的不足，不断提升自我，追求卓越。在未来的工作和生活中，能够秉持着对他人负责、对社会负责的态度，用心做好每一件事。

4.2.2　反馈重发机制

微课 4-5
反馈重发机制

反馈重发机制是通过接收方的反馈来告知发送方数据是否成功接收，若未成功，则发送方需重新发送数据。在数据通信过程中，由于物理信道的噪声、干扰等原因，数据可能会出现错误或丢失，反馈重发机制能够减少这类问题，提高数据传输的可靠性，是一种确保数据传输可靠性的重要手段。

反馈重发机制主要包括检错、反馈和重发 3 个步骤：

① 检错：接收方通过某种检错码（如奇偶校验码、循环冗余校验码等）检查接收到的数据帧是否有误；

② 反馈：如果检测到错误，接收方会向发送方发送一个错误信号（通常是一个否定应答），告知发送方数据未能正确接收；

③ 重发：发送方收到否定应答后，会重新发送出错的数据帧，直到接收方成功接收并发送肯定应答为止。

4.2.3　流量控制

微课 4-6
流量控制

流量控制是一种用于防止发送方发送数据过快，导致接收方缓冲区溢出而丢失数据的机制。由于链路两端节点的工作速率和缓存大小存在着差异，当发送方发送的数据大于接收方数据处理能力的时候，就会出现数据帧被淹没的情况发生，造成帧丢失。因此，通过流量控制，能够防止接收方不能及时处理而丢失数据，而且可以减少因重传而浪费的网络资源，从而确保数据能够平稳、有序地传输，避免因发送速度过快而造成的数据丢失或缓冲区溢出。

协调发送端和接收端的数据流量，确保发送的数据不会覆盖接收实体已接收的数据。

常用的流量控制的方法有两种：

1. 停止等待（stop-and-wait）

发送方每发送一个数据帧，就会等待接收方返给一个确认帧（ACK），只有当发送方接收到 ACK 之后才会继续发送下一帧，否则继续等待。这种发送和等待交替的过程不断重复，直到发送方发送了一个传输结束（EOF）帧，完成一次数据传输。

停止等待协议的优点是实现技术比较简单，缺点是通信信道的利用率不高，也就是说，信道还远远没有被数据比特填满。

2. 滑动窗口（Sliding Window）

滑动窗口协议通过允许发送方在等待确认时连续发送多个数据帧，从而提高了通信信道的利用率。接收方可以使用一个 ACK 确认帧来一次性确认多个正确接收到的数据帧。

为了管理未确认的数据帧，发送方需要保留它们的副本以便可能的重传，并且必须跟踪每个帧的唯一识别号。因此，发送方需要有足够的缓冲区空间来存储这些待确认的帧。然而，由于缓冲区容量有限，如果接收方处理速度跟不上发送方的速度，可能会导致缓冲区过载。为了避免这种情况，滑动窗口协议对发送方一次可以发送但尚未被确认的数据帧数量进行了限制，这个限制就是所谓的"发送窗口"。

发送窗口定义了发送方可以连续发送而无需等待确认的最大帧数。当发送窗口满时，发送方停止发送新帧，直到收到新的确认信息。同样，接收方也有一个接收窗口，它指示允许接收帧的数量和帧的序号。

如果发送窗口尺寸取值为 2，则发送过程如图 4-9 所示。图中发送方阴影部分表示打开的发送窗口，接收方阴影部分则表示打开的接收窗口。当传送过程进行时，打开的窗口位置一直在滑动，所以也称为滑动窗口（Sliding Window）。

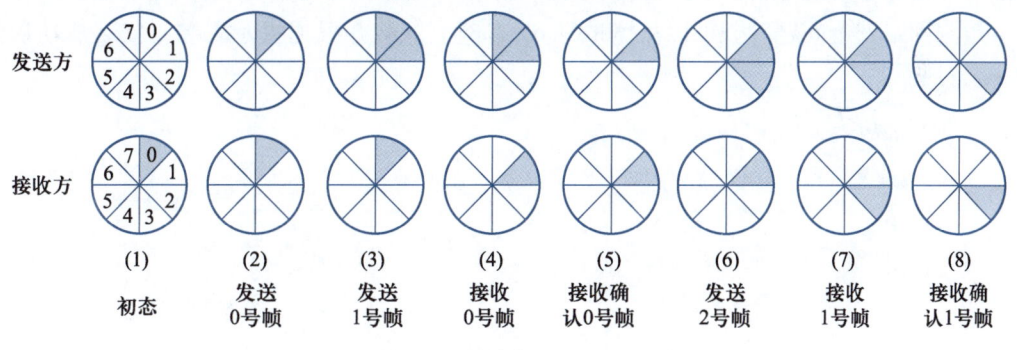

图 4-9 滑动窗口变化过程

下面介绍图 4-9 中滑动窗口状态变化过程，其中发送窗口尺寸为 2，接收窗口尺寸为 1。

（1）初始态发送方没有发送帧，发送窗口前后沿相重合；接收方 0 号窗口打开，表示等待接收 0 号帧。

（2）发送方已发送 0 号帧，此时发送方打开 0 号窗口，表示已发出 0 帧但尚需确认返回信息。此时接收窗口状态同前，仍等待接收 0 号帧。

（3）发送方在未收到 0 号帧的确认返回信息前，继续发送 1 号帧。此时，1 号窗口打开，表示 1 号帧也在等待确认之列。至此，发送方打开的窗口数已达规定限度，在未收到新的确认返回帧之前,发送方将暂停发送新的数据帧。接收窗口此时状态仍未变。

(4)接收方已收到 0 号帧,0 号窗口关闭,1 号窗口打开,表示准备接收 1 号帧。此时发送窗口状态不变。

(5)发送方收到接收方发来的 0 号帧确认返回信息,关闭 0 号窗口,表示从重发表中删除 0 号帧。此时接收窗口状态仍不变。

(6)发送方继续发送 2 号帧,2 号窗口打开,表示 2 号帧也纳入待确认之列。至此,发送方打开的窗口又已达规定限度,在未收到新的确认返回帧之前,发送方将暂停发送新的数据帧,此时接收窗口状态仍不变。

(7)接收方已收到 1 号帧,1 号窗口关闭,2 号窗口打开,表示准备接收 2 号帧。此时发送窗口状态不变。

(8)发送方收到接收方发来的 1 号帧接收完毕的确认信息,关闭 1 号窗口,表示从重发表中删除 1 号帧。此时接收窗口状态仍不变。

▶ 任务实战

数据链路层抓包实践

【实践环境】

学校计算机机房网络设备。

【任务步骤】

1. WireShark 是一款功能强大的开源网络协议分析器,也被称为网络抓包分析工具。它能够捕获和分析网络中传输的数据包,帮助用户诊断网络问题、了解网络协议的工作原理、检测网络安全问题等。可以从 WireShark 官网上下载并根据提示安装,安装成功后如图 4-10 所示。

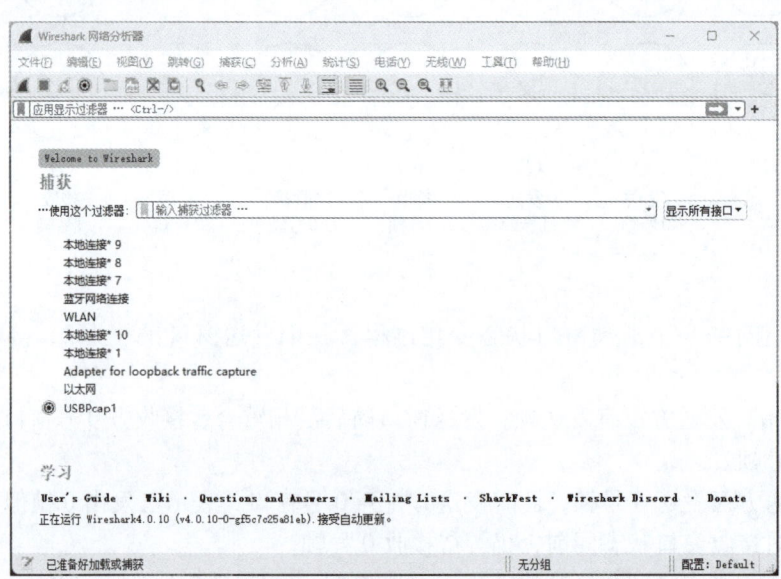

图 4-10　WireShark 使用

任务 4.2　数据链路层抓包实践

2. 从菜单栏里选择"捕获"→"开始",开始捕捉经过本机网卡的数据包,如图 4-11 所示。

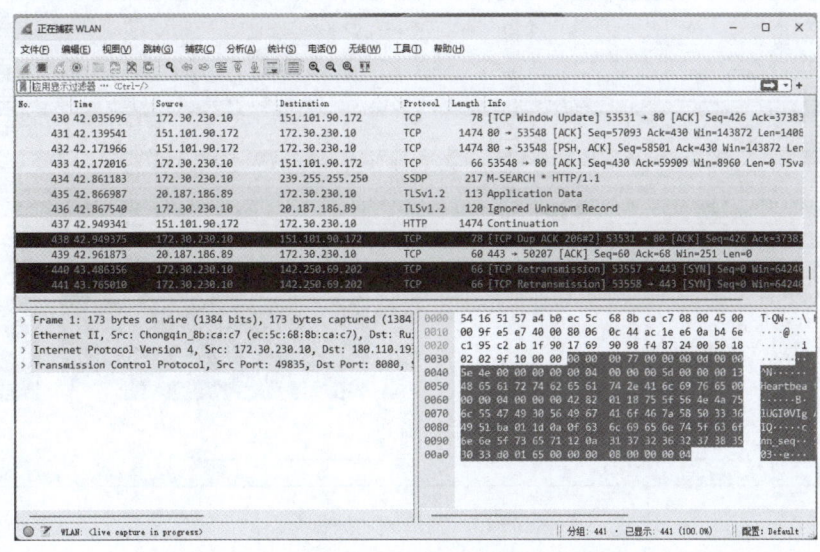

图 4-11　开始抓取数据包

3. 当单击"停止"按钮后,如图 4-12 所示,停止捕捉并显示所抓取的所有数据包,如图 4-13 所示。

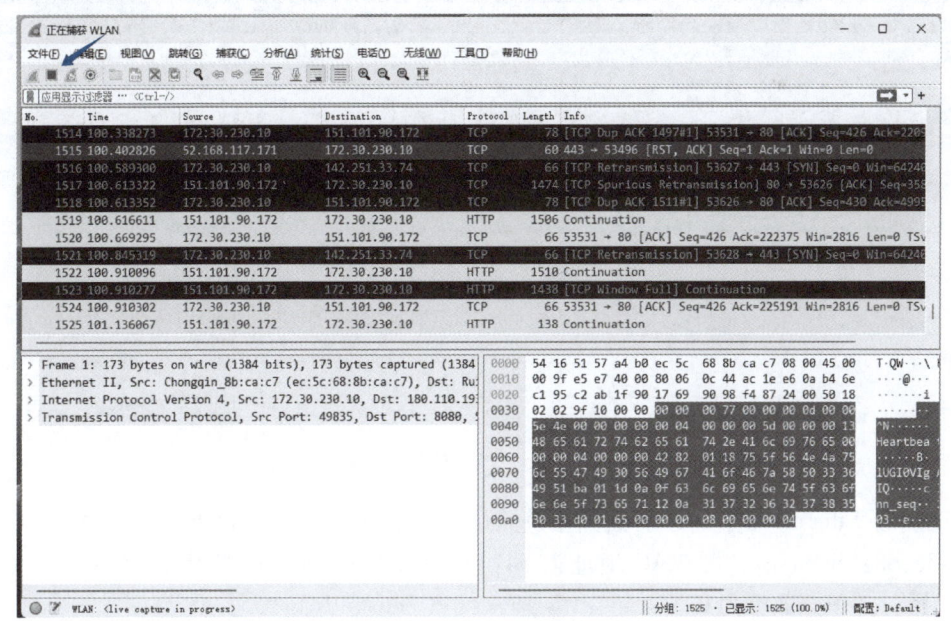

图 4-12　停止按钮

4. 选择任一个数据包,可以查看到该数据包的封装情况。可以看到,此数据帧的帧号为 1476,大小是 60 字节,数据链路层使用的是 Ethernet Ⅱ 协议,网络层是 IPV4,传输层是 TCP,如图 4-14 所示。

113

项目 4　数据安全传输的护卫——数据链路层

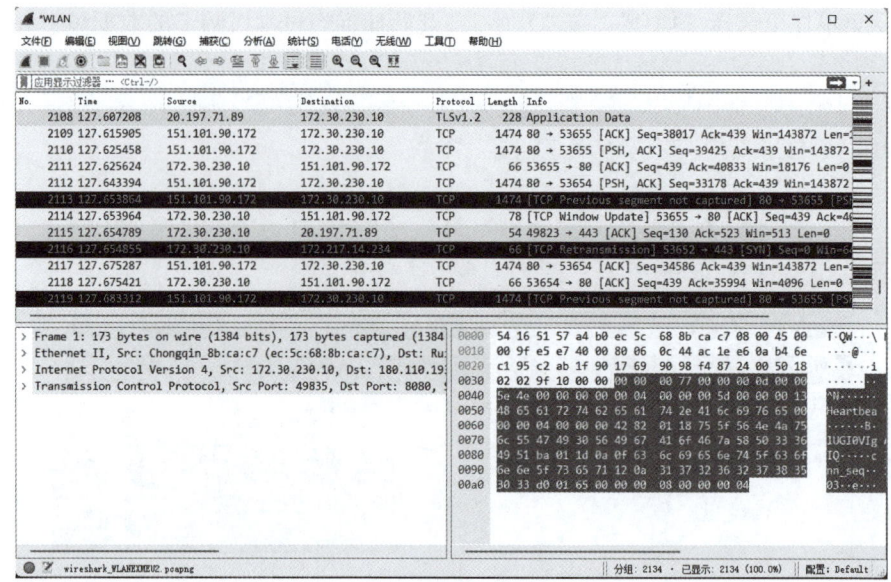

图 4-13　抓取到的数据包

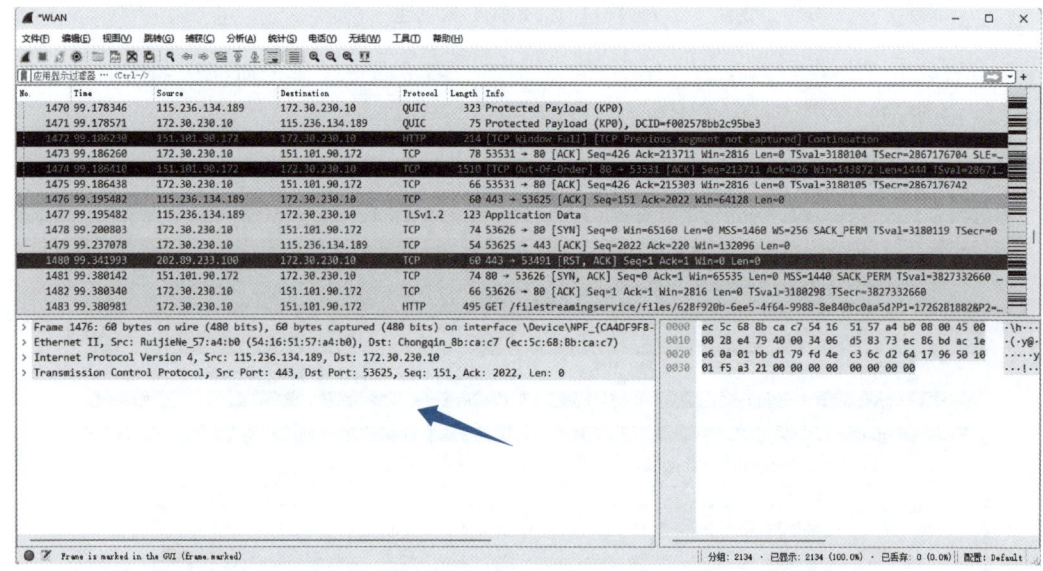

图 4-14　数据封装信息

5. 打开 Ethernet Ⅱ，可以看到数据链路层详细信息，如图 4-15 所示，目的 MAC 地址为 ec:5c:68:8b:ca:c7，源 MAC 地址为 54:16:51:57:a4:b0，类型特征为 0x0800（表示 IPV4 封装），填充数据为 0。

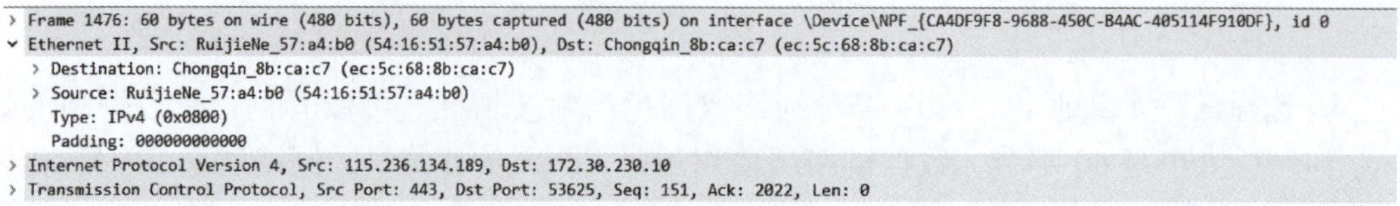

图 4-15　详细信息

6. 单击 Ethernet Ⅱ，可以在右侧数据区看到完整的数据（以十六进制表示），分析数据可以看出该数据是以太网帧格式，如图 4-16 所示。

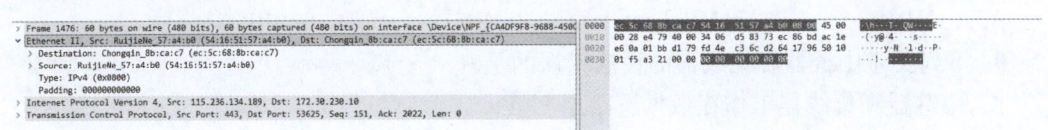

图 4-16　数据展示

【思考问题】

1. 观察数据格式，仔细分析数据帧的组成部分。
2. WireShark 如何筛选过滤协议数据？

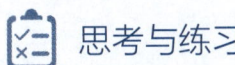 思考与练习

一、选择题

1. 数据链路层的功能是（　　）。

　A. 实现比特流的物理传输

　B. 通过提供实现差错控制、流量控制、物理地址寻址等功能，实现相邻节点间的无差错传输

　C. 通过 IP 地址实现逻辑地址寻址和路由选择

　D. 实现端到端数据传输

2. 下列关于帧的说法错误的是（　　）。

　A. 发送方的数据链路层将网络层的数据接收并封装成帧

　B. 接收方的数据链路层将物理层的数据接收并解封装成帧

　C. 帧的头部和尾部中一般包括同步位、地址、长度、校验码等信息

　D. 一个网络层的数据包（分组）只能被封装成一个数据链路层的帧

3. （"网络系统建设与运维" 1+X 证书样题）网卡 MAC 地址的长度是（　　）字节。

　A. 2　　　　　　B. 4　　　　　　C. 6　　　　　　D. 8

4. 在数据链路层，数据传输的单位是（　　）。

　A. 比特　　　　B. 帧　　　　　C. 分组　　　　D. 数据包

5. 与物理地址含义相同的概念是（　　）。

　A. 网络地址　　B. MAC 地址　　C. 逻辑地址　　D. IP 地址

6. （"网络系统建设与运维" 1+X 证书样题）下列关于 MAC 地址的说法错误的是（　　）。

　A. MAC 地址是以太网中使用的物理地址

　B. MAC 地址的长度为 32 位

　C. MAC 地址具有全球唯一性，即世界上没有同样的两个 MAC 地址

　D. 以太网帧使用 MAC 地址进行寻址

7. 网卡工作于 OSI 参考模型的（　　）。

　A. 物理层　　　B. 数据链路层　　C. 网络层　　　D. 传输层

8. 某局域网使用 10 Mbit/s 的 8 端口交换机组网，8 个用户的主机均采用全双工网卡，若 8 个用户主机同时工作，每个用户获得的带宽是（　　）。
   A. 10 MB　　　　B. 20 MB　　　　C. 40 MB　　　　D. 80 MB
9. 下列关于中继器和集线器的说法错误的是（　　）。
   A. 中继器和集线器工作在数据链路层
   B. 集线器相当于多端口中继器
   C. 中继器和集线器的功能是对接收的信号整形放大并进行转发，因而可以延长信号的传输距离
   D. 中继器和集线器不能识别所转发的数据的含义
10. 下列关于数据链路层的说法错误的是（　　）。
    A. 数据链路层是 OSI 参考模型中的第 2 层
    B. 数据链路层属于 TCP/IP 中的网络接口层
    C. 数据链路层为网络层提供服务，并利用物理层进行传输
    D. 数据链路层按位（bit）进行传输

二、问答题

1. 数据链路层的主要功能有哪些？
2. 数据链路层设备主要有哪些？
3. 网卡有哪些主要功能？
4. 校验码按功能不同可以分为几种？它们的主要区别是什么？
5. 如果生成多项式 $G(x) = x^4 + x^3 + 1$，那么传输数据 1011010 时的 CRC 编码是多少？
6. 网桥有哪些功能？与集线器相比它有哪些优势？
7. 为什么要进行流量控制？

项目 5 网络的重要组成部分——局域网

📖 项目导读

本项目的目标是通过局域网技术的介绍，使读者能够规划和组建小型局域网。主要内容为：局域网概述、介质访问控制技术、局域网组网设备、虚拟局域网、无线局域网。本项目重、难点及课证融通点见表 5-1。

表 5-1 项目 5 重难点及课证融通点

重点	局域网组网设备、虚拟局域网、无线局域网
难点	虚拟局域网的组建
课证融通点	其中虚拟局域网知识对接 1+X 证书"网络系统建设与运维（初级）"考点；虚拟局域网配置、LLC 子层与 MAC 子层、以太网、无线局域网相关内容对接 1+X 证书"网络系统建设与运维（中级）"考点

📖 职业能力目标和要求

知识目标
❖ 熟悉局域网的特点、体系结构、IEEE 802 标准和组网模式；
❖ 理解并掌握局域网的介质访问控制技术；
❖ 掌握快速以太网技术；
❖ 掌握局域网组网设备的功能及应用；
❖ 掌握虚拟局域网和无线局域网技术。

能力目标
❖ 能够进行小型局域网的规划与组建；

❖ 能够进行网络设备的选型与配置；
❖ 能够进行网络故障的分析及排除。

素养目标

❖ 在局域网组建、配置和调试过程中培养团队协作的能力，能够与他人分工合作，完成复杂的组网任务；

❖ 在网络设备和技术的使用中，善于发现新的优化方式，具备创新意识，能够灵活应用新技术（如 VLAN 和无线局域网）来提升网络性能；

❖ 培养职业责任感，能够遵循标准化的网络配置和操作流程，确保局域网的安全与稳定。

情景导入

小马：这段时间，我们社团的主要任务是协助信息中心的老师维护学校的局域网，确保校园网络的稳定运行。小海，你也一起来吧！

小海：听起来很有挑战性，那我应该从哪里开始学习呢？

小马：你可以从学习局域网的基本组成部分开始，比如了解其特点、分类，以及常见的网络协议和标准。此外，还要学会配置局域网设备交换机。这些知识不仅能帮助你理解局域网的架构，还能为实际操作打下坚实的基础。

小海：我明白了。那需要掌握哪些设备的配置呢？

小马：首先，要学会使用交换机配置 VLAN，这有助于优化网络性能。我们还会参与无线局域网的组建，了解无线网络的标准和配置方法。建议你查阅 IEEE 802 标准，熟悉局域网和无线网络的基本原理。

小海：听上去内容很多，但我很高兴有这次锻炼的机会！

小马：是的，网络技术的学习离不开实践操作。我会给你安排一些任务，比如组建简单的以太网、配置交换机 VLAN、搭建无线局域网等。这些任务不仅能让你掌握基础知识，还能提升你的动手能力。

任务 5.1 组建简单交换式以太网

▶ 任务描述

小海为了尽快熟悉校园网络管理的工作,决定从局域网的组建开始学习。他为自己制订了一个学习计划,重点关注以下几个方面:
- 了解局域网的基本概念,包括局域网的特点、分类及其组成部分。
- 学习以太网技术,掌握交换式以太网的工作原理与结构。
- 使用 eNSP 网络仿真平台组建一个简单的交换式以太网,并完成网络设备的基础配置,如交换机的端口连接和 IP 地址的分配。

▶ 任务目的

通过本任务,掌握局域网的基本组成及工作原理,掌握交换机的配置方法和常用网络设备的连接方式,并为后续的局域网配置和管理工作打下基础。

▶ 知识准备

5.1.1 局域网的特点与分类

1. 局域网的特点

(1) 覆盖范围小

局域网的覆盖范围通常在几千米以内,局限于建筑物、园区或校园等区域。由于覆盖范围较小,信号传输距离短,减少了信号衰减和延迟,从而提高了数据传输速率和可靠性。

(2) 数据传输速率高

现代局域网通常采用光纤等高速传输介质,数据传输速率已从早期的 10 Mbit/s、100 Mbit/s 发展到 1000 Mbit/s(1 Gbit/s)、10 Gbit/s,甚至 100 Gbit/s。当前的 Wi-Fi 6E(802.11ax)技术,作为无线局域网的一部分,可以在 6 GHz 频段下提供更高的速率、更低的延迟和更高的设备并发量。这使得局域网能够满足高清视频传输、虚拟现实(VR)和大数据处理等高带宽应用需求。

(3) 误码率低

由于局域网的传输距离短,设备间的信号干扰较少,误码率通常较低。最新的纠错技术(如 LDPC 编码)进一步降低了误码率,尤其是在光纤网络和 Wi-Fi 6E 等高速无线网络中。对误码率要求极高的应用场景,如金融数据传输、医疗设备数据监控等,都依赖于局域网的高可靠性。

(4) 成本低

局域网的建设成本相对较低。近年来,网络设备(如交换机、路由器)的价格不断下降,且易于部署的无线网络(如 Wi-Fi 6E)不再需要复杂的布线工作,大大降低了初始投资。此外,虚拟化技术(如网络功能虚拟化,NFV)使得部分网络设备的功能可以通过软件实现，进一步降低了硬件设备的依赖性和维护成本。

（5）易于管理和维护

局域网的结构相对简单，规模较小，使得网络管理员可以通过网络管理系统（如SDN，软件定义网络）集中管理和自动化控制网络设备。现代局域网还可以集成监控系统、智能诊断工具，实现快速的故障定位和修复。例如，企业中常用的Wi-Fi管理系统可以实时监控网络流量，自动调整信道和带宽分配，提升网络性能。

（6）安全性较高

局域网通常具有较高的安全性，可以通过访问控制列表（ACL）、防火墙、虚拟局域网（VLAN）以及802.1X认证等手段限制不必要的访问。此外，企业局域网常通过加密技术（如WPA3）保护无线通信中的数据安全，抵御数据窃听和攻击。基于AI的入侵检测和防御系统（如NIDS/NIPS）也逐渐在局域网中应用，通过分析网络流量的异常行为，及时发现潜在的安全威胁。

2. 局域网的分类

（1）按网络拓扑结构分类

星形拓扑结构：以一台中心设备（如集线器、交换机或无线路由器）为核心，其他设备通过电缆与其连接。星形拓扑的特点是容易扩展和维护，特别适合企业办公网络。

总线型拓扑结构：所有设备共享一条传输介质。尽管总线型网络在早期局域网中十分常见，但随着以太网交换技术的普及，总线型网络几乎被淘汰。它在一些简单的嵌入式系统中仍有应用，比如车载通信系统。

环形拓扑结构：环形网络结构多见于特殊的工业网络，应用了先进的网络恢复技术，能够在发生故障时快速切换路径。常见的应用场景有电力通信网络中的SONET/SDH系统，它们保证了高速数据通信的高可靠性。

（2）按传输介质分类

双绞线局域网：双绞线局域网已广泛应用，随着Cat 6A、Cat 7和Cat 8标准的普及，双绞线支持高达40 Gbit/s的传输速率，能够满足未来数年内对带宽的需求。

光纤局域网：使用光纤的局域网可用于长距离数据传输和高带宽需求的场景，如数据中心互联、骨干网络。最新的WDM（波分复用）技术能够通过单根光纤传输多路数据，大幅提升网络容量。

无线局域网：随着Wi-Fi 6E和Wi-Fi 7的发展，Wi-Fi正逐渐成为局域网的主要传输技术之一，特别是在智能家居和办公场景中，Wi-Fi Mesh技术的应用进一步增强了信号覆盖和网络稳定性。

（3）按网络协议分类

以太网：以太网目前已发展到100 Gbit/s和400 Gbit/s的传输速率，主要用于数据中心和骨干网络。同时，PoE（以太网供电）技术广泛应用于监控摄像头、物联网设备等小型设备的供电和数据传输。

令牌环网：虽然令牌环网已经逐渐被以太网取代，但其确定性传输的特性仍然适用于某些工业控制网络中，比如航空和铁路通信。

光纤分布式数据接口（FDDI）：FDDI已被更新的以太网技术替代，但它曾经广泛应用于关键任务的高带宽网络环境，如银行和金融机构的后台网络。

小贴士	在学习局域网特点时,应重点关注不同传输介质和拓扑结构的优缺点及其实际应用效果。局域网的安全性与可靠性不仅涉及技术问题,还与社会责任紧密相关。防止数据泄露与网络攻击,不仅是技术挑战,更是信息社会中的伦理议题。

5.1.2 局域网体系结构与 IEEE 802 标准

局域网(LAN)的体系结构通常遵循国际标准化组织(ISO)和电气与电子工程师协会(IEEE)制订的标准。IEEE 802 标准系列是为局域网设计的一套专门标准,定义了局域网的物理层和数据链路层中的逻辑链路控制(LLC)与介质访问控制(MAC)子层。

IEEE 802 标准的局域网参考模型与 OSI 参考模型的对应关系如图 5-1 所示,该模型具备 OSI 参考模型最低两层(物理层和数据链路层)的功能,也具备网络互联的高层功能和管理功能。

1. 局域网体系结构

(1)物理层(Physical Layer)

物理层定义信号的传输特性,包括电压、电流、脉冲宽度等。它还规定了物理连接器和电缆标准,例如 RJ-45 接口用于以太网,光纤接口用于高速光纤网络。此外,物理层负责确保信号通过传输介质(如双绞线、光纤或无线电波)进行有效传输。在无线局域网(WLAN)中,物理层的技术不断演进,如 Wi-Fi 6(802.11ax)通过使用更宽的频谱和更高效的调制方式来提高传输速率。

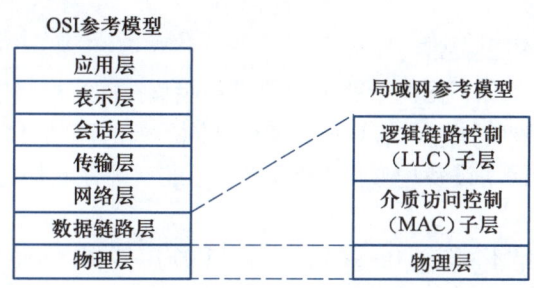

图 5-1 局域网参考模型与 OSI 参考模型的对应关系

(2)数据链路层(Data Link Layer)

数据链路层负责数据帧的封装和链路控制,进一步划分为以下两个子层。

逻辑链路控制(LLC)子层:LLC 子层负责帧同步、流量控制和差错控制。它为上层协议(如 IP)提供统一的接口,处理网络之间的差异,使网络通信得以进行。

介质访问控制(MAC)子层:MAC 子层负责控制设备对传输介质的访问,防止多个节点同时传输数据而导致冲突。在以太网中,为了解决并发传输问题,MAC 子层通常使用 CSMA/CD(载波监听多路访问/冲突检测)机制;而在无线局域网中,则使用 CSMA/CA(载波监听多路访问/冲突避免)机制。

2. IEEE 802 标准

IEEE 802 标准是局域网和城域网（MAN）的核心技术规范，涵盖了多种网络技术。以下是一些重要的 IEEE 802 标准。

（1）IEEE 802.3

IEEE 802.3 定义了以太网的技术规范。它覆盖了局域网的物理层和 MAC 子层，广泛应用于有线局域网。新的以太网标准支持 1 Gbit/s、10 Gbit/s 乃至 100 Gbit/s 的传输速率。现代数据中心和企业网络多采用 10 Gbit/s 及更高的以太网标准来满足高数据流量需求。

（2）IEEE 802.11

IEEE 802.11 定义了无线局域网（WLAN）的技术规范，涵盖了 Wi-Fi 通信协议。其子标准包括 802.11a/b/g/n/ac/ax（Wi-Fi 6）。

（3）IEEE 802.5

IEEE 802.5 定义了令牌环网（Token Ring）的技术规范。在令牌环网中，节点通过一个沿环路传递的令牌来控制数据发送的顺序，保证了网络中不会发生冲突。IEEE 802.5 应用在一些特定的工业网络中。

（4）IEEE 802.1Q

IEEE 802.1Q 定义了虚拟局域网（VLAN）的标准。VLAN 可以将位于同一个网络中的设备逻辑上分成不同的广播域，实现更好的网络管理和更高的安全性。

（5）IEEE 802.1X

IEEE 802.1X 定义了基于端口的网络接入控制（Port-based Network Access Control，PNAC），用于控制设备对局域网的访问权限。它被广泛应用于无线局域网和有线局域网中的身份认证系统。通过与 RADIUS 服务器结合，IEEE 802.1X 可以为企业网络提供更强的安全性。

3. IEEE 802 标准的重要性

IEEE 802 标准对于确保不同制造商生产的设备能够在同一网络中互操作至关重要。该标准规定了局域网的物理特性和通信规则，使得不同厂商的产品可以无缝协作。例如，华为、H3C 等厂商生产的网络设备均遵循 IEEE 802 标准，确保它们能够在同一局域网中实现互联互通。

此外，IEEE 802 标准不断演进以适应新的技术和应用需求。近年来，以太网标准已经从 10 Mbit/s 发展到 100 Gbit/s 甚至 400 Gbit/s；无线局域网标准则发展到了 Wi-Fi 6 和 Wi-Fi 6E，为 5G 和物联网（IoT）提供支持。与此同时，标准的更新也增强了安全性，例如 IEEE 802.1X 和 WPA3 协议，确保网络中的设备可以安全地接入网络。

通过这些标准，网络系统能够在高速率、高可靠性、低延迟的环境中运行，并保持较高的可扩展性和安全性。这使得 IEEE 802 标准不仅适用于传统的局域网，还可以应用于智能家居、工业物联网、智能交通系统等场景。

> **小贴士**　学习局域网体系结构时，要理解不同层的职责划分及标准的重要性。IEEE 802 标准是保障设备互联互通的关键，推动了信息技术的标准化与全球化。

5.1.3 介质访问控制技术

微课 5-1 介质访问控制技术

介质访问控制技术用于协调局域网中多个节点对共享通信介质的访问，以确保高效、有序的数据传输，避免冲突和混乱。常见的介质访问控制技术有以下几种。

1. 载波监听多路访问/冲突检测（CSMA/CD）

工作原理：在发送数据前，节点先监听介质是否空闲。如果空闲，则发送数据；如果忙碌，节点等待一段时间后再监听。发送时，节点继续监听介质以检测冲突。如果检测到冲突，所有冲突节点停止发送，并发送冲突信号，随机等待后重新尝试发送数据。

特点：CSMA/CD 适用于总线型拓扑的局域网，简单易实现。在低负载时，性能较好；但随着负载增加，冲突频率升高，性能下降。

2. 载波监听多路访问/冲突避免（CSMA/CA）

工作原理：类似于 CSMA/CD，节点在发送数据前监听介质，但不会立即发送，而是等待一个随机时间以减少冲突的可能性。若在等待期间介质仍空闲，则发送数据，否则重新等待随机时间。

特点：主要用于无线局域网，因无线环境中冲突检测困难。通过冲突避免，CSMA/CA 能降低冲突发生率，提升网络性能。

3. 令牌环（Token Ring）

工作原理：一个特殊帧（令牌）在环形网络中依次传递，持有令牌的节点才可发送数据。数据沿环传输至目的节点，传输结束后，节点将令牌传递给下一个节点。

特点：令牌环的确定性强，网络不会发生冲突，适用于实时性要求较高的网络，但网络管理相对复杂。

5.1.4 以太网技术

微课 5-2 以太网技术

以太网（Ethernet）是一种广泛使用的局域网（LAN）技术，基于 IEEE 802.3 标准。以太网因其可靠性、成熟性、易于部署和较低的成本，被广泛应用于企业、学校、家庭和数据中心等场景。

1. 以太网的技术特点

● 简单性和易用性：以太网技术结构简单，安装和维护方便，设备可直接通信，不需要复杂的路由和交换设备。

● 高传输速率：以太网的数据传输速率从早期的 3 Mbit/s 发展到当前常见的 100 Gbit/s 甚至 400 Gbit/s，能够支持高带宽需求的应用，如视频流传输、云计算、数据中心等。

● 全双工通信：以太网支持全双工通信，允许设备同时发送和接收数据，极大提升了传输效率。

● 高可靠性：以太网内置了差错检测、重传机制等功能，以确保数据传输的可靠性。如果接收方检测到错误，它可以请求发送方重发数据，直到正确接收。

● 开放标准和互操作性：以太网基于开放标准（IEEE 802.3），设备之间的互操作性强，不同厂商的设备可以无缝集成。

● 链路聚合：以太网支持链路聚合技术，通过将多条物理链路组合成一条逻辑链路来提高带宽和可靠性。

2. 以太网的应用场景

以太网技术的应用涵盖了以下几个场景。

● 企业网络：以太网是企业网络的核心技术，能够提供高速、稳定的网络连接，支持各部门和分支机构的互联互通和资源共享。

● 数据中心：以太网被广泛用于数据中心环境，支持高带宽、低延迟的服务器、存储和网络设备之间的数据传输。此外，以太网还支持虚拟化技术，如服务器虚拟化和存储虚拟化，提升数据中心的管理效率和资源利用率。

● 家庭网络：以太网在家庭网络中也发挥了重要作用，用户可以通过以太网将家庭中的计算机、电视、游戏机等设备连接起来，支持文件共享、视频流、在线游戏等应用。同时，以太网可以与无线路由器集成，实现家庭无线网络覆盖。

5.1.5 局域网组网设备

局域网（LAN）的构建离不开多种组网设备，这些设备用于连接网络中的各个节点，确保数据在不同设备之间高效、可靠地传输。局域网一般由服务器、用户工作站和通信设备等组成。

微课 5-3
局域网组网设备

通信设备主要是实现物理层和介质访问控制（MAC）子层的功能，在网络节点间提供数据帧的传输，包括中继器、集线器、网桥、交换机、路由器以及网关等。

1. 中继器（Repeater）

中继器的主要功能是将收到的信号重新整理，使其恢复到原来的波形和强度，然后继续传递下去，以实现更远距离的信号传输。它工作在 OSI 参考模型的底层（物理层），在以太网中最多可使用 4 个中继器，如图 5-2 所示。

优点：它能有效地扩大无线网络的覆盖范围并增强信号强度，同时安装简便且成本较低。

缺点：可能会增加网络延迟并降低整体带宽，且其效能高度依赖于与主路由器之间的信号质量。

应用场景：中继器适用于需要扩展无线网络覆盖范围的场景，如大型住宅、多层建筑、小型办公室及户外空间。

2. 集线器（HUB）

集线器是最基础的网络设备之一，属于 OSI 参考模型中的物理层设备。它将多个设备连接在一起，形成一个逻辑上的网络段。集线器会将收到的数据广播到所有连接的设备，设备根据 MAC 地址决定是否接收数据，如图 5-3 所示。

优点：价格低廉、安装简单。

缺点：集线器不具备智能功能，所有设备共享带宽，尤其是在大规模网络中，广播方式会导致网络冲突的概率增加。

应用场景：由于性能和带宽共享的限制，集线器主要用于小型网络或对性能要求不高的场合。

图 5-2　中继器

图 5-3　集线器

3. 网桥（Bridge）

网桥是一种工作在数据链路层的设备，用于连接两个或多个局域网段。它可以根据 MAC 地址表决定数据帧是否转发到另一个网络段，从而将流量隔离在各自的网段内，减少网络冲突，如图 5-4 所示。

优点：通过隔离流量来提高网络性能，具有较高的网络透明性。

缺点：相对于交换机，网桥功能单一，已逐渐被更高级的交换机替代。

应用场景：网桥通常用于小型网络或作为一种过渡性技术。

4. 交换机（Switch）

交换机属于 OSI 参考模型的数据链路层设备（某些高端交换机可以工作在第三层，即网络层）。它根据目标设备的 MAC 地址将数据帧只转发给目标设备，避免了广播风暴的发生，从而提高了网络效率。交换机可以学习和维护网络中每个设备的 MAC 地址表，从而实现设备之间的高效通信，如图 5-5 所示。

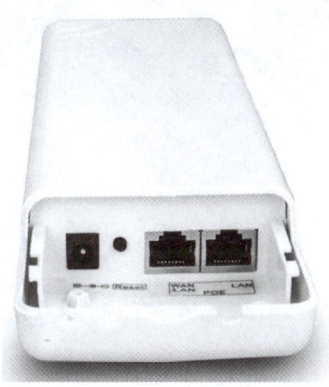

图 5-4　网桥

图 5-5　交换机

优点：交换机支持全双工通信，设备之间的通信互不干扰，性能较高，且可以通过链路聚合、VLAN 等技术提高网络的灵活性和安全性。

缺点：相较于集线器，交换机成本较高。

应用场景：交换机的性能优势使其成为现代局域网中最常用的组网设备，适用于各类局域网组网需求，尤其是在企业网络和数据中心中广泛应用。

交换机与集线器的区别如下：

① 工作层次不同。集线器工作在物理层，而交换机工作在数据链路层。

② 工作方式不同。集线器采用广播方式传输数据，可能引发广播风暴并降低大型网络的性能；而交换机则通过学习 MAC 地址表来智能地转发数据包，仅向目标端口发送从而能够隔离冲突域和有效抑制广播风暴。

③ 带宽占用方式不同。集线器提供共享带宽给所有设备，导致多设备同时通信时性能下降，而交换机为每个端口提供专用带宽，支持多设备同时高速通信无干扰。

5. 路由器（Router）

路由器是工作在 OSI 参考模型的第三层（网络层）的设备，主要用于将不同的网络段连接起来。路由器通过查找路由表来确定数据包的最佳传输路径，从而实现不同网络之间的数据交换。它还可以分割广播域，提升网络的安全性和性能，如图 5-6 所示。

优点：路由器可以在不同的网络协议之间进行通信（如 IPv4 和 IPv6），支持网络地址转换（NAT）和防火墙功能，具有较高的灵活性和安全性。

缺点：路由器的价格较高，配置相对复杂。

应用场景：路由器通常用于连接局域网和广域网（如互联网），广泛应用于企业网络、家庭网络以及 ISP 网络。

6. 网关（Gateway）

网关是一种网络设备或软件应用程序，用于连接两个或多个使用不同通信协议或技术的网络，并在它们之间进行协议转换，使得这些网络能够相互通信。网关不仅仅是一个硬件设备，它也可以是一个软件程序，运行在服务器或专用设备上，如图 5-7 所示。

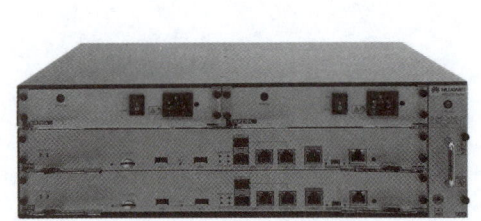

图 5-6　路由器

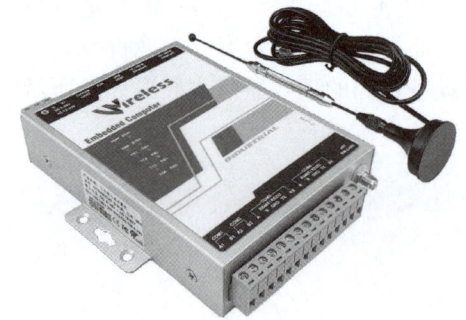

图 5-7　网关

优点：它能够连接不同协议的网络并进行协议转换，同时提供安全控制和数据过滤功能，确保高效、安全的网络通信。

缺点：较高的成本、复杂的配置需求以及可能成为网络传输的瓶颈。

应用场景：网关应用于需要连接不同协议网络并提供安全控制的场景，如企业网络、物联网系统、远程访问和多协议网络环境。

▶ 任务实战

组建简单交换式以太网

【实践环境】

真实环境组网所需设备：交换机 1 台，计算机 4 台，直通双绞线 4 根。

【任务步骤】

本任务旨在搭建一个以交换机为中心的小型办公局域网,配置每台计算机的网络参数,实现局域网内计算机的互联互通和文件共享,以期对局域网有一个直观的、感性的认识。本任务也可以使用华为 eNSP 网络仿真平台进行搭建。组网拓扑结构图如图 5-8 所示。

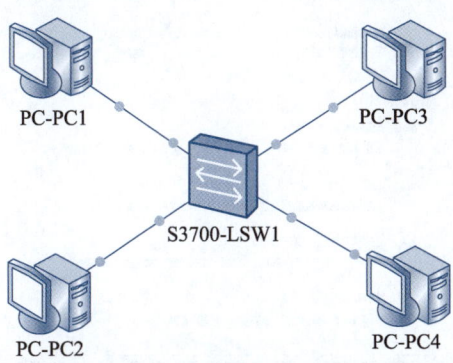

图 5-8 组网拓扑结构图

4 台计算机的 IP 地址规划见表 5-2。

表 5-2 IP 地址规划表

计 算 机	IP 地 址	子网掩码	网 关
PC1	192.168.1.1	255.255.255.0	192.168.1.254
PC2	192.168.1.2	255.255.255.0	192.168.1.254
PC3	192.168.1.3	255.255.255.0	192.168.1.254
PC4	192.168.1.4	255.255.255.0	192.168.1.254

1. 网络组建与地址配置

① 组网时,使用直通双绞线将 4 台计算机连接到交换机,具体做法是将每台计算机网线的 RJ-45 插头插入交换机的以太网口,如图 5-9 所示。

② 连接完成后,开始为计算机配置 IP 地址。单击右下角任务栏的计算机图标,如图 5-10 所示,单击"打开网络和共享中心",如图 5-11 所示。

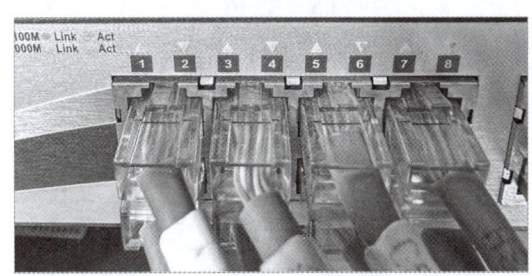

图 5-9 连接交换机以太网口

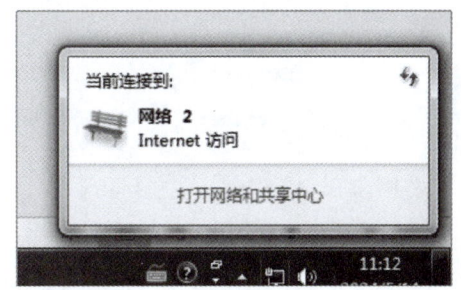

图 5-10 打开网络和共享中心

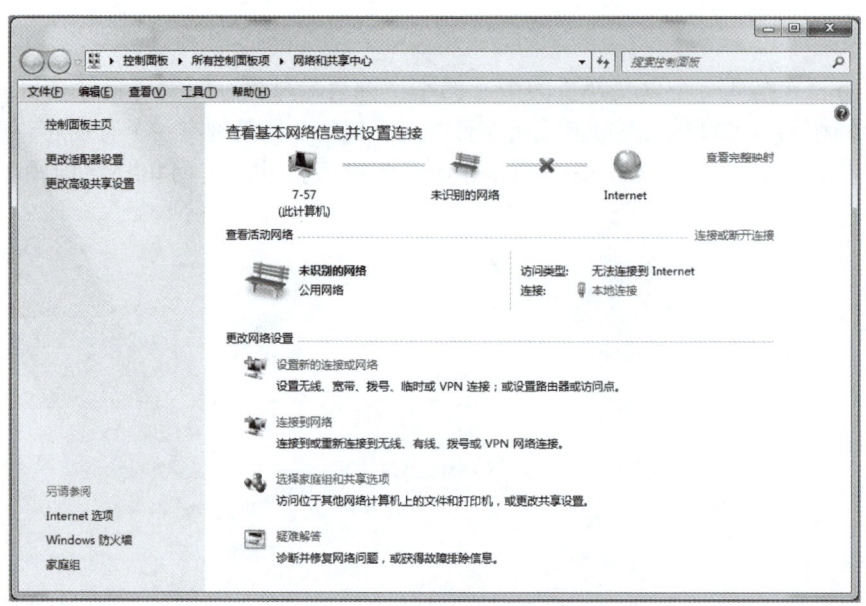

图 5-11　网络和共享中心

③ 单击"本地连接",在打开的对话框中单击"属性"按钮,如图 5-12 所示。打开"本地连接 属性"对话框,选中"Internet 协议版本 4(TCP/IPv4)"选项,再单击"属性"按钮,如图 5-13 所示。打开"Internet 协议版本 4(TCP/IPv4)属性"对话框,如图 5-14 所示。

④ 将计算机的 IP 地址分别设置成表 5-2 中规划的地址,如图 5-14 所示。子网掩码和默认网关保持不变,或者根据需要设置。

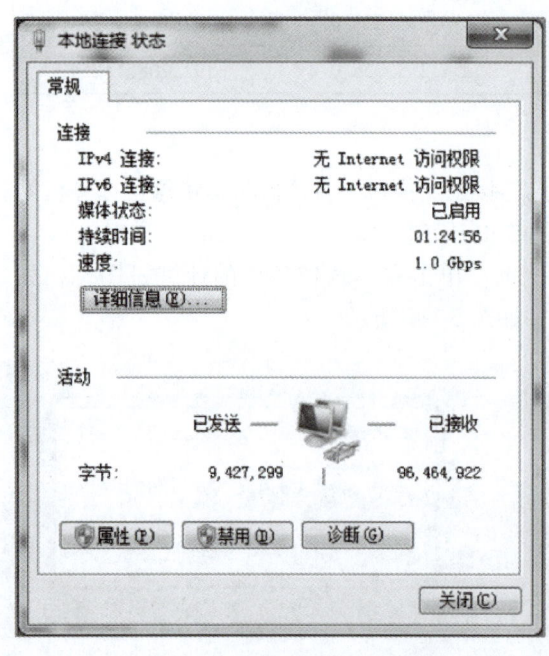

图 5-12　"本地连接"对话框

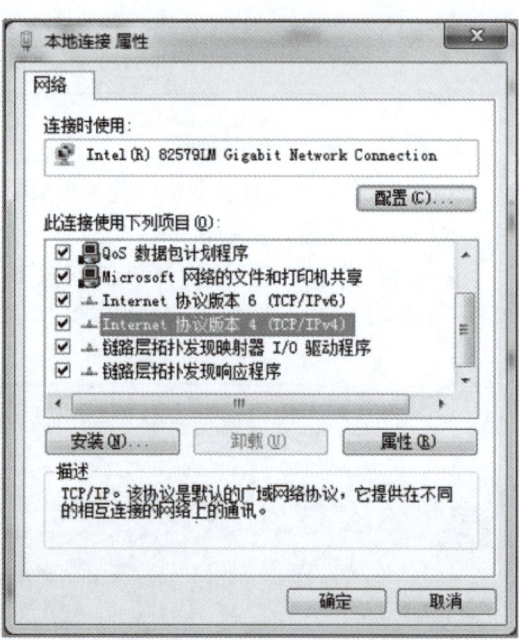

图 5-13　"本地连接属性"对话框

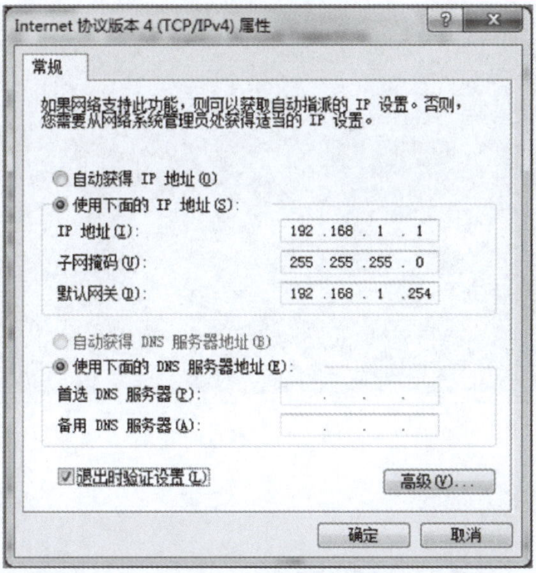

任务 5.1 组建简单交换式以太网

图 5-14 "Internet 协议版本 4 属性"对话框

⑤ 接下来用 ping 命令检查网络的连通性。在其中一台计算机选择"开始"→"运行"菜单命令,在打开的"运行"命令框中输入"cmd"命令,打开命令行窗口。输入命令"ping 192.168.1.*",来检查本机与其他计算机的连通性,命令中的"*"代表 1、2、3、4 中的一个。ping 通后的结果如图 5-15 所示,若 ping 不通(如图 5-16 所示),则须检查网络连接及 IP 地址的配置。这样一个简单的局域网就搭建完成了。

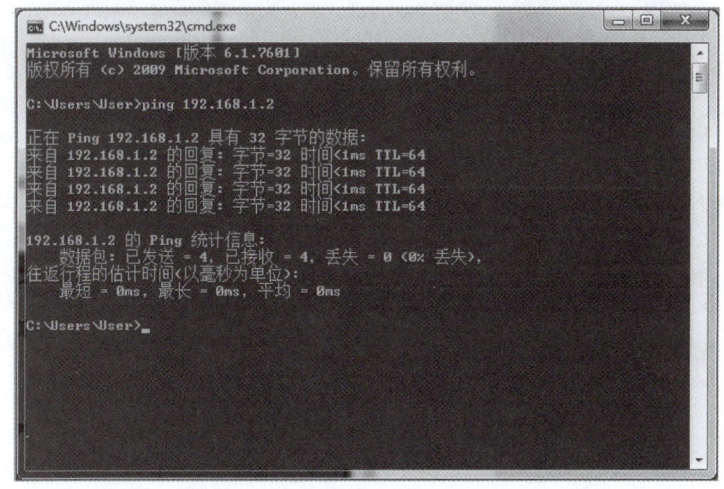

图 5-15 ping 通后的效果

2. 文件共享设置

① 选择 IP 地址为 192.168.1.1 的主机,右击"我的电脑"图标,单击"属性",打开"设置"窗口,如图 5-17 所示。单击"高级系统设置",选择"计算机名"选项卡,可以查看并更改本机计算机名和工作组。可以统一修改为"WORKGROUP"工作组,如图 5-18 所示。

129

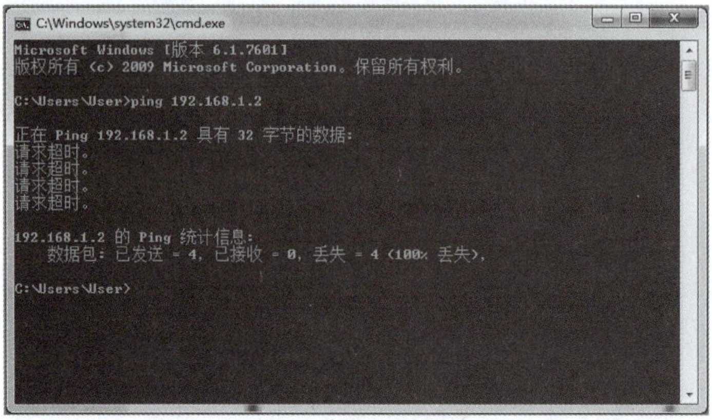

项目 5　网络的重要组成部分——局域网

图 5-16　ping 不通的效果

图 5-17　"设置"选项

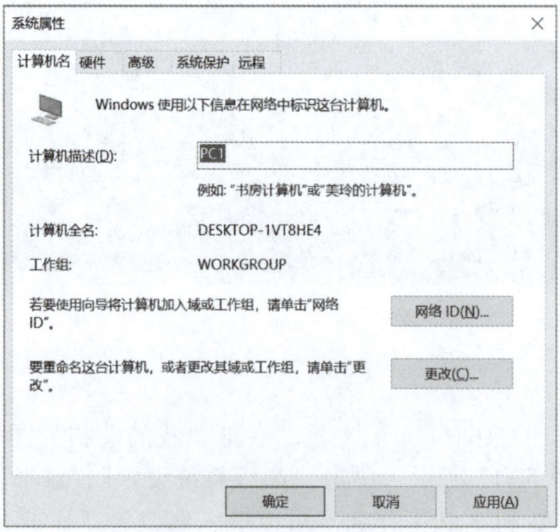

图 5-18　计算机名设置

② 要想使本机的硬盘或文件能被其他计算机访问，必须先设置其共享属性，双击"我的电脑"，右击 D 盘图标，在打开的快捷菜单中单击"属性"命令，打开"新加卷（D:）属性"对话框，单击"共享"选项卡，如图 5-19 所示。单击"高级共享"按钮，打开的对话框如图 5-20 所示，设置共享文件夹。

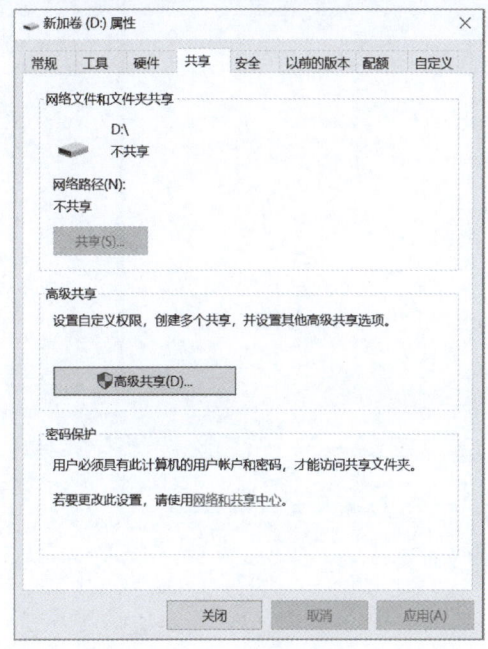

图 5-19 "共享"选项卡　　　　图 5-20 "高级共享"对话框

③ 设置完成后，可以在另外一台计算机的"运行"对话框中输入已设置共享的网络路径，规则为"\\IP 地址\盘符$"，如图 5-21 所示。按 Enter 键打开共享文件夹，如图 5-22 所示。

图 5-21　查找共享文件

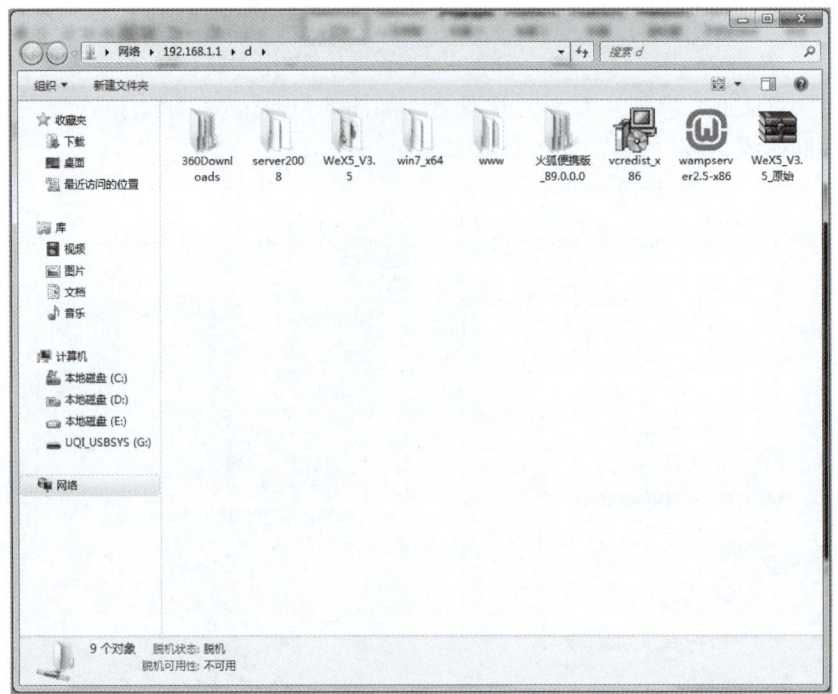

图 5-22 打开共享文件夹

【思考问题】

1. 共享式以太网和交换式以太网的区别在哪里?
2. 网络故障排查的常用命令有哪些?
3. 本任务中,在测试连通性时,为什么不用配置网关?

任务 5.2 交换机 VLAN 配置实践

▶ 任务描述

小海在学习了局域网的基础组建后,意识到网络性能优化和安全管理的重要性。为了更好地胜任信息中心的工作,他计划深入学习 VLAN 技术,并列出了以下学习重点。

- 掌握 VLAN 的基本概念,了解 VLAN 如何通过逻辑分段来提高网络性能和安全性。
- 学习如何在交换机上创建和配置不同的 VLAN,实现不同 VLAN 间的通信。

▶ 任务目的

通过本任务,掌握 VLAN 的工作原理及其在网络分段中的应用,学习如何在交换机上正确配置 VLAN,增强网络的灵活性与安全性。

知识准备

5.2.1 VLAN 的优点

1. 虚拟局域网简介

虚拟局域网（Virtual LAN，VLAN）是一种将局域网设备从逻辑上划分成一个个网段，从而实现虚拟工作组的新兴数据交换技术。它以局域网交换机为基础，通过在交换机上运行的功能软件，根据部门、功能、应用等因素将设备或用户重新划分，组成新的虚拟工作组或逻辑网段。VLAN 1 是交换机的默认 VLAN，初始环境下，交换机所有端口都属于 VLAN 1。

微课 5-4
虚拟局域网

VLAN 技术可以把一个 LAN 划分成多个逻辑 VLAN，每个 VLAN 构成一个广播域，其属性基本与普通局域网一样，但其广播报文被限制在一个 VLAN 内，VLAN 内的主机间通信不受任何影响，而 VLAN 间不能直接互通，这样就增加了企业内部网络的安全性。

VLAN 技术的最大特点是在组成逻辑网段时无须考虑设备或用户在局域网中的物理位置，可以将位于不同物理网段、连接在不同交换机的端口节点纳入同一个 VLAN 中。

如图 5-23 所示模拟了一个跨交换机 VLAN 划分示例。

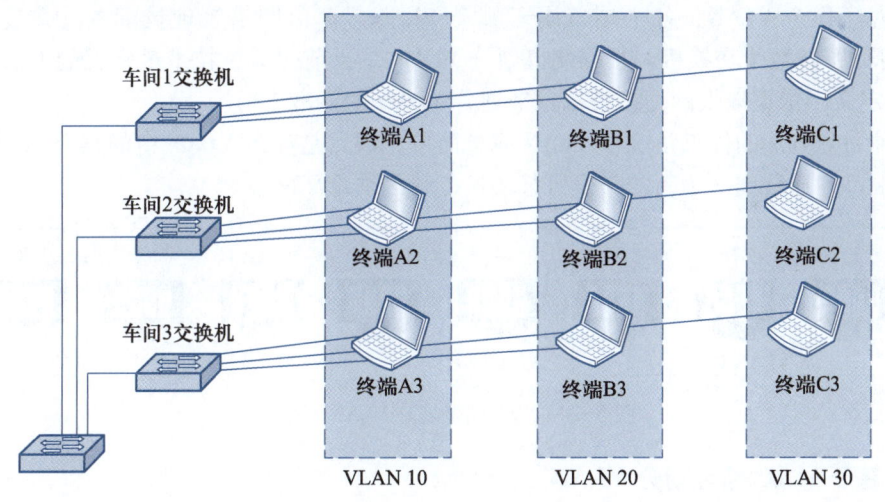

图 5-23 跨交换机 VLAN 划分示例

经过这样的划分，位于同一物理网段中的节点之间不一定能够通过交换机直接通信，如图中的终端 A1、终端 B1 和终端 C1，它们即使连接在同一台交换机上，但由于被划分在不同的 VLAN 中，无法通过交换机直接通信；而终端 A1、终端 A2 和终端 A3 分别位于不同物理网段中，连接在不同的交换机上，都被划分到 VLAN 10 中，可以通过交换机相互通信。

VLAN 是建立在物理网络基础上的一种逻辑子网，因此建立 VLAN 需要相应的支持 VLAN 技术的网络设备。当网络中的不同 VLAN 间进行相互通信时，需要路由的支持，这时就需要增加路由设备。要实现路由功能，既可采用路由器，也可采用三层交换机来完成。

2. 虚拟局域网优点

在交换式网络中引入 VLAN 技术，主要有以下优点。

（1）有效控制网络广播报文的扩散。一个 VLAN 中的广播报文只能在本 VLAN 中传输，无法跨 VLAN 传输，这样就大大减少了不必要的广播流量，提高网络带宽的利用率。

（2）提高网络的安全性。在交换网络中配置了 VLAN 后，数据只能在相同的 VLAN 间传输，可以确保数据在二层交换上的安全，提高了网络安全性。

（3）优化网络管理。VLAN 可以根据部门、功能等将不同地理位置的终端划分到一个逻辑组中。当需要增加或调整用户功能时，无须改动网络的物理连接，就可以随时在不同工作组中进行调配。

5.2.2　VLAN 的实现方式

VLAN 的划分方法有多种，常见的主要有 4 种：基于端口划分 VLAN、基于 MAC 地址划分 VLAN、基于网络层划分 VLAN 和基于 IP 组播划分 VLAN。不同的 VLAN 划分方法各有优缺点，适用于不同的应用场合。

1. 基于端口划分 VLAN

基于端口划分 VLAN，即根据以太网交换机的端口来划分 VLAN，如图 5-24 所示。交换机上创建几个 VLAN，各个端口属于哪个 VLAN，都由网络管理员配置。并且同一个 VLAN 可以跨越数个交换机。根据端口划分 VLAN 是目前 VLAN 技术最常见的方法，IEEE 802.1Q 定义了依据以太网交换机端口来划分 VLAN 的标准。

这种划分方法的优点是配置 VLAN 成员简单，缺点是如果 VLAN 中的某个用户离开了原来的端口，迁移到一个新的交换机某端口，就必须重新配置。

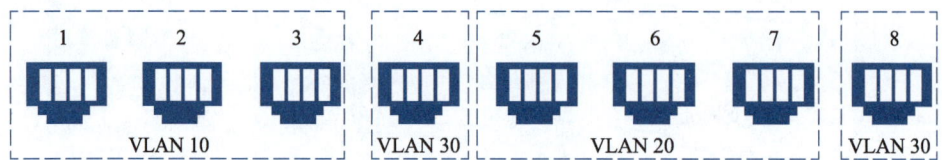

图 5-24　基于端口划分 VLAN 示意图

2. 基于 MAC 地址划分 VLAN

基于 MAC 地址划分 VLAN，即根据某个主机的 MAC 地址来划分，对每个 MAC 地址的主机进行配置，决定该主机属于哪个 VLAN。

这种划分 VLAN 方法的优点是当用户物理位置移动时，即从一个交换机移动到其他交换机时，VLAN 不需要重新配置。缺点是需要对网络中每个主机进行 VLAN 配置，操作烦琐，在大型网络中实现工作量大。而且这种实现方法也导致交换机执行效率降低，因为在每一个交换机端口都可能存在多个 VLAN 成员，这样就无法限制广播。

3. 基于网络层划分 VLAN

基于网络层划分 VLAN，这种划分 VLAN 的方法是根据每个主机的网络层地址或协议类型划分 VLAN。交换机虽然查看每个数据包的 IP 地址或协议，并根据 IP 地址或协议决定该数据包属于哪个 VLAN 来转发，但不进行路由，与网络层路由无关。

这种划分 VLAN 方法的优点是当用户的物理位置改变后，不需要重新配置所属的

VLAN，而且可以根据协议类型来划分 VLAN，这对网络管理很重要。缺点是效率低下，因为检查每一个数据包的网络层地址需要耗费处理时间和内存资源，而交换机一般工作在数据链路层，由硬件电路实现数据帧交换。

4. 基于 IP 组播划分 VLAN

根据 IP 组播划分 VLAN，IP 组播实际也是一种 VLAN 的定义，即认为一个组播就是一个 VLAN，这种划分方法将 VLAN 扩大到了广域网领域，因此，这种方法具有更大的灵活性，而且也很容易通过路由器进行扩展。当然，这种方法不适合局域网，主要是效率不高。

以上 4 种 VLAN 划分方法的示例见表 5-3。

表 5-3　几种 VLAN 划分方法示例

VLAN 划分方法	示　　例
基于端口划分 VLAN	FastEthernet0/1、GigabitEthernet0/2
基于 MAC 地址划分 VLAN	0001:971C:D472、0040:0B37:9C0A
基于网络层划分 VLAN	10.1.1.1/24
基于 IP 组播划分 VLAN	特定 ISP 组播

> 小贴士　在网络设计中，VLAN 可以显著优化网络性能、提升安全性。灵活划分逻辑子网减少了广播流量，并确保了用户间的数据隔离。VLAN 技术的关键在于，它不依赖物理位置，这为企业在动态调整网络架构时提供了极大便利。就像生活中的合作，需要清晰的界限与规则，才能有效管理资源、减少冲突，确保每个环节的有序、高效运作。

▶ 任务实战

交换机 VLAN 配置实践

【实践环境】

本任务基于 eNSP 网络仿真平台构建出实践环境。

实验设备：S5700-28C-HI（包括 24 个 10/100/1000BASE-T 以太网电口，以及 4 个复用的 1000BASE-X SFP 千兆以太网光口）2 台、PC 4 台。

【任务步骤】

VLAN 基础配置如图 5-25 所示。

说明：学院规模较大，教职工约六百多人，校园内部网络是一个大的局域网。放置了多台接入交换机（例如 SW1 和 SW2）负责各部门教职工的网络接入。接入交换机之间通过汇聚交换机 SW3 相连。校园网络管理员通过划分 VLAN 来隔离广播域。由于教职工较多，相同部门的教职工需要通过不同交换机接入校园网络系统。为了保证在不同交换机下相同部门的员工能互相通信，需要配置交换机之间链路为 Trunk 链路，以实现 VLAN 跨交换机通信。（若想深入了解 Trunk，欢迎通过扫描二维码继续学习。）

Trunk

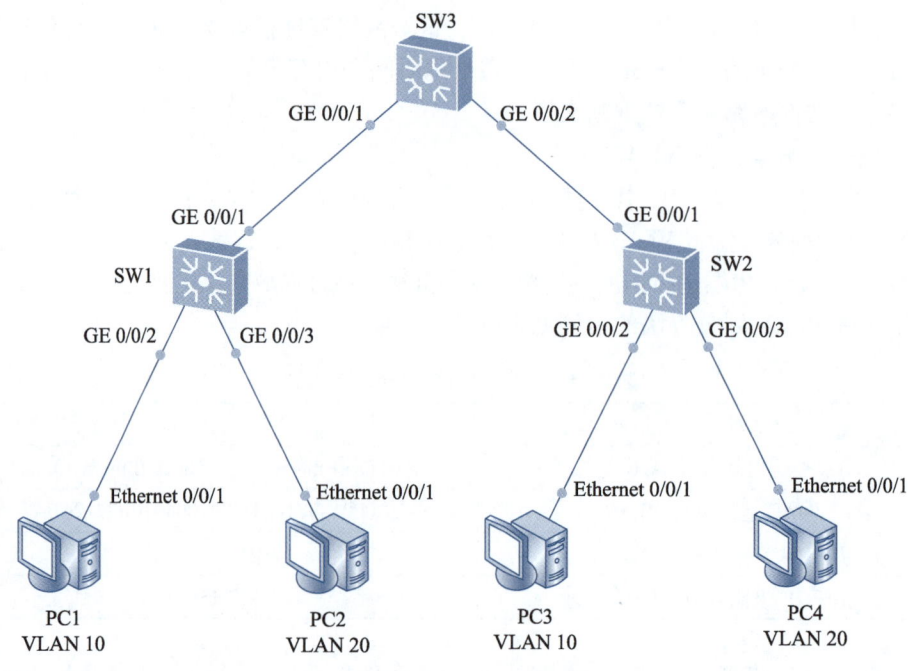

图 5-25　VLAN 基础配置

设备网络地址见表 5-4：

表 5-4　设备网络地址

设备	接口	IP 地址	子网掩码
PC1	Ethernet 0/0/1	192.168.10.10	255.255.255.0
PC2	Ethernet 0/0/1	192.168.10.20	255.255.255.0
PC3	Ethernet 0/0/1	192.168.10.30	255.255.255.0
PC4	Ethernet 0/0/1	192.168.10.40	255.255.255.0

1. 基本配置

根据设备网络地址，在 4 台计算机上进行相应的基本 IP 地址配置，如图 5-26 和图 5-27 所示。

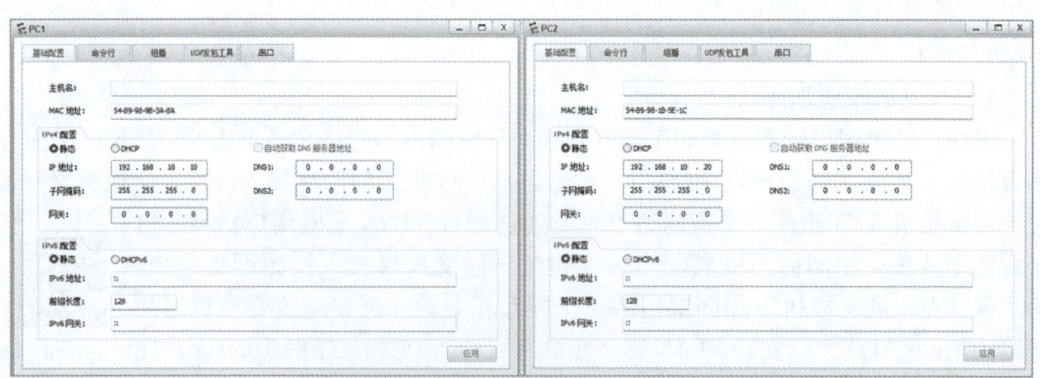

图 5-26　配置 PC1、PC2 的网络地址

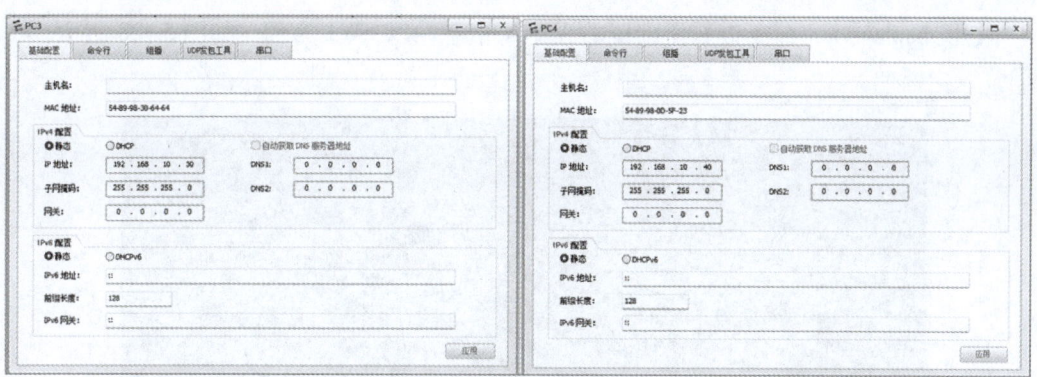

图 5-27 配置 PC3、PC4 的网络地址

2. 创建 VLAN 并配置 Access 接口

学院的校园网络系统通过 VLAN 的划分来隔离不同的部门，可以在 3 台交换机 SW1、SW2、SW3 上都分别创建 VLAN 10 和 VLAN 20，保卫处的员工属于 VLAN 10，财务处的员工属于 VLAN 20。

配置交换机 SW1：

```
[Huawei]sysname SW1
[SW1]vlan 10
[SW1-vlan10]quit
[SW1]vlan 20
[SW1-vlan20]quit
[SW1]quit
<SW1>save
```

配置交换机 SW2：

```
[Huawei]sysname SW2
[SW2]vlan 10
[SW2-vlan10]quit
[SW2]vlan 20
[SW2-vlan20]quit
[SW2]quit
<SW2>save
```

配置交换机 SW3：

```
[Huawei]sysname SW3
[SW3]vlan 10
[SW3-vlan10]quit
[SW3]vlan 20
[SW3-vlan20]quit
[SW3]quit
<SW3>save
```

使用 display vlan 命令查看所配置的 VLAN 信息，以 SW1 为例，如图 5-28 所示。

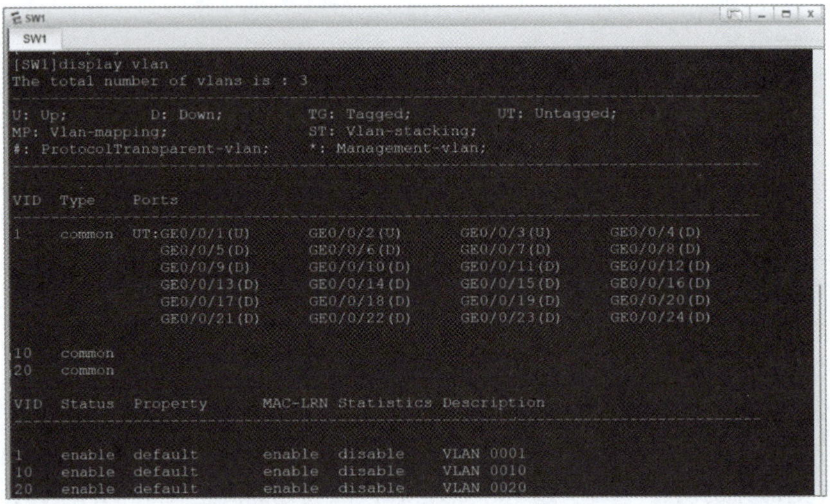

图 5-28 查看 SW1 的 VLAN 信息

在 SW1 上配置 GE0/0/2 和 GE0/0/3 为 Access 接口，并划分到相应的 VLAN 中：

［SW1］interface GigabitEthernet 0/0/2
［SW1-GigabitEthernet0/0/2］port link-type access
［SW1-GigabitEthernet0/0/2］port default vlan 10
［SW1-GigabitEthernet0/0/2］quit
［SW1］interface GigabitEthernet 0/0/3
［SW1-GigabitEthernet0/0/3］port link-type access
［SW1-GigabitEthernet0/0/3］port default vlan 20
［SW1-GigabitEthernet0/0/3］quit
［SW1］quit
<SW1>save

在 SW2 上配置 GE0/0/2 和 GE0/0/3 为 Access 接口，并划分到相应的 VLAN 中。

［SW2］interface GigabitEthernet 0/0/2
［SW2-GigabitEthernet0/0/2］port link-type access
［SW2-GigabitEthernet0/0/2］port default vlan 10
［SW2-GigabitEthernet0/0/2］quit
［SW2］interface GigabitEthernet 0/0/3
［SW2-GigabitEthernet0/0/3］port link-type access
［SW2-GigabitEthernet0/0/3］port default vlan 20
［SW2-GigabitEthernet0/0/3］quit
［SW2］quit
<SW2>save

交换机 SW1、SW2 配置完成后，使用 display port vlan 命令检查 VLAN 和接口配置，如图 5-29 和图 5-30 所示。

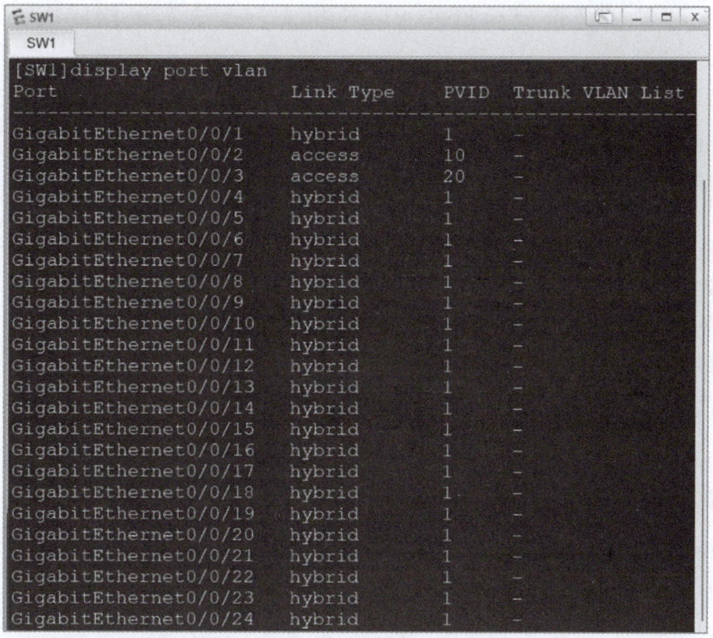

图 5-29 交换机 SW1 的 VLAN 和接口配置

图 5-30 交换机 SW2 的 VLAN 和接口配置

从图 5-29、图 5-30 中，可以看到 PC1、PC2、PC3、PC4 所连接的 SW1、SW2 交换机接口都已经被配置成 Access 模式，并且已经加入了相应的 VLAN。

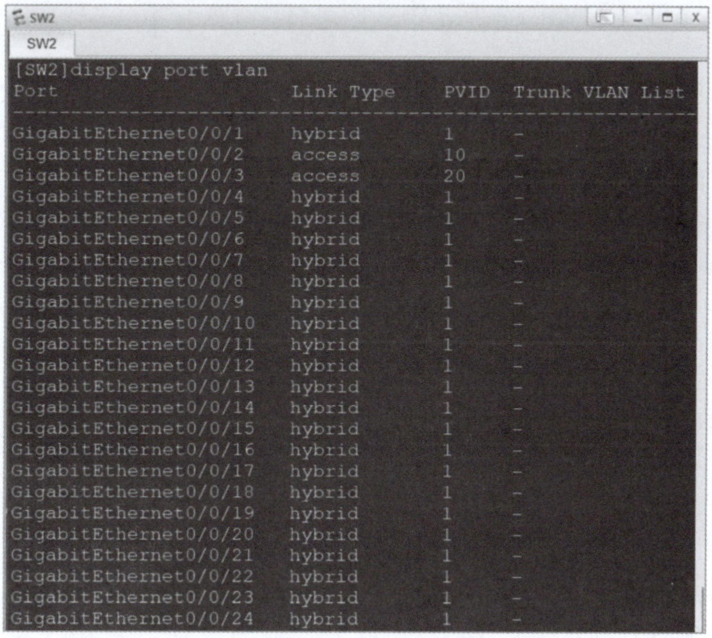

3. 配置 Trunk 接口

目前，在这个网络系统环境中，虽然在与计算机相连的交换机 SW1、SW2 接口上创建并划分了 VLAN 信息，但是在交换机与交换机之间相连的接口上并没有相应的 VLAN 信息，不能够识别和发送跨越交换机的 VLAN 报文，无法实现相同 VLAN 的跨交换机通信。

为了让交换机间能够识别和发送跨越交换机的 VLAN 报文，需要将交换机间相连的接口配置成为 Trunk 接口。配置时要明确被允许通过的 VLAN，实现对 VLAN 传输的控制。

在 SW1 上配置 GE 0/0/1 为 Trunk 接口，允许 VLAN 10 和 VLAN 20 通过：

```
[SW1]interface GigabitEthernet 0/0/1
[SW1-GigabitEthernet0/0/1]port link-type trunk
[SW1-GigabitEthernet0/0/1]port trunk allow-pass vlan 10   20
[SW1-GigabitEthernet0/0/1]quit
[SW1]quit
<SW1>save
```

在 SW2 上配置 GE 0/0/1 为 Trunk 接口，允许 VLAN 10 和 VLAN 20 通过：

```
[SW2]interface GigabitEthernet 0/0/1
[SW2-GigabitEthernet0/0/1]port link-type trunk
[SW2-GigabitEthernet0/0/1]port trunk allow-pass vlan 10   20
[SW2-GigabitEthernet0/0/1]quit
[SW2]quit
<SW2>save
```

在 SW3 上配置 GE 0/0/1 和 GE 0/0/2 为 Trunk 接口，允许 VLAN 10 和 VLAN 20 通过：

```
[SW3]interface GigabitEthernet 0/0/1
[SW3-GigabitEthernet0/0/1]port link-type trunk
[SW3-GigabitEthernet0/0/1]port trunk allow-pass vlan 10   20
[SW3-GigabitEthernet0/0/1]quit
[SW3]interface GigabitEthernet 0/0/2
[SW3-GigabitEthernet0/0/2]port link-type trunk
[SW3-GigabitEthernet0/0/2]port trunk allow-pass vlan 10   20
[SW3-GigabitEthernet0/0/2]quit
[SW3]quit
<SW3>save
```

各个交换机配置完成之后，以交换机 SW3 为例，使用 display port vlan 命令来检查其 Trunk 配置，如图 5-31 所示。

从图 5-31 中，可以看到 SW3 的 GE0/0/1 和 GE0/0/2 已被成功配置为 Trunk 接口，并且允许 VLAN 10、VLAN 20 流量通过。

4. 验证不同交换机上的相同 VLAN 内计算机间的连通性

测试 VLAN 10 内 PC1 与 PC3 之间的连通性，以及 PC2 和 PC4 之间的连通性，如图 5-32 和图 5-33 所示。

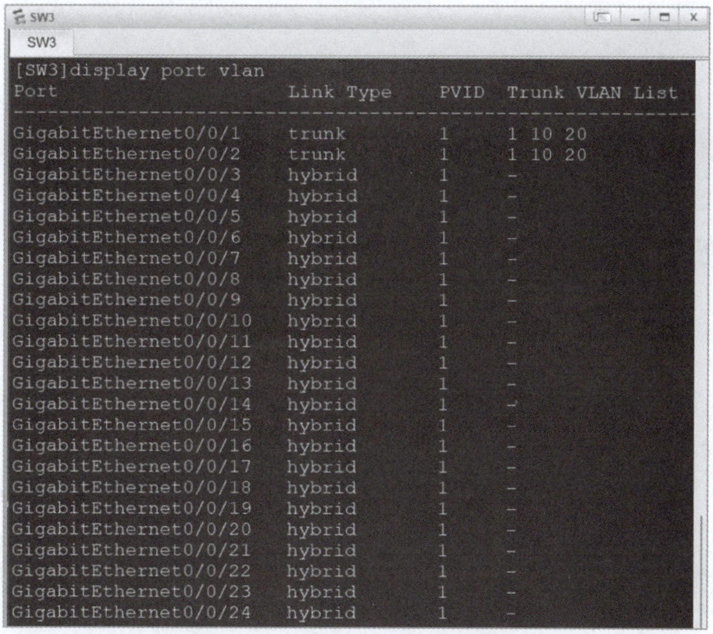

任务 5.2　交换机 VLAN 配置实践

```
[SW3]display port vlan
Port                     Link Type    PVID   Trunk VLAN List
GigabitEthernet0/0/1     trunk        1      1 10 20
GigabitEthernet0/0/2     trunk        1      1 10 20
GigabitEthernet0/0/3     hybrid       1      -
GigabitEthernet0/0/4     hybrid       1      -
GigabitEthernet0/0/5     hybrid       1      -
GigabitEthernet0/0/6     hybrid       1      -
GigabitEthernet0/0/7     hybrid       1      -
GigabitEthernet0/0/8     hybrid       1      -
GigabitEthernet0/0/9     hybrid       1      -
GigabitEthernet0/0/10    hybrid       1      -
GigabitEthernet0/0/11    hybrid       1      -
GigabitEthernet0/0/12    hybrid       1      -
GigabitEthernet0/0/13    hybrid       1      -
GigabitEthernet0/0/14    hybrid       1      -
GigabitEthernet0/0/15    hybrid       1      -
GigabitEthernet0/0/16    hybrid       1      -
GigabitEthernet0/0/17    hybrid       1      -
GigabitEthernet0/0/18    hybrid       1      -
GigabitEthernet0/0/19    hybrid       1      -
GigabitEthernet0/0/20    hybrid       1      -
GigabitEthernet0/0/21    hybrid       1      -
GigabitEthernet0/0/22    hybrid       1      -
GigabitEthernet0/0/23    hybrid       1      -
GigabitEthernet0/0/24    hybrid       1      -
```

图 5-31　交换机 SW3 的 Trunk 配置

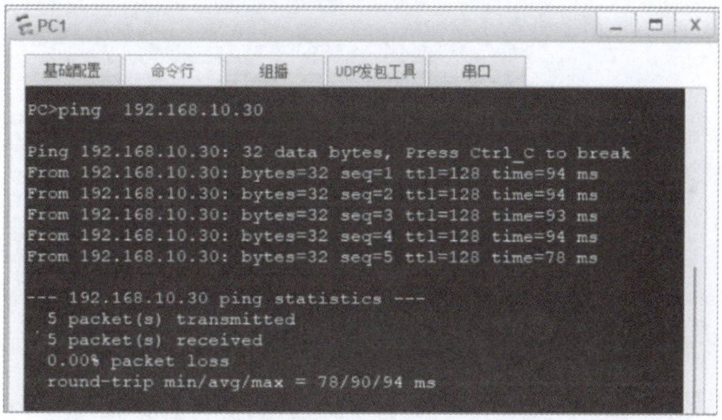

```
PC>ping 192.168.10.30

Ping 192.168.10.30: 32 data bytes, Press Ctrl_C to break
From 192.168.10.30: bytes=32 seq=1 ttl=128 time=94 ms
From 192.168.10.30: bytes=32 seq=2 ttl=128 time=94 ms
From 192.168.10.30: bytes=32 seq=3 ttl=128 time=93 ms
From 192.168.10.30: bytes=32 seq=4 ttl=128 time=94 ms
From 192.168.10.30: bytes=32 seq=5 ttl=128 time=78 ms

--- 192.168.10.30 ping statistics ---
  5 packet(s) transmitted
  5 packet(s) received
  0.00% packet loss
  round-trip min/avg/max = 78/90/94 ms
```

图 5-32　PC1 与 PC3 之间正常通信

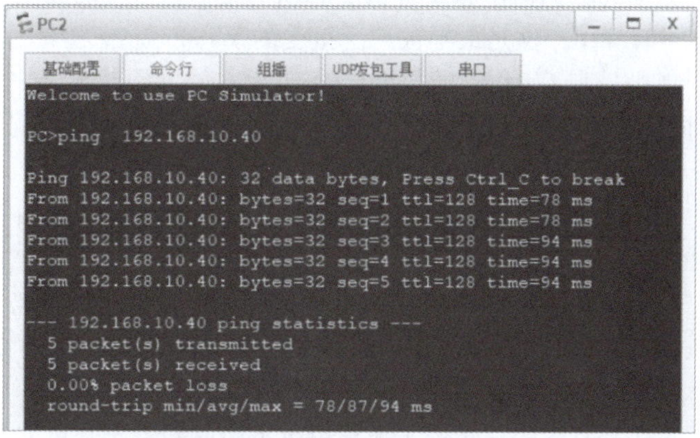

```
Welcome to use PC Simulator!

PC>ping 192.168.10.40

Ping 192.168.10.40: 32 data bytes, Press Ctrl_C to break
From 192.168.10.40: bytes=32 seq=1 ttl=128 time=78 ms
From 192.168.10.40: bytes=32 seq=2 ttl=128 time=78 ms
From 192.168.10.40: bytes=32 seq=3 ttl=128 time=94 ms
From 192.168.10.40: bytes=32 seq=4 ttl=128 time=94 ms
From 192.168.10.40: bytes=32 seq=5 ttl=128 time=94 ms

--- 192.168.10.40 ping statistics ---
  5 packet(s) transmitted
  5 packet(s) received
  0.00% packet loss
  round-trip min/avg/max = 78/87/94 ms
```

图 5-33　PC2 与 PC4 之间正常通信

【思考问题】
1. 按 MAC 地址划分 VLAN 应该如何配置？
2. 华为 S5700 交换机常用的配置命令有哪些？

任务 5.3 使用 Linksys-WRT300N 组建无线局域网

▶ 任务描述

在学习了有线局域网的组建与 VLAN 配置后，小海决定进一步扩展自己的知识，学习如何组建无线局域网（WLAN）。他为自己制订了以下学习计划：

- 了解无线局域网的基本概念和标准，熟悉不同的无线网络协议（如 IEEE 802.11 系列）及其特点。
- 学习如何使用 Linksys-WRT300N 无线路由器，掌握设备的配置，包括无线网络名称（SSID）的设置、安全加密方式的选择（如 WPA2）、以及信道和带宽的调整。
- 实际动手组建一个小型无线局域网，确保无线设备能够顺利连接，并进行网络性能的测试和优化。

▶ 任务目的

通过本任务，掌握无线局域网的组网技术，学习如何正确配置和管理无线路由器，确保网络的安全性与稳定性。

▶ 知识准备

5.3.1 无线局域网标准

微课 5-5
无线局域网

无线局域网（WLAN）标准对于构建高效、稳定和安全的无线网络至关重要。随着移动设备、物联网（IoT）和云计算的发展，WLAN 技术持续进步，以满足更高的数据需求和设备密度。以下是一些主要的无线局域网标准。

① **802.11b**：这是最早被广泛接受的 Wi-Fi 标准之一，它工作在 2.4 GHz 频段，提供最高 11 Mbps 的数据传输速率。

② **802.11g**：同样工作在 2.4 GHz 频段，但提供了更高的 54 Mbps 的数据速率，并与 802.11b 兼容。

③ **802.11a**：工作在 5 GHz 频段，也支持 54 Mbps 的数据速率，但由于其频率较高，穿墙能力不如 2.4 GHz 频段的好。

④ **802.11n**：引入了 MIMO（多输入多输出）技术和更宽的信道带宽（如 40 MHz），可在 2.4 GHz 和 5 GHz 频段工作，最高速率可达 600 Mbps。适用于高清视频、在线游戏等对宽带要求较高的应用场景。

⑤ **802.11ac**：仅工作在 5 GHz 频段，使用更先进的调制方案和更多的空间流，提供高达数千兆比特每秒的速率。适用于对宽带需求极高的应用场景，如 4K 视频流、虚拟现

实等。

⑥ 802.11ax（Wi-Fi 6）：同时支持 2.4 GHz 和 5 GHz 频段，通过改进频谱效率和 MU-MIMO（多用户 MIMO）等特性，进一步提高了性能和容量。该标准适用于高密度无线接入场景，如大型企业、学校、公共场所等。

⑦ 802.11be（Wi-Fi 7）：作为下一代标准，计划提供更高的速度、更低的延迟以及更好的多用户支持，预计将在多个频段上操作，包括 6 GHz。该标准特别适用于虚拟现实、增强现实（AR/VR）、8K 视频流等超高带宽需求的应用场景。

⑧ Wi-Fi 6E：作为 802.11ax 的扩展版本，Wi-Fi 6E 引入了 6 GHz 频段。这一频段为无线网络提供了更多的频谱空间，减少了拥堵和干扰，特别适用于高密度设备场景。Wi-Fi 6E 能够支持更高的数据速率和更低的延迟，使其成为未来智能家居、物联网（IoT）等高需求场景的理想选择。

这些标准的演进体现了无线局域网技术的持续进步，特别是在带宽、信道利用效率、功耗管理以及多设备并发支持等方面。随着 Wi-Fi 7 的逐步推广，无线网络将进一步提升性能，满足未来数据密集型应用的需求。

5.3.2 无线局域网的产品和组件

无线局域网（WLAN）的产品和组件不断发展，以支持更高的带宽、更低的延迟以及更广泛的设备接入。下面介绍主要的无线局域网设备及其功能。

1. 无线接入点（Access Point，AP）

无线接入点是构建无线局域网的核心设备之一，作为无线网络和有线网络之间的桥梁，将有线网络信号转换为无线信号供无线设备连接，如图 5-34 所示。无线接入点管理无线客户端的接入，控制客户端的连接权限、数据传输速率等。

目前，随着 Wi-Fi 6 和 Wi-Fi 6E 标准的普及，许多无线接入点开始支持 OFDMA（正交频分多址）和 MU-MIMO（多用户多输入多输出）技术，允许更多设备同时接入并提升网络效率，特别适用于设备密度高的环境。

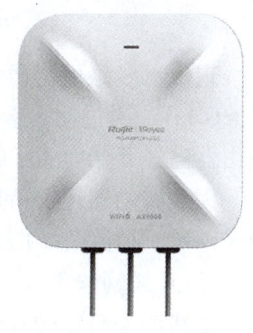

图 5-34 无线接入点

无线接入点支持多种无线安全标准，如 WPA3，为用户提供更强的安全性和数据加密功能。

- 室内型无线接入点：用于室内环境，如图 5-35 所示，外形小巧，安装位置灵活（如天花板、墙壁等）。近年来，智能家居系统也大量使用此类 AP 设备，通过与物联网（IoT）设备的整合，提升了家庭网络的管理与自动化水平。
- 室外型无线接入点：具备防水、防尘、耐高温等特性，适用于户外环境，如图 5-36 所示，如校园、公园、广场等公共场所。

2. 无线路由器

无线路由器是家庭和小型办公环境中常见的 WLAN 设备，如图 5-37 所示，集成了无线接入点、路由器和网络地址转换（NAT）等功能，可以实现多台设备共享一个互联网连接，同时提供无线网络覆盖，支持各种网络管理功能，如 DHCP 服务器、端口转发、虚拟服务器等。

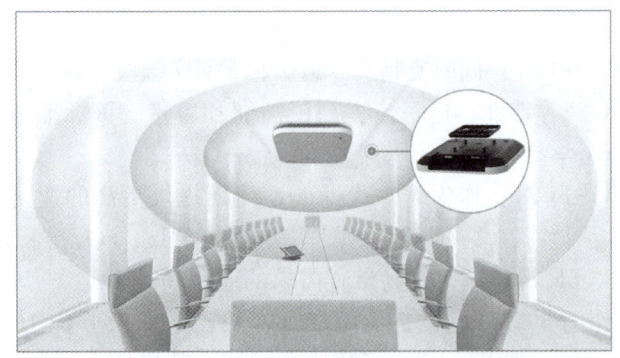

图 5-35 室内型无线接入点

图 5-36 室外型无线接入点

图 5-37 无线路由器

现代无线路由器通常支持双频段（2.4 GHz 和 5 GHz），甚至三频段（2.4 GHz、5 GHz 和 6 GHz），通过动态选择最优频段，提升无线连接的稳定性和数据传输效率。Wi-Fi 6E 路由器已经开始应用 6 GHz 频段，极大提升了高密度环境下的网络性能。

无线路由器还支持网状网络（Mesh Networking），通过多个路由器节点扩展无线信号覆盖范围，消除传统路由器的信号死角，特别适用于大面积住宅或复杂布局的建筑物。

3. 无线网卡

无线网卡是安装在终端设备上，使其能够连接到无线局域网的设备，如图 5-38 所示。

随着 Wi-Fi 6 和 Wi-Fi 6E 的普及，许多新型设备配备了支持这些标准的无线网卡，能够在多设备环境中更高效地处理并发流量。

- 内置无线网卡：现代笔记本电脑、平板电脑和智能手机等设备通常集成了 Wi-Fi 6 网卡，未来可能会逐步采用支持 Wi-Fi 7 的网卡以适应更高的数据需求，如图 5-39 所示。

图 5-38 无线网卡

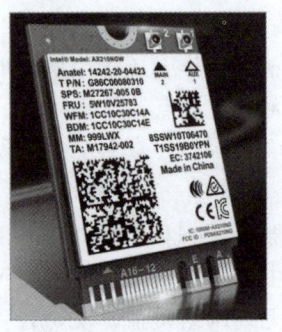

图 5-39 内置无线网卡

• 外置无线网卡：通过 USB、PCI 等接口连接到计算机或其他设备，用于提供无线网络连接，如图 5-40 所示。最新的外置无线网卡支持 Wi-Fi 6 和 6E 标准，适用于需要高性能无线连接的桌面系统或没有内置无线网卡的设备。

4. 天线

天线用于增强无线信号的发射和接收能力。不同类型的天线具有不同的增益和方向性，可根据实际需求进行选择，如图 5-41 所示。

图 5-40　外置无线网卡

图 5-41　天线

近年来，智能天线技术发展迅速，通过波束成形（Beamforming）技术，天线可以自动调节信号方向以提高传输效率和增大覆盖范围。这项技术尤其适用于 Wi-Fi 6 及未来的 Wi-Fi 7 设备。

• 全向天线：在水平方向上均匀辐射信号，适用于覆盖较大面积的区域，如家庭、办公室等。

• 定向天线：将信号集中在特定方向上发射，适用于远距离传输或特定区域的覆盖，如户外场景中的远距离点对点无线传输。

5. 无线控制器

在较大规模的无线局域网中，无线控制器用于集中管理多个无线接入点，提高管理效率，减少管理成本，如图 5-42 所示。

无线控制器通常支持云端管理，可以通过互联网远程配置和监控各个无线接入点，简化了大规模无线网络的管理。通过集成的 AI 优化算法，无线控制器可以自动优化网络参数以提升网络性能。

6. PoE 交换机

PoE（Power over Ethernet）交换机通过以太网电缆为无线接入点、IP 摄像头等设备提供电力和数据传输，简化了设备的安装和管理，如图 5-43 所示。

图 5-42　无线控制器

图 5-43　PoE 交换机

PoE 交换机支持智能电源管理功能，能够根据设备的需求动态调整供电功率，进一步提高了能源效率。

这些产品和组件是构建现代无线局域网的关键元素，随着技术的进步，它们不断演变以支持更高的数据传输速率、更低的延迟和更多设备的接入。

5.3.3 无线局域网的组网方式

无线局域网（WLAN）的组网方式主要依据网络规模、管理需求和设备部署条件进行选择。以下是三种常见的无线局域网组网方式。

1. 胖 AP 独立组网

胖 AP 是一种独立的无线接入点，每个胖 AP 都具备完整的无线接入功能，包括无线信号发射、用户接入控制、加密、安全设置等。它不需要无线控制器进行集中管理，可以单独进行配置和管理，如图 5-44 所示。

优点：适用于小规模网络，部署简单，无需额外的无线控制器设备。

缺点：随着 AP 数量增加，管理成本提高；每个 AP 需要独立配置，缺乏集中管理功能；在大面积区域覆盖中，可能会出现信号干扰问题。

应用场景：家庭、SOHO（小型办公室/家庭办公室）网络、小型企业或小型校园等场所，尤其是对于不需要大规模无线网络管理的环境。

2. 瘦 AP 和无线控制器组网

瘦 AP 通过无线控制器集中管理，如图 5-45 所示。主要负责无线信号的发射与接收，将用户的无线接入请求转发给无线控制器处理。无线控制器负责进行用户认证、安全策略管理、无线信道分配、AP 配置等集中控制功能，如图 5-46 所示。

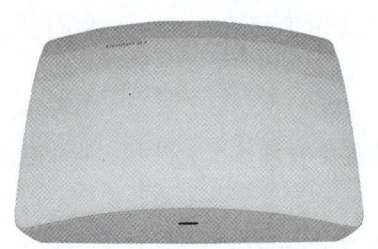

图 5-44　华为 AP6010SN 胖 AP

图 5-45　华为 AP3030DN 瘦 AP

优点：便于管理，适合中大型网络；通过无线控制器可以集中管理所有瘦 AP，统一配置网络参数、更新固件、监控网络状态等；网络扩展灵活，可随时增加瘦 AP；发生故障时，用户可以自动切换到其他瘦 AP，保证网络连续性。

缺点：初始成本较高，无线控制器的配置复杂度较高，且瘦 AP 无法独立运行，必须依赖无线控制器。

应用场景：企业级网络、校园、酒店、商场等大中型场所，尤其适用于需要大规模无线网络管理的环境。

3. Mesh 组网

Mesh 组网是一种自组织的无线网络，每个 Mesh 节点具备无线接入和路由转发功能，节点之间通过无线方式相互连接，形成一个多跳的无线网络，如图 5-47 所示。Mesh 网络中的每个节点都可以作为数据的中继点，动态调整网络拓扑，自动选择最佳路由路径。

任务 5.3　使用 Linksys-WRT300N 组建无线局域网

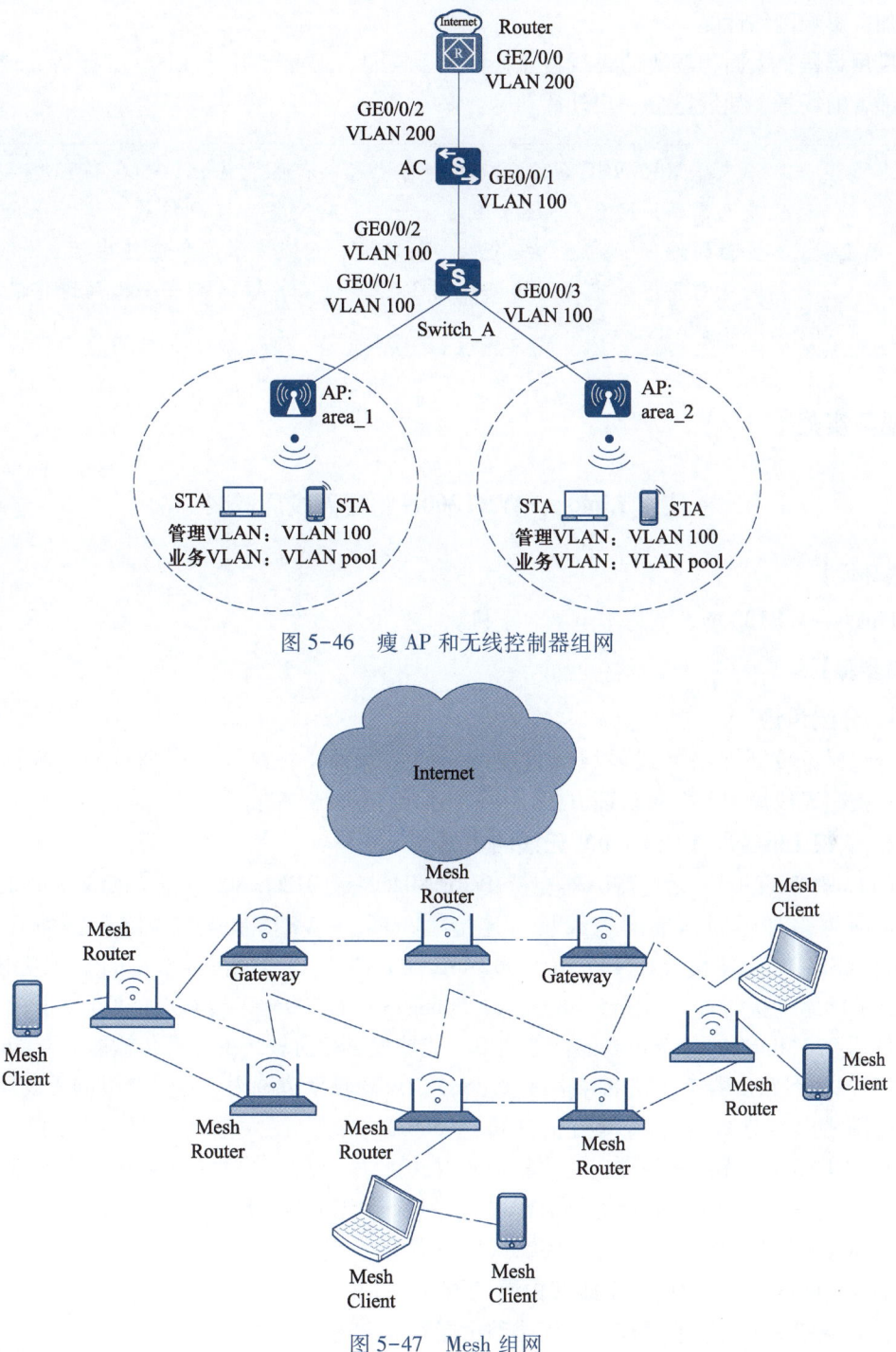

图 5-46　瘦 AP 和无线控制器组网

图 5-47　Mesh 组网

优点：灵活部署，适合大范围无线覆盖；节点之间不需要有线连接，适用于难以布线的场景；网络具有较强的自愈能力，当某个节点出现故障时，其他节点可以自动调整路由，确保网络正常运行；自动优化信号传输路径和负载，提升网络性能。

缺点：节点设备成本较高，网络复杂度增加；在高负载情况下，多个跳跃可能导致延迟增加，影响网络性能。

应用场景：大面积场所的无线覆盖，如大型校园、工业园区、社区、公园等，或需要临时部署的场景，如展览会、户外活动等。

> **小贴士**　选择WLAN设备时，应考虑场景需求和性能优化，如在高密度环境下优先选择Wi-Fi 6或Mesh组网。合理布局设备可避免信号干扰和死角，定期更新固件确保网络的安全性和稳定性。无线技术的发展使生活更加便利，同时也需要更加重视网络安全与责任，确保数据传输安全，促进信息公平共享和社会秩序稳定。

▶ 任务实战

使用Linksys-WRT300N组建无线局域网

【实践环境】

Linksys-WRT300N、笔记本电脑、手机。

【任务步骤】

1. 分组讨论

分组讨论校园网络无线局域网组网使用的是哪种拓扑结构，规划校园无线网络的SSID、校园无线局域网登录认证方式，并画出网络拓扑结构图。

2. 认识Linksys-WRT300N无线路由器

Linksys-WRT300N无线路由器支持IEEE 802.11b、IEEE 802.11g、IEEE 802.11n标准，可兼容多种不同标准的无线设备连接。Linksys-WRT300N无线路由器拥有1个10/100BASE-T WAN接口和4个10/100BASE-T LAN接口，能满足常见的家庭或小型办公网络的网络连接需求，如图5-48所示。Linksys-WRT300N无线路由器的最高数据传输速率可达270 Mbit/s，属于较高的传输速率，能够提供相对较快的数据传输能力。Linksys-WRT300N无线路由器工作在2.4 GHz~2.4835 GHz的频率范围内，这是常见的无线局域网频率范围，兼容性较好，其覆盖范围可达500 m，能为较大空间提供无线网络覆盖。Linksys-WRT300N无线路由器支持多种加密方式，如40位（也称为64位）、128位、152位（802.11g only）WEP有线等效加密以及WPA-PSK（Wi-Fi Protected Access）等，可有效保障无线网络的安全，防止未经授权的用户接入。

3. Linksys-WRT300N无线路由器的配置

（1）连接Linksys-WRT300N无线路由器

切断所有硬件的电源，包括无线路由器和笔记本电脑的电源。在断电状态进行设备线缆的连接。把连接校园网络的网线连到Linksys-WRT300N无线路由器的Internet接口。把网线的一端连到路由器背面的4个接口中的一个，另一端接到配置无线路由器的笔记本电脑的网口，如图5-49所示。然后，打开安装调试无线路由器的笔记本电脑和无线路由器，把路由器放在合适的地方。

任务 5.3　使用 Linksys-WRT300N 组建无线局域网

图 5-48　Linksys-WRT300N 无线路由器

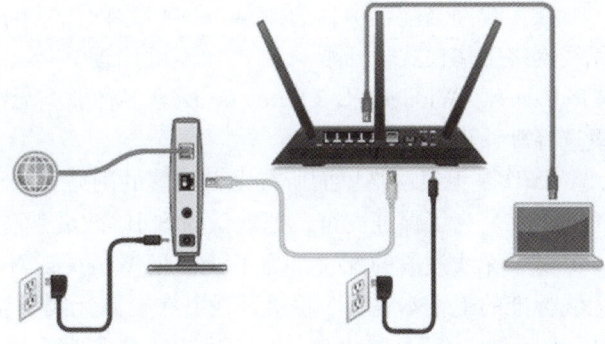
图 5-49　Linksys-WRT300N 无线路由器连接计算机

（2）打开网页浏览器，在地址栏里输入 192.168.1.1，按 Enter 键

此时会打开一个要求输入密码的对话框，用户名一栏为空，密码栏输入默认密码 admin。为了确保安全，需要稍后设置一个新密码（在 Administration 菜单下的 Management 选项里面设置）。这时候会出现 Setup 菜单，如图 5-50 所示。在 Internet Connection type 里面，下拉菜单中提供了 6 种连接类型，每种连接类型的安装屏幕和可用功能都不同。网络连接类型包括自动配置—DHCP、Static IP、PPPoE、PPTP、Telstra Cable、L2TP。校园网内的无线局域网需要一直保持连接，这里可以选择 Static IP 连接类型、Keep Alive 状态。完成网络连接后，单击 Save Settings 按钮来保存设置，如图 5-51 所示。

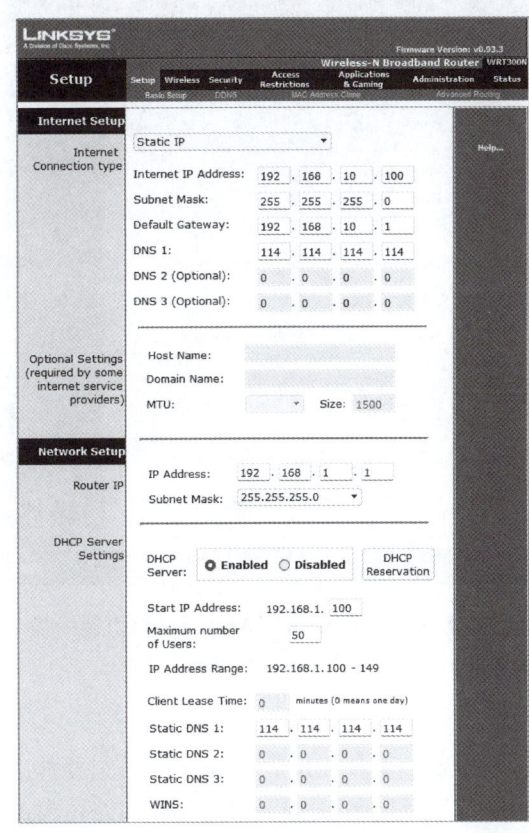
图 5-50　Linksys-WRT300N 无线路由器 Setup 界面

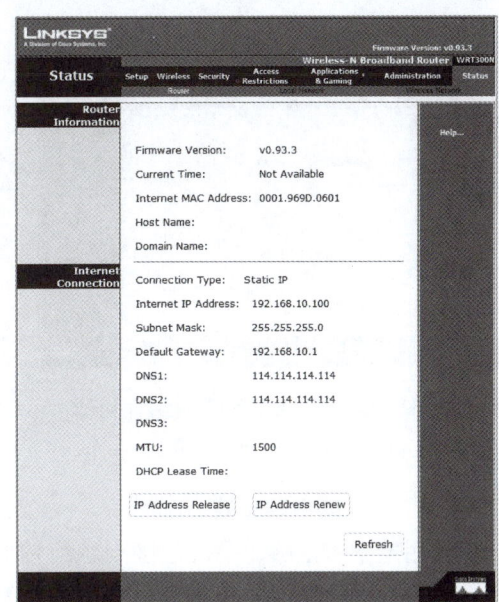
图 5-51　Linksys-WRT300N 无线路由器保存设置

在无线网络配置中，选择 Wireless 菜单中的 Basic Wireless Settings 选项。可供选择的无线网络工作模式包括混合模式、不可用模式等。校园无线局域网的使用客户包括使用 Wireless-N、Wireless-G、Wireless-B 等多种类型无线标准的笔记本电脑、手机等设备，这里选择默认设置 Mixed。

SSID 是无线网络里面所有设备共享的网络名，SSID 是大小写敏感的、不超过 32 位字符的名字。为了保证安全，把默认的 SSID 改成学院统一规划的校园无线网络 SSID。

对于无线波段的配置，为了让使用 Wireless-N、Wireless-G、Wireless-B 等多种类型无线标准的笔记本电脑、手机等设备在校园无线局域网里面获得最好的传输性能，可以将 Standard Channel 选项设为"1-2.412 GHz"，Wide Channel 选项设为"Auto"，如图 5-52 所示。如果还想进行高级无线功能设置，如 AP 隔离、帧突发、身份验证类型、基本速率等选项，可以在如图 5-53 所示的界面进行设置，需要提醒的是，这些设置只能由专业管理员调整，否则错误的设置会导致无线性能降低。

配置 Linksys-WRT300N 无线路由器为开启无线 SSID 广播。按照前期规划好的校园无线网络 SSID，为无线路由器配置 SSID，其状态设置为 Enabled。然后，单击"Save Settings"按钮应用设置，如图 5-53 所示。最后重启 Linksys-WRT300N 无线路由器。笔记本电脑、手机等无线局域网客户端，搜索本地无线网络连接的时候，会自动探测到 Linksys-WRT300N 无线路由器发出的 SSID 广播。

图 5-52　Linksys-WRT300N 无线路由器 Basic Wireless Settings 界面

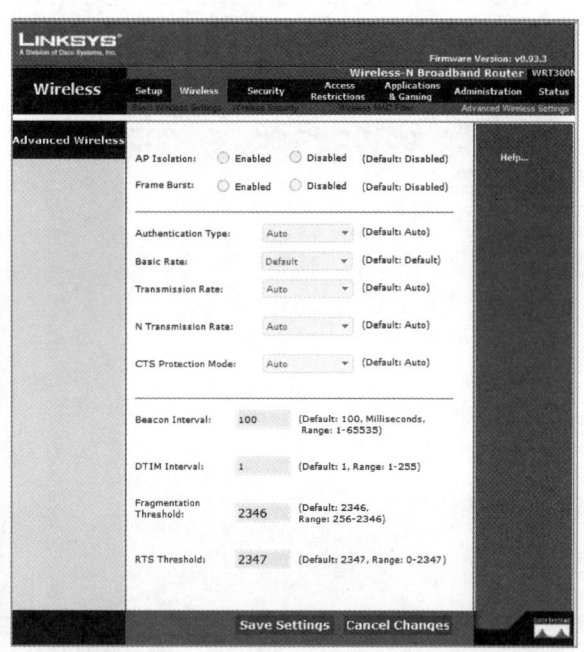

图 5-53　Linksys-WRT300N 无线路由器 Advanced Wireless Settings 界面

（3）测试路由器设置

使用笔记本电脑、手机连接刚刚配置好的校园无线网络 SSID，打开网页浏览器并上网，浏览器弹出校园无线局域网登录认证对话框，表示 Linksys-WRT300N 无线路由器的安装及配置已经成功。

【思考问题】
1. 如何进行无线路由器的无线安全配置？
2. 无线路由器的加密方式有哪些？

思考与练习

一、选择题

1. (《网络系统建设与运维》1+X 证书样题) 局域网通常覆盖的范围是（　　）。
   A. 数十米　　　　　B. 几百米　　　　　C. 几千米以内　　　　D. 几十千米

2. （　　）可以在无线局域网中提供更高的数据传输速率和更低的延迟。
   A. Wi-Fi 5　　　　B. Wi-Fi 6E　　　　C. FDDI　　　　　　D. 令牌环网

3. 以太网通常使用（　　）来防止多个节点同时传输数据而发生冲突。
   A. CSMA/CA　　　B. CSMA/CD　　　　C. 令牌环　　　　　D. FDDI

4. (《网络系统建设与运维》1+X 证书样题)（　　）局域网拓扑结构在现代局域网中被广泛应用。
   A. 总线型　　　　　B. 星形　　　　　　C. 环形　　　　　　D. 网状

5. 局域网的误码率较低主要得益于（　　）。
   A. 覆盖范围大　　　　　　　　　　　B. 传输距离短
   C. 使用同轴电缆　　　　　　　　　　D. 网络设备便宜

6. IEEE 802.3 标准主要定义的是（　　）。
   A. 以太网　　　　　B. 令牌环网　　　　C. FDDI　　　　　　D. 无线局域网

7. VLAN 标准是由（　　）标准定义的。
   A. IEEE 802.1X　　B. IEEE 802.11　　　C. IEEE 802.1Q　　　D. IEEE 802.5

8. Wi-Fi 6E 的主要特性不包括（　　）。
   A. 更高的数据传输速率　　　　　　　B. 使用 6 GHz 频段
   C. 更低的延迟　　　　　　　　　　　D. 更低的功耗

9. 在 VLAN 中，广播报文的传播范围是（　　）。
   A. 所有 VLAN　　　　　　　　　　　B. 同一交换机的所有端口
   C. 当前 VLAN 内　　　　　　　　　　D. 交换机的所有端口

10. （　　）是 VLAN 技术的优点。
    A. 提高了网络的广播能力　　　　　　B. 增强了跨 VLAN 通信能力
    C. 提高了网络的安全性　　　　　　　D. 减少了网络管理的复杂性

11. 基于 MAC 地址划分 VLAN 的主要缺点是（　　）。
    A. 用户的物理位置改变时需要重新配置
    B. 每次都需要登记 MAC 地址
    C. 无法限制广播
    D. 需要额外的交换机配置

12. IEEE 802.11b 工作在（　　）。
    A. 2.4 GHz　　　　B. 5 GHz　　　　　　C. 6 GHz　　　　　　D. 900 MHz

13. Wi-Fi 6E 是 802.11ax 的扩展版本，它引入了（   ）频段。
 A. 2.4 GHz   B. 5 GHz   C. 6 GHz   D. 10 GHz

14. （   ）的特点是适用于设备密度高的环境。
 A. 室内型无线接入点
 B. 室外型无线接入点
 C. 支持 OFDMA 和 MU-MIMO 的无线接入点
 D. 仅支持 802.11b 的无线接入点

15. 在无线局域网组网方式中，胖 AP 的主要特点是（   ）。
 A. 需要无线控制器集中管理　　B. 可以独立配置和管理
 C. 不支持安全设置　　　　　　D. 适用于大规模网络

二、填空题

1. IEEE 802.11 标准定义的是_____局域网的技术规范。

2. CSMA/CA 机制通常用于_____局域网中，以避免冲突。

3. 总线型拓扑结构的设备共享一条_____。

4. PoE 技术通过_____进行供电和数据传输。

5. 逻辑链路控制（LLC）子层负责_____、流量控制和差错控制。

6. 局域网体系结构的三层是物理层、_____层和网络层。

7. Wi-Fi 6E 支持_____频段，用于提升数据传输速率。

8. FDDI 是基于_____的高带宽局域网技术，现已被以太网替代。

9. VLAN 中的每个_____构成一个广播域，其广播报文仅在该域内传输。

10. 如果网络中的不同 VLAN 之间需要相互通信，需要增加_____设备。

11. 瘦 AP 主要通过_____集中管理，并负责无线信号的发射与接收。

12. Mesh 组网是一种_____的无线网络，每个节点可以自主组织和传递信号。

三、问答题

1. IEEE 802.11 和 IEEE 802.3 的区别是什么？

2. 什么是 VLAN？简述其主要功能。

3. 什么是 CSMA/CD？简述其工作原理。

4. 为什么 Wi-Fi 6E 能在物联网中发挥更大作用？

5. 无线接入点在无线局域网中扮演什么角色？

6. 比较胖 AP 和瘦 AP 在管理和部署方面的不同之处？

项目 6 网络体系架构的核心部件——网络层

 项目导读

本项目的目标是使读者了解网络层的几个协议,特别是 IP,通过学习能够规划和设置 IP 地址,能够进行网络设备的选型和配置。主要内容为:网络层概述、IPv4 地址、IPv6 地址、网络层协议、路由控制。本项目重、难点及课证融通点见表 6-1。

表 6-1 项目 6 重难点及课证融通点

重点	IPv4 地址、IPv6 地址、路由控制
难点	子网划分、路由器配置
课证融通点	其中路由器基础、IP 地址相关知识对接 1+X 证书"网络系统建设与运维(初级)"考点;IP 子网划分、IPv6 地址、ARP、静态路由配置、动态路由配置相关内容对接 1+X 证书"网络系统建设与运维(中级)"考点

 职业能力目标和要求

知识目标
- ❖ 掌握 IPv4 地址的结构和分类;
- ❖ 掌握子网掩码的概念,掌握子网划分的方法;
- ❖ 了解 IPv6 地址的结构和特点;
- ❖ 掌握常用网络命令的使用方法;
- ❖ 掌握网络层设备的工作原理、特点和用途。

能力目标
- ❖ 能够进行 IP 地址的规划和配置;

- ❖ 能够进行子网的规划与划分；
- ❖ 能够进行网络设备的选型与配置；
- ❖ 能够使用网络命令排除简单网络故障；
- ❖ 能够进行华为路由器的配置与管理。

素养目标

- ❖ 能够运用自我学习的方法，有持续学习的习惯，树立终身学习理念；
- ❖ 能够运用基本的创新方法，有一定的创新或创业意识和能力；
- ❖ 具备全局观念，能够与团队其他成员进行良好的协调合作。

情景导入

为了提供更优质的教学和实训环境，校内新建成一栋现代化实训楼。信息中心已经规划了新楼的网络架构，并交给信研网络社团一项重要的任务：协助信息中心老师完成新楼办公室和实训室计算机的 IP 地址分配及网络设备配置，确保校园内所有主机都能稳定访问互联网。

这一任务不仅是对社团成员技术能力的一次考验，更是他们深入参与实际网络建设项目、积累宝贵实践经验的绝佳机会。面对这一挑战，社团成员们充满了热情和期待。为了确保高效且高质量地完成任务，社长小马布置了三项学习任务：

首先，是关于 IP 地址的规划与分配。成员需根据现有校园网结构合理规划新的 IP 地址段，掌握 DHCP 原理及其应用，理解子网划分的重要性。

其次，深入学习网络设备配置。成员要了解交换机、路由器等设备的功能与配置方法，特别关注路由器配置，包括静态路由、动态路由协议（如 RIP、OSPF）设置及 NAT 实现。

最后，学习基本的设备管理技能。成员要能够熟练使用命令行界面（CLI）或图形用户界面（GUI）进行设备管理和故障排查。

任务 6.1 查看本机 TCP/IP 配置

▶ 任务描述

在学院网络系统的建设和设备调试中,掌握本机的 TCP/IP 配置是确保网络连通性、性能和安全性的关键步骤。准确了解这些配置信息对于有效的网络规划、故障诊断与排除以及网络优化至关重要。

▶ 任务目的

通过查看本机的 TCP/IP 配置,熟悉网络层的基本配置内容,理解 TCP/IP 在网络通信中的作用。

▶ 知识准备

6.1.1 网络层的作用

在网络中,从源主机 A 到达目的主机 B 的数据传输通常需要经过许多中间节点,这些中间节点构成了多条不同的网络路径,从而产生了路径选择问题,如图 6-1 所示。

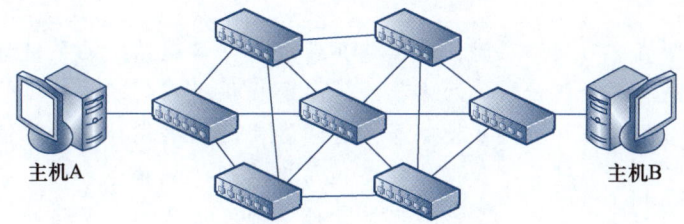

图 6-1 网络中间节点和路径图例

网络层涉及将源主机发出的分组经由各种网络路径到达目的主机,它利用数据链路层提供的相邻节点之间的数据帧传输服务,向传输层提供从源主机到目的主机的数据传输服务。如图 6-2 所示,资源子网中的主机具备了 OSI 参考模型中所有 7 层功能,但通信子网中的设备因为只涉及通信问题而只拥有 OSI 参考模型的最下面 3 层。因此,网络层被看成通信子网与资源子网的接口,即通信子网的边界。

微课 6-1
网络层概述

为了有效地实现源主机到目的主机的分组传输,网络层需要具备以下几方面的功能。

第一,需要规定该层协议数据单元的类型和格式。网络层的协议数据单元称为分组(Packet)或者数据包,和其他各层的协议数据单元类似,分组是网络层协议功能的集中体现,其中包含了实现该层功能所需要的控制信息,如收发双方的网络地址等。

第二,需要清楚通信子网的拓扑结构,能够进行最佳路径的选择,最佳路径选择又称路由(Routing)。

第三,在选择路径时,既不要使某些路径处于超负荷状态,也不能让另一些路径处于空闲状态,即所谓的拥塞控制和负载平衡,当网络带宽或通信子网中的路由设备资源不足时,将导致网络拥塞。

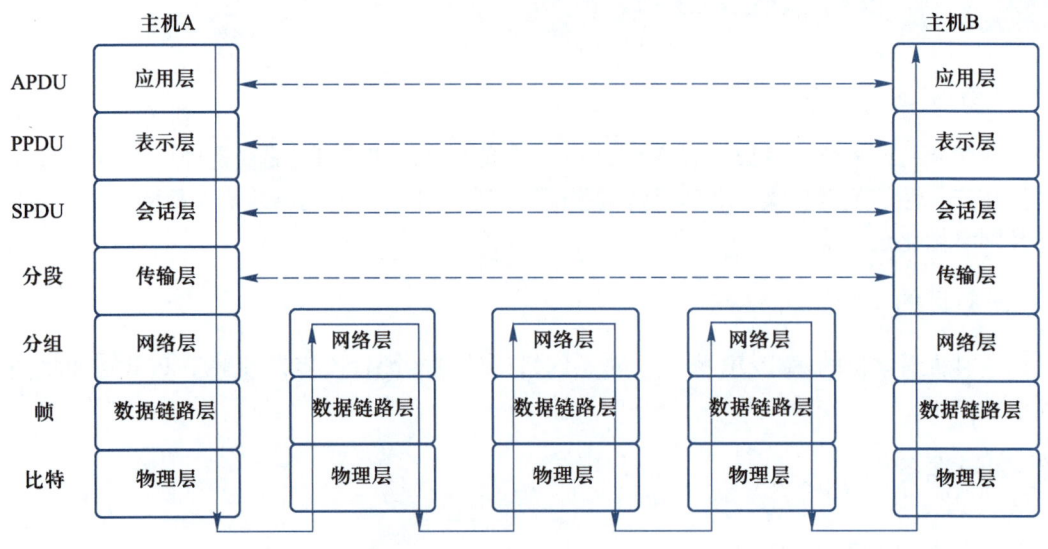

图 6-2 网络层的地位与作用

第四,解决异构网络互连问题。当互连的源主机和目的主机所属网络不属于同一种类型时,需要协调不同协议的转换。

> **小贴士**
> 在学习网络层时,要理解其在整个网络通信中的关键作用,特别是路径选择与分组传输。网络层为传输层提供了端到端的数据传输服务,解决了多路径选择、拥塞控制等问题。在实际网络设计中,路径选择不仅影响网络性能,还关乎数据的安全性与可靠性。从社会责任上来说,网络的构建与维护需考虑公平性与可持续性,确保信息畅通无阻的同时减少资源浪费与潜在的网络威胁。

6.1.2 网络层提供的服务

网络层提供给传输层的服务有面向连接和无连接之分。所谓面向连接就是指在数据传输之前,双方需要为此建立一种连接,然后在该连接上实现有次序的分组传输,直到数据传输完毕,连接才被释放;无连接服务则不需要为数据传输事先建立连接,它只提供简单的源主机和目的主机之间的数据发送与接收功能。

网络层服务方式的不同主要取决于通信子网的内部结构。无连接服务在通信子网内通常以数据报(Datagram)方式实现。在数据报服务中,每个分组都必须提供关于源主机和目的主机的完整地址信息,通信子网根据地址信息为每一个分组独立进行路径选择。数据报方式的分组传输可能会出现丢失、重复或乱序的现象。

面向连接的服务则通常采用虚电路(Virtual Circuits, VCs)方式实现。虚电路是指通信子网为实现面向连接的服务,而在源主机和目的主机之间所建立的逻辑通信链路。虚电路服务的实现涉及 3 个阶段,即虚电路建立、数据传输和虚电路拆除。在建立连接时,将从源端网络到目的网络的路由作为连接建立的一部分加以保存；数据传输完毕，需要拆除连接。如果以生活中的实例类比，数据报服务类似于邮政的信件服务，而虚电路服务则更像电话服务。数据报与虚电路服务的比较见表 6-2。

表 6-2 数据报和虚电路服务的比较

分组交换方式 比较项目	数 据 报	虚 电 路
连接设置	不需要	需要
地址	每个分组需源地址和目的地址	每个分组包含一个虚电路号
状态信息	有路由表、无连接表	有连接表
路由选择	每个分组独立选择	虚电路建立后不需要路由
路由失败影响	丢弃失败时的分组	所有经过失败路由的虚电路失效
传输质量	会出现乱序、重复、丢失	不会出现乱序、重复、丢失

TCP/IP 参考模型的网络层称为网络互联层或者网络层（Internet Layer），它以数据报形式向传输层提供无连接的服务。如图 6-3 所示，该层的主要协议包括 IP、ARP、RARP、ICMP 和一系列路由协议。下面将分别对其中的几个重要协议进行介绍。

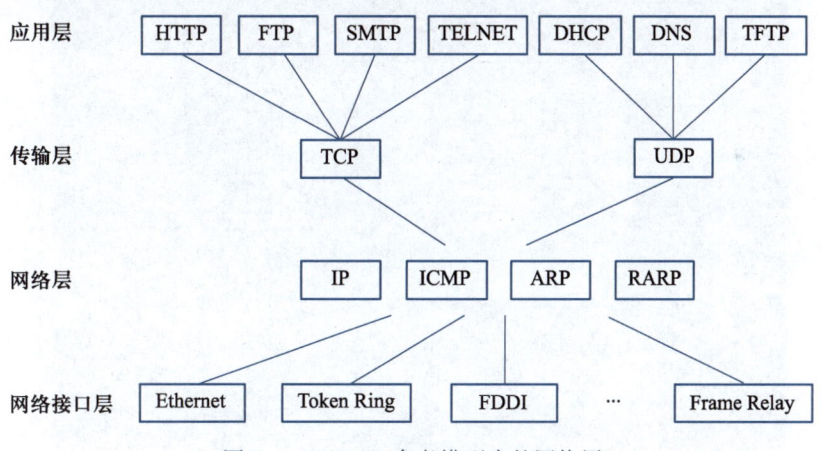

图 6-3 TCP/IP 参考模型中的网络层

任务实战

查看本机 TCP/IP 配置

【实践环境】

学校计算机机房。

【任务步骤】

1. **ipconfig /all 命令**

ipconfig /all 是一个在 Windows 操作系统中用于显示当前计算机网络配置详细信息的

命令。该命令可以提供以下关键信息。

- 网络适配器的物理地址（MAC 地址）：对于识别和管理网络设备非常重要。
- IP 地址：包括 IPv4 和 IPv6 地址，显示计算机在网络中的唯一标识。
- 子网掩码：用于确定 IP 地址的网络部分和主机部分。
- 默认网关：是连接本地网络与其他网络的关键设备的 IP 地址。
- DNS 服务器：负责将域名解析为 IP 地址。

2. 使用方法

打开命令行窗口：可以通过按 Win+R 快捷键，输入"cmd"并按 Enter 键来打开。在命令行窗口中输入"ipconfig /all"并按 Enter 键，如图 6-4 所示。

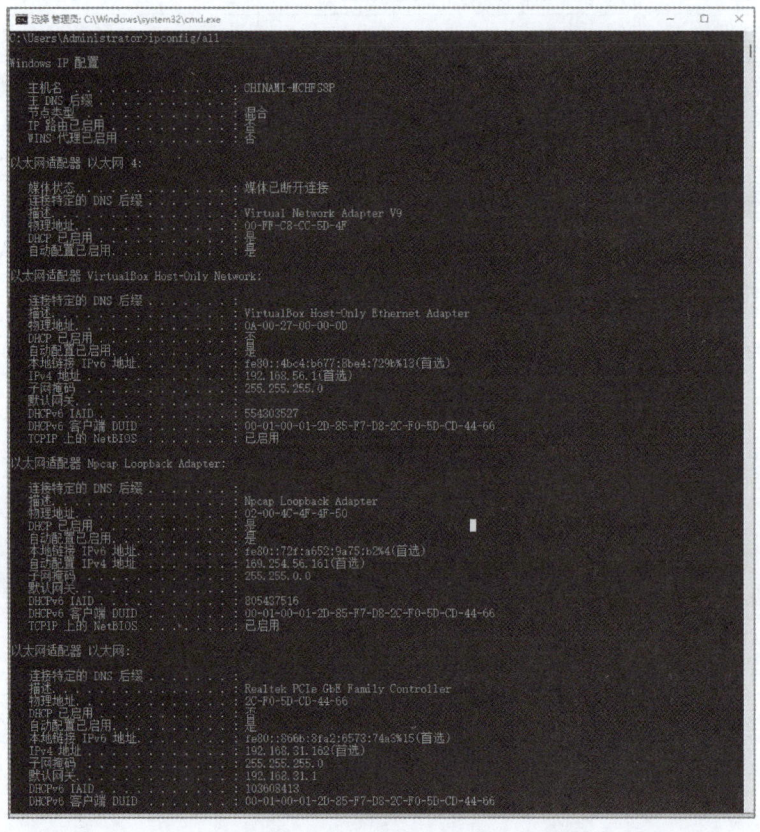

图 6-4 ipconfig /all 显示信息

3. 记录查看到的本机实验结果

本机物理地址：_____

本机 IP 地址：_____

子网掩码：_____

网关：_____

DNS 服务器：_____

【思考问题】
1. 除了检查本机的 TCP/IP 配置外，还有哪些方法可以获取网络配置信息？
2. 如果本机的 TCP/IP 配置出现问题，可能会导致哪些网络故障？

任务 6.2　IP 地址规划

任务描述

在学院网络系统建设中，IP 地址规划是确保网络连通性和管理高效性的关键环节。作为校园网络管理员，需要根据学院的网络规模、设备和用户数量，以及未来的扩展需求，规划足够的 IP 地址，以确保每个设备都能被唯一标识。同时，通过合理划分子网，可以减少网络拥塞，提升数据传输效率。

任务目的

通过 IP 地址规划，掌握配置网络地址的规则和方法，确保设备的唯一标识性和网络资源的高效利用。学习如何通过子网划分提升网络性能，以确保学院网络系统的可扩展性、安全性和高效运行。

知识准备

6.2.1　IP 地址基础知识

1. 逻辑地址与物理地址

IP 数据包中的源 IP 地址和目的 IP 地址是 TCP/IP 参考模型的网络层用以标识网络主机的一种逻辑地址。所谓逻辑地址，是与数据链路层的物理地址即硬件地址相比较而言的。物理地址如 MAC 地址是第 2 层地址，它固化在网卡的硬件结构中，只要主机或设备的网卡不变，则其 MAC 地址就不会变化。而 IP 地址这种逻辑地址属于第 3 层地址，也称网络地址，该地址是随着主机或设备所处网络位置不同而变化的，当主机从一个网络移动到另一个网络时，其 IP 地址也会相应地发生改变。

上述物理地址和逻辑地址的关系，类似于人的身份证号码和住址的关系。每个人都有一个唯一的身份证号码，用来标识每一个人，不论迁移到哪里，身份证号码都不会变化，身份证号码的标识作用一样有效，但通过身份证号码不能确定这人的位置。但住址就不一样，表示方法上采用结构化形式，从国家、省份、市县、乡镇或街道等，并且随着个人迁移也不断变化，从住址可以获得位置信息。

2. IP 地址的表示、结构与分类

IP 地址是主机在 Internet 上的一个全世界范围内唯一的 32 位标识符。它由 32 位二进制数组成，不便于记忆，为此，采用点分十进制法来表示 IP 地址。每 8 位为一组，分为 4 组，每组用点号进行分隔，因此每组数值范围是 0~255。

微课 6-2
IPv4 地址

32 位的 IP 地址由网络号（NetID）和主机号（HostID）两部分构成，如图 6-5 所示。其中，网络号用于标识该主机所在的网络；主机号表示该主机在相应网络中的序号，它可由本地分配。正是因为网络号给出的网络位置信息，才使得路由器能够在通信子网中为 IP 数据包选择一条合适的路径，将数据由源主机送达目的主机。

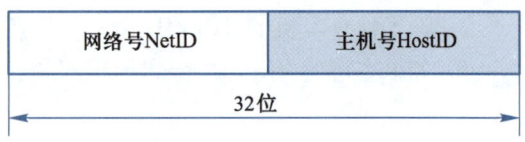

图 6-5　IP 地址的构成

根据网络规模大小，IP 地址分为 A、B、C、D、E 五类，其中 A、B、C 类称为基本类，用于普通主机地址；D 类地址是一种组播地址，提供网络组播服务或作为网络测试之用，主要留给 Internet 体系结构委员会（Internet Architecture Board，IAB）使用；E 类地址保留给未来扩充使用。目前，常用的 IP 地址主要是 A、B、C 三类。IP 地址的分类如图 6-6 所示。

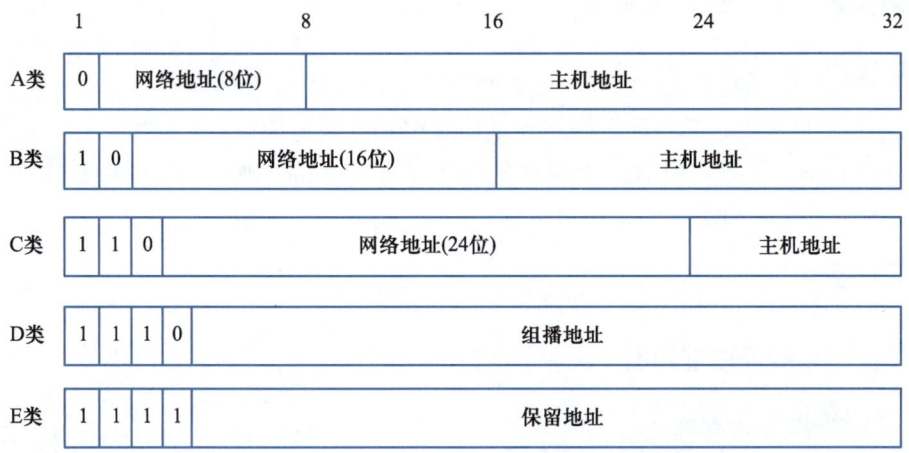

图 6-6　IP 地址的分类

（1）A 类地址。A 类地址对应的是超大型网络，这些网络内部有数量庞大的主机。在 IP 地址的四段号码中，A 类地址第一段号码为网络号码，剩下的三段号码为本地主机号码。如果用二进制表示 IP 地址，A 类 IP 地址由 1 字节的网络地址和 3 字节的主机地址组成，网络地址的最高位必须是"0"。A 类 IP 地址中网络标识长度为 7 位，主机标识长度为 24 位，A 类网络地址数量较少，一般分配给少数规模达 1700 万台左右主机的大型网络。

（2）B 类地址。在 IP 地址的四段号码中，B 类地址前两段号码为网络号码，后两段号码为本地主机号码。B 类 IP 地址由 2 字节的网络地址和 2 字节的主机地址组成，网络地址的最高两位必须是"10"。B 类 IP 地址中网络标识长度为 14 位，主机标识长度为 16 位，B 类网络地址适用于中等规模的网络，每个网络所能容纳的主机数为 6.5 万台左右。

（3）C 类地址。在 IP 地址的四段号码中，C 类地址前三段号码为网络号码，剩下一段号码为本地主机号码。C 类 IP 地址由 3 字节的网络地址和 1 字节的主机地址组成，网络地址的最高三位必须是"110"。C 类 IP 地址中网络标识长度为 21 位，主机标识长度为 8 位，C 类网络地址数量较多，适用于小规模的局域网，每个网络所能容纳的主机数为 254 台。IP 地址范围及说明见表 6-3。

表 6-3　IP 地址范围及说明

地址类别	网络号范围	特殊 IP 地址说明
A	0~127	0.0.0.0：保留，作为本机
		0.×.×.×：保留，指定本网中的某个主机
		10.×.×.×：供私人使用的保留地址
		127.×.×.×：保留，用于向本机回送，用于测试和实现进程间通信
B	128~191	172.16.×.×~172.31.×.×：供私人使用的保留地址
C	192~223	192.168.0.×~192.168.255.×：供私人使用的保留地址
D	224~239	用于广播传送至多个目的地址使用，即组播地址
E	240~255	保留地址
		255.255.255.255：用于对本地所有主机进行广播

三类 IP 地址所包含的最大网络数和最大主机数见表 6-4。

表 6-4　三类 IP 地址所包含的最大网络数和最大主机数

地址类别	网络地址长度（位）	最大网络数（个）	网络中最大主机数（个）
A 类	8	128	16 777 214
B 类	16	16 384	65 534
C 类	24	2 097 152	254

> **小贴士**
> 在学习 IP 地址基础知识时，要注重理解逻辑地址（IP 地址）与物理地址（MAC 地址）的区别，特别是它们在不同网络场景下的作用。IP 地址是随着网络位置变化而改变的，而 MAC 地址则是固定的。理解 IP 地址的结构和分类有助于掌握网络通信的基本原理。同时，IP 地址的全球统一编号体现了互联网世界中的合作与秩序，网络技术不仅仅是工具，更与社会责任和全球视野密切相关，科技发展应始终服务于社会进步与伦理规范。

6.2.2　特殊 IP 地址及应用

在 IP 地址空间中，有些 IP 地址是保留作为特殊之用的。网络号或主机号部分全部为 "0" 或全部为 "1" 的 IP 地址通常具有特殊的含义和用途。

具有正常的网络号部分，而主机号部分全为 "0" 的 IP 地址代表一个特定的网络，即作为网络标识之用，如 108.0.0.0、180.20.0.0 和 198.100.10.0 分别代表一个 A 类、B 类和 C 类网络。而主机号部分全为 "1" 的 IP 地址代表一个在指定网络中的广播地址，即作为向指定网络的每个主机广播之用，如 108.255.255.255、180.20.255.255 和 198.100.10.255 分别代表在一个 A 类、B 类和 C 类网络中的广播地址。

网络号对于 IP 网络通信非常重要，位于同一网络中的主机必然具有相同的网络号，

微课 6-3
特殊 IP 地址及作用

它们之间可以通过交换机直接相互通信；而网络号不同的主机表示它们位于不同的网络，它们之间不能通过交换机直接相互通信，必须通过第3层网络设备，如路由器或三层交换机进行转发。广播地址对应网络通信也非常有用，在计算机网络通信中，经常会遇到对某一指定网络中的所有主机发送数据的情况，如果没有广播地址，源主机就需要针对每一个目的主机重复启动 IP 数据包的封装与发送过程。

除网络标识地址和广播地址之外，其他一些包含全"0"和全"1"的 IP 地址格式及作用如图 6-7 所示。

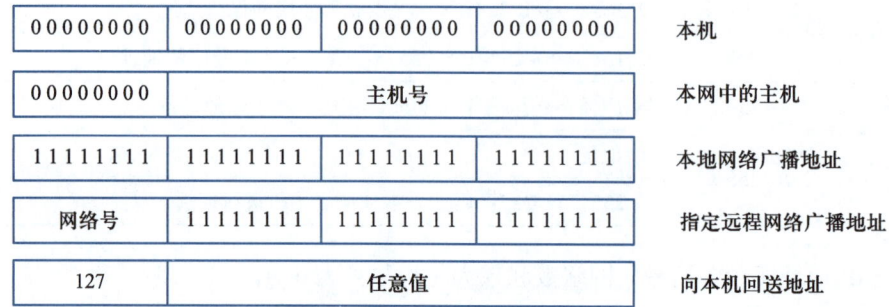

图 6-7 一些特殊的保留 IP 地址

另外，在 IP 地址资源中，还保留了一部分称为私有地址（Private Address，PA）的地址资源，这些地址供内部实现 IP 网络时使用，也称保留地址。其地址范围包括三部分，即 10.0.0.0 ~ 10.255.255.255、172.16.0.0 ~ 172.31.255.255 和 192.168.0.0 ~ 192.168.255.255。

根据规定，所有以私有地址为目的地址的 IP 数据包都不能在 Internet 上传输。因此，这些以私有地址作为逻辑标识的主机，若要访问外面的 Internet，必须采用网络地址转换（Network Address Translation，NAT）或应用代理（Proxy）技术。

6.2.3 子网划分技术

1. IP 地址规划

微课 6-4
子网划分

当组建 IP 网络时，必须为网络中的每一台主机分配一个唯一的 IP 地址，这就涉及网络及 IP 地址规划问题。通常，IP 地址规划按照下面的步骤进行。

首先，分析网络规模，包括相对独立的网段数量和每个网段中可能拥有的最大主机数，需要注意的是，路由器的每一个接口所连的网段都是一个独立网段。

其次，确定使用公用地址还是私有地址，并根据网络规模确定所需要的网络号类别，若采用公用地址，需要向网络信息中心（Network Information Center，NIC）提出申请并获得 IP 地址的使用权。

最后，根据可用的地址资源进行主机 IP 地址分配。

IP 地址的分配可以采用静态分配和动态分配两种方式。静态分配是指由网络管理员为用户指定一个固定不变的 IP 地址，并手工配置到主机上；而动态分配则通常以客户-服务器模式，通过动态主机配置协议（Dynamic Host Control Protocol，DHCP）来实现。

在 IP 地址规划时，经常会遇到这样的问题：一个企业网络由于规模增大，网络冲突也随之增多,网络吞吐性能下降,必须对内部网络进行分段。而根据 IP 网络的特点,需要为不同的网段分配不同的网络号,于是当网段数量不断增加时,对 IP 地址资源的需求也随之增加。即使不考虑能否申请到所需的 IP 地址资源,对大量具有不同网络号的网络进行管理也是一件非常复杂的事情,至少需要将所有这些网络号对外网发布。随着 Internet 规模不断增大,32 位的 IP 地址资源已经严重紧缺,为了解决 IP 地址资源短缺的问题,提高 IP 地址资源的利用率,引入了子网划分技术。

2. 子网划分的基本概念

子网划分(subnetworking)是指将一个给定的网络分为若干更小的部分,这些更小的部分称为子网(subnet)。当网络中的主机总数未超过给定的某类网络可容纳的最大主机数,内部又需要划分成若干网络段(segment)进行管理时,就可以采用划分子网的方法。为了创建子网,需要从原 IP 地址的主机位中借出连续的高若干位作为子网络标识,如图 6-8 所示。也就是说,经过划分后的子网,因为其主机数量减少,已经不需要原来那么多位作为主机标识了,从而可以将这些多余的主机位用作子网标识。

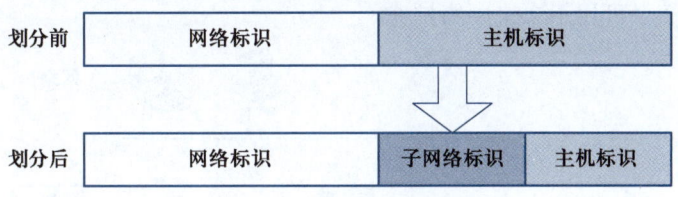

图 6-8 子网划分示意图

3. 子网划分的方法

在子网划分时,首先需要明确划分后所要得到的子网数量和每个子网中最大主机数,然后才能确定需要从原主机位借出的子网络标识位数。原则上,根据全"0"和全"1" IP 地址保留的规定,子网划分时,至少要从主机位的高位中借用两位作为子网络位,而只要能够保证保留两位作为主机位,A、B、C 类网络最多可以借出的子网络位是不同的,A 类可达 22 位,B 类为 14 位,C 类则为 6 位。显然,当借出的子网络位数不同时,相应可以得到的子网络数量及每个子网中所能够容纳的主机数也是不同的。见表 6-5,给出了子网络位数与子网数量、有效子网络数量之间的对应关系。所谓有效子网络,是指除去那些子网络位为全"0"或全"1"的子网后所留下的可用子网。

表 6-5 子网络位数与子网数量、有效子网数量的对应关系

子网络位数	子 网 数 量	有效子网数量
1	$2^1 = 2$	$2-2 = 0$
2	$2^2 = 4$	$4-2 = 2$
3	$2^3 = 8$	$8-2 = 6$
4	$2^4 = 16$	$16-2 = 14$
5	$2^5 = 32$	$32-2 = 30$
6	$2^6 = 64$	$64-2 = 62$
7	$2^7 = 128$	$128-2 = 126$

续表

子网络位数	子网数量	有效子网数量
8	$2^8=256$	$256-2=254$
9	$2^9=512$	$512-2=510$

下面以一个 C 类网络的子网划分案例来说明子网划分的具体方法。假设一个由路由器连接的网络，有 3 个相对独立的网段，并且每个网段的主机数不超过 30 台，如图 6-9 所示。现在需要用子网划分的方法为其进行 IP 地址规划。由于该网络中所有网段合起来的主机数没有超出一个 C 类网络所能容纳的最大主机数，所以可以利用一个 C 类网络的子网划分来实现。假设已经申请了一个 C 类网络号 206.108.10.0，则在子网划分时，需要从主机位中借出其中的高 3 位作为子网络位，这样一共可得 8 个子网络，每个子网络的相关信息见表 6-6。其中第 1 个子网因其子网号全为"0"，一般不用；第 8 个子网因其子网号全为"1"，也一般不用。这样，可以选择 6 个可用子网中的任意 3 个为上述 3 个网段进行 IP 地址分配，留下 3 个可用于未来网络扩充。

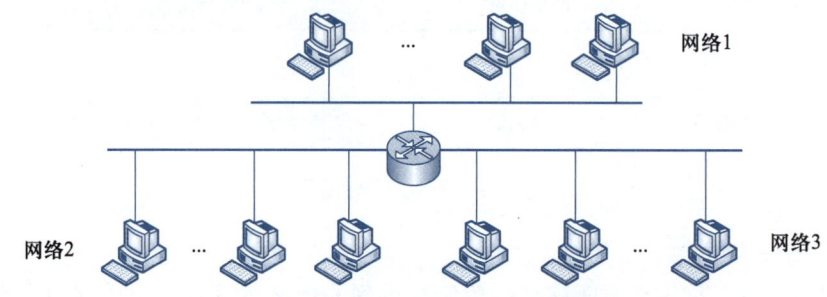

图 6-9　一个路由器连接的网络实例

表 6-6　C 类网络 206.108.10.0 子网划分案例

第 n 个子网	地 址 范 围	网络号	广播地址
0	206.108.10.0~206.108.10.31	206.108.10.0	206.108.10.31
1	206.108.10.32~206.108.10.63	206.108.10.32	206.108.10.63
2	206.108.10.64~206.108.10.95	206.108.10.64	206.108.10.95
3	206.108.10.96~206.108.10.127	206.108.10.96	206.108.10.127
4	206.108.10.128~206.108.10.159	206.108.10.128	206.108.10.159
5	206.108.10.160~206.108.10.191	206.108.10.160	206.108.10.191
6	206.108.10.192~206.108.10.223	206.108.10.192	206.108.10.223
7	206.108.10.224~206.108.10.255	206.108.10.224	206.108.10.255

> 小贴士　在进行子网划分时，首先要科学规划 IP 地址，充分考虑未来网络扩展的需求。合理的子网划分能够优化网络性能、减少冲突与拥塞。思政层面上，网络管理不仅是技术问题，更关乎资源的合理利用和社会责任，需要在保证网络高效运行的同时，避免资源浪费，支持可持续发展。

4. 子网掩码

网络标识对于网络通信非常重要。引入子网划分技术后，带来的一个重要问题就是主机或者路由设备如何区分一个给定的 IP 地址是否已被划分子网，从而能正确地从 IP 地址中分离出有效的网络标识，包括子网络号的信息。

通常，子网划分前的 A、B、C 类地址称为有类别（Classful）的 IP 地址，简称有类地址。对于有类地址，可以通过 IP 地址中的网络号直接判断其网络类别，并进一步确定其网络标识。但引入子网划分技术后，这个方法显然行不通了。例如，给定一个 IP 地址 106.10.8.9，已经不能简单地将它视为一个 A 类地址，认定其网络标识是 106.0.0.0。因为如果进行了 8 位的子网划分，则其相当于一个 B 类地址，其网络标识是 106.10.0.0；如果进行了 16 位的子网划分，则其相当于一个 C 类地址，其网络标识是 106.10.8.0；若是进行了其他位数的子网划分，则甚至不能将其归入任何一个传统的 IP 地址类别中，有可能既不是 A 类地址，也不是 B 类或 C 类地址。换言之，引入子网划分技术后，IP 地址类别的概念已经不复存在。对于一个给定的 IP 地址，其中用来表示网络标识和主机号的位数可以是变化的，其取决于子网划分的情况。将引入子网划分技术后的 IP 地址称为无类别的（Classless）IP 地址，简称无类地址。并因此引入子网掩码的概念，描述 IP 地址中关于网络标识和主机号位数的组成情况。

子网掩码（Subnet Mask）通常与 IP 地址成对出现，其功能是告知主机或路由设备，IP 地址的哪些位代表网络号部分，哪些位代表主机号部分。子网掩码使用与 IP 地址相同的编址格式，即 32 位长度的二进制比特位，也可以分为 4 个 8 位组，并采用点分十进制表示。在子网掩码中，与 IP 地址中的网络标识位部分对应的位取值为"1"，而与 IP 地址中主机标识位部分对应的位取值为"0"。这样，将子网掩码与相应的 IP 地址进行逻辑"与"操作，就可以得到给定 IP 地址的网络号，包括子网划分情况。例如，IP 地址 106.10.8.9，子网掩码 255.0.0.0，表示该地址中的前 8 位为网络标识部分，后 24 位为主机标识部分，从而确定其网络号为 106.0.0.0；而对于 IP 地址 106.10.8.9，子网掩码 255.255.248.0，则表示该地址中的前 21 位为网络标识部分，后 11 位为主机标识部分，从而确定其网络号为 106.10.8.0；显然对于传统的 A、B 和 C 类网络，其对应的子网掩码应分别为 255.0.0.0、255.255.0.0 和 255.255.255.0。见表 6-7，给出了 C 类网络进行不同位数的子网划分后，其子网掩码的变化情况。

表 6-7 C 类网络进行子网划分后的子网掩码

划分位数	2	3	4	5	6
子网掩码	255.255.255.192	255.255.255.224	255.255.255.240	255.255.255.248	255.255.255.252

为了表示方便，常用"×.×.×.×/N"的格式来表示 IP 地址和子网掩码，其中的"×.×.×.×"是 IP 地址的点分十进制表示，而"N"表示子网掩码中与网络标识对应的位数。如前面提到的 IP 地址 106.10.8.9，子网掩码 255.0.0.0，可以表示成 106.10.8.9/8；IP 地址 106.10.8.9，子网掩码 255.255.248.0，可以表示成 106.10.8.9/21。

任务实战

IP 地址规划

【实践环境】

学校计算机网络实验室。

【任务步骤】

如图 6-10 所示为某学校的两个机房,一机房和二机房的网络号分别为 192.168.1.0 和 192.168.2.0。现需要为两个机房的计算机规划 IP 地址和子网掩码。

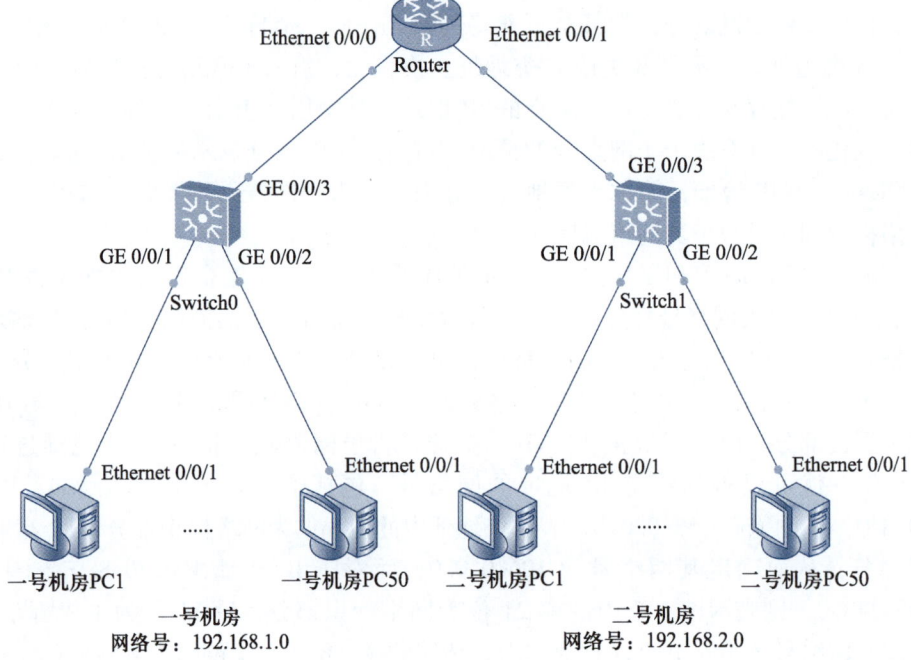

图 6-10 参考拓扑图

具体 IP 地址规划思路为:

1. **网络划分原则**

(1) **网络号分配**

一号机房网络号:192.168.1.0/24。

二号机房网络号:192.168.2.0/24。

(2) **子网掩码**

使用标准的 C 类子网掩码:255.255.255.0,每个机房最多可容纳 254 台主机(主机号 0 和 255 为特殊地址)。

2. **IP 地址与网关分配**

(1) **Router0 接口分配**

Ethernet 0/0/0(连接一号机房):192.168.1.1。

Ethernet 0/0/1(连接二号机房):192.168.2.1。

（2）PC IP 地址规划

一号机房 PC1~PC50：192.168.1.2~192.168.1.51。

二号机房 PC1~PC50：192.168.2.2~192.168.2.51。

（3）默认网关设置

一号机房默认网关：192.168.1.1。

二号机房默认网关：192.168.2.1。

将规划好的计算机的 IP 地址填入表 6-8 中。

表 6-8 地址规划表

设 备	接 口	IP 地址	子网掩码	默认网关
Router0	Ethernet 0/0/0			无
	Ethernet 0/0/1			无
一号机房 PC1	网卡			
⋮				
一号机房 PC50	网卡			
二号机房 PC1	网卡			
⋮				
二号机房 PC50	网卡			

【思考问题】

1. 网关和路由器子接口之间的关系是什么？
2. 局域网内部通信需要设置网关吗？

任务 6.3　IPv6 地址配置

▶ 任务描述

随着网络技术的不断发展，IPv6 作为下一代互联网协议，具有更大的地址空间、更好的安全性和更高的性能。在学院网络系统建设和设备调试中，引入 IPv6 地址配置可以满足未来学院网络系统发展的需求，提高网络的可扩展性和兼容性。作为校园网络管理员，需要掌握 IPv6 地址配置的方法和技术，确保学院网络的稳定运行和高效管理。

▶ 任务目的

掌握 IPv6 地址的类型和结构，能够进行 IPv6 地址的规划与配置。

▶ 知识准备

6.3.1　IPv6 概述

IPv6（Internet Protocol version 6）是互联网协议的第六版，作为 IPv4 的继任者，它旨

在解决 IPv4 地址耗尽问题，并为现代网络应用提供更高效的支持。IPv6 作为新一代互联网协议，极大地扩展了地址空间，增强了网络性能，提供了更高的安全性和更好的可扩展性。

IPv6 主要特点：

- 庞大的地址空间：IPv6 采用 128 位地址，理论上可提供约 3.4×10^{38} 个地址（即 2 的 128 次方），能够满足未来几十年甚至几百年内的网络设备连接需求。
- 内置的 IPsec 支持：IPv6 内置了 IPsec（Internet Protocol Security），使得端到端加密、认证等安全功能成为可能，这增强了网络通信的安全性。
- 更好的服务质量（QoS）支持：IPv6 的流标签字段可以提供对特定数据流的特殊处理，增强了对实时应用（如语音、视频）的支持。
- 自动配置和无状态地址自动配置：IPv6 支持设备通过无状态地址自动配置（SLAAC）功能，自动生成 IP 地址，极大简化了网络配置过程。
- 优化移动设备的支持：IPv6 对移动性提供了更好的支持，特别是通过"移动 IPv6"（Mobile IPv6）技术，能够实现设备在不同网络之间的无缝切换，提升了用户在移动网络中的体验。

全球范围内的 IPv6 部署正在加速，各国政府和企业也纷纷推行 IPv6 的应用，并推动 IPv6-only 网络的实践。在物联网等海量设备接入的时代，IPv6 将成为未来互联网的基石。

> **小贴士**　IPv6 不仅是技术升级，更体现了对未来网络发展的前瞻性思考。在学习 IPv6 时，注意理解其扩展性与安全性优势，同时意识到推动 IPv6 普及不仅是技术需求，还关乎全球网络资源的公平分配与社会责任感。通过掌握 IPv6，助力物联网和智能社会的可持续发展，推动科技服务社会进步。

6.3.2　IPv6 表示形式

微课 6-5
IPv6 地址概述

128 位的 IPv6 地址，如果沿用 IPv4 的点分十进制法则，则需要用 16 个十进制数才能表示，读写非常麻烦，因而 IPv6 采用了一种新的表示方法：冒分十六进制表示法。地址中每 16 位为一组，写成四位的十六进制数，两组间用冒号分隔。

例如，点分十进制表示的地址：105.220.136.100.255.255.255.255.0.0.18.128.140.10.255.255。

可以用冒分十六进制表示为：69DC:8864:FFFF:FFFF:0000:1280:8C0A:FFFF。

IPv6 地址表示有以下几种特殊情形。

1. IPv6 地址中每个 16 位分组中的前导零位，可以去除做简化表示，但每个分组必须至少保留一位数字。

例如，地址 21DA:00D3:0000:2F3B:02AA:00FF:FE28:9C5A，去除前导零位后，可以写成：21DA:D3:0:2F3B:2AA:FF:FE28:9C5A。

2. 某些地址中可能包含很长的零序列，可以用一种简化的表示方法：零压缩（Zero Compression，ZC）进行表示，即将冒分十六进制格式中相邻的连续零位合并，用双冒号"::"表示。符号"::"在一个地址中只能出现一次，该符号也能用来压缩地址中前部和尾部的相邻连续零位。

例如，地址 FF0C:0:0:0:0:0:0:B1，0:0:0:0:0:0:0:1，0:0:0:0:0:0:0:0 分别可表示为压缩格式"FF0C::B1"，"::1"，"::"。

3. 在 IPv4 和 IPv6 混合环境中，有时更适合采用另一种表示形式：H:H:H:H:H:H:d.d.d.d，其中 H 是地址中 6 个高位 16 位分组的十六进制值；d 是地址中 4 个低位 8 位分组的十进制值，即标准 IPv4 表示。

例如，地址 0:0:0:0:0:0:13.1.68.3，0:0:0:0:0:FFFF:129.144.52.38 分别可表示为压缩格式"::13.1.68.3"，"::FFFF:129.144.52.38"。

在 IPv6 中，任何全"0"和全"1"的字段都是合法值，除非是特殊地址。特别是前缀可以包含"0"值字段或以"0"为终结。一个单接口可以指定任何类型的多个 IPv6 地址或地址范围，包括单播、组播和任播地址。

6.3.3 IPv6 分类及过渡技术

1. IPv6 地址分类

微课 6-6
IPv6 分类及过渡技术

（1）单播地址（Unicast Address）用于标识单个网络接口。就像 IPv4 中的单播地址一样，一个 IPv6 单播地址只能被分配给一个网络接口，数据包被发送到这个地址时，只有对应的网络接口会接收并处理该数据包。单播地址可进一步分为全球单播地址、链路本地地址、站点本地地址等。全球单播地址类似于 IPv4 中的公网地址，可在全球范围内路由和寻址，由互联网号码分配机构（IANA）分配给各区域互联网注册管理机构（RIR），再由 RIR 分配给互联网服务提供商（ISP），最后由 ISP 分配给用户。链路本地地址用于在同一链路（如同一局域网）上的节点之间通信，自动配置，其前缀为 FE80::/10。

（2）多播地址（Multicast Address）用于标识一组网络接口，当数据包被发送到一个多播地址时，属于该多播组的所有网络接口都会接收并处理该数据包。多播地址的前缀为 FF00::/8，例如 FF02::1 表示所有节点多播地址，FF02::2 表示所有路由器多播地址。

（3）任播地址（Anycast Address）用于标识一组网络接口，但与多播地址不同的是，当数据包被发送到一个任播地址时，只有距离发送者最近的一个网络接口会接收并处理该数据包。任播地址通常用于提供特定的服务，如 DNS 服务器、时间服务器等。多个服务器可以使用相同的任播地址，客户端会自动连接到距离最近的服务器。

2. IPv4 与 IPv6 共存及过渡技术

由于 IPv4 和 IPv6 不能直接兼容，在 IPv6 全面部署之前，需要使用过渡技术来实现 IPv4 和 IPv6 网络的共存和互通。常见的 IPv6 过渡技术有如下几种。

（1）双栈技术（Dual Stack）

网络设备和主机同时运行 IPv4 和 IPv6 协议栈，能够处理 IPv4 和 IPv6 数据包。这样的设备可以根据目的地址的类型选择使用 IPv4 或 IPv6 进行通信。例如，当与 IPv4 主机通信时使用 IPv4 协议栈，当与 IPv6 主机通信时使用 IPv6 协议栈。

（2）隧道技术（Tunneling）

将 IPv6 数据包封装在 IPv4 数据包中进行传输，在 IPv4 网络上创建一个逻辑隧道，使得 IPv6 数据包能够穿越 IPv4 网络。常见的隧道技术有手动配置隧道、6to4 隧道、ISATAP（Intra-Site Automatic Tunnel Addressing Protocol）隧道等。手动配置隧道需要管理员手动配置隧道的两端点,适用于连接两个 IPv6 网络孤岛。6to4 隧道自动将 IPv6 地址中的一部分与 IPv4 地址结合,实现自动隧道建立,适用于拥有公网 IPv4 地址的 IPv6 站点之间通信。ISATAP 隧道用于在 IPv4 网络中的 IPv6 主机之间进行通信,主机可以自动配置 ISATAP 地址,通过 IPv4 网络建立 IPv6 隧道。

(3) 协议转换技术(Translation)

协议转换技术实现在 IPv4 和 IPv6 网络之间进行协议转换和地址转换。例如,NAT64 技术将 IPv6 数据包转换为 IPv4 数据包,允许 IPv6 主机与 IPv4 服务器通信;DNS64 技术则将 IPv6 主机的 DNS 请求中的 AAAA 记录(IPv6 地址)转换为 A 记录(IPv4 地址),实现 IPv6 主机对 IPv4 服务器的访问。

▶ 任务实战

IPv6 地址配置

【实践环境】

实验设备:S5700-28C-HI(包括 24 个 10/100/1000BASE-T 以太网电口,以及 4 个复用的 1000BASE-X SFP 千兆以太网光口)一台、PC 4 台。

【任务步骤】

采用 IPv6 配置实验室内网络设备和计算机系统的网络规划拓扑如图 6-11 所示。

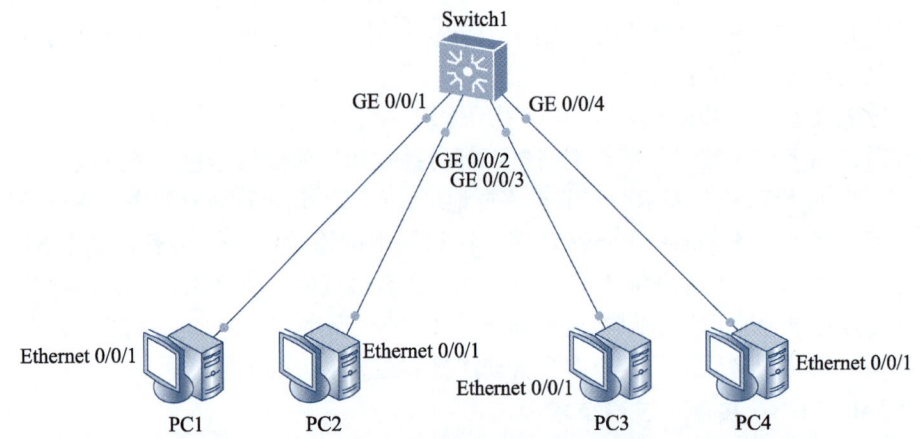

图 6-11 采用 IPv6 配置实验室内网络设备和计算机系统的网络规划拓扑

设备网络地址见表 6-9。

表 6-9 设备网络地址

设备	接口	IPv6 地址	前缀长度
PC1	Ethernet 0/0/1	2001:db8:1234::1	64
PC2	Ethernet 0/0/1	2001:db8:1234::2	64
PC3	Ethernet 0/0/1	2001:db8:1234::3	64
PC4	Ethernet 0/0/1	2001:db8:1234::4	64

任务 6.3　IPv6 地址配置

1. 基本配置

根据设备网络地址，在 4 台计算机上进行相应的基本 IP 地址配置，如图 6-12~图 6-15 所示。

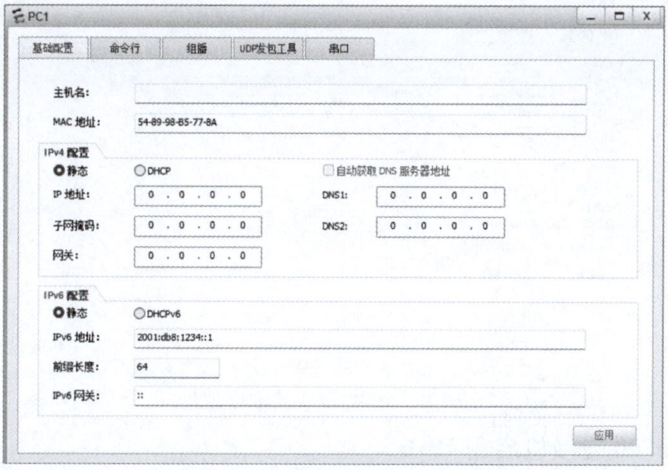

图 6-12　配置 PC1 的网络地址

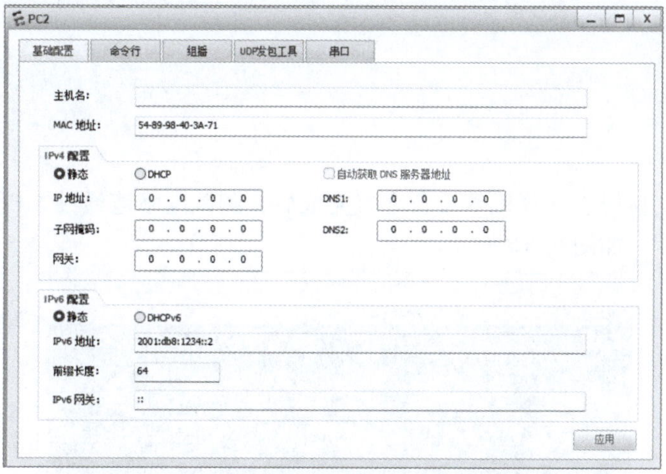

图 6-13　配置 PC2 的网络地址

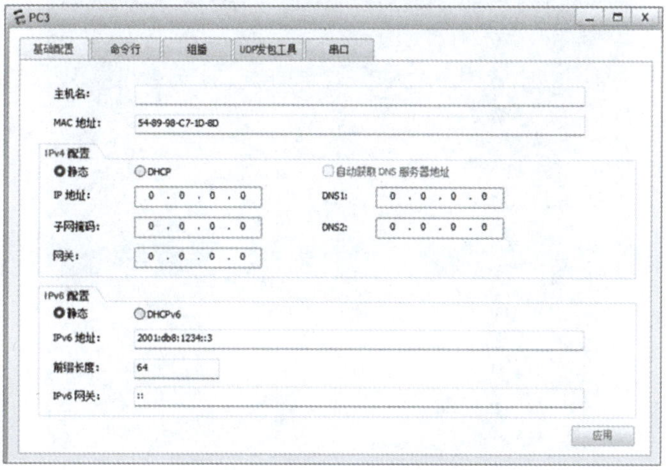

图 6-14　配置 PC3 的网络地址

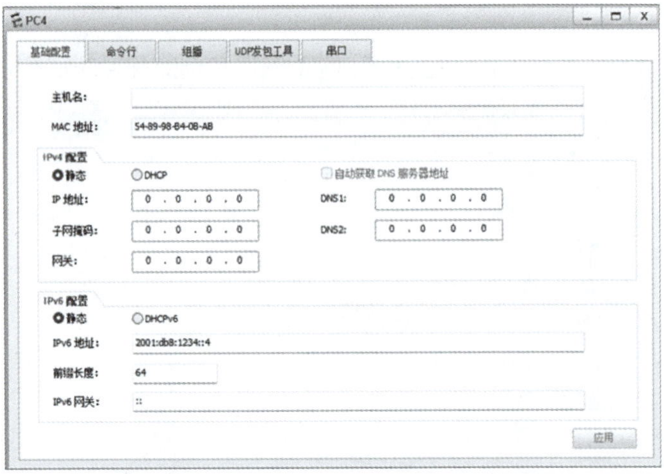

图 6-15 配置 PC4 的网络地址

2. 在华为 S5700 交换机启用 IPv6

```
[Huawei]sysname   SW1
[SW1]ipv6
[SW1]quit
<SW1>save
```

3. 实验结果

华为 S5700 交换机、计算机等设备配置完成后,测试网络连通性,PC1 与 PC2、PC3、PC4 之间正常通信,如图 6-16 所示。

图 6-16　PC1 与 PC2、PC3、PC4 之间正常通信

【思考问题】
1. IPv6 地址的测试工具有哪些？
2. 如何解决 IPv6 地址分配测试中出现的相互之间 ping 不通的问题？

任务 6.4 ARP 命令实践

任务描述

在计算机网络中，IP 地址和 MAC 地址是非常重要的概念。数据在网络层封装时，会添加源主机和目的主机的 IP 地址到 IP 报文头部；而在数据链路层，则会添加源主机和目的主机的 MAC 地址到 MAC 帧中。同一台主机为何需要两个地址？它们各自的作用是什么？二者之间如何转换？这是本任务要探讨的问题。

任务目的

掌握 ARP 命令的使用，了解 IP 地址和 MAC 地址的映射关系，深入理解 ARP 的工作原理。

知识准备

6.4.1 ARP 与 RARP

微课 6-7
ARP 与 RARP

ARP（Address Resolution Protocol，地址解析协议）和 RARP（Reverse Address Resolution Protocol，逆向地址解析协议）是网络层与数据链路层之间进行地址转换的重要协议。ARP 用于从 IP 地址查找物理地址（MAC 地址），而 RARP 用于从物理地址查找 IP 地址。然而，随着 DHCP（动态主机配置协议）和更先进的网络管理工具的普及，RARP 的使用逐渐减少，基本上已被 DHCP 取代。

1. ARP 工作原理

ARP 的主要功能是将 32 位的 IP 地址解析为 48 位的 MAC 地址。主机在发送信息时将包含目标 IP 地址的 ARP 请求广播到网络中的所有主机，并接收返回消息，以此确定目标的物理地址。在收到返回消息后，将该 IP 地址和物理地址存入本机 ARP 缓存中并保留一定时间，在下次请求时直接查询 ARP 缓存以节约资源。

在 TCP/IP 网络环境中，虽然 IP 地址指明了 IP 数据包的目的地址，但 IP 数据包需要通过数据链路层的数据帧传输，此时需要使用 ARP 将目的 IP 地址解析为目的 MAC 地址。也就是说，从网络层看，IP 数据包正确地发送到了目的地址，但如果在接收方的网络中发送伪造的 ARP 报文，就可以将自己的物理地址与任何一个 IP 地址建立映射关系，从而可以截获到本不属于该物理地址的 IP 数据包，这就是 ARP 欺骗。这种 ARP 欺骗对交换环境的危害尤其严重。

ARP 工作过程如下所述。

主机 A 的 IP 地址为 172.20.212.188，MAC 地址为 ac-4b-c8-40-30-1b，主机 B 的 IP 地址为 172.20.212.135，MAC 地址为 ac-4b-c8-40-20-2a，主机 C 的 IP 地址为

172.20.212.2，MAC 地址为 ac-4b-c8-68-34-33。当主机 A 要与主机 B 通信时，ARP 可以将主机 B 的 IP 地址（172.20.212.135）解析成主机 B 的 MAC 地址。

① 发送 ARP 请求：当主机 A 需要知道目标主机 B 的 MAC 地址时，它会广播一个 ARP 请求，包含目标 IP 地址，如图 6-17 所示。

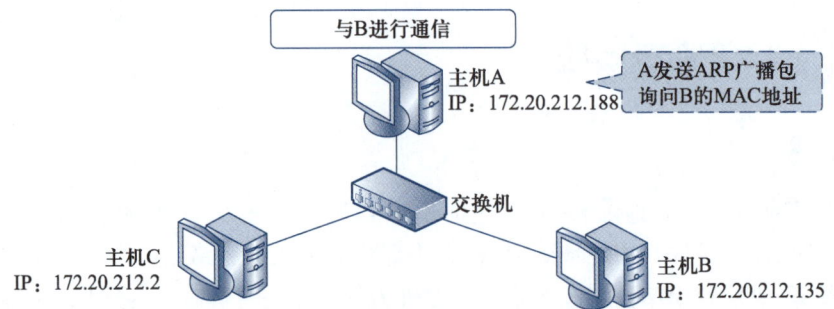

图 6-17　发送 ARP 请求

② 接收 ARP 应答：目标主机 B 接收请求后，返回包含自身 MAC 地址的 ARP 应答；主机 C 发现请求的 IP 地址与自己的 IP 地址不匹配时，它将丢弃 ARP 请求，如图 6-18 所示。

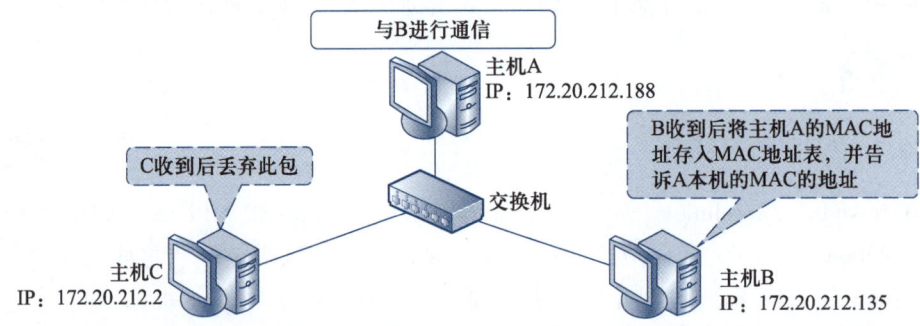

图 6-18　接收 ARP 应答

③ 更新 ARP 缓存：发起请求的主机 A 会将主机 B 的 IP 地址和 MAC 地址的映射存入缓存，以便后续使用，如图 6-19 所示。

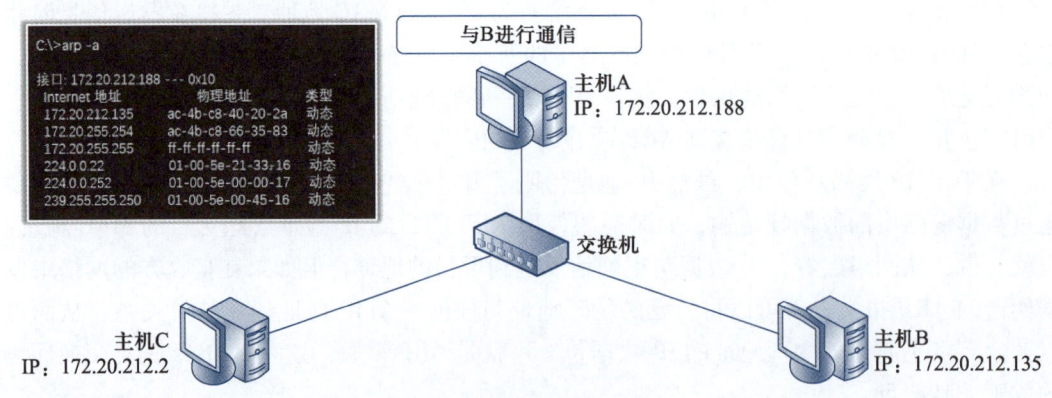

图 6-19　更新 ARP 缓存

在 cmd 中，"arp" 命令可用于查询本机 ARP 缓存中 IP 地址和 MAC 地址的对应关系，以及添加或删除静态对应关系等。

2. RARP 工作原理

RARP 的主要功能是将 48 位的 MAC 地址解析为 32 位的 IP 地址。RARP 主要用于无盘工作站等设备向 RARP 服务器请求其自身的 IP 地址。该协议向网络中的 RARP 服务器发送包含自身 MAC 地址的请求，服务器会响应相应的 IP 地址。然而，RARP 的配置较为复杂，且功能有限。如今，DHCP（Dynamic Host Configuration Protocol）已取代 RARP，能够更灵活地为设备分配 IP 地址，并支持子网掩码、网关等更多网络参数的分配。

6.4.2 ICMP

ICMP（Internet Control Message Protocol，互联网控制消息协议）是 TCP/IP 的重要子协议，用于传递网络控制消息和错误报告。它主要用于诊断网络问题，并不传递用户数据，但对于确保数据流可靠传输至关重要。

微课 6-8
ICMP 协议

ICMP 的主要作用如下。

① 网络探测：ICMP 主要用于检测网络中目标主机是否存在，例如，ping 命令通过发送 ICMP 回显请求（Type 8）并接收回显应答（Type 0），来检查目标主机的连通性。

② 路由维护：通过 ICMP 重定向（Type 5）报文，通知主机更新路由信息。路由器会告知主机更合适的路径，从而优化数据传输。

③ 错误报告：ICMP 可报告网络错误，如"目标不可达"（Type 3）、"超时"（Type 11）等。这些报文易被攻击者利用进行路径侦查（Path Discovery），如使用 Traceroute 工具来检测网络路径上的各个跳点。在保护关键网络基础设施时，屏蔽或限制 ICMP 流量成为一种常见的安全策略。

④ 网络攻击与防护：

ICMP 泛洪攻击：攻击者通过发送大量 ICMP 请求（如 Ping Flood），耗尽目标网络带宽或计算资源。此类拒绝服务攻击（DoS）近年来日益猖獗。

ICMP 重定向攻击：通过伪造重定向报文，攻击者可以诱导流量经过恶意节点，从而实施中间人攻击（MITM）。为防止此类攻击，许多网络设备默认禁止接收 ICMP 重定向报文。

在 IPv6 中，ICMP 功能进一步扩展为 ICMPv6，用于邻居发现（Neighbor Discovery）和自动配置。ICMPv6 具备更强的地址解析和状态监测功能，替代了 ARP，在 IPv6 网络环境中发挥着关键作用。IPv6 的安全性提升也体现在此协议中，邻居发现协议（NDP）支持邻居发现安全扩展（SEND），利用加密机制防止欺骗攻击。

> **任务实战**

ARP 命令实践

【实践环境】

每人一台计算机（要求计算机已经通过交换机连接成局域网并接入 Internet）。

【任务步骤】

1. 了解常用的 ARP 命令及其用途

（1）查看 ARP 缓存表

● 命令：arp -a 或 arp -g

- 功能：显示所有接口的 ARP 缓存表。

（2）刷新 ARP 缓存表

- 命令：arp -d ＊ 或 arp -d［IP 地址］
- 功能：删除所有条目或指定 IP 地址对应的条目。

（3）添加静态 ARP 条目

- 命令：arp -s［IP 地址］［物理地址］
- 功能：添加一个静态 ARP 条目，其中［IP 地址］是想要映射的 IP 地址，［物理地址］是对应的 MAC 地址。

2. 显示高速 Cache 中的 ARP 表

（1）在命令行窗口中输入"arp -a"，查看结果，如图 6-20 所示。

图 6-20　查看 ARP 表项

（2）添加 ARP 静态表项，如图 6-21 所示。

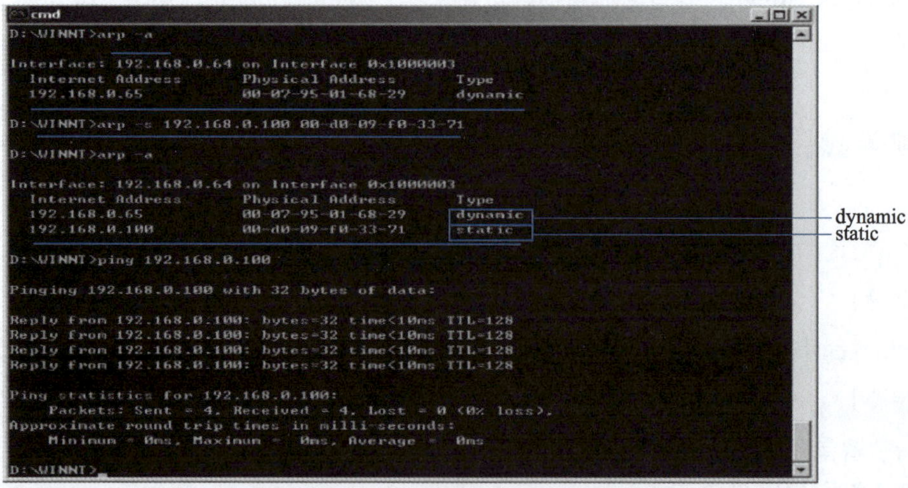

图 6-21　添加 ARP 静态表项

(3) 删除 ARP 表项，如图 6-22 所示。

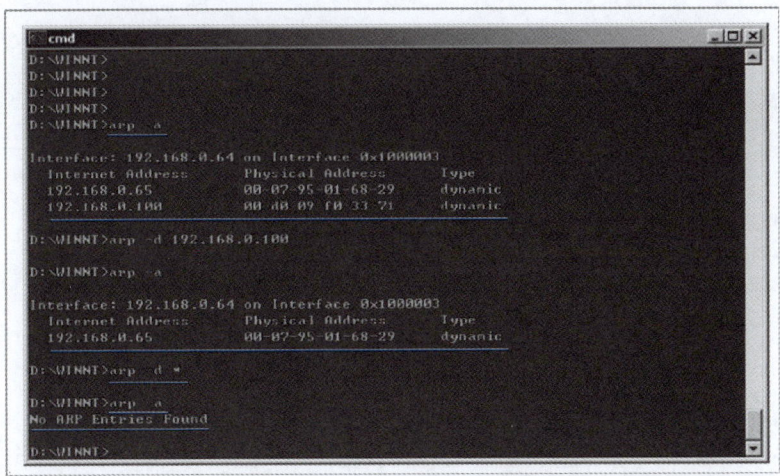

图 6-22　删除 ARP 表项

【思考问题】
1. ARP 解析的过程是怎样的？
2. 如果计算机受到 ARP 攻击，如何解决这个问题？

任务 6.5　动态路由配置实践

▶ 任务描述

在学院网络系统建设和设备调试中，网络层的高效运行至关重要。动态路由配置是实现网络灵活、可靠通信的关键环节。作为信研网络社团的校园网络管理员，需要掌握 RIPv2（Routing Information Protocol Version 2，路由信息协议版本 2）、OSPF（Open Shortest Path First，开放最短路径优先）等动态路由配置技术进行学院网络系统的建设，以确保学院网络能够适应不断变化的需求和环境。

▶ 任务目的

通过动态路由配置理解动态路由协议的原理和工作机制，实现网络设备之间的自动路由更新和数据包转发，确保动态路由配置的稳定性和可靠性。

▶ 知识准备

6.5.1　路由

1. 路由

路由是指网络中的数据包到达路由器或三层交换机时，根据 IP 数据包中的目的地址进行寻址并转发的过程，如图 6-23 所示。由此可见，路由包括两个基本操作：最佳路径的判定和网络间信息包的转发。

微课 6-9
路由控制

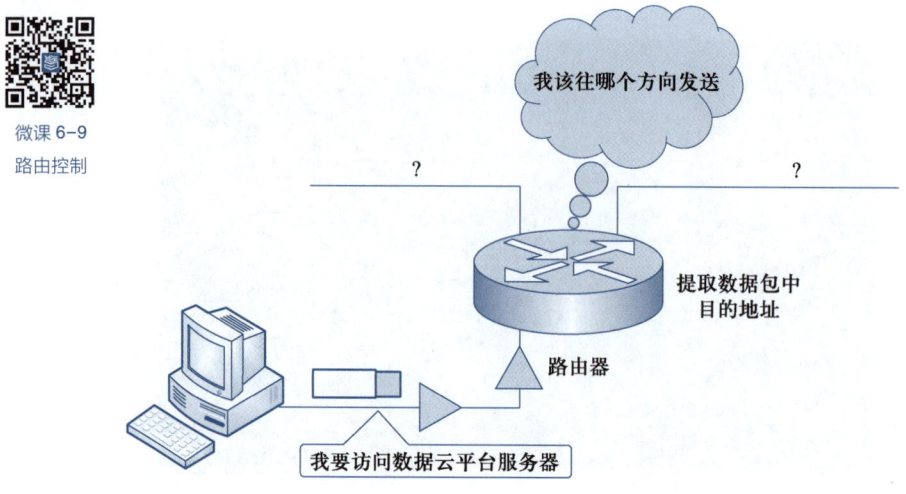

图 6-23　路由选择过程

通常路由可以分成以下三类。

① 直通路由：也称接口路由，是链路层协议发现的路由。

② 静态路由：由网络管理员手工配置的路由。

③ 动态路由：通过一种或多种动态路由协议自动获取的路由。

2. 路由器

路由器是执行路由的网络设备，可以将不同的网络或者网段连接起来构成规模更大、范围更广的网络。它工作在网络层。路由器可以将相同类型的网络或者不同类型的网络（异构网）连接起来，相互通信。

在互联网中进行路由选择需要使用路由器，每个路由器只负责自己本站数据包通过最优的路径转发，通过多个路由器的接力转发将数据传输至目的地。如图 6-24 所示。

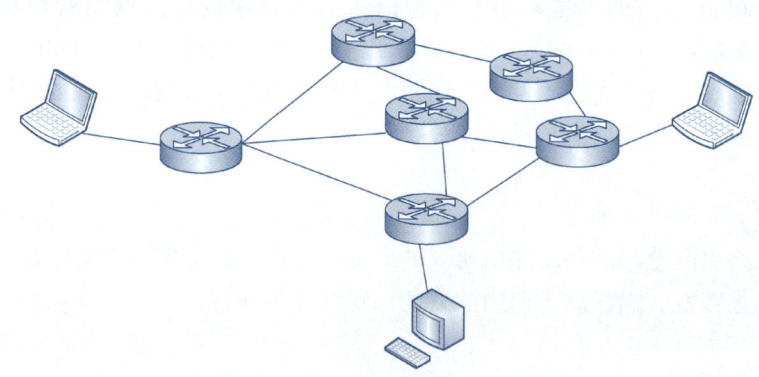

图 6-24　路由器连接网络拓扑图

路由器转发数据包的关键是路由器内部运行的路由表（Routing Table），每个路由器中都维护着一张路由表，表中每条路由项都指明数据包到达某个网络或者网段应该通过该路由器的哪个物理端口发送出去。

当数据帧到达路由器端口时，路由器将检查数据帧目的地址字段中的数据链路标识，如果标识符是路由器端口标识符或广播标识符，那么路由器将从帧中剥离出报文并传递给网络层，在网络层，路由器将检查数据包的目的 IP 地址，如果目的 IP 地址是路由器端口 IP 地址或者所有主机的广播地址，那么需要再检查报文协议字段，然后向适当的内部进程发送被封装的数据。

如果报文可以被路由，也就是说，目的地不是直连网络，那么路由器将查找路由表，为 IP 数据包选择一条正确的路径。在路由器的路由表中，每个路由选择表项必须包括以下两个项目：目的 IP 地址和指向目的地址的指针。目的 IP 地址是路由器可以到达网络的 IP 地址，路由器可能会有多条路径到达同一地址，但在路由表中只会存在到达这一地址的最佳路径。指向目的地址的指针不是指向路由器的直连目的网络，就是直连网络内的另一个路由器端口 IP 地址，更接近目的网络一跳的路由器叫下一跳（Next Hop）路由器。

路由器在根据路由表选择最佳路径时会尽量地做到最精确的匹配。路由选择表项中按精确程度递减的顺序是：主机地址、子网、一组子网、主网号、一组主网号、默认地址。

如果 IP 数据包的目的 IP 地址在路由表中不能匹配到任何一条路由选择表项，那么该 IP 数据包将被丢弃，同时路由器将向该数据包的源 IP 地址主机发送 ICMP 报文，报告网络不可达信息。

路由器除了具有路由功能，还包括以下主要功能。

① 网络互联：路由器支持各种局域网和广域网接口，路由器可以连接多个不同类型的网络，如将局域网与广域网（如互联网）连接起来，实现不同网络互相通信。

② 数据处理：路由器提供包括分组过滤、分组转发、优先级、复用、加密、压缩和防火墙等功能。

③ 网络管理：路由器提供包括配置管理、性能管理、容错管理和流量控制等网络管理功能。

6.5.2 路由协议

路由设备之间要相互通信，须通过路由协议来相互学习，以构建一张到达其他设备的路由信息表，再根据路由表，实现 IP 数据包的转发。路由协议的常见分类如下。

1. 静态路由协议

静态路由由网络管理员手动配置，适用于网络拓扑结构相对稳定的小型环境。尽管静态路由配置简单、占用资源少，但其缺乏灵活性，不适应频繁的网络变化。对于企业边缘网络或特定业务应用，静态路由仍然是一个经济有效的选择。例如，小型企业网络结构简单且稳定，管理员可使用静态路由手动配置业务流量，确保网络性能和安全。

2. 动态路由协议

动态路由协议具备自动适应网络拓扑变化的能力。随着网络规模的扩展和应用需求的增加，动态路由协议在大型复杂网络中占据主导地位。常见的动态路由协议包括距离矢量路由协议和链路状态路由协议。

（1）距离矢量路由协议

距离矢量路由协议基于跳数来确定路径，常见的协议有 RIP（Routing Information Protocol）。RIP 由于其最大跳数限制和较慢的收敛速度，已经逐渐被更先进的协议所替代。RIPng 是针对 IPv6 优化的 RIP 版本，提供对新地址格式的支持，适用于小型 IPv6 网络。

（2）链路状态路由协议

链路状态路由协议通过维护整个网络的拓扑信息来选择最佳路径，代表性协议有OSPF（开放最短路径优先）和IS-IS（中间系统到中间系统）。相比距离矢量路由协议，链路状态路由协议具有更快的收敛速度和更好的适应性。OSPFv3 支持 IPv6，是大规模企业网和服务提供商网络的首选协议。IS-IS 协议在许多 ISP 中广泛使用，特别是在支持 IPv6 和多协议环境下表现出色。

（3）边界网关协议（BGP）

BGP 作为互联网上的核心协议，负责管理自治系统之间的路由选择。随着云计算、数据中心和多云环境的快速发展，BGP 在跨域流量管理中发挥着重要作用。BGP EVPN 用于数据中心和云网络的虚拟化应用，支持跨站点虚拟网络连接，是现代数据中心广泛使用的技术之一。

3. 新一代路由技术

（1）软件定义网络（SDN）路由

SDN 通过将控制平面和数据平面分离，赋予了网络更高的灵活性。SDN 控制器可以实时监控网络流量，并根据需要动态调整路由策略。相比传统的分布式路由，SDN 路由具有更强的适应性和控制能力，尤其适合数据中心和云计算环境。

（2）自适应路由（Adaptive Routing）

自适应路由基于实时网络状态进行决策，可根据流量、延迟、链路故障等因素动态调整路由。现代互联网服务和大型云计算网络中，自适应路由逐渐成为提高性能和可靠性的关键技术。

（3）意图驱动网络（Intent-Driven Network，IDN）

IDN 通过将网络管理员的业务意图转化为可自动执行的网络策略，提供了一个高级自动化层。IDN 可以结合 AI 和机器学习技术，自动优化网络性能，尤其在云和 5G 网络中有着广泛的应用。

随着网络的快速发展，路由技术已经从传统的静态和动态协议扩展到包括 SDN、自适应路由和 IDN 等新兴技术。这些技术提高了网络的灵活性、可扩展性和自动化水平，使得现代网络能够更好地应对大规模流量和动态环境下的复杂需求。

▶ 任务实战

动态路由配置实践

【实践环境】

实验设备：S5700-28C-HI（包括 24 个 10/100/1000BASE-T 以太网电口，以及 4 个复用的 1000BASE-X SFP 千兆以太网光口）6 台、PC 4 台。

【任务步骤】

配置动态路由协议 RIPv2 完成学院网络系统建设的网络规划拓扑如图 6-25 所示。

说明：教学楼的计算机等设备均在 VLAN 10；行政楼的计算机等设备均在 VLAN 20；公共机房的计算机等设备均在 VLAN 30；实验楼的计算机等设备均在 VLAN 40。

任务 6.5 动态路由配置实践

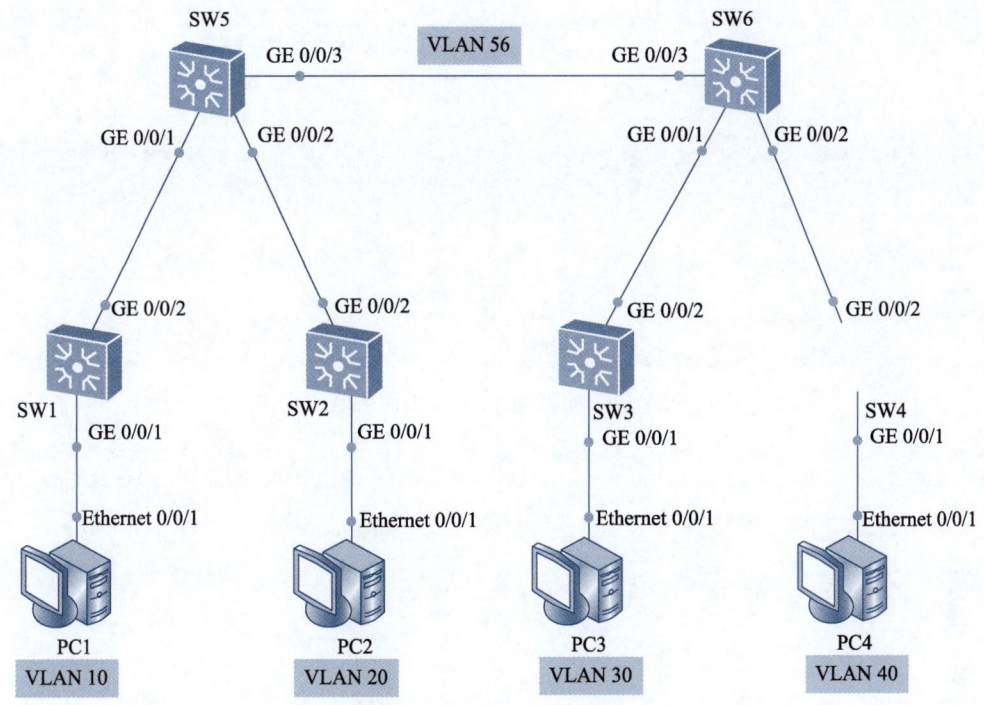

图 6-25 配置动态路由协议 RIPv2 的网络规划拓扑

设备网络地址见表 6-10。

表 6-10 设备网络地址

设备	接口	IP 地址	子网掩码	网关
PC1	Ethernet 0/0/1	192.168.10.10	255.255.255.0	192.168.10.1
PC2	Ethernet 0/0/1	192.168.20.10	255.255.255.0	192.168.20.1
PC3	Ethernet 0/0/1	192.168.30.10	255.255.255.0	192.168.30.1
PC4	Ethernet 0/0/1	192.168.40.10	255.255.255.0	192.168.40.1
SW5（S5700）	VLANIF 10	192.168.10.1	255.255.255.0	N/A
SW5（S5700）	VLANIF 20	192.168.20.1	255.255.255.0	N/A
SW6（S5700）	VLANIF 30	192.168.30.1	255.255.255.0	N/A
SW6（S5700）	VLANIF 40	192.168.40.1	255.255.255.0	N/A

1. 基本配置

根据设备网络地址，在 4 台计算机上进行相应的基本 IP 地址配置，如图 6-26 和图 6-27 所示。

2. 创建 VLAN 并配置 Access 接口

为保障学院各部门的网络信息安全，规划各部门的计算机等设备至不同的 VLAN，并为 PC 配置相应静态网络 IP 地址。

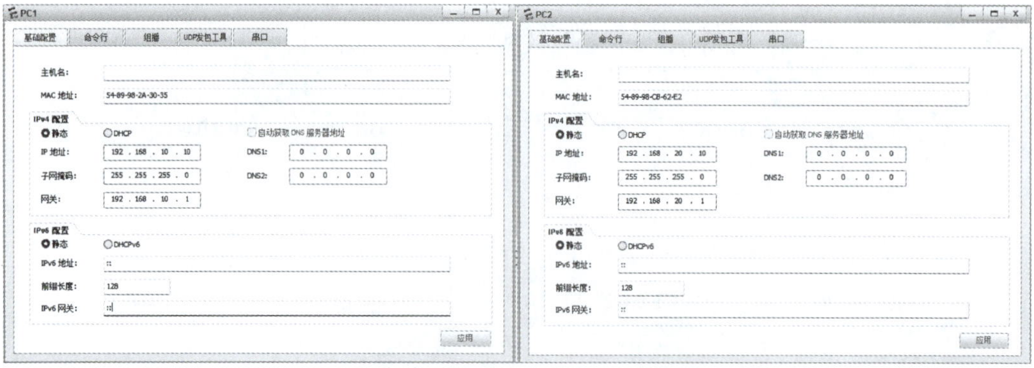

图 6-26 配置 PC1、PC2 的网络地址

图 6-27 配置 PC3、PC4 的网络地址

在 SW1 交换机创建 VLAN 10、VLAN 20、VLAN 30、VLAN 40、VLAN 56。把 SW1 连接 PC1 的 interface GigabitEthernet0/0/1 接口和连接 SW5 的 interface GigabitEthernet0/0/2 接口配置为 Access 类型接口，都划分到 VLAN 10 中。

```
[Huawei]sysname    SW1
[SW1]vlan batch   10  20  30  40  56
[SW1]interface GigabitEthernet 0/0/1
[SW1-GigabitEthernet0/0/1]port link-type access
[SW1-GigabitEthernet0/0/1]port default vlan 10
[SW1-GigabitEthernet0/0/1]quit
[SW1]interface GigabitEthernet 0/0/2
[SW1-GigabitEthernet0/0/2]port link-type access
[SW1-GigabitEthernet0/0/2]port default vlan 10
[SW1-GigabitEthernet0/0/2]quit
[SW1]quit
<SW1>save
```

在 SW2 交换机创建 VLAN 10、VLAN 20、VLAN 30、VLAN 40、VLAN 56。把 SW2 连接 PC2 的 interface GigabitEthernet0/0/1 接口和连接 SW5 的 interface GigabitEthernet0/0/2 接口配置为 Access 类型接口，都划分到 VLAN 20 中。

```
[Huawei]sysname    SW2
[SW2]vlan batch    10   20   30   40   56
[SW2]interface GigabitEthernet 0/0/1
[SW2-GigabitEthernet0/0/1]port link-type access
[SW2-GigabitEthernet0/0/1]port default vlan 20
[SW2-GigabitEthernet0/0/1]quit
[SW2]interface GigabitEthernet 0/0/2
[SW2-GigabitEthernet0/0/2]port link-type access
[SW2-GigabitEthernet0/0/2]port default vlan 20
[SW2-GigabitEthernet0/0/2]quit
[SW2]quit
<SW2>save
```

在 SW3 交换机创建 VLAN 10、VLAN 20、VLAN 30、VLAN 40、VLAN 56。把 SW3 连接 PC3 的 interface GigabitEthernet0/0/1 接口和连接 SW6 的 interface GigabitEthernet0/0/2 接口配置为 Access 类型接口，都划分到 VLAN 30 中。

```
[Huawei]sysname    SW3
[SW3]vlan batch    10   20   30   40   56
[SW3]interface GigabitEthernet 0/0/1
[SW3-GigabitEthernet0/0/1]port link-type access
[SW3-GigabitEthernet0/0/1]port default vlan 30
[SW3-GigabitEthernet0/0/1]quit
[SW3]interface GigabitEthernet 0/0/2
[SW3-GigabitEthernet0/0/2]port link-type access
[SW3-GigabitEthernet0/0/2]port default vlan 30
[SW3-GigabitEthernet0/0/2]quit
[SW3]quit
<SW3>save
```

在 SW4 交换机创建 VLAN 10、VLAN 20、VLAN 30、VLAN 40、VLAN 56。把 SW4 连接 PC4 的 interface GigabitEthernet0/0/1 接口和连接 SW6 的 interface GigabitEthernet0/0/2 接口配置为 Access 类型接口，都划分到 VLAN 40 中。

```
[Huawei]sysname    SW4
[SW4]vlan batch    10   20   30   40   56
[SW4]interface GigabitEthernet 0/0/1
[SW4-GigabitEthernet0/0/1]port link-type access
[SW4-GigabitEthernet0/0/1]port default vlan 40
[SW4-GigabitEthernet0/0/1]quit
[SW4]interface GigabitEthernet 0/0/2
[SW4-GigabitEthernet0/0/2]port link-type access
[SW4-GigabitEthernet0/0/2]port default vlan 40
```

[SW4-GigabitEthernet0/0/2]quit
[SW4]quit
<SW4>save

3. 配置校园网络内 SW5 交换机和 SW6 交换机

采用 RIPv2，搭建 RIP 网络，实现 VLAN 间通信。

[Huawei]sysname SW5
[SW5]vlan batch 10 20 30 40 56
[SW5]interface GigabitEthernet 0/0/1
[SW5-GigabitEthernet0/0/1]port link-type access
[SW5-GigabitEthernet0/0/1]port default vlan 10
[SW5-GigabitEthernet0/0/1]quit
[SW5]interface GigabitEthernet 0/0/2
[SW5-GigabitEthernet0/0/2]port link-type access
[SW5-GigabitEthernet0/0/2]port default vlan 20
[SW5-GigabitEthernet0/0/2]quit
[SW5]interface GigabitEthernet 0/0/3
[SW5-GigabitEthernet0/0/3]port link-type access
[SW5-GigabitEthernet0/0/3]port default vlan 56
[SW5-GigabitEthernet0/0/3]quit
[SW5]quit
<SW5>save

[Huawei]sysname SW6
[SW6]vlan batch 10 20 30 40 56
[SW6]interface GigabitEthernet 0/0/1
[SW6-GigabitEthernet0/0/1]port link-type access
[SW6-GigabitEthernet0/0/1]port default vlan 30
[SW6-GigabitEthernet0/0/1]quit
[SW6]interface GigabitEthernet 0/0/2
[SW6-GigabitEthernet0/0/2]port link-type access
[SW6-GigabitEthernet0/0/2]port default vlan 40
[SW6-GigabitEthernet0/0/2]quit
[SW6]interface GigabitEthernet 0/0/3
[SW6-GigabitEthernet0/0/3]port link-type access
[SW6-GigabitEthernet0/0/3]port default vlan 56
[SW6-GigabitEthernet0/0/3]quit
[SW6]quit
<SW6>save

在 SW5 上使用 interface Vlanif 命令创建 Vlanif 接口，指定 interface Vlanif 10 接口所对应的 VLAN ID 为 10。进入 Vlanif 接口视图，在该接口视图下配置 IP 地址 192.168.10.1/

24。创建对应 VLAN 20 的 Vlanif 接口，其地址配置为 192.168.20.1/24。创建对应 VLAN 56 的 Vlanif 接口，其地址配置为 192.168.56.5/24。

```
[SW5]interface Vlanif 10
[SW5-Vlanif10]ip address 192.168.10.1    24
[SW5-Vlanif10]quit
[SW5]interface Vlanif 20
[SW5-Vlanif20]ip address    192.168.20.1    24
[SW5-Vlanif20]quit
[SW5]quit
[SW5]interface Vlanif 56
[SW5-Vlanif56]ip address    192.168.56.5    24
[SW5-Vlanif56]quit
[SW5]quit
<SW5>save
```

在 SW6 上使用 interface Vlanif 命令创建 Vlanif 接口，指定 interface Vlanif 30 接口所对应的 VLAN ID 为 30。进入 Vlanif 接口视图，在该接口视图下配置 IP 地址 192.168.30.1/24。创建对应 VLAN 40 的 Vlanif 接口，其地址配置为 192.168.40.1/24。创建对应 VLAN 56 的 Vlanif 接口，其地址配置为 192.168.56.6/24。

```
[SW6]interface Vlanif 30
[SW6-Vlanif10]ip address 192.168.30.1    24
[SW6-Vlanif10]quit
[SW6]interfaceVlanif 40
[SW6-Vlanif20]ip address    192.168.40.1    24
[SW6-Vlanif20]quit
[SW6]interface Vlanif 56
[SW6-Vlanif56]ip address    192.168.56.6    24
[SW6-Vlanif56]quit
[SW6]quit
<SW6>save
```

在 SW5 交换机和 SW6 交换机分别配置 RIPv2，搭建 RIP 网络系统。

```
[SW5]rip
[SW5-rip-1]version 2
[SW5-rip-1]network 192.168.56.0
[SW5-rip-1]network 192.168.20.0
[SW5-rip-1]network 192.168.10.0
[SW5-rip-1]quit
[SW5]quit
<SW5>save
```

```
[SW6]rip
[SW6-rip-1]version 2
[SW6-rip-1]network 192.168.56.0
[SW6-rip-1]network 192.168.30.0
[SW6-rip-1]network 192.168.40.0
[SW6-rip-1]quit
[SW6]quit
<SW6>save
```

4. 实验结果

交换机、计算机等设备配置完成后，使用命令 display ip routing-table 检查 SW5 交换机和 SW6 交换机的路由表。可以看到，SW5 交换机和 SW6 交换机已经正常地获得了 RIP 路由条目。测试网络连通性，PC1 与 PC2、PC3、PC4 之间正常通信，如图 6-28~图 6-30 所示。

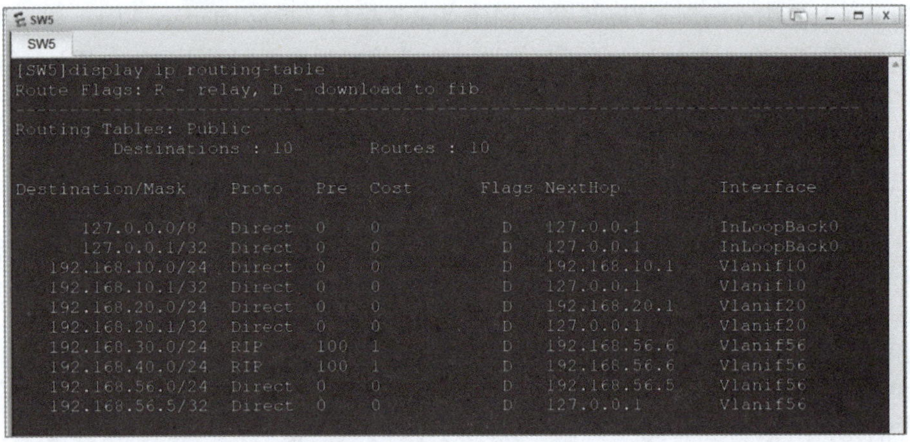

```
[SW5]display ip routing-table
Route Flags: R - relay, D - download to fib
------------------------------------------------------------------------------
Routing Tables: Public
         Destinations : 10       Routes : 10

Destination/Mask    Proto   Pre  Cost      Flags NextHop         Interface

      127.0.0.0/8   Direct  0    0           D   127.0.0.1       InLoopBack0
      127.0.0.1/32  Direct  0    0           D   127.0.0.1       InLoopBack0
   192.168.10.0/24  Direct  0    0           D   192.168.10.1    Vlanif10
   192.168.10.1/32  Direct  0    0           D   127.0.0.1       Vlanif10
   192.168.20.0/24  Direct  0    0           D   192.168.20.1    Vlanif20
   192.168.20.1/32  Direct  0    0           D   127.0.0.1       Vlanif20
   192.168.30.0/24  RIP     100  1           D   192.168.56.6    Vlanif56
   192.168.40.0/24  RIP     100  1           D   192.168.56.6    Vlanif56
   192.168.56.0/24  Direct  0    0           D   192.168.56.5    Vlanif56
   192.168.56.5/32  Direct  0    0           D   127.0.0.1       Vlanif56
```

图 6-28　SW5 交换机的路由表

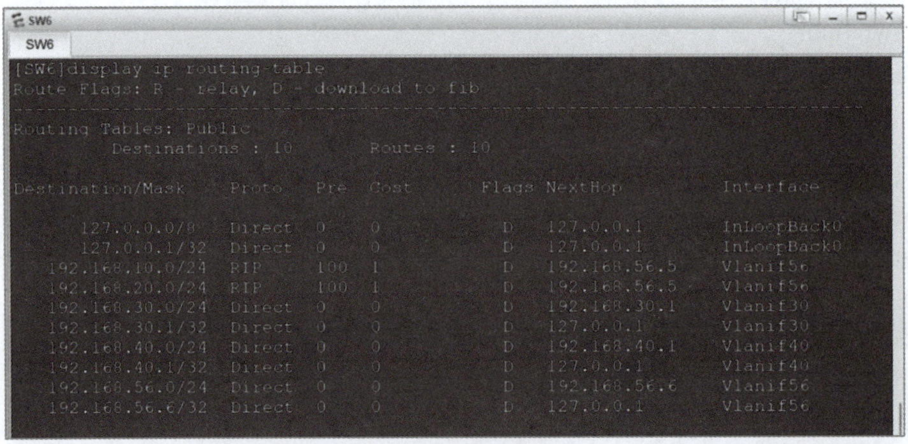

```
[SW6]display ip routing-table
Route Flags: R - relay, D - download to fib
------------------------------------------------------------------------------
Routing Tables: Public
         Destinations : 10       Routes : 10

Destination/Mask    Proto   Pre  Cost      Flags NextHop         Interface

      127.0.0.0/8   Direct  0    0           D   127.0.0.1       InLoopBack0
      127.0.0.1/32  Direct  0    0           D   127.0.0.1       InLoopBack0
   192.168.10.0/24  RIP     100  1           D   192.168.56.5    Vlanif56
   192.168.20.0/24  RIP     100  1           D   192.168.56.5    Vlanif56
   192.168.30.0/24  Direct  0    0           D   192.168.30.1    Vlanif30
   192.168.30.1/32  Direct  0    0           D   127.0.0.1       Vlanif30
   192.168.40.0/24  Direct  0    0           D   192.168.40.1    Vlanif40
   192.168.40.1/32  Direct  0    0           D   127.0.0.1       Vlanif40
   192.168.56.0/24  Direct  0    0           D   192.168.56.6    Vlanif56
   192.168.56.6/32  Direct  0    0           D   127.0.0.1       Vlanif56
```

图 6-29　SW6 交换机的路由表

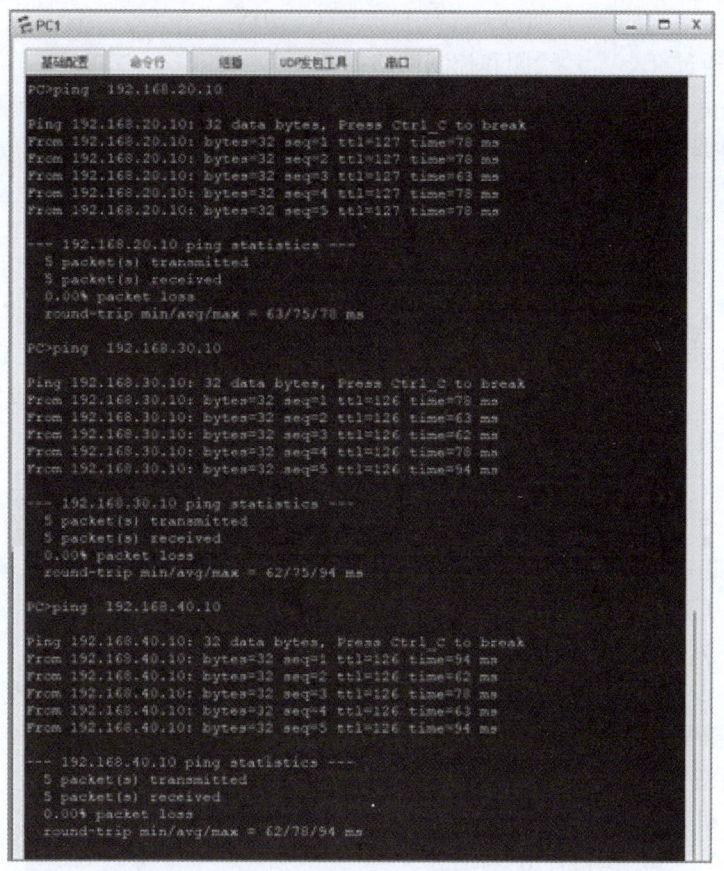

图 6-30　PC1 与 PC2、PC3、PC4 之间正常通信

上述内容展示了如何使用 RIPv2 协议进行动态路由的配置。如果您希望深入了解 OSPF 动态路由的配置，欢迎扫描二维码进行学习。

OSPF 动态路由设置

【思考问题】

1. 比较 RIP 和 OSPF 协议的优缺点。
2. 解释 OSPF 协议中区域的概念和作用。
3. 在什么情况下适合使用 RIP？什么情况下适合使用 OSPF 协议？

思考与练习

一、选择题

1. 网络层通过（　　）实现异构网络之间的互联。
   A. HTTP　　　　　　B. FTP　　　　　　C. IP　　　　　　D. DNS
2. 以下（　　）不是网络层的主要功能。
   A. 路由选择　　　　　　　　　　　　B. 数据包转发
   C. 网络拥塞控制　　　　　　　　　　D. 加密解密
3. 下列（　　）技术能够动态调整网络路径并优化资源分配。

A. ARP　　　　　B. DNS　　　　　C. SDN　　　　　D. NAT

4. 网络层通过（　　）检测和控制网络拥塞。

A. 静态路由　　　　　　　　　　　B. 流量控制与路径动态调整

C. MAC 地址过滤　　　　　　　　　D. 加密通信

5. 随着 IPv6 的推广，（　　）逐渐被淘汰。

A. NAT　　　　　B. DHCP　　　　　C. DNS　　　　　D. BGP

6. （　　）地址格式是由 128 位二进制数字组成的。

A. IPv4　　　　　B. IPv6　　　　　C. 子网掩码　　　　　D. MAC 地址

7. (《网络系统建设与运维》1+X 证书样题) 192.168.1.1 是（　　）IP 地址。

A. A 类　　　　　B. B 类　　　　　C. C 类　　　　　D. D 类

8. 子网掩码 255.255.255.0 对应的 CIDR 表示法是（　　）。

A. /24　　　　　B. /16　　　　　C. /8　　　　　D. /32

9. 以下（　　）是本地回环地址。

A. 0.0.0.0　　　　　　　　　　　B. 255.255.255.255

C. 127.0.0.1　　　　　　　　　　D. 192.168.0.1

10. （　　）IP 地址用于多播。

A. A 类　　　　　B. B 类　　　　　C. C 类　　　　　D. D 类

11. 子网掩码的主要作用是（　　）。

A. 区分网络号和主机号　　　　　　B. 用于广播

C. 标识主机在局域网中的位置　　　D. 分配动态 IP

12. 下列（　　）是私有 IP 地址。

A. 172.16.0.1　　　B. 8.8.8.8　　　C. 192.0.2.1　　　D. 224.0.0.1

13. （　　）用于动态分配 IP 地址。

A. DNS　　　　　B. DHCP　　　　　C. HTTP　　　　　D. FTP

14. （　　）是广播地址。

A. 用于向网络中的所有设备发送数据的地址

B. 用于连接互联网的地址

C. 用于标识特定子网的地址

D. 用于发送数据到多播组的地址

15. 以下（　　）是保留用于实验的 IP 地址。

A. 192.168.0.1　　　B. 224.0.0.1　　　C. 240.0.0.1　　　D. 8.8.8.8

16. (《网络系统建设与运维》1+X 证书样题) IPv6 的地址空间大小为（　　）。

A. 32 位　　　　　B. 64 位　　　　　C. 128 位　　　　　D. 256 位

17. IPv6 中的链路本地地址前缀为（　　）。

A. FF00::/8　　　B. 2000::/3　　　C. FE80::/10　　　D. ::/0

18. ARP 的主要功能是（　　）。

A. 从 IP 地址查找物理地址（MAC 地址）　　B. 从物理地址查找 IP 地址

C. 自动分配 IP 地址　　　　　　　　　　　D. 传输控制消息

19. 以下（　　）已经基本取代了 RARP。

A. ARP B. ICMP C. DHCP D. OSPF

20. ICMP 主要用于（　　）。

A. 数据传输 B. 网络探测和错误报告

C. IP 地址解析 D. 安全加密

21. 以下（　　）负责将 IP 地址解析为 MAC 地址。

A. RARP B. RIP C. ARP D. BGP

二、填空题

1. 网络层通过使用_____协议，实现异构网络之间的无缝通信。

2. 网络层的核心功能包括跨异构网络通信、路由选择、数据包转发和_____。

3. 在软件定义网络（SDN）中，_____平面负责全局路径规划。

4. 数据包在网络层封装时，会添加_____地址和目的地址以便路由器进行转发。

5. 随着_____的推广，网络层可以提供更大规模的地址空间，特别适用于物联网设备的连接。

6. IPv4 地址由_____位二进制数字组成。

7. D 类 IP 地址用于_____。

8. 127.0.0.1 是_____地址，用于测试本地网络协议栈。

9. 在 C 类地址 192.168.1.0/24 中，广播地址是_____。

10. IPv6 地址由_____位二进制数字组成。

11. 私有 IP 地址的一个范围是_____。

12. 子网划分的目的是为了提高网络的效率和_____。

13. 子网掩码与 IP 地址进行按位与运算可以得到_____。

14. 默认网关是用于转发_____的设备的 IP 地址。

15. 动态 IP 地址是通过_____协议分配的。

16. IPv6 地址长度为_____。

17. ARP 用于从_____地址查找_____地址。

18. 在 IPv6 中，ICMP 功能扩展为_____，用于邻居发现和自动配置。

19. ARP 通过_____将 IP 地址解析为 MAC 地址。

20. OSPF 是一种_____路由协议，适用于大型网络。

三、问答题

1. 简述网络层在跨异构网络通信中的作用。

2. 什么是子网掩码？它在 IP 地址中起什么作用？

3. 简要说明广播地址的作用和使用场景。

4. 为什么在现代网络中需要使用私有 IP 地址和 NAT 技术？

5. 子网划分技术的核心是什么？它有什么好处？

6. IPv6 相比于 IPv4 主要有哪些改进？

7. 简述 ARP 的工作原理。

8. 简述 OSPF 和 RIP 的主要区别。

项目 7 端到端可靠连接的保障——传输层

 项目导读

本项目的目标是让读者了解传输层的作用，网络层关心的是如何在网络中找到这台设备，而传输层关心的是如何定位到不同的应用程序。本项目可以让读者对 TCP 与 UDP 两个传输层协议有一个初步的认识。主要内容为：传输层的作用、端口号的基本概念、TCP 的概述与报文格式、TCP 的连接管理、UDP 的概述与报文格式、UDP 应用场景。本项目重、难点以及课证融通点见表 7-1。

表 7-1 项目 7 重难点及课证融通点

重点	TCP、UDP 的基本概念与报文格式
难点	区分 TCP 与 UDP，并能在不同的场景需求下选择对应的协议，配置对应的网络连接
课证融通点	其中 TCP、UDP 的概念与报文相关内容对接 1+X 证书"网络系统建设与运维（初级）"与"网络系统建设与运维（中级）"考点

 职业能力目标和要求

知识目标
- ❖ 理解计算机网络结构中传输层的定义与功能；
- ❖ 掌握常见网络协议所使用的端口号；
- ❖ 掌握 TCP 的基本概念与报文结构；
- ❖ 掌握 UDP 的基本概念与报文结构；
- ❖ 掌握网络抓包工具 Wireshark 的使用方法。

项目 7　端到端可靠连接的保障——传输层

能力目标
- ❖ 能够在不同场景下使用 TCP 或 UDP 配置网络；
- ❖ 能够使用网络抓包工具 Wireshark 抓取并分析网络中的数据包。

素养目标
- ❖ 加强职业道德教育，培养职业道德观念，坚守职业操守；
- ❖ 培养自主学习、勇于尝试的习惯；
- ❖ 具备全局观念，能够与团队其他成员进行良好的协调合作。

情景导入

学校计算机实验室引入了新的设备，需要搭建新的网络环境，信研网络社团主动提出可以承担网络环境建设的任务，于是社长小马带领社员们开始活动，小海作为新社员一起参加。

小海：社长，这次我们主要负责实验室的什么任务？

小马：这次实验室新来了 48 台计算机和 8 套实验用网络设备，每 6 台计算机为一组，共用一套网络设备，我们需要将设备分组隔离，但同时保证对校园网服务器的正常访问。

小海：那么今天我负责什么内容呢？

小马：今天你负责网络连通的测试工作，我会先对网络进行配置，完成后你帮我测试网络连通情况。

任务 7.1 在 eNSP 中体验 Web 传输通信

任务描述

小海为了让自己能够高效地完成任务,在社长配置网络期间动手查阅了传输层通信技术的资料,他想从以下几方面去了解计算机是如何访问服务器网络的:
1. 传输层是什么?工作原理是怎样的?包括传输层的概念、作用及工作原理。
2. 通信端口是什么?如何使用?包括通信端口的定义与用途。

任务目的

通过学习传输层的概念与作用,了解传输层的运作方式,实现实验室网络访问。

知识准备

7.1.1 传输层的作用与工作过程

1. 传输层的作用

网络层只把分组发送到目的主机,但是真正通信的并不是主机而是主机中的进程。传输层提供了进程间的逻辑通信,向高层用户屏蔽了下面网络层的核心细节,使应用程序看起来像是在两个传输层实体之间有一条端到端的逻辑通信信道。

网络层的 IP(Internet Protocol)提供的是尽力传递服务(Best-Effort Delivery Service),也就是说,网络层提供的是不可靠的数据传输。传输层可以通过相关的算法,实现可靠的数据传输服务。

传输层提供的服务有:数据传输、错误检查、可靠数据传输和拥塞控制。

传输层主要有 TCP 和 UDP 两个协议,不同的协议提供不同的服务,适用于不同的应用场景。其中,TCP 提供的是可靠传输,它包含了上面所有的服务。而 UDP 提供的是不可靠传输,包含部分服务,即数据传输和错误检查。

2. 传输层的工作过程

传输层发送数据的过程如下:
① 客户端进程组装应用层报文;
② 进程根据传输层协议,创建相应的 Socket;
③ 进程将应用层消息传给 Socket;
④ Socket 将应用层报文(Message)分成多份,加上传输层报文头。封装成传输层报文段(Segment)传递给网络层。

传输层接收数据的过程如下:
① 网络层将组装好的报文段传给传输层;
② 传输层接收到报文段,根据报文段的头部信息中的目标端口,将报文段传给指定的 Socket;

③ Socket 收集到所有的报文段后,将报文段转换为应用层报文;

④ 进程读取 Socket 中的应用层报文。

这其中有几个专业名词,以下给出概念解释:

● 进程:在操作系统中,一个运行的程序称为一个进程,进程是分配计算机资源的基本单位。网络通信宏观上是两个可计算的终端设备之间的通信,微观上是两个进程之间的通信;

● 端口(Port Number):端口是一个逻辑的实体,它用于在终端设备进行网络通信时标识一个进程。一个进程可以绑定多个端口,一个端口只能属于一个进程;

● 网络套接字(Network Socket):Socket 是一个软件组件,它帮助计算机程序连接本地网络或者广域网;Socket 为进程打开网络连接,允许进程通过网络读写数据;Socket 是进程间网络通信的一个终端,是连接应用层和网络层的大门。

7.1.2 端口号

1. 端口号的定义

微课 7-2
端口号

端口号就好像是门牌号一样,客户端可以通过 IP 地址找到对应的服务器端,但是服务器端是有很多端口的,为了区分端口,对每个端口进行编号,这就是端口号。

每个应用程序对应一个端口号,通过类似门牌号的端口号,客户端才能真正的访问到该服务器。

2. 端口号的用途

在网络通信过程中,端口号是非常重要的,它们决定了数据包的路由和传输方式。在发送数据时,发送方必须知道目标应用程序使用的端口号,并将数据发送到相应的端口。在接收数据时,接收方也必须知道使用的端口号,并监听该端口,以便正确接收数据。

3. 端口号的使用规则

TCP 与 UDP 中端口地址都是 16 位,可以有在 0~65535 范围内的端口号。对于这 65536 个端口号有以下的使用规定:

① 端口号小于 256 的定义为常用端口,服务器一般都是通过常用端口号来识别的,任何 TCP/IP 实现所提供的服务都用 0~1023 之间的端口号,是由 IANA 来管理的;

② 端口号从 1024~49151 是被注册的端口,也称"用户端口",被 IANA 指定为特殊服务使用;

③ 客户端只需保证该端口号在本机上是唯一的就可以了;

④ 客户端端口号因存在时间很短暂又称"临时端口号",大多数 TCP/IP 实现给临时端口号分配 49152~65535 之间的端口号。

> **小贴士**
>
> 端口号的管理由 IANA(Internet Assigned Numbers Authority,互联网号码分配机构)负责,而在国内由中国互联网络信息中心负责管理(China Internet Network Information Center,简称 CNNIC),使用端口号需要遵守一定的规则,就像在学校的学习生活中要遵守校规,都需要养成规则意识,自觉遵守,维护和谐。

4. 常见的 IANA 官方端口号

常见的 IANA 官方端口号见表 7-2:

表 7-2 常见的 IANA 官方端口号

端 口	描 述
0/TCP,UDP	保留端口；不使用
5/TCP,UDP	RJE（远程作业登录）
7/TCP,UDP	Echo（回显）协议
20/TCP,UDP	文件传输协议——默认数据端口
21/TCP,UDP	文件传输协议——控制端口
22/TCP,UDP	SSH（Secure Shell）——安全远程登录协议，用于安全文件传输（SCP、SFTP）及端口转发
23/TCP,UDP	Telnet 终端仿真协议——未加密文本通信
25/TCP,UDP	SMTP（简单邮件传输协议）——用于传递电子邮件
53/TCP,UDP	DNS（域名服务系统）
80/TCP,UDP	超文本传输协议（超文本传输协议）或快速 UDP 网络连接——用于传输网页
107/TCP	远程 Telnet 协议
123/UDP	NTP（Network Time Protocol）——用于时间同步
443/TCP	超文本传输安全协议或 QUIC
1080/TCP	SOCKS 代理
8080/TCP	超文本传输协议替代端口（http_alt）——commonly used for 代理服务器 and caching server, or for running a web server as a non-Root user

▶ 任务实战

在 eNSP 中体验 Web 传输通信

【实践环境】

学校计算机机房网络设备。

【任务步骤】

1. 打开 eNSP 软件，单击左上角第一个"新建拓扑"按钮，如图 7-1 所示。

2. 完成新建后，单击"保存"按钮，选择合适的位置保存，注意保存时软件会自动新建文件夹，该文件夹与文件同名，如图 7-2 所示。

3. 本任务名称为"传输层测试"，可以看到自动生成了文件夹与项目文件，如图 7-3 所示。

4. 首先单击左侧工具栏中类似于显示器的"终端"图标，终端设备库中包含 PC、MCS、Client、Server、STA、Cellphone 6 种设备，选择 PC 设备，此时光标在拓扑绘图工作区也会变为 PC 图标形状，如图 7-4 所示。

5. 在工作区放置一个 Client（客户端）和一个 Server（服务器），用于模拟用户访问网页，如图 7-5 所示。

图7-1 新建拓扑

图7-2 保存工程项目

图7-3 保存时自动新建工程文件夹

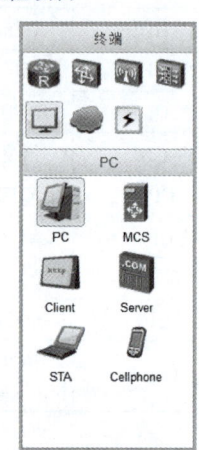

图7-4 终端设备库中
的各种终端

6. 在左侧工具栏选择"设备连线"图标，下方选择Copper图标，图标形状为黑色直线，如图7-6所示。

Client-Client1

Server-Server1

图7-5 放置一个客户端和一个服务器

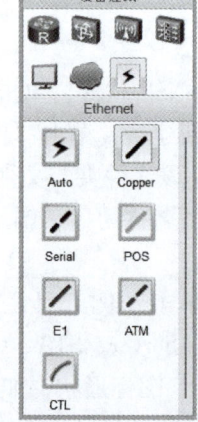

图7-6 各种设备连线类型

任务 7.1　在 eNSP 中体验 Web 传输通信

7. 分别单击工作区中的 Client-Client1 设备和 Server-Server1 设备，单击时会打开插口选择界面，均选择 Ethernet 0/0/0 端口，将两个设备连接起来，如图 7-7 所示。

8. 单击上方工具栏的"开启设备"按钮，如图 7-8 所示。

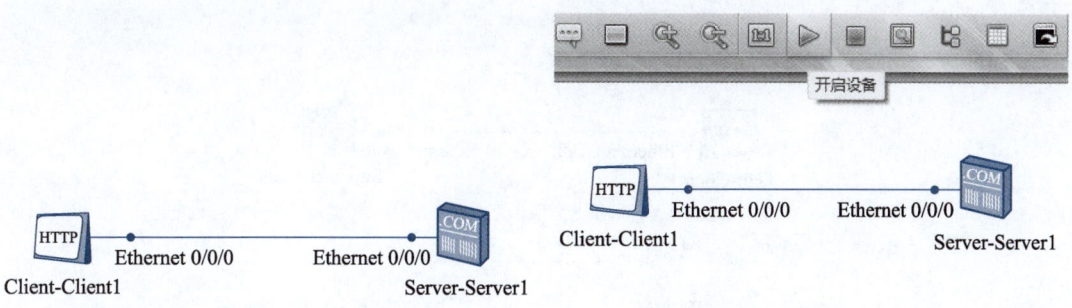

图 7-7　使用网线连接客户端与服务器　　　　图 7-8　启动各台设备

9. 双击 Client 图标，打开设置，将配置中 IP 地址改为 192.168.100.10，网关改为 192.168.100.254，子网掩码为 255.255.255.0，并保存，如图 7-9 所示。

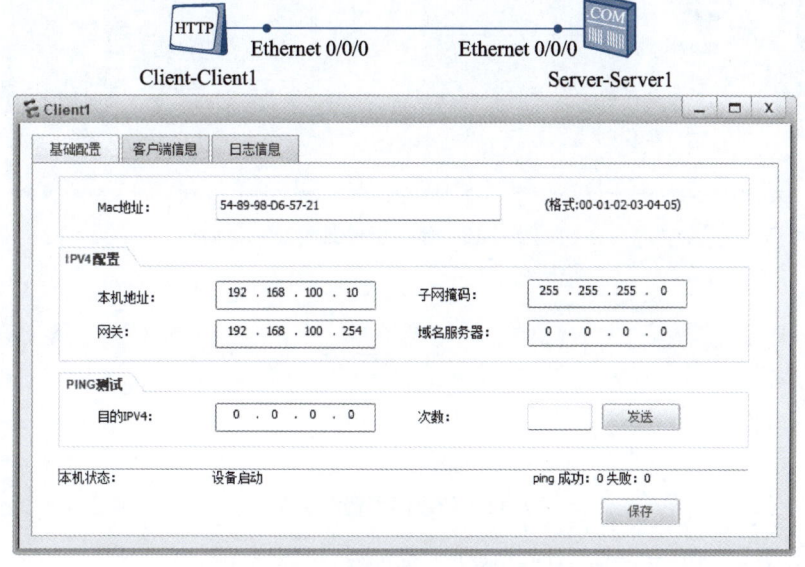

图 7-9　修改客户端配置

10. 双击 Server 图标，打开设置，将配置中 IP 地址改为 192.168.100.253，网关改为 192.169.100.254，子网掩码为 255.255.255.0，并保存，如图 7-10 所示。

11. 打开项目文件夹"传输层测试"，新建文件夹 web，并在其中新建一个文本文档，命名为"test.txt"，如图 7-11 所示。

12. 在 test.txt 中输入以下内容并保存，如图 7-12 所示：

<!DOCTYPE html>
<html>
<head>
<meta charset="utf-8">
<title>传输层测试</title>

</head>
　　<body>
　　　　<h1>传输层测试</h1>
　　</body>
　　</html>

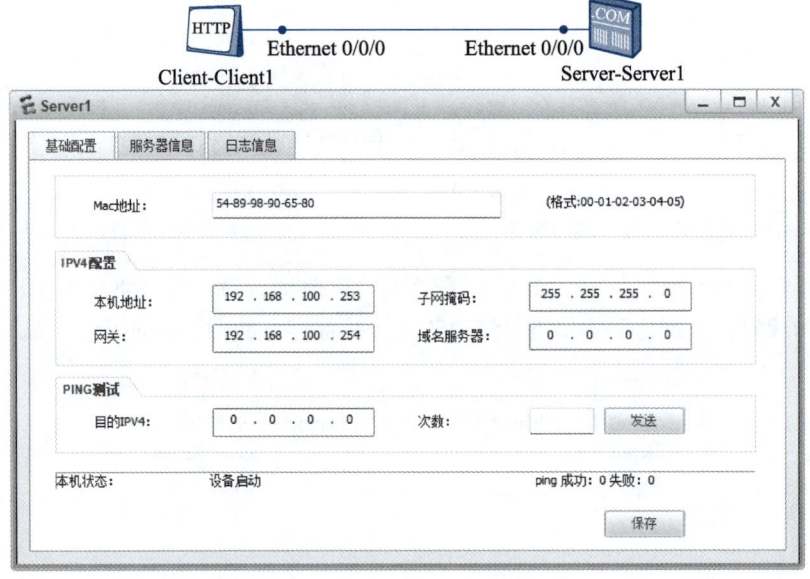

图 7-10　修改服务器配置

图 7-11　新建网页资源文件夹

13. 将 test.txt 文件后缀改为".html"，如图 7-13 所示。

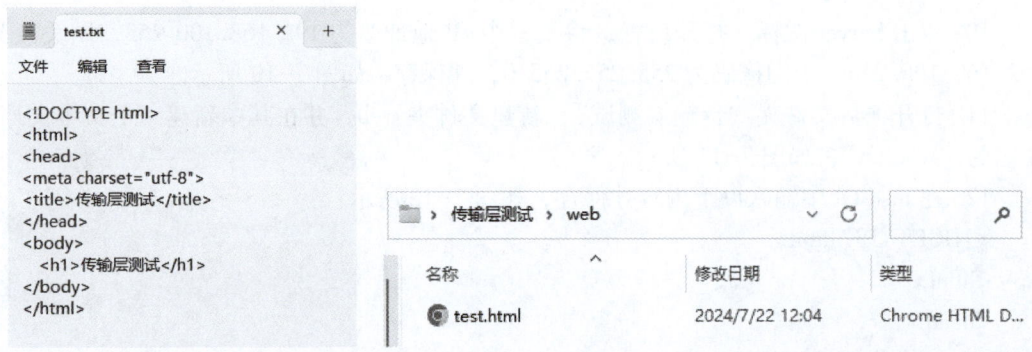

图 7-12　以文本文档形式编辑网页　　　　图 7-13　修改文件后缀名

14. 单击 Server 设置中的"服务器信息"选项卡，选择左侧 HttpServer 功能，右侧有"服务"与"配置"两个项目，修改"配置"中的"文件根目录"，选择上述的 web 文件夹，单击"启动"按钮，如图 7-14 所示。

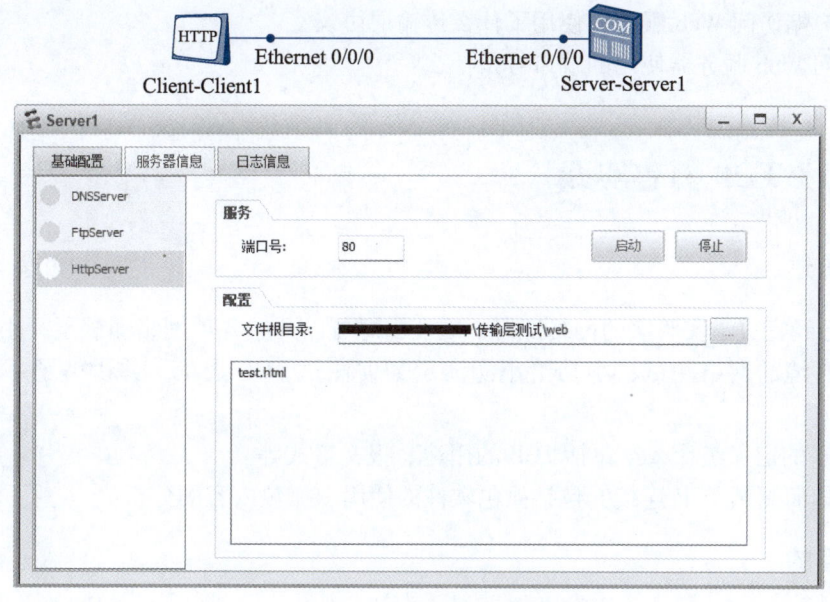

图 7-14 启动简易 Web 服务器

15. 回到"Client"的设置中，单击"客户端信息"选项卡，选择左侧"HttpClient"功能，在右侧地址中输入 http://192.168.100.253/test.html，并单击"获取"按钮，就可以获取到网页文件和连接信息，如图 7-15 所示。

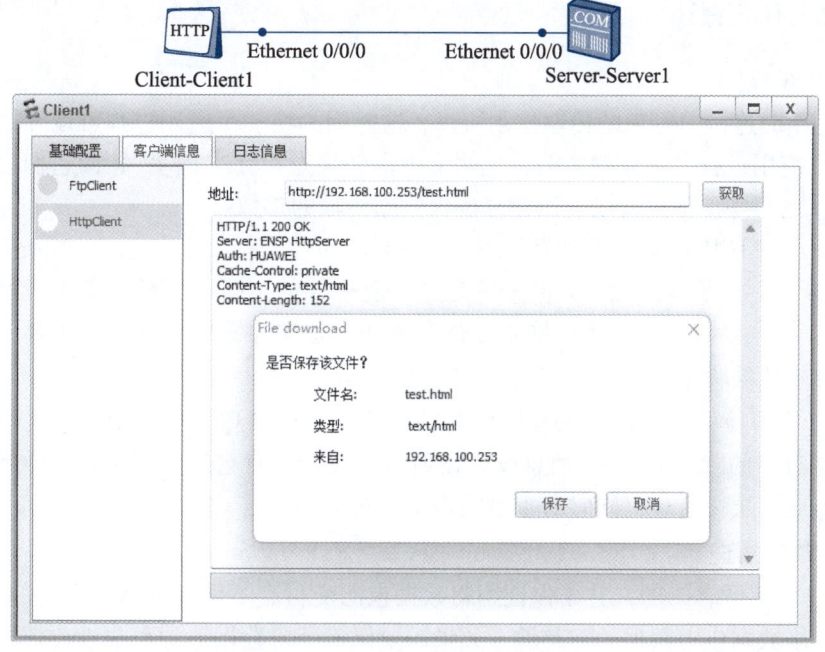

图 7-15 访问简易 Web 服务器

16. 此时已经完成了一次客户端与 Web 服务器的通信，可以取消保存文件，关闭"Client"设置窗口。注意先关闭虚拟设备，再关闭软件。至此实验结束。

【思考问题】
1. 客户端访问 Web 服务器使用了什么传输层协议？
2. 访问 Web 服务器使用的端口号是什么？

任务 7.2　TCP 抓包实践

▶ 任务描述

小马已经完成了实验室的网络部署，现在小海可以开始各项网络测试了，小海打算先进行 TCP 环境的网络测试，小马给小海演示如何测试 TCP 通信，并讲解了一些基础的 TCP 知识。

1. TCP 的定义是什么？包括 TCP 的用途、报文格式等。
2. 该如何测试 TCP 连接？包括抓包软件的使用、抓包内容的分析。

▶ 任务目的

通过学习 TCP 的用途、报文格式，了解 TCP 的运作方式，并通过抓包测试 TCP 连接的建立情况。

▶ 知识准备

7.2.1　TCP 概述

1. 什么是 TCP

TCP 是面向连接的可靠的传输控制协议，这是因为在一个应用进程可以开始向另一个应用进程发送数据之前，这两个进程必须先相互"握手"，即它们必须相互发送某些预备报文段，以建立确保数据传输的参数。

微课 7-3
TCP 协议

TCP 有以下几个特点：
① 面向连接：TCP 一定是"一对一"的，即一个客户端、一个服务端。
② 可靠的：无论网络链路中出现了怎样的链路变化，TCP 都可以保证一个报文能够到达接收端。
③ 基于字节流：消息是"没有边界"的，所以无论消息有多大都可以进行传输。并且消息是"有序的"，当前一个消息没有收到的时候，即使它先收到了后面的字节，那么也不能扔给应用层去处理，同时对重复的报文会自动丢弃。

2. TCP 的用途

IP 层是"不可靠"的，它不保证网络数据包的交付、不保证网络数据包的按序交付、也不保证网络数据包中数据的完整性。如果需要保障网络数据包的可靠性，那么就需要由上层（传输层）的 TCP 来负责。因为 TCP 是一个工作在传输层的可靠数据传输的服务，它能确保接收端接收的网络数据包是无损坏、无间隔、非冗余和按序的。

7.2.2 TCP 报文格式

接下来，看一下 TCP 报文格式，见表 7-3，在表中需要注意以下几点：

表 7-3 TCP 报文格式

源端口号（16 位）								目标端口号（16 位）
序列号（32 位）									
确认应答（32 位）									
首部长度（4 位）	保留（6 位）	URG	ACK	PSH	RST	SYN	FIN	窗口大小（16 位）
校验和（16 位）								紧急指针（16 位）
选项（长度可变）									
数据									

① TCP 的包是没有 IP 地址的，那是网络层的事，但是有源端口和目标端口；

② 一个 TCP 连接需要 4 个元组来表示是同一个连接（src_ip、src_port、dst_ip、dst_port）准确说是 5 个元组，还有一个是协议，但因为这里只是说 TCP，所以，这里只说 4 个元组；

③ TCP 并不能保证数据一定会被对方接收到，TCP 能够做到的是，如果有可能，就把数据递送到接收方，否则就（通过放弃重传并且中断连接这一手段）通知用户。

若要深入了解 TCP 报文各字段含义，可通过扫描二维码进行学习。

> **小贴士**　TCP 的"连接"，实际上是一种纯软件层面的概念，在物理层面并没有"连接"这种概念。这促使人们深入思考 TCP 连接背后的工作原理，理解了 TCP 连接的实质后，可以更好地设计和优化网络应用。TCP 的"连接"提醒人们要保持批判性思维，不要轻信表象或直观感受。

TCP 报文各字段含义

7.2.3 TCP 连接实现

1. TCP 的三次握手

TCP 连接包括建立和拆除两个过程。TCP 使用三次握手协议来建立连接。所谓三次握手（Three-way Handshake），是指建立一个 TCP 连接时，需要客户端和服务器总共发送 3 个包。

三次握手的目的是连接服务器指定端口，建立 TCP 连接，并同步连接双方的序列号和确认号，交换 TCP 窗口大小信息。在 socket 编程中，客户端执行 connect() 时，将触发三次握手，如图 7-16 所示。

(1) 第一次握手（SYN=1，Seq=x）

客户端发送一个 TCP 的 SYN 标志位置 1 的包，指明客户端打算连接的服务器的端口，以及初始序列号 x，保存在包头的序列号（Sequence Number）字段里。

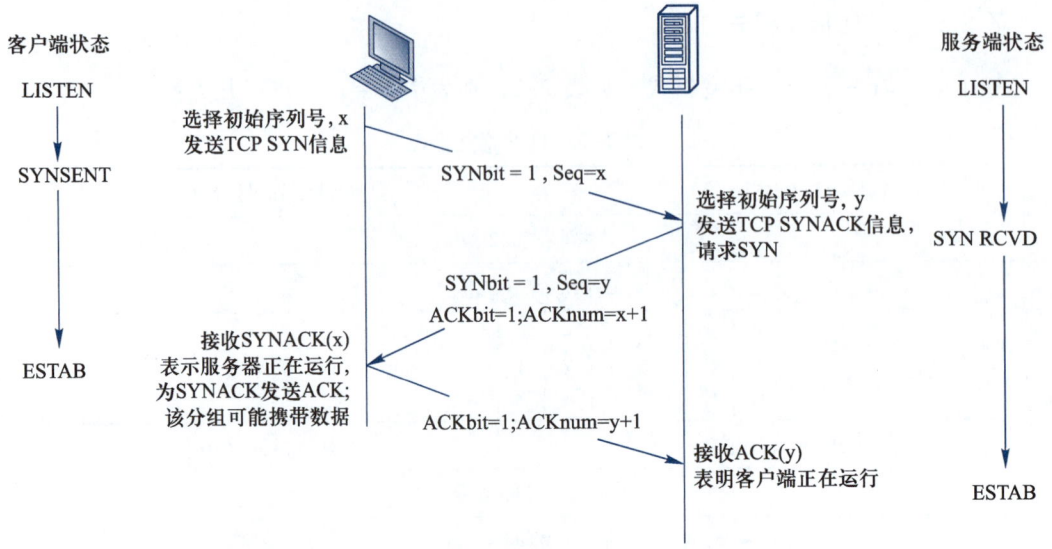

图 7-16　TCP 三次握手过程

发送完毕后，客户端进入 SYN_SENT 状态。

（2）第二次握手（SYN=1，ACK=1，Seq=y，ACKnum=x+1）

服务器发回确认包（ACK）应答。即 SYN 标志位和 ACK 标志位均为 1。服务器端选择自己 ISN（序列号），放到 Seq 域里，同时将确认序号（Acknowledgement Number）设置为客户的 ISN 加 1，即 x+1。发送完毕后，服务器端进入 SYN_RCVD 状态。

（3）第三次握手（ACK=1，ACKnum=y+1）

客户端再次发送确认包（ACK），SYN 标志位为 0，ACK 标志位为 1，并且把服务器发来 ACK 的序号字段加 1，放在确定字段中发送给对方。

发送完毕后，客户端进入 ESTABLISHED 状态，当服务器端接收到这个包时，也进入 ESTABLISHED 状态，TCP 握手结束。

2. TCP 的四次挥手

TCP 连接的拆除需要发送 4 个包，因此称为四次挥手（Four-way Handshake）。客户端或服务器均可主动发起挥手动作，在 socket 编程中，任何一方执行 close()即可产生挥手操作，如图 7-17 所示。

（1）第一次挥手（FIN=1，Seq=x）

假设客户端想要关闭连接，客户端发送一个 FIN 标志位置为 1 的包，表示自己已经没有数据可以发送了，但是仍然可以接收数据。

发送完毕后，客户端进入 FIN_WAIT_1 状态。

（2）第二次挥手（ACK=1，ACKnum=x+1）

服务器端确认客户端的 FIN 包，发送一个确认包，表明自己接收到了客户端关闭连接的请求，但还没有准备好关闭连接。

发送完毕后，服务器端进入 CLOSE_WAIT 状态，客户端接收到这个确认包之后，进入 FIN_WAIT_2 状态，等待服务器端关闭连接。

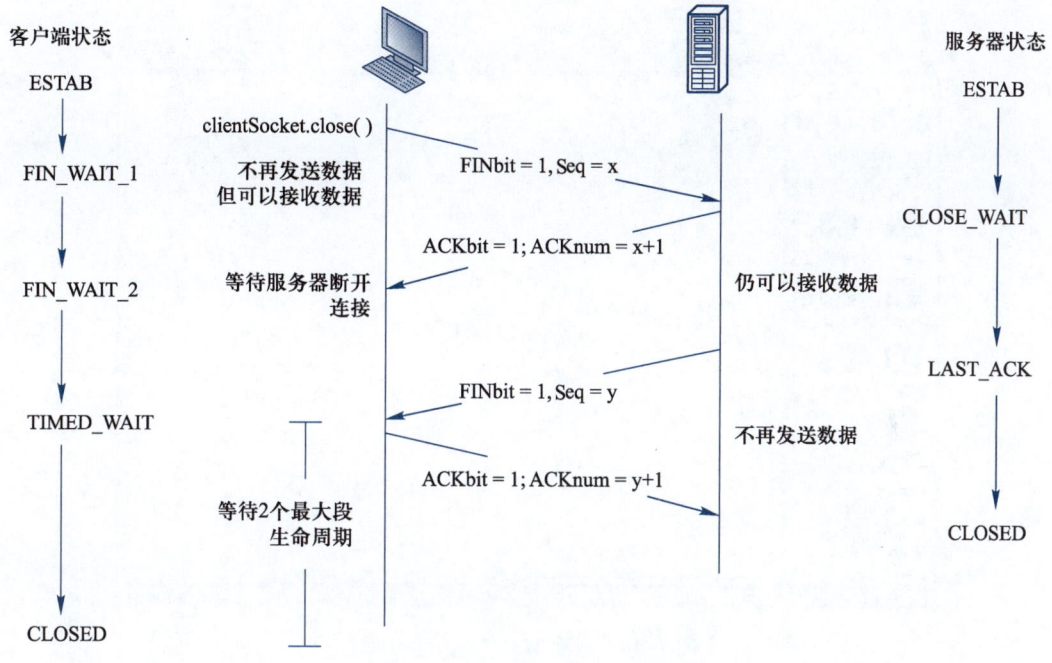

图 7-17　TCP 四次挥手过程

（3）第三次挥手（FIN=1，Seq=y）

服务器端准备好关闭连接时，向客户端发送结束连接请求，FIN 置为 1。

发送完毕后，服务器端进入 LAST_ACK 状态，等待来自客户端的最后一个 ACK。

（4）第四次挥手（ACK=1，ACKnum=y+1）

客户端接收到来自服务器端的关闭请求，发送一个确认包，并进入 TIME_WAIT 状态，等待可能出现的要求重传的 ACK 包。

服务器端接收到这个确认包之后，关闭连接，进入 CLOSED 状态。

客户端等待了某个固定时间（两个最大段生命周期，2MSL，2 Maximum Segment Lifetime）之后，没有收到服务器端的 ACK，认为服务器端已经正常关闭连接，于是自己也关闭连接，进入 CLOSED 状态。

▶ 任务实战

TCP 抓包实践

【实践环境】

装有 eNSP 软件的计算机。

【任务步骤】

1. 打开 eNSP 软件，单击左上角第一个"新建拓扑"按钮，完成新建后，单击"保存"按钮，选择合适的位置保存，本任务名称为"TCP 抓包"，如图 7-18 所示。

2. 参考"任务实战 1"，在工作区中放置 Client 客户端一台、Server 服务器一台，如图 7-19 所示。

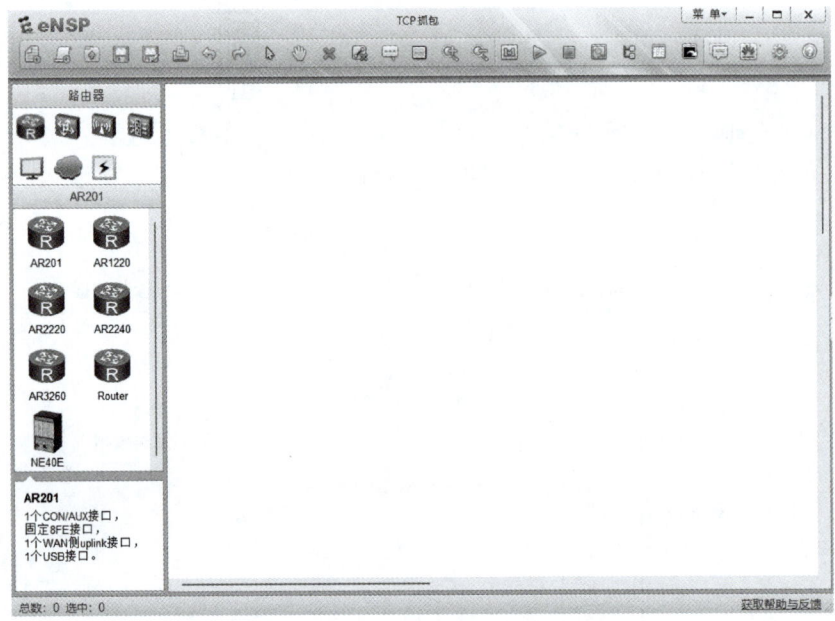

图 7-18　新建 TCP 抓包工程项目

图 7-19　新建客户端、服务器各一台

3. 单击左侧工具栏"交换机"图标，选择"S3700"交换机，放置在工作区中，如图 7-20 所示。

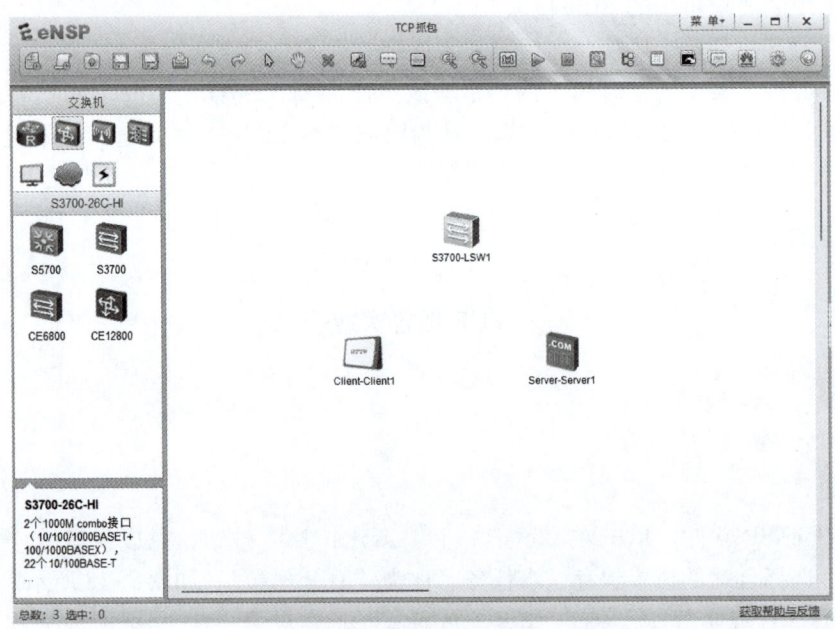

图 7-20　新建交换机一台

4. 单击左侧工具栏"设备连线"图标，选择 Copper 图标，形如黑色实线，分别单击工作区中的"S3700"设备、Client 设备、Server 设备，如图 7-21 所示，选择接口并连接设备。

5. 在上方工具栏单击"开启设备"按钮，设备启动，颜色由暗蓝色变为亮蓝色，同时表示接口的红点变为绿点，表示连通。

6. 参考"任务实战 1"配置 Server 的网络，IP 地址为 192.168.100.253，网关为 192.168.100.254，子网掩码为 255.255.255.0，并保存设置，如图 7-22 所示。

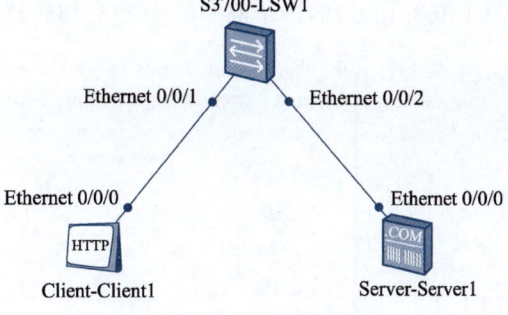

图 7-21　连接设备

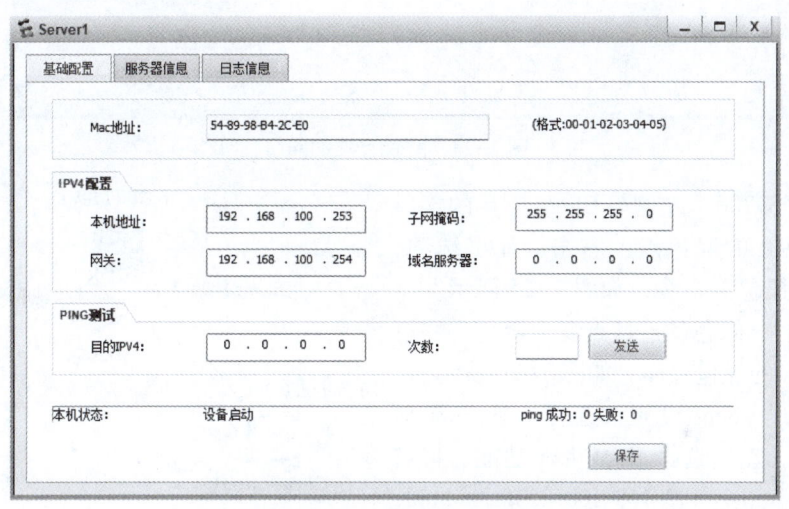

图 7-22　配置服务器网络

7. 打开 Server 的"服务器信息"选项卡，选择 HttpServer 功能，配置文件目录并启动服务，如图 7-23 所示。

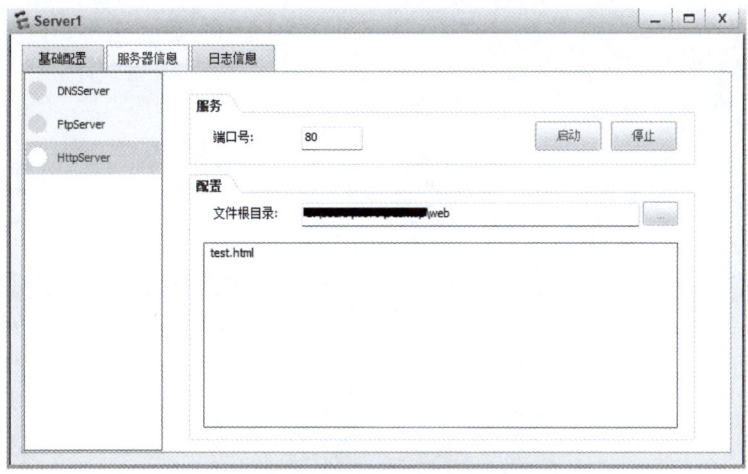

图 7-23　配置服务器 Web 服务

8. 参考"任务实战 1"配置 Client 的网络，IP 地址为 192.168.100.10，网关为 192.168.100.254，子网掩码为 255.255.255.0，并保存设置，如图 7-24 所示。

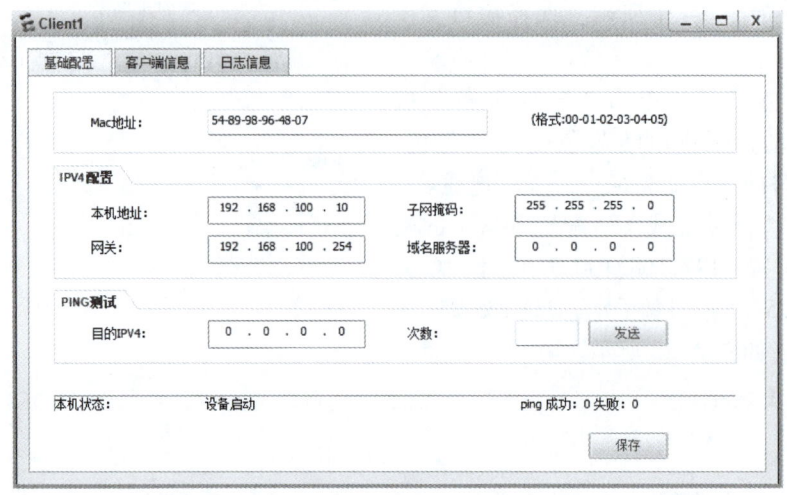

图 7-24 配置客户端网络

9. 在"S3700"左侧与 Client 连接的接口 Ethernet 0/0/0 的绿色点上右击，弹出选项，单击"开始抓包"命令，如图 7-25 所示。

10. 此时，绿色的连接点变为蓝色，并打开 WireShark 的抓包界面，如图 7-26 所示。

11. 打开 Client 设置，选择"客户端信息"选项卡，左侧选择 HttpClient 功能，将右侧地址改为 http://192.168.100.253/test.html，单击"获取"按钮，如图 7-27 所示。

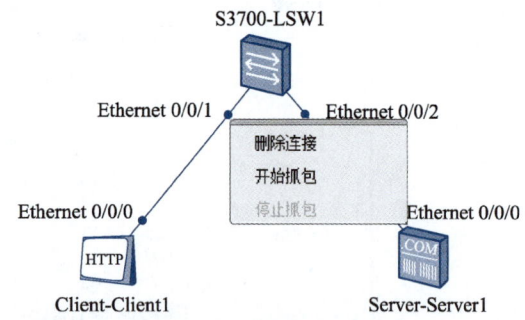

图 7-25 开启抓包功能

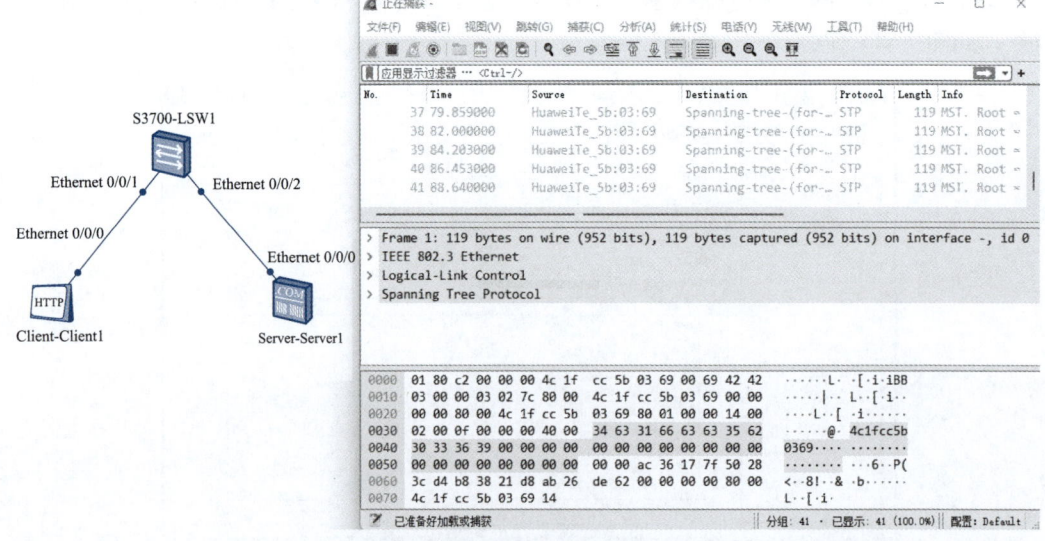

图 7-26 打开 WireShark 的抓包界面

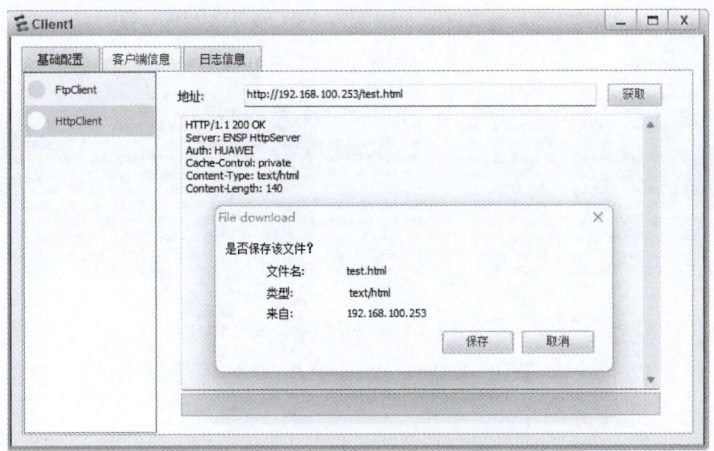

图 7-27　获取 Web 服务器数据

12. 单击"保存"按钮，将 html 文件存放至任意位置，切换至 WireShark 的抓包界面，如图 7-28 所示。

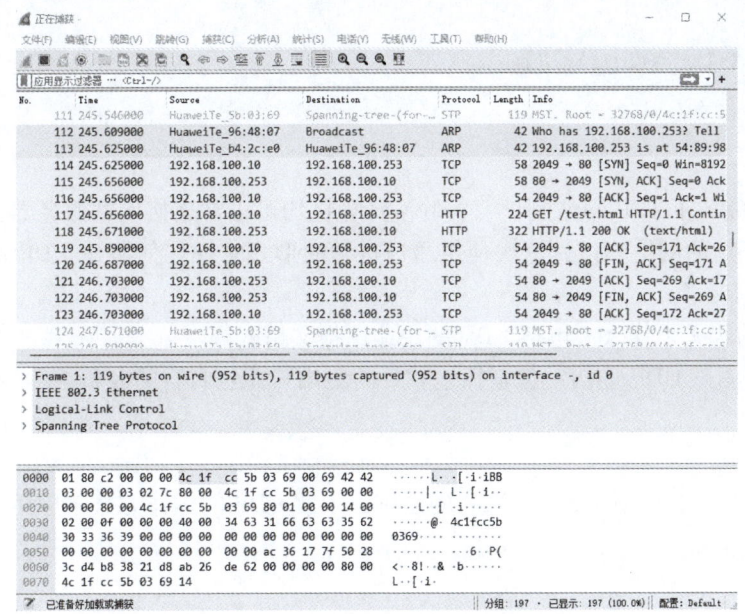

图 7-28　工作中的 WireShark 抓包界面

13. 可以看到 TCP 三次握手数据包，如图 7-29 所示的灰色选中内容。

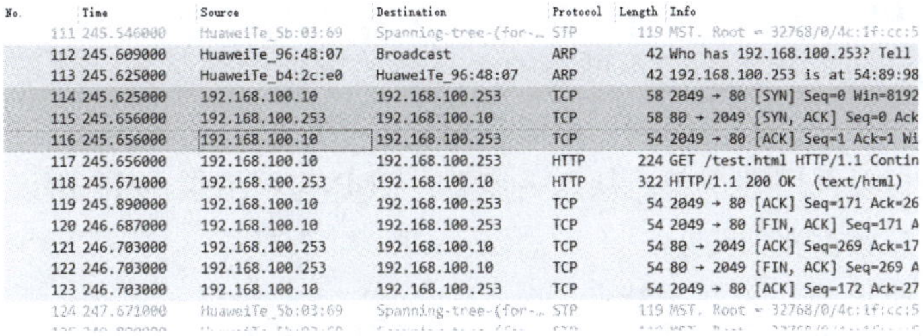

图 7-29　TCP 三次握手数据包

14. 可以看到 TCP 四次挥手数据包，如图 7-30 所示的灰色选中内容。

图 7-30　TCP 四次挥手数据包

15. 此时已经完成了一次 TCP 连接三次握手与四次挥手的抓包。注意先关闭虚拟设备，再关闭软件。至此任务结束。

【思考问题】
1. TCP 抓包时可以看到 4 个元组的数据是什么？
2. 谁是 TCP 主动关闭的一方？

任务 7.3　UDP 抓包实践

▶ 任务描述

小海已经完成了 TCP 网络测试，实验室计算机均可正常连接网站服务器，小海打算继续进行 UDP 环境的网络测试，这次他想通过自学的形式掌握如何测试 UDP 通信，他列出了以下学习要点：

1. UDP 的定义是什么？包括 UDP 的用途、报文格式等。
2. 该如何测试 UDP 连接？包括抓包软件的使用、抓包内容的分析。

▶ 任务目的

通过学习 UDP，分析 UDP 与 TCP 的区别，了解 UDP 的运作方式与应用环境，最终实现 UDP 的抓包分析。

▶ 知识准备

7.3.1　UDP 概述

1. 什么是 UDP

与 TCP 不同，UDP 提供的是不可靠的无连接的数据传输服务，其不提供数据接收的确认、排序、差错控制以及流量控制等功能，因此数据传输可能会出现丢失、重复以及乱序等现象。从这一点看，UDP 与网络层的 IP 协议类似，所以被称为用户数据报协议。

微课 7-4
UDP 协议

UDP 有以下几个特点。
① 无连接：UDP 在发送数据前不进行连接，发送结束时也没有连接可以

释放，减少了开销和发送数据之前的时延。

② 尽最大努力交付：UDP 不保证可靠交付，因此主机不维持复杂的连接状态。

③ 面向报文：发送方的 UDP 对应用程序交下来的报文，在添加首部后就向下交付网络层；UDP 对应用层交下来的报文，既不合并，也不拆分，而是保留这些报文的边界。因此，应用程序必须选择合适大小的报文。

④ 无拥塞控制：因此网络出现的拥塞不会使源主机的发送速率降低。

⑤ 支持一对一、一对多、多对一和多对多的交互通信。

⑥ 首部开销小，只有 8 字节，比 TCP 的 20 个字节的首部要短。

2. UDP 的用途

UDP 通常用于时效性通信，在这种通信中，偶尔丢弃数据包比等待更好。常常使用此协议发送语音和视频流量，因为它们都是时效性通信，并且设计用于处理某种程度的丢失。例如，许多互联网电话服务使用的 IP 语音（VoIP）通常是使用 UDP 发送的。这是因为静态电话的通话清晰度虽然更高，但通信速度显著延迟。

这也让 UDP 成为在线游戏服务的理想传输协议。同样，由于 DNS 服务器需要兼具速度与效率，因此，它们也通过 UDP 传输。

> 小贴士　　通过对比 TCP 与 UDP 的不同，可以深刻理解到，在生活和工作中，既要追求稳定可靠，也要勇于创新和灵活应变，根据自身特点和外部环境，扬长避短，发挥个人优势，从而实现个人和团队的持续发展。

7.3.2 UDP 报文格式

UDP 有两个字段：数据字段和首部字段，如表 7-4 所示。首部字段很简单，只有 8 字节，由 4 个字段组成，每个字段的长度都是 2 字节。各字段的意义如下：

（1）源端口：源端口号，在需要对方回信时选用，不需要时可全 0。

（2）目的端口：目的端口号，这在终点交付报文时必须要使用到。

（3）长度：UDP 用户数据报的长度，其最小值是 8（仅有首部）。

（4）校验和：检测 UDP 用户数据报在传输中是否有错，有错就丢弃。

表 7-4 UDP 报文头部

源端口号（16 位）	目的端口号（16 位）
UDP 长度（16 位）	UDP 校验和（16 位）
数据	

▶ 任务实战

UDP 抓包实践

【实践环境】

装有 eNSP 软件的计算机。

【任务步骤】

1. 打开 eNSP 软件，单击左上角第一个"新建拓扑"按钮，完成新建后，单击"保存"按钮，选择合适的位置保存，本任务名称为"UDP 抓包"，如图 7-31 所示。

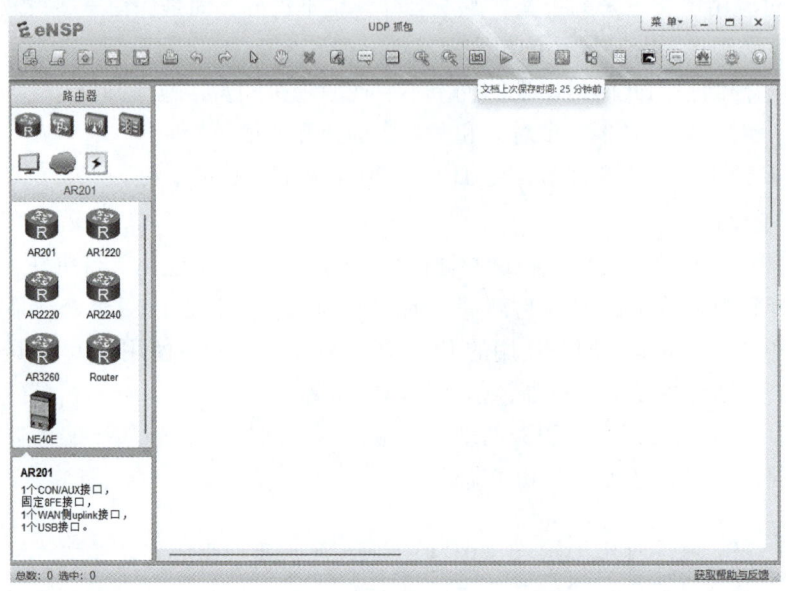

图 7-31　新建 UDP 抓包工程

2. 在左侧工具栏选择"终端"，将一台 PC 与一台 Server 服务器放入工作区，选择"交换机"图标，将一台"S3700"放入工作区，如图 7-32 所示。

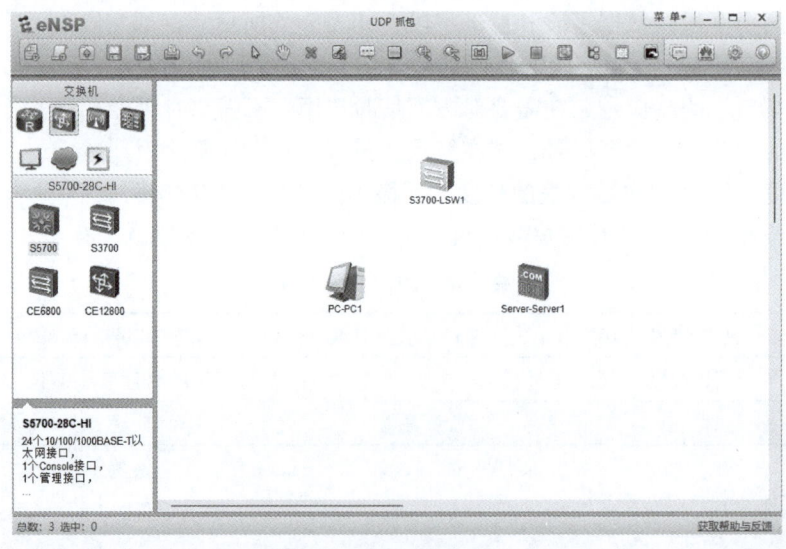

图 7-32　选取实验设备

3. 单击左侧工具栏"设备连线"图标，选择 Copper 图标，形如黑色实线，分别单击工作区中的"S3700"设备、PC 设备、Server 设备，选择接口并连接设备，如图 7-33 所示。

任务 7.3 UDP 抓包实践

4. 在上方工具栏单击"开启设备"按钮,设备启动,颜色由暗蓝色变为亮蓝色,同时表示接口的红点变为绿点,表示连通。

5. 双击 PC1,修改配置,其中 IP 地址为 192.168.100.2,子网掩码为 255.255.255.0,网关为 192.168.100.254,单击"应用"按钮,如图 7-34 所示。

6. 双击 Server,修改配置,其中 IP 地址为 192.168.100.253,子网掩码为 255.255.255.0,网关为 192.168.100.254,单击"应用"按钮,如图 7-35 所示。

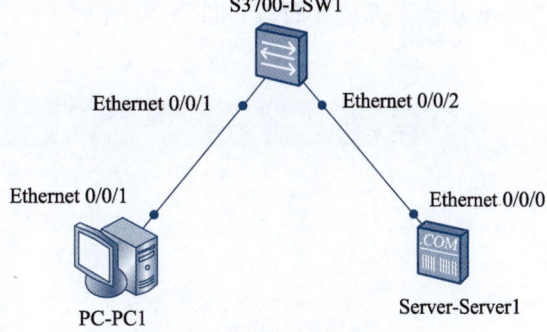

图 7-33 连接各设备

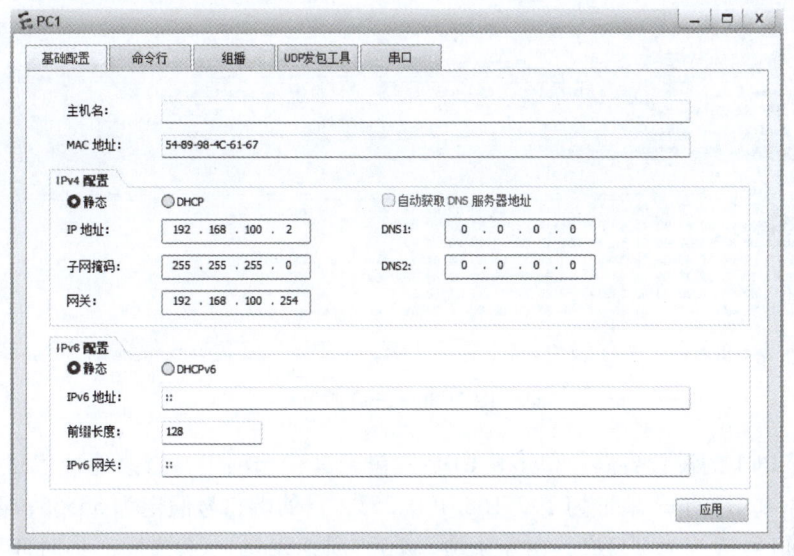

图 7-34 修改 PC 网络配置

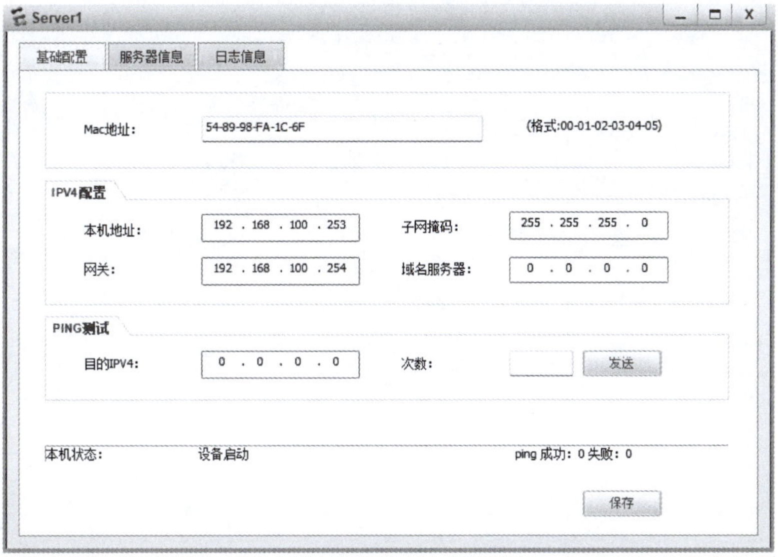

图 7-35 修改服务器网络配置

7. 右击"S3700"连接 Server 的接口 Ethernet 0/0/2，单击"开始抓包"命令，打开"WireShark"抓包界面，如图 7-36 所示。

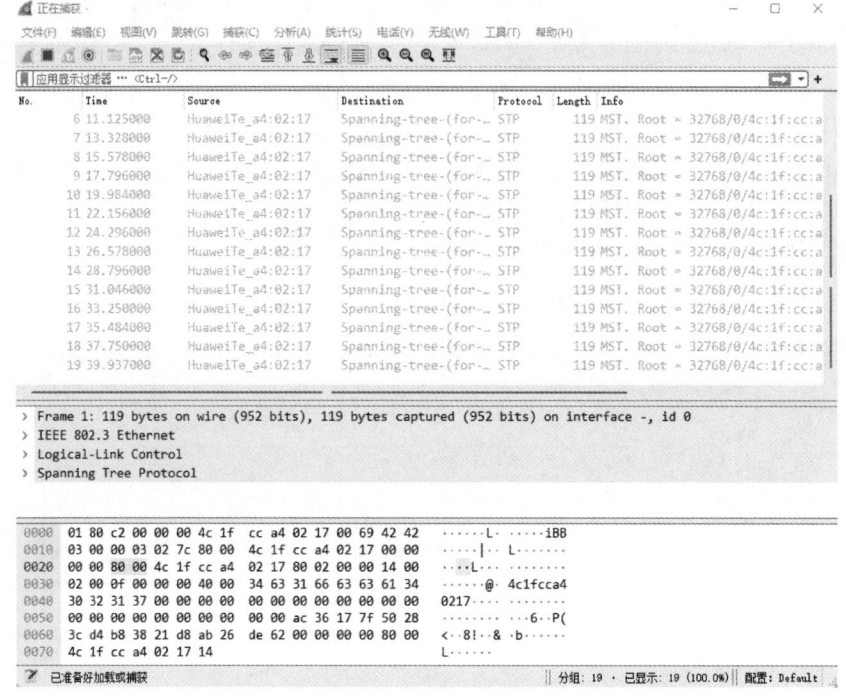

图 7-36 开启抓包

8. 打开 PC1 的设置界面，单击"UDP 发包工具"选项卡，修改地址栏目内容。其中地址选用 IPv4，目的 IP 地址为 192.168.100.253，目的端口号假定为 55555；源 IP 可以不填写，源端口号假定为 22222。在左下方勾选"周期发送"复选框，将时间间隔设置为 1000 ms，如图 7-37 所示。

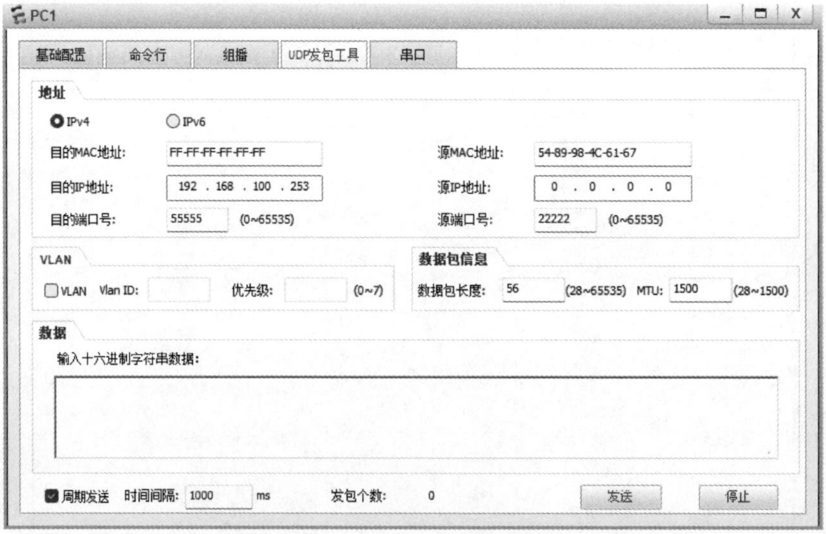

图 7-37 设置 UDP 发包参数

9. 单击上一步的"发送"按钮,观察抓包界面,可以看到 UDP 数据包,分析详细内容可知数据包发往 IP 地址 192.168.100.253,由 22222 端口发送至 55555 端口,如图 7-38 所示。

No.	Time	Source	Destination	Protocol	Length	Info
180	358.156000	HuaweiTe_a4:02:17	Spanning-tree-(for-...	STP	119	MST. Root = 32768/0/4c:1f:cc:a
181	358.812000	0.0.0.0	192.168.100.253	UDP	70	22222 → 55555 Len=28
182	359.828000	0.0.0.0	192.168.100.253	UDP	70	22222 → 55555 Len=28
183	360.296000	HuaweiTe_a4:02:17	Spanning-tree-(for-...	STP	119	MST. Root = 32768/0/4c:1f:cc:a
184	360.843000	0.0.0.0	192.168.100.253	UDP	70	22222 → 55555 Len=28
185	361.843000	0.0.0.0	192.168.100.253	UDP	70	22222 → 55555 Len=28
186	362.437000	HuaweiTe_a4:02:17	Spanning-tree-(for-...	STP	119	MST. Root = 32768/0/4c:1f:cc:a
187	362.859000	0.0.0.0	192.168.100.253	UDP	70	22222 → 55555 Len=28
188	363.859000	0.0.0.0	192.168.100.253	UDP	70	22222 → 55555 Len=28
189	364.718000	HuaweiTe_a4:02:17	Spanning-tree-(for-...	STP	119	MST. Root = 32768/0/4c:1f:cc:a
190	364.875000	0.0.0.0	192.168.100.253	UDP	70	22222 → 55555 Len=28
191	365.875000	0.0.0.0	192.168.100.253	UDP	70	22222 → 55555 Len=28
192	366.875000	0.0.0.0	192.168.100.253	UDP	70	22222 → 55555 Len=28
193	366.937000	HuaweiTe_a4:02:17	Spanning-tree-(for-...	STP	119	MST. Root = 32768/0/4c:1f:cc:a

图 7-38 UDP 抓包信息

10. 此时已经完成了 UDP 连接的抓包。注意先关闭虚拟设备,再关闭软件。至此任务结束。

【思考问题】

1. UDP 抓包时可以看到 4 个元组的数据是什么?
2. 在 UDP 发包数据区域写入数据,尝试在抓包软件中抓取数据。

思考与练习

一、选择题

1. 传输层的分段或报文的头部应该有(   )字段。
   A. 物理地址   B. 端口号   C. IP 地址   D. MAC 地址
2. 以下端口号中,被分配给 FTP 使用的是(   )。
   A. 80   B. 21   C. 25   D. 53
3. (《网络系统建设与运维》1+X 证书样题)下列协议中,属于传输层协议的是(   )。
   A. HTTP   B. UDP   C. ICMP   D. ARP
4. 在传输层协议数据单元中,端口号被用来标识不同的(   )。
   A. 主机   B. 进程   C. 通信   D. 协议
5. OSI 参考模型中,负责端到端进程之间流量控制和差错恢复的层是(   )。
   A. 应用层   B. 数据链路层   C. 传输层   D. 网络层
6. 为了避免传输过程中分段的丢失,传输层采用了多种机制。下列机制中,不属于传输层所采用的机制是(   )。
   A. 为分段加上顺序号   B. CRC 校验
   C. 滑动窗口协议   D. 计时器超时重发
7. Socket 套接字中包含(   )。

A. 主机名 B. IP 地址及 MAC 地址
C. MAC 地址及端口号 D. IP 地址及端口号

8. 在 TCP 协议中，当主动方发出 SYN 连接请求后，等待对方回答的是（　　）。

A. SYN,ACK　　B. FIN,ACK　　C. PSH,ACK　　D. RST,ACK

二、问答题

1. TCP/IP 的传输层为什么需要两个提供不同服务的协议？
2. 什么是端口？它在传输层中的作用是什么？
3. 请说明传输层 TCP 协议采用了哪些机制来保证端到端进程之间的可靠数据传输。
4. 请说明 TCP 的连接建立过程。

项目 8 计算机网络与用户之间的桥梁——应用层

 项目导读

本项目的目标是使读者了解应用层的功能,体验应用层的服务,了解这些服务的通信方式及过程,并且能够实践这些服务的安装与配置。主要内容为:应用层的功能、DNS 服务、DHCP 服务、Web 服务、FTP 服务等。本项目重、难点及课证融通点见表 8-1。

表 8-1 项目 8 重难点及课证融通点

重点	应用层常见服务
难点	服务器配置与管理
课证融通点	其中各种网络协议的工作原理相关内容对接 1+X 证书"网络系统建设与运维(初级)"与"网络系统建设与运维(中级)"考点

 职业能力目标和要求

知识目标
- 了解应用层的功能;
- 理解 DNS 的概念和域名结构;
- 掌握域名解析的原理及过程;
- 掌握 WWW 服务的相关概念和工作过程;
- 掌握 DHCP 服务的概念及工作过程;
- 掌握文件传输服务的工作过程、工作方式和传输模式。

能力目标
- 能正确安装操作系统并进行用户配置;

项目 8　计算机网络与用户之间的桥梁——应用层

❖ 能对常见服务器进行配置和管理。

素养目标

❖ 具有严谨作风，能够自觉执行标准操作程序，自觉执行安全操作规程；
❖ 具备全局观念，能够与团队其他成员进行良好的协调合作。

情景导入

一天，信研网络社团接到学生报修电话，反映宿舍区无法联网。社长小马带着小海一同前往宿舍区进行检测。经过一系列测试，他们发现问题是由宿舍区的电脑无法获取 IP 地址导致的。

小马推测这可能是校园 DHCP 服务器出现了故障。对此，尚未学习服务器相关知识的小海感到困惑，问道："DHCP 服务器的作用是什么？为什么这个服务器出问题，电脑就不能上网了呢？"

面对小海的疑问，小马耐心解释："DHCP 服务器的作用是自动分配 IP 地址和其他网络配置参数（如子网掩码、默认网关和 DNS 服务器地址）给网络中的设备。如果 DHCP 服务器出现问题，设备就无法获得必要的网络配置信息，从而导致无法正常联网。除了这个服务器，校园中重要的服务器还有 DNS 服务器、Web 服务器、邮件服务器、文件服务器等。"

最后，小马建议："你可以先学习这些服务器的基本用途和工作原理，等有机会，我们一起进行实际操作，这样你会有更深入的理解。"

任务 8.1 Windows 操作系统的安装

▶ 任务描述

通过学习，小海和小马了解到，网络能够为用户提供多种服务。学校中心机房配备有多台不同性能的服务器，这些服务器能为用户提供各种服务。那么网络应用软件之间是如何交互的？都有哪些协议呢？

▶ 任务目的

通过学习应用层的作用及功能，了解网络通信服务模型，掌握 Windows 操作系统的安装方法。

▶ 知识准备

8.1.1 应用层功能

微课 8-1
应用层功能

应用层位于计算机网络体系结构的最高层，是计算机网络与用户之间的接口层。应用层由若干个面向用户提供服务的应用程序和支持应用程序的通信组件组成。

为了向应用进程提供有效的网络通信服务，应用层主要有以下功能：

① 确定和建立应用进程相互通信的有效性，并提供同步，使应用程序能够通过网络传输数据；

② 提供应用进程所需要的信息交换和远程操作；

③ 建立差错恢复机制，以保证应用层数据的一致性。

目前，常见的应用层协议主要有以下几种：

① 文件传输协议（FTP）：为文件传输提供了途径，它允许文件从一台主机传送到另一台主机上，也可以从 FTP 服务器上下载文件，或者向 FTP 服务器上传文件；

② 超文本传输协议（HTTP）：用来访问在 WWW 服务器上的各种页面；

③ 域名系统（DNS）：用于实现将主机域名解析为 IP 地址，以实现 IP 数据包地址封装；

④ 远程终端协议（TELNET）：用于实现互联网中的工作站登录到远程服务器；

⑤ 简单邮件传输协议（Simple Mail Transfer Protocol，SMTP）：用于实现互联网中电子邮件的传输；

⑥ 路由信息协议（Routing Information Protocol，RIP）：用于网络设备之间交换路由信息。

8.1.2 C/S 结构

1. C/S 结构的工作原理

C/S 结构（即客户-服务器模式）是一种比较早的软件架构，主要应用于局域网内。该结构通过将任务合理分配到 Client 端和 Server 端，降低了系统的通信开销，充分利用两端硬件环境的优势。

C/S 结构由两部分构成：客户端和服务器，如图 8-1 所示。前端是客户端，即用户界面结合了表示与业务逻辑，接收用户的请求，并向数据库服务提出请求，通常是一台个人计算机；后端是服务器，即数据管理将数据提交给客户端，客户端将数据进行计算并将结果呈现给用户。

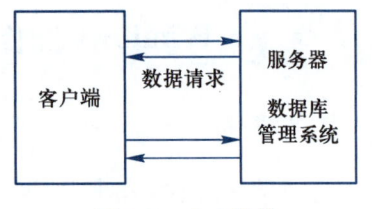

图 8-1　C/S 架构

C/S 结构把数据库内容放在远程的服务器上，但想要使用就需要在客户端上安装相应软件。

2. C/S 架构的优点

① 客户端和服务器直接相连，响应速度快，减少了通信流量，这对于客户端来说可以节约一大笔费用。

② 充分利用两者的硬件设施，避免资源的浪费。由于客户端可以处理一些逻辑事务，为服务器分担一些逻辑事务，进行数据处理和数据存储，可以减少事务处理时间。

③ 客户端有一套完整应用程序，在出错提示、在线帮助等方面都有强大的功能，并且可以在子程序间自由切换。

④ 随着网络技术和编程语言的发展，客户端操作界面越来越友好，可以提高客户的视觉体验。

3. C/S 架构的缺点

① 由于需要安装客户端，安装部署困难，若客户端使用的系统不同，就要针对这些系统分别编写程序，且当业务更改时就需要更改界面，重新编写，所以不易扩展。

② 客户端需要专门的客户端程序，针对点多面广且不具备网络条件的用户群体，不能够实现快速部署安装和配置。

③ 随着用户数增多会出现通信拥堵，服务器难以承担重负，容易产生"瓶颈"，导致服务器响应速度慢等情况。

④ 系统升级维护麻烦，尤其当业务扩展或变更时，需要更改程序，投入大量精力和金钱。

4. B/S 架构

B/S 架构即 Browser/Server（浏览器/服务器）架构。随着 Internet 技术的兴起，用户界面完全通过 WWW 浏览器实现，一部分事务逻辑在前端实现，但是主要事务逻辑在服务器实现。B/S 结构结合浏览器的多种脚本语言（VBScript、JavaScript……）技术，用通用浏览器就实现了原来需要复杂专用软件才能实现的强大功能，并节约了开发成本，是一种全新的软件系统构造技术。

B/S 架构具有分布性强、客户端零维护、业务扩展简单方便、维护简单方便等优点，成为当今应用软件的首选体系结构。但随着互联网应用井喷式发展，也存在响应速度低、安全性差等问题。因此有些单位日常办公应用 B/S 架构，在实际生产中使用 C/S 架构。

8.1.3　虚拟环境的搭建

1. 虚拟化技术

虚拟化技术是一种通过组合或分区现有的计算机资源（CPU、内存、磁盘空间等），使得这些资源表现为一个或多个操作环境，从而提供优于原有资源配置的访问方式的技术。虚拟化就是把物理资源转变为逻辑上可以管理的资源，以打破物理结构之间的壁垒，促进资源的高效利用、成本节约、增强灵活性以及维护简便性。

通过虚拟化技术可以在单一的物理硬件平台上创建和运行多个独立的虚拟环境，每个环境都能像使用单独的硬件一样运行操作系统和应用程序。常见的有：虚拟机、存储虚拟化、网络虚拟化、桌面虚拟化、应用虚拟化等。

2. 虚拟机

顾名思义，虚拟机就是一种可以像实体机一样使用的具有完整硬件系统功能的完整计算机系统。通过虚拟机软件可以在一台物理计算机上模拟出多台虚拟的计算机，这些虚拟机完全就像真正的计算机那样进行工作。

虚拟系统通过生成现有操作系统的全新虚拟镜像，具有和真实操作系统完全一样的功能，进入虚拟系统后，所有操作都是在这个全新独立的虚拟系统里面进行的，可以独立安装运行软件，保存数据，拥有自己的独立桌面，不会对真正的操作系统产生任何影响，而且能够在现有系统与虚拟镜像之间灵活切换。

虚拟系统和虚拟机的不同在于：虚拟系统不会降低计算机的性能，启动虚拟系统不需要像启动操作系统那样耗费时间，运行程序更加方便快捷；虚拟系统只能模拟和现有操作系统相同的环境，而虚拟机则可以模拟其他种类的操作系统；虚拟机需要模拟底层的硬件指令，所以在应用程序的运行速度上比虚拟系统慢得多。

常见的虚拟化软件有 VMware、Microsoft Hyper-V、Oracle VM、Virtual Box、Virtual PC 和 KVM 等。

3. VMware Workstation 介绍

本任务使用的虚拟机软件是 VMware Workstation。VMware Workstation 是一款功能强大的桌面虚拟化软件。它允许用户在单一的物理电脑上同时运行多个操作系统作为虚拟机（VMs），每个虚拟机都可配置有自己的独立硬件资源，如 CPU 核心、内存容量、硬盘空间和网络接口。

主要特点包括：

① 多操作系统支持：可以在 Windows、Linux 等主机操作系统上运行各种版本的 Windows、Linux、UNIX 等作为来宾操作系统。

② 虚拟网络：提供了高级网络配置功能，包括桥接、NAT、仅主机模式以及自定义网络设置，支持复杂的网络拓扑模拟。

③ 实时快照：用户可以随时保存虚拟机的状态，便于回滚到之前的配置，这对于测试和故障排查尤其有用。

④ 拖放与共享文件夹：简化了主机与虚拟机之间的数据交换，支持直接拖放文件以及设置共享文件夹。

⑤ USB 和硬件兼容性：能够识别并使用多种 USB 设备，以及支持高级硬件配置，如多显示器设置。

⑥ 克隆与链接克隆：允许快速复制虚拟机，包括完整克隆（完全独立的副本）和链接克隆（共享基底磁盘以节省空间）。

⑦ 性能优化：通过 DirectX 11 和 OpenGL 4.1 3D 加速图形支持，以及对多核 CPU 的优化利用，提供接近本机的性能体验。

⑧ 安全性：提供了加密虚拟机、隔离环境和安全沙箱功能，保护主机系统不受恶意软件侵害。

8.1.4 网络操作系统的类型选择

网络操作系统是一种专门为计算机网络设计，用于实现网络通信和资源共享的操作系统。它们通常提供了一套标准化的接口和协议，以便在网络中实现资源共享和协同工作。

1. 常见网络操作系统

（1）UNIX 操作系统

UNIX 是一个集中式分时多用户多任务操作系统，是功能强大、安全性和稳定性很高的网络操作系统。UNIX 操作系统支持网络文件系统服务，但由于它多数是以命令方式进行操作的，不容易掌握，因此，小型局域网基本不使用 UNIX 作为网络操作系统，UNIX 一般用于大型的网站或大型的企事业局域网中。

（2）Linux 操作系统

Linux 是具有 UNIX 操作系统特征的新一代网络操作系统。其最大特征在于其源代码向用户完全公开，任何一个用户可根据自己的需要修改 Linux 操作系统的内核。Linux 可安装在各种计算机硬件设备中，比如手机、平板电脑、路由器、视频游戏控制台、台式计算机、大型机和超级计算机。

（3）Netware 操作系统

Netware 系统对不同的工作平台（如 DOS、OS/2、Macintosh 等）、不同的网络协议环境以及各种工作站操作系统提供了一致的服务。Netware 服务器对无盘站和游戏的支持较好，常用于教学网。

（4）Windows 操作系统

Windows 操作系统是一种界面友好、操作简便的网络操作系统。它不仅在个人操作系统中占有优势，在网络操作系统中也具有非常强劲的力量。Windows 网络操作系统在中小型局域网配置中是很常见的，但由于它对服务器的硬件要求较高，且系统稳定性不是很高，一般用在中低档服务器中。

（5）银河麒麟操作系统

银河麒麟是由国防科技大学研制的开源服务器操作系统，后授权给天津麒麟。它基于 Linux 内核，具有高性能、高可靠、高安全等特点。该系统具有高安全性、跨平台兼容性强等特点，采用了多种加密技术和安全策略，有效防止了恶意软件的攻击和数据泄露，能够满足对信息安全要求极高的领域的需求。此外，银河麒麟还提供了丰富的开发工具和应用软件，主要应用于国家关键领域，如军工、政府、金融、电力、教育、大型企业等。

在 2024 年 8 月 8 日召开的中国操作系统产业大会上，银河麒麟发布了首个人工智能版本，银河麒麟桌面操作系统 AI 版通过多项技术创新实现了人工智能与操作系统的深度融合，是我国首款国产操作系统和人工智能技术深度融合的产品，具备强大的人工智能集成能力、智能化功能、高效能计算等特点。

（6）统信 UOS 操作系统

统信 UOS 操作系统以桌面应用场景为主，支持多种国产芯片平台的笔记本、台式机、一体机、工作站、服务器等设备。在兼容性和用户体验方面表现良好，其应用商店提供了丰富的应用软件，能够满足日常办公、学习、娱乐等多样化需求。

(7) 华为 Euler 操作系统

华为 Euler 是华为公司自主研发的一款面向数字基础设施的开源操作系统，以 Linux 稳定系统内核为基础，支持鲲鹏处理器和容器虚拟化技术，是一个面向企业级的通用服务器架构平台，能够满足用户从传统 IT 基础设施到云计算、边缘计算、嵌入式应用等需求。

(8) 深度操作系统

深度操作系统（Deepin）是由武汉深之度科技有限公司开发的基于 Linux 的开源国产操作系统，于 2004 年开始对外发行，可以安装在个人计算机和服务器中。它基于 Debian 基础进行开发，主打美观易用的操作界面和人性化的应用，拥有大量的用户群体。Deepin 团队基于 HTML5 技术开发了全新深度桌面环境，以及音乐播放器、视频播放器、软件中心等一系列特色软件，能够很好地代替 Windows 系统进行工作与娱乐。

2. 网络操作系统的选择

网络操作系统对于网络的应用、性能有着至关重要的影响。选择一个合适的网络操作系统，既能实现建设网络的目标，又能省钱、省力，提高系统的效率。当前，大多数服务器都使用 Windows Server 或 Linux 操作系统。

Windows Server 是专为服务器设计的专有操作系统，Windows 系统的用户界面和开发环境都是面向对象的，易于理解、学习和使用。

Windows 网络操作系统有多个版本，现在比较主流的版本是 Windows Server 2016 及其以上版本，其无论是网络优化还是系统兼容方面都比较好。

Linux 是专为多用户服务器环境而构建的操作系统，可以实现不同用户共同登录系统，资源分享上也比较公平。Linux 运行稳定高效，并有庞大的用户和社区支持，能很快发现系统漏洞，迅速发布安全补丁，此外还支持大量的优质开源软件。Cent OS 是企业级的 Linux 发行版本，稳定、占用资源小、配置简单；Ubuntu 有强大的软件源支持、兼容性好，但主要以桌面应用为主；Debian 则以稳定性著称，整个系统基础核心非常小，对于小内存，首选 Debian。

华为 Euler 在稳定性方面表现优异，经过测试调优后，系统可以稳定支撑虚拟化云服务运行，具备高兼容性、多架构信创芯片支持、高性价比等优势，已支持 x86、ARM、SW64、RISC-V 多处理器架构，未来还会扩展 PowerPC 等更多芯片架构支持，支持服务器、云计算、边缘计算、嵌入式等应用场景。

麒麟操作系统能全面支持飞腾、鲲鹏、龙芯等六款主流国产 CPU，在稳定性、易用性和系统整体性能等方面具备领先优势。银河麒麟 V10 支持云原生应用，能够更好地与现代的云平台和容器技术集成，为 Java 应用提供更灵活的部署选项。另外麒麟软件提供多种技术服务渠道，包括电话热线、微信公众号、技术支持专用邮箱等，为客户提供 7×24 小时的不间断响应。

选择网络操作系统要看实际的应用需求。以开发网站为例，可以根据网站的开发语言、数据库类型以及用户的使用习惯来进行选择，如果开发语言为 ASP、.NET，数据库为 Access、SQL Server，优先选择 Windows 系统；如果开发语言为 PHP，数据库为 MySQL，可以选择 Linux 系统。另外，如果需要大量开发，可选 Linux 系统；更习惯图形界面的可选 Windows 系统。

小海作为一个初学者，选用了具有图形界面的 Windows Server 2016 作为网络服务操作系统。该网络操作系统不但稳定而且使用方便，并且提供了很强的硬件支持和强大的虚拟化功能，是中小型网络应用服务器的首选。

任务实战

Windows 操作系统的安装

【实践环境】

1. 准备 VMware 工具，本任务使用的 VMware 版本为 VMware Workstation PRO 17。
2. 准备 Windows Server 2016 镜像文件，可从微软官方网站下载。
3. 在计算机除 C 盘以外的分区中新建文件夹，用于存储镜像和虚拟机。如在 F 盘新建文件夹 Server-2016。

【任务步骤】

1. 安装虚拟机

① 打开 VMware，单击右上角"文件→新建虚拟机"，选择"典型"选项，然后单击"下一步"按钮，如图 8-2 所示。

② 选择"安装程序光盘映像文件（ISO）"选项，选择之前准备好的镜像文件，自动识别为 Windows Server 2016，单击"下一步"按钮，如图 8-3 所示。

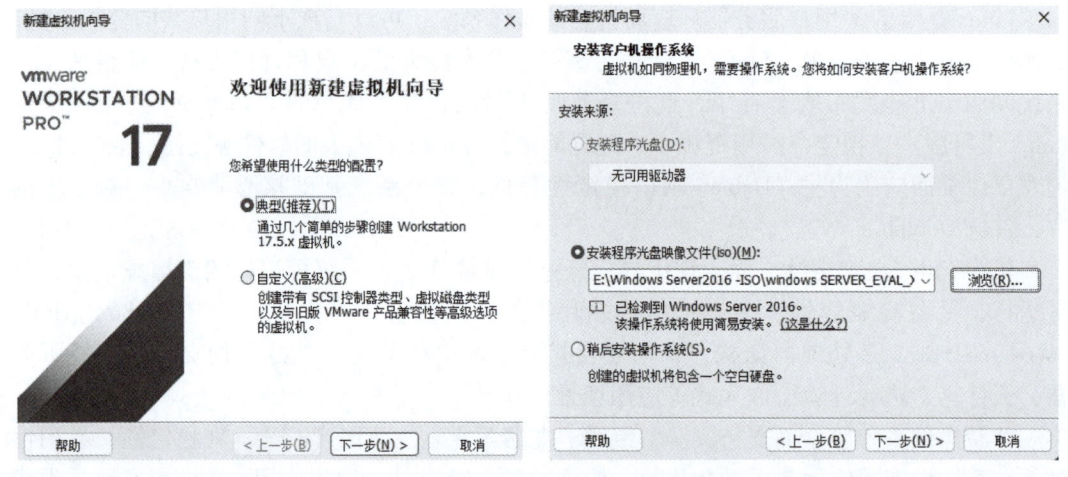

图 8-2　新建虚拟机向导　　　　　图 8-3　选择安装系统

③ 选择稍后手动激活，单击"是"按钮，再单击"下一步"按钮，如图 8-4 所示。

④ 命名虚拟机名称为 Windows Server 2016，并单击"浏览"按钮选择虚拟机存放的目录，单击"下一步"按钮，如图 8-5 所示。

⑤ 设置 Windows Server 2016 磁盘大小。此处可以使用默认大小 60 GB，选择"将虚拟磁盘拆分成多个文件"选项，单击"下一步"按钮，如图 8-6 所示。

⑥ 到此虚拟机已经创建完成。可以单击"自定义硬件"按钮，优化硬件配置，如图 8-7 所示。

任务 8.1 Windows 操作系统的安装

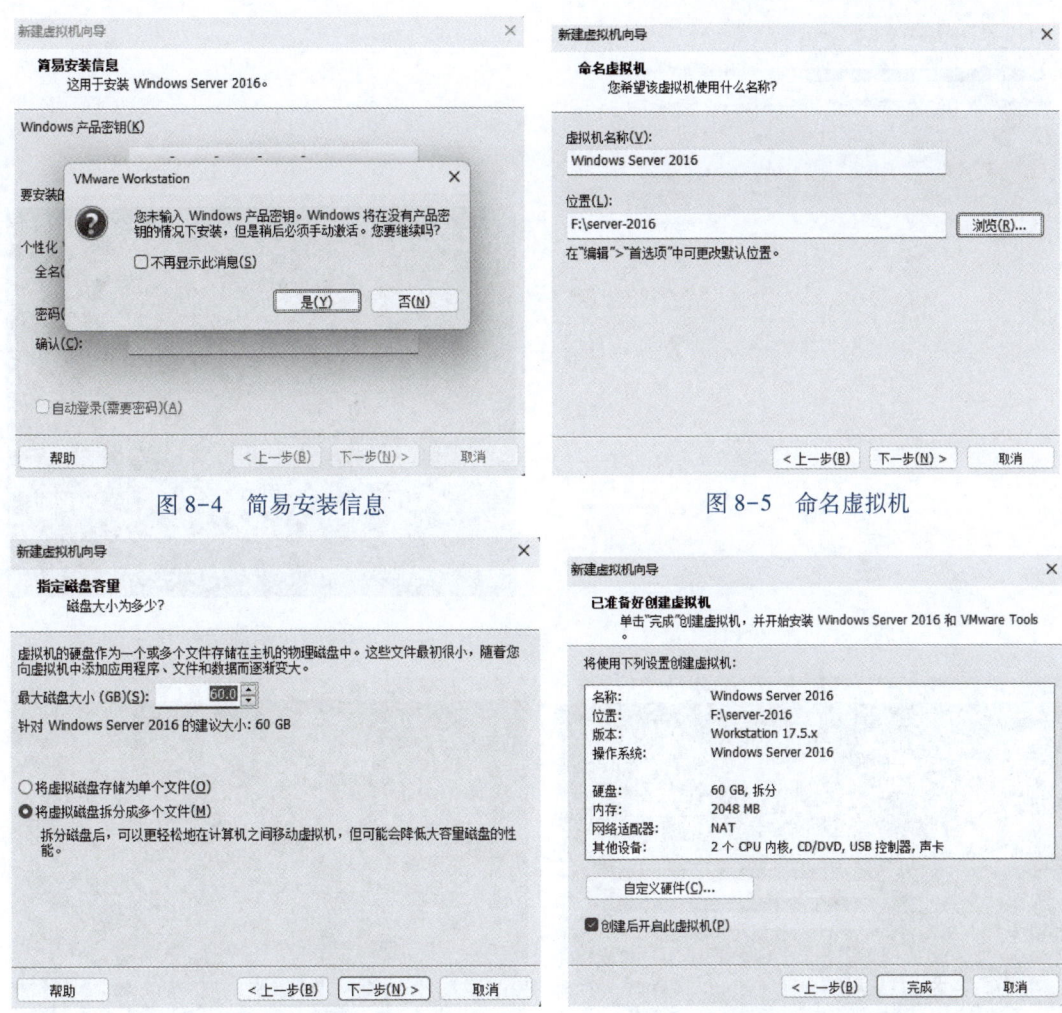

图 8-4 简易安装信息

图 8-5 命名虚拟机

图 8-6 设置磁盘容量

图 8-7 完成创建

⑦ 为保障 Windows Server 2016 运行顺畅，建议内存设置为 4 GB 及以上，处理器设置为 2 核处理器及以上。单击"关闭"按钮，如图 8-8 所示。

2. 安装 Windows Server 2016 操作系统

① 单击"开启此虚拟机"按钮，进入操作系统安装界面，如图 8-9 所示。

② 选择"中文（简体，中国）"选项，单击"下一步"按钮，如图 8-10 所示。

③ 单击"现在安装"按钮，如图 8-11 所示。

④ 选择要安装的操作系统版本及软件。可以选择 Standard Evaluation（桌面体验）版本，单击"下一步"按钮，如图 8-12 所示。

注意：如选择没有备注"桌面体验"的操作系统版本就代表不会安装图形环境，启动操作系统后就只显示一个命令行终端，类似于 Linux 的最小化安装。

⑤ 选择"自定义：仅安装 Windows（高级）"选项，如图 8-13 所示。

⑥ 划分磁盘。如需要创建多个盘符，可以单击"新建"按钮，输入盘符大小，单击"应用"按钮，如图 8-14、图 8-15 所示。划分好磁盘后，选择"主分区"安装系统，单击"下一步"按钮。

223

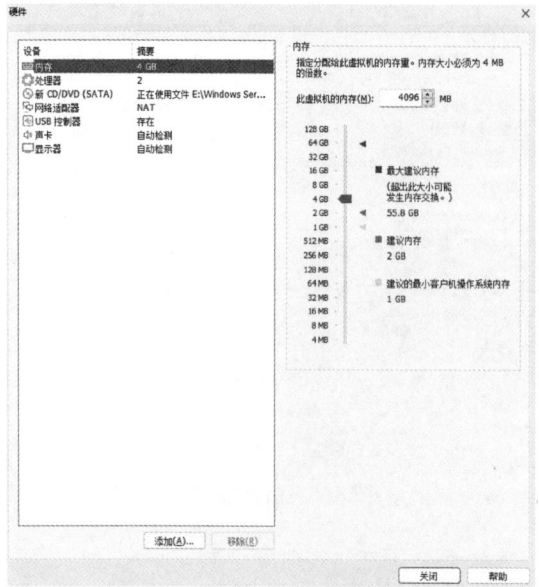

图 8-8 自定义硬件

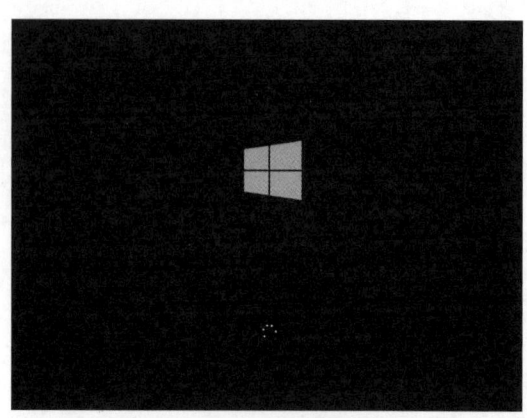

图 8-9 系统安装中

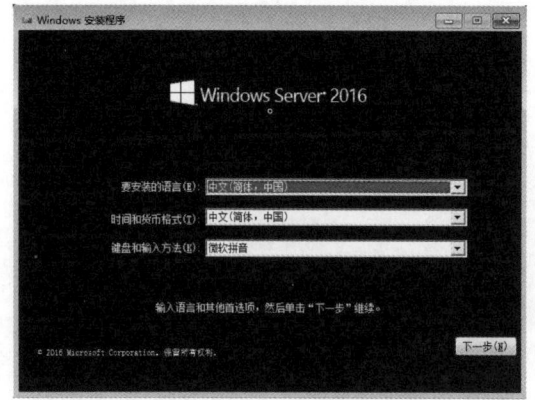

图 8-10 语言选择

图 8-11 现在安装

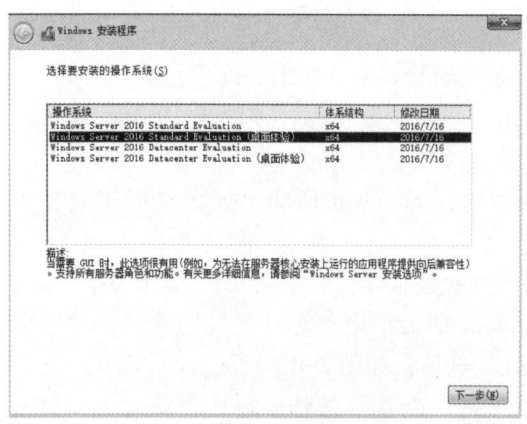

图 8-12 操作系统版本选择

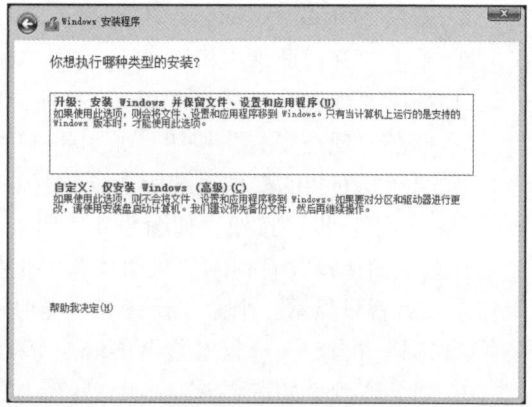

图 8-13 执行类型选择

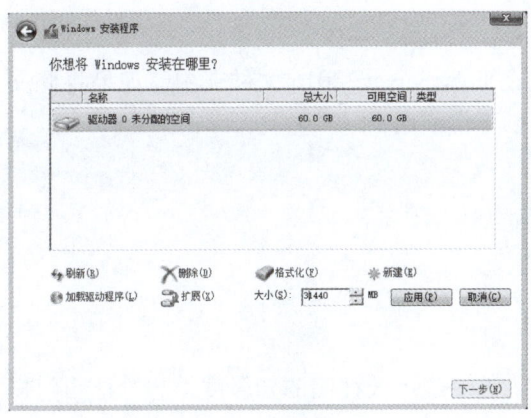

图 8-14 磁盘分区

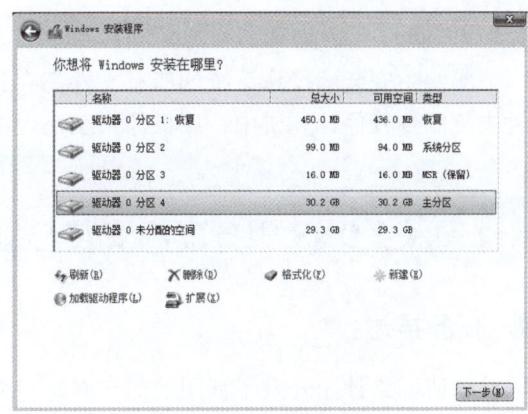

图 8-15 磁盘分区结果

⑦ 进入系统自动安装界面，等待自动重启或者手动单击"立即重启"按钮，如图 8-16、图 8-17 所示。

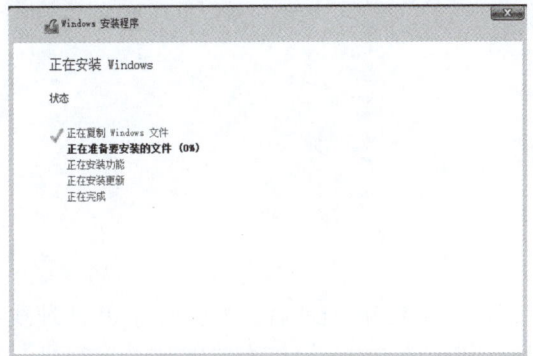

图 8-16 安装状态

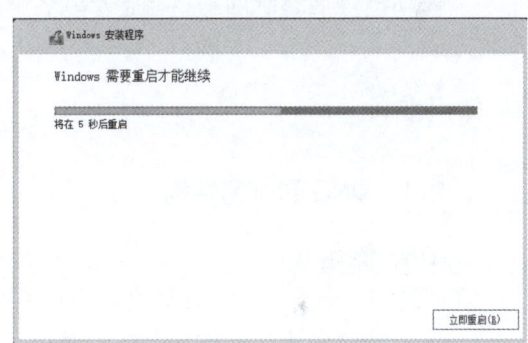

图 8-17 自动重启

⑧ 设置密码，要求不能是弱密码，建议字母、数字和符号组合，如 czmec@123，单击"完成"按钮，如图 8-18 所示。

⑨ 同时按 Ctrl+Alt+Delete 快捷键，进行解锁，输入密码后即完成安装，如图 8-19 所示。

图 8-18 密码设置

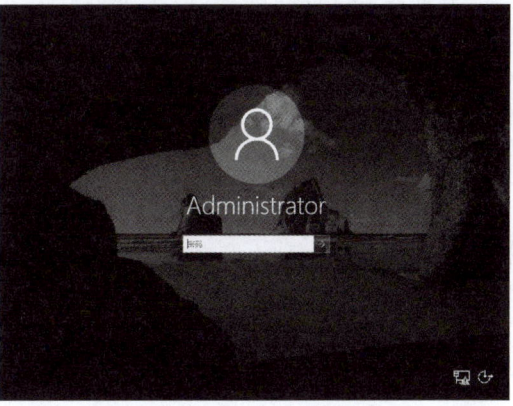

图 8-19 系统登录界面

项目 8　计算机网络与用户之间的桥梁——应用层

【思考问题】

实验中安装的操作系统的所有文件都存放在 F 盘 Server-2016 文件夹中，如果将此文件夹复制到其他计算机中，该操作系统是否可以正常使用？

任务 8.2　DNS 服务器的安装与配置

▶ 任务描述

信研网络社团开发了社团的门户网站。为了进一步扩大社团的知名度，想给社团门户网站申请一个合适的域名。小海开始着手研究什么是域名、域名结构规范及如何架设域名服务器。

▶ 任务目的

了解 DNS 域名系统的基本概念及域名解析的原理及模式，掌握 DNS 服务器的安装与配置方法。

▶ 知识准备

8.2.1　DNS 的域名结构

1. DNS 概述

在网络中，当给每一台计算机（主机）分配了独立的 IP 地址后，可以通过 IP 地址找到这台计算机并与之进行通信。但是 IP 地址是一个 32 位二进制数，很难记忆，于是便出现了主机名（Hostname）与 IP 地址之间的一种对应解决方案，可以通过使用形象易记的主机名而非 IP 地址进行网络的访问，这比单纯使用 IP 地址方便得多。其实在这种解决方案中使用了解析的要领和原理，单独通过主机名是无法建立网络连接的，只有通过解析的过程在主机名与 IP 地址之间建立了映射关系后，才可以通过主机名间接地通过 IP 地址建立网络连接。

微课 8-2　DNS 域名系统

在使用 Internet 时，经常要用到域名。网址一般都是以域名的形式提供的，需要通过网上的域名服务器来将其翻译为 IP 地址。

2. Internet 的域名结构

域（Domain）指由地理位置或业务类型而联系在一起的一组计算机构成的一种集合，一个域内可以容纳多台主机。在域中，所有主机由域名（Domain Name）来标识，而域名由字符和（或）数字组成，用于替代主机的二进制 IP 地址。当 Internet 的规模不断增大时，域所拥有的主机数目也随之增多，为此人们提出了一种分级的基于域的命名机制，从而得到了分级结构的域名空间。

域名的结构由若干个分量组成，各分量之间用点隔开：

…. 三级域名. 二级域名. 顶级域名

各分量分别代表不同级别的域名。每一级的域名都由英文字母和（或）数字组成（不超过 63 个字符，并且不区分大小写字母），级别最低的域名写在最左边，而级别最高的顶级域名则写在最右边。

顶级域名（TLD）有以下三类。

（1）国家顶级域名 nTLD：采用 ISO3166 的规定，一般用两个字母表示。如 .cn 表示中国，.us 表示美国，.uk 表示英国，.dk 表示丹麦，等等。

（2）国际顶级域名 iTLD：采用 .int 后缀。国际性的组织可在 .int 下注册。

（3）通用顶级域名 gTLD：根据 RFC1591 规定，一般用 3 个或以上字母表示。最早的顶级域名共 6 个，即 .com 表示公司企业，.net 表示网络服务机构，.org 表示非营利性组织，.edu 表示教育机构，.gov 表示政府部门，.mil 表示军事部门。

由于 Internet 用户的急剧增加，相关机构又陆续新增了一些通用顶级域名，如 .firm 表示公司企业，.shop 表示销售公司和企业（这个域名曾经是 .store），.web 表示突出 Internet 活动的单位，.arts 表示突出文化、娱乐活动的单位，.rec 表示突出休闲、娱乐活动的单位，.info 表示提供信息服务的单位，.nom 表示个人等。

在国家顶级域名下注册的二级域名均由该国家自行确定。我国则将二级域名划分为"类别域名"和"行政区域名"两大类。其中"类别域名"有 6 个，分别为：.ac 表示科研机构；.com 表示工、商、金融等企业；.edu 表示教育机构；.gov 表示政府部门；.net 表示互联网络、接入网络的信息中心（NIC）和运行中心（NOC）；.org 表示各种非营利性的组织。"行政区域名"有 34 个，适用于我国的各省、自治区、直辖市。例如：.bj 为北京市；.sh 为上海市；.js 为江苏省，等等。在我国，在二级域名 .edu 下申请注册三级域名，则应向中国教育和科研计算机网网络中心申请。关于我国的互联网络发展情况及各种规定，均可在 CNNIC（China Internet Network Information Center，中国互联网络信息中心）的网站上找到。

如图 8-20 所示是 Internet 域名空间的结构，它实际上像一棵倒过来的树，树根在最上面而没有名字。树根下面一级的节点就是最高一级的顶级域节点。在顶级域节点下面的是二级域节点。最下面的叶节点就是计算机主机。图中列举了一些域名作为例子，凡是在顶级域名 .com 下注册的单位都获得了一个二级域名。例如，图中有中央电视台及 IBM 等公司。在顶级域名 .cn（中国）下的二级域名的例子是：上海市、北京市以及我国规定的 6 个类别域名。这些二级域名由我国自行规定，凡在其中的某一个二级域名下注册的单位就可以获得一个三级域名。图中给出的在 .edu 下面的三级域名有：清华大学、北京大学、复旦大学、湖南科技大学等。一旦某个单位拥有了一个域名，它就可以自己决定是否要进一步划分其下属的子域，并且不必将这些子域的划分情况报告上级机构。图中画出了在顶级域名 .com 下的中央电视台自己划分的三级域名 .mail。在湖南科技大学下的四级域名的例子是：.nic、.lib、.mailreg、.jwc 等。域名树的树叶就是单台计算机的名字，它不能再继续往下划分子域了。

3. DNS 的功能和组成

DNS 最基本的功能是在主机名与对应的 IP 地址之间建立映射关系。使用主机名（域名）访问网站比起直接使用 IP 地址访问具有以下两点好处。

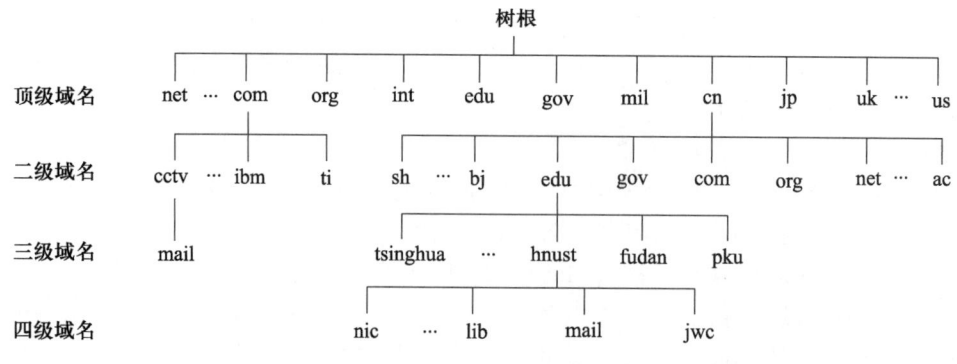

图 8-20 Internet 域名空间的结构

① 主机名便于记忆。
② 数字形式的 IP 地址可能会由于各种原因而改变，而主机名可以保持不变。
整个域名系统包括以下 4 个组成部分：
① DNS 域名空间：指定用于组织名称的域的层次结构。
② 资源记录：将 DNS 域名映射到特定类型的资源信息，以供在域名空间中注册或解析名称时使用。
③ DNS 服务器：存储和应答资源记录的名称查询。
④ DNS 客户端：也称解析程序，用来查询服务器，将名称解析为查询中指定的资源记录类型。

组成 DNS 系统的核心是 DNS 服务器，它是回答域名服务查询的计算机，它管理 DNS 服务，维护 DNS 域名数据并处理 DNS 客户端主机名的查询。DNS 服务器保存了包含主机名和相应 IP 地址的数据库。

Internet 上的域名服务器系统也是按照域名的层次来安排的。每一个域名服务器都只对域名体系中的一部分进行管辖。现在共有以下 3 种不同类型的域名服务器。

① 本地域名服务器（Local name server）：每一个 Internet 服务提供者 ISP，或一个大学，甚至一个大学里的系，都可以拥有一个本地域名服务器，它有时也称为默认域名服务器。当一个主机发出 DNS 查询报文时，这个查询报文就首先被送往该主机的本地域名服务器。当所要查询的主机也属于同一个本地 ISP 时，该本地域名服务器立即就能将所查询的主机名转换为它的 IP 地址，而不需要再去询问其他的域名服务器。

② 根域名服务器（Root Name Server）：目前在 Internet 上有十几组根域名服务器。当一个本地域名服务器不能立即回答某个主机的查询时，该本地域名服务器就以 DNS 客户的身份向某一个根域名服务器查询。若根域名服务器有被查询主机的信息，就发送 DNS 回答报文给本地域名服务器，然后本地域名服务器再回答发起查询的主机。但当根域名服务器没有被查询主机的信息时，它可以告知某个保存有被查询主机名字映射的授权域名服务器的 IP 地址（见下一段）。通常根域名服务器用来管辖顶级域（如 .com）。根域名服务器并不直接对顶级域下面所属的所有的域名进行转换，但它一定能够找到下面的所有二级域名的域名服务器。

③ 授权域名服务器（Authoritative Name Server）：每一个主机都必须在授权域名服务器处注册登记。通常来说，一个主机的授权域名服务器就是它的本地 ISP 的一个域名服务

器。实际上，为了更加可靠地工作，一个主机最好有两个授权域名服务器。许多域名服务器同时充当本地域名服务器和授权域名服务器。授权域名服务器总是能够将其管辖的主机名转换为该主机的 IP 地址。

8.2.2 域名解析方式

1. DNS 域名解析过程

DNS 是一种典型的客户-服务器体系，DNS 服务器为所管辖的一个和多个区域维护和管理数据，并将数据提供给查询的 DNS 客户端。具体的域名解析过程说明如下：

① 客户端首先将名称查询报文递交给所设定的 DNS 服务器；

② DNS 服务器接到查询请求，搜索本地 DNS 区域数据文件，如果查到匹配信息，则返回相应的 IP 地址；

③ 如果区域数据库中没有，就查本地缓存；

④ 如果本地缓存也没有匹配的信息，就会向该 DNS 服务器设定的其他 DNS 服务器继续请求；

无论是 DNS 客户端向 DNS 服务器查询，还是一台 DNS 服务器向另一台 DNS 服务器查询，不外乎有递归查询、迭代查询、反向查询这 3 种解析方式。

① 递归查询。递归查询是指 DNS 客户端发出查询请求后，如果 DNS 服务器内没有所需的数据，则 DNS 服务器会代替客户端向其他的 DNS 服务器进行查询。在这种方式中，DNS 服务器必须给 DNS 客户端做出回答。一般由 DNS 客户端提出的查询请求都是递归型的查询方式。

② 迭代查询。迭代查询的工作过程是：当第一台 DNS 服务器向第二台 DNS 服务器提出查询请求后，如果在第二台 DNS 服务器内没有所需要的数据，则它会提供第三台 DNS 服务器的 IP 地址给第一台 DNS 服务器，让第一台 DNS 服务器直接向第三台 DNS 服务器进行查询。以此类推，直到找到所需的数据为止。如果到最后一台 DNS 服务器中还没有找到所需的数据时，则通知第一台 DNS 服务器查询失败。

③ 反向查询。上述两种方式都是执行正向查询，即通过 DNS 域名查询 IP 地址。DNS 也提供反向查询，它是让 DNS 客户端利用自己的 IP 地址查询相应的主机名称。

2. 高速缓存

每个域名服务器都维护一个高速缓存，存放最近使用过的域名映射信息及从何处获得此记录。当客户请求域名服务器转换域名时，域名服务器首先按标准过程检查它是否被授权管理该域名。若未被授权，则查看自己的高速缓存，检查该域名是否最近被转换过。使用高速缓存可优化查询的开销，对最近使用过的域名解析，客户可很快收到回答。

3. 动态域名解析服务

网络服务供应商在 Internet 上部署自己的动态域名解析服务器，用户在自己的主机上安装专用的动态域名解析客户端软件；每当用户的主机接入 Internet 时，动态域名解析客户端软件就会将用户主机当前的 IP 地址传送给服务器，并将此 IP 地址映像给自己主机的域名。这不同于 DNS 的动态更新，动态域名解析服务的域名是静态的、固定的，IP 地址是动态的、变化的。

任务实战

DNS 服务器的安装与配置

【实践环境】

1. 装有 Windows Server 2016 操作系统的虚拟机。
2. 以学生计算机为客户端，以装有 Windows Server 2016 操作系统虚拟机为 DNS 服务器。
3. 学生计算机 IP 地址为 192.168.1.2，Windows Server 2016 虚拟机 IP 地址为 192.168.1.1。

【任务步骤】

1. 安装 DNS 服务器

① 在虚拟机中单击 Windows 图标，打开菜单，选择"服务器管理器"，在配置此本地服务器中单击"添加角色和功能"，如图 8-21 所示。

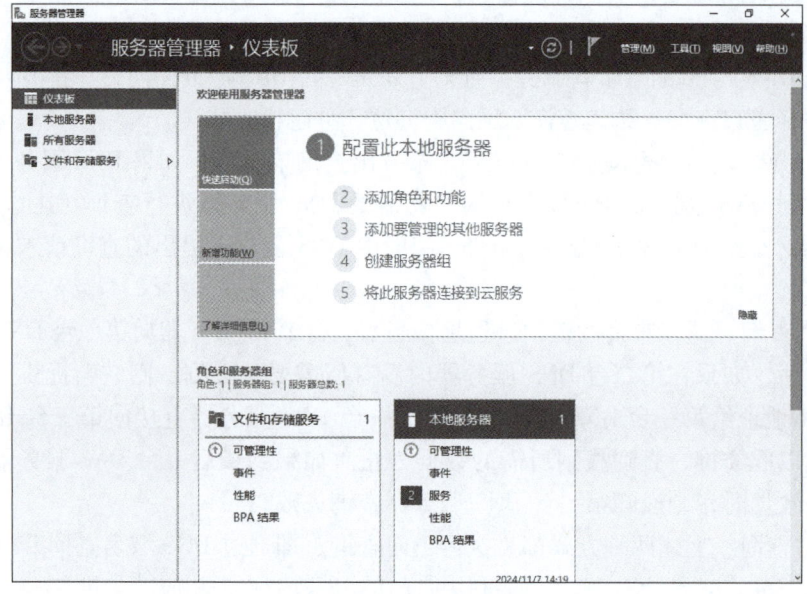

图 8-21　打开服务器管理器

② 进入"添加角色和功能向导"窗口，单击"下一步"按钮，如图 8-22 所示。
③ 选择安装类型为"基于角色或基于功能的安装"，单击"下一步"按钮，如图 8-23 所示。
④ 选择要安装角色和功能的服务器或虚拟硬盘。本任务中选择"从服务器池中选择服务器"选项，单击"下一步"按钮，如图 8-24 所示。
⑤ 进入"选择服务器角色"界面，选中"DNS 服务器"复选框，并添加 DNS 服务器所需的功能，如图 8-25、图 8-26、图 8-27 所示。
⑥ 选择功能，此处默认设置。单击"下一步"按钮，如图 8-28 所示。
⑦ 确认安装所选内容，单击"安装"按钮，如图 8-29 所示。
⑧ 进入 DNS 服务器安装界面，如图 8-30 所示。

任务 8.2　DNS 服务器的安装与配置

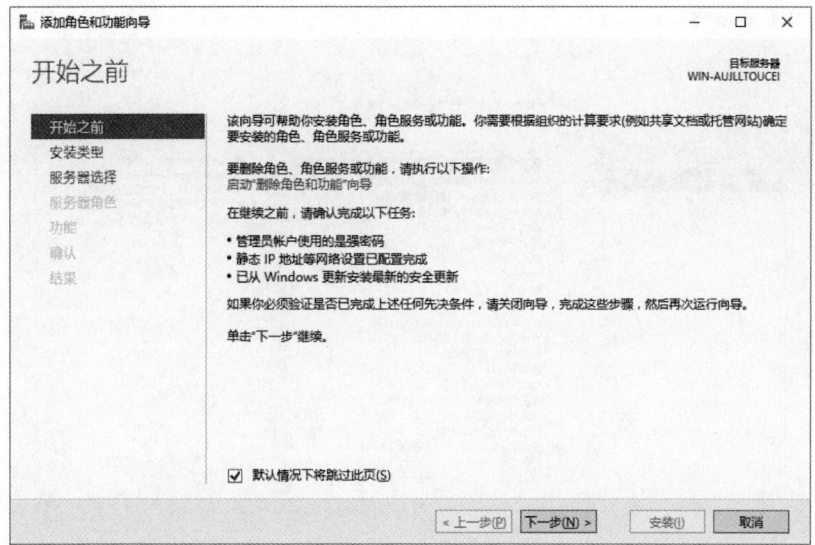

图 8-22　向导窗口

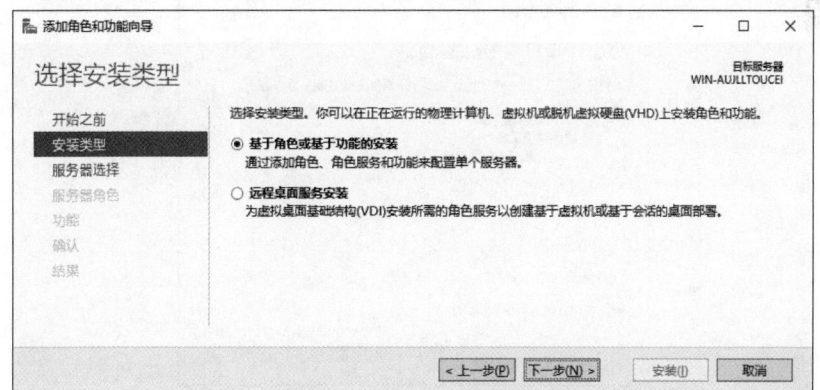

图 8-23　选择安装类型

图 8-24　服务器选择

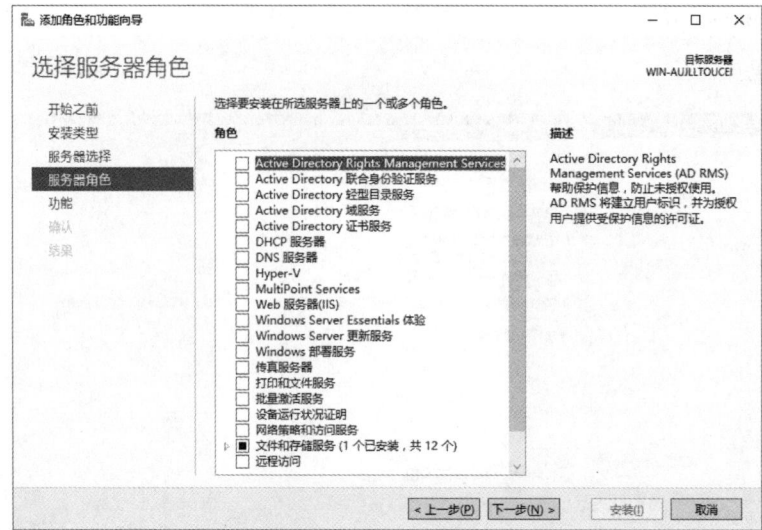

图 8-25　服务器角色

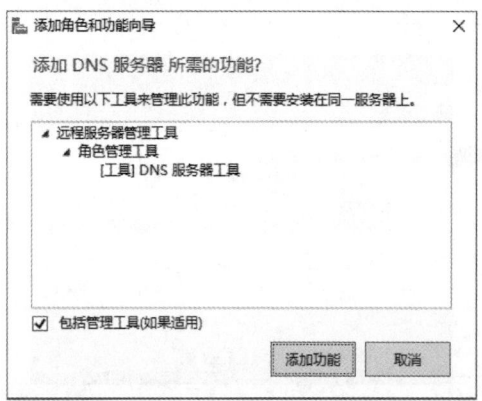

图 8-26　添加 DNS 角色功能

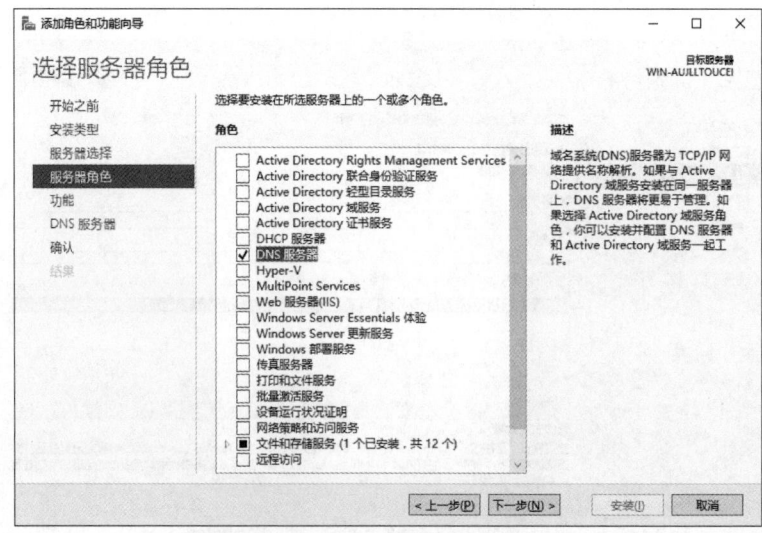

图 8-27　成功选择 DNS 角色

任务 8.2　DNS 服务器的安装与配置

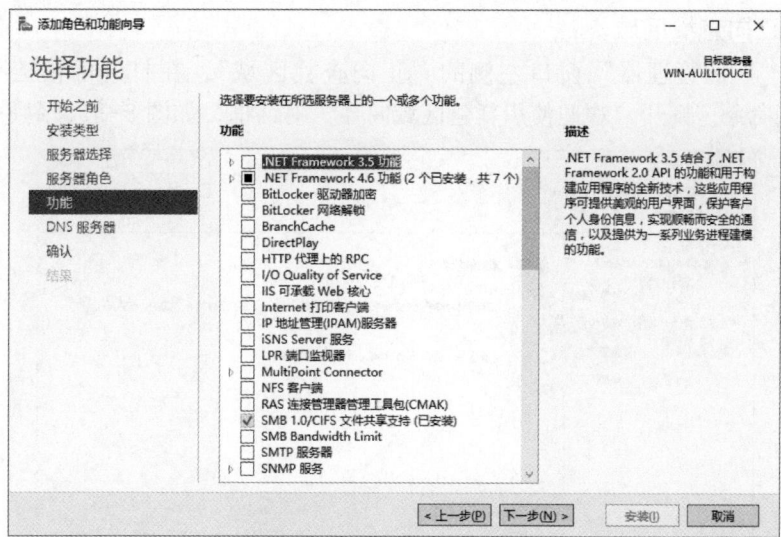

图 8-28　DNS 功能添加

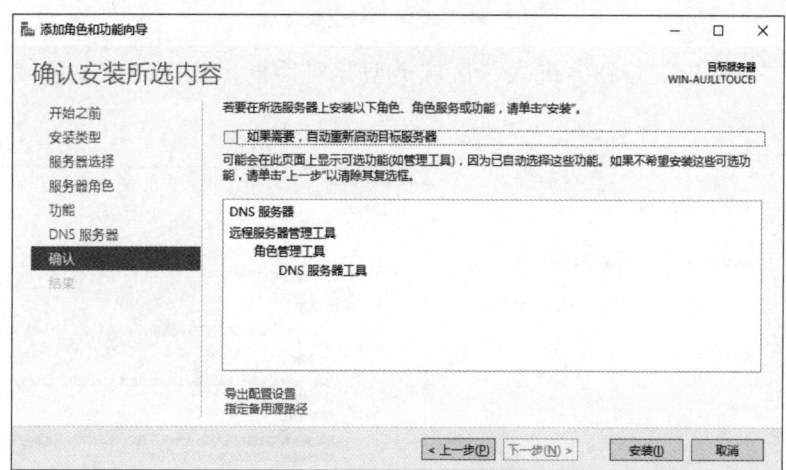

图 8-29　DNS 安装确认

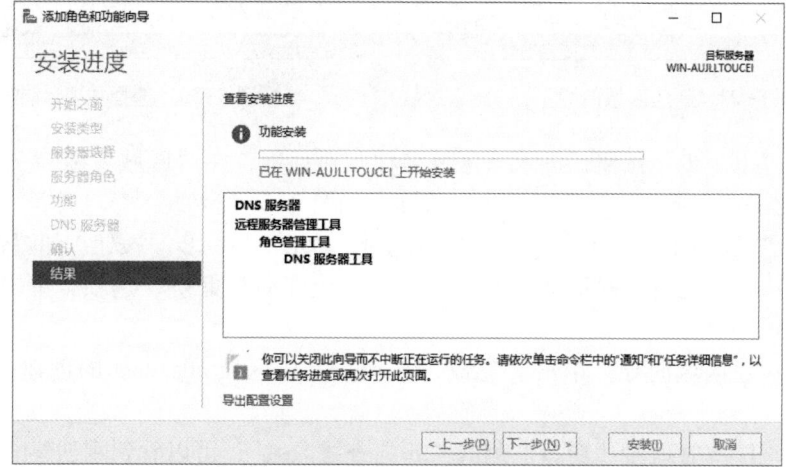

图 8-30　DNS 安装进度

2. 创建正向查找区域

① 右击"DNS 管理器"窗口左侧的"正向查找区域",在打开的快捷菜单中选择"新建区域"命令,打开"欢迎使用新建区域向导"对话框,如图 8-31、图 8-32 所示。

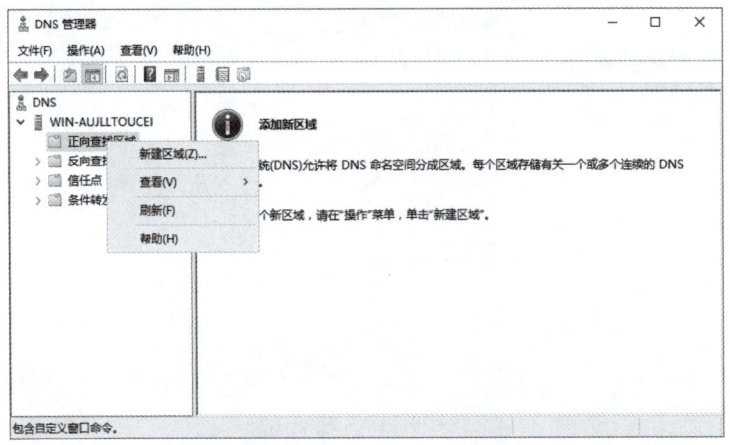

图 8-31　选择正向查找区域

② 单击"下一步"按钮,进入"区域类型"对话框,选择"主要区域"选项,如图 8-33 所示。

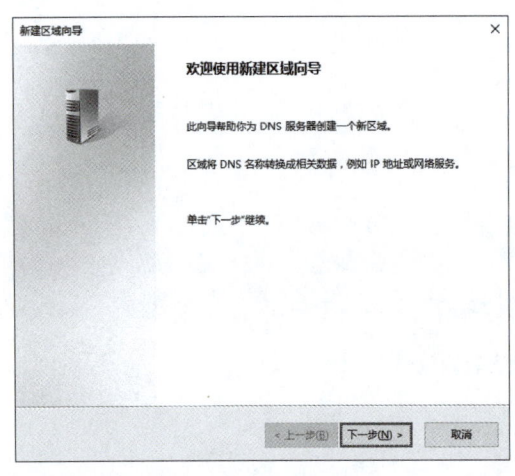

图 8-32　新建区域向导

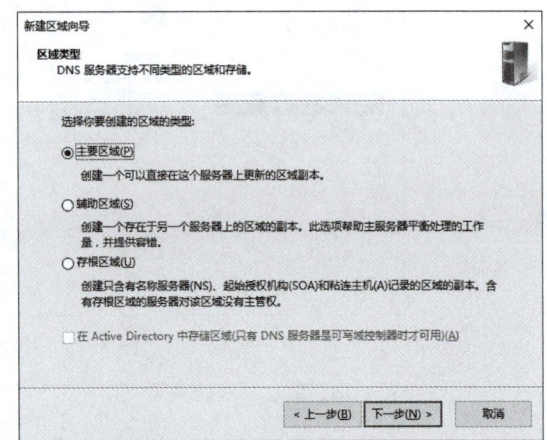

图 8-33　选择主要区域

③ 单击"下一步"按钮,进入"区域名称"对话框,在"区域名称"文本框中输入要创建的域名 abc.com,单击"下一步"按钮,如图 8-34 所示。

④ 进入"区域文件"对话框,选择默认选项,单击"下一步"按钮。如图 8-35 所示。

⑤ 进入"动态更新"对话框。默认选择"不允许动态更新"选项,单击"下一步"按钮,如图 8-36 所示。

⑥ 完成新建区域向导。单击"完成"按钮,完成区域 abc.com 的创建,如图 8-37 所示。

⑦ 展开"DNS 管理器"窗口左侧的"正向查找区域",可以看到刚创建的区域。右击 abc.com 区域名称,选择"新建主机"命令,如图 8-38 所示。

任务 8.2　DNS 服务器的安装与配置

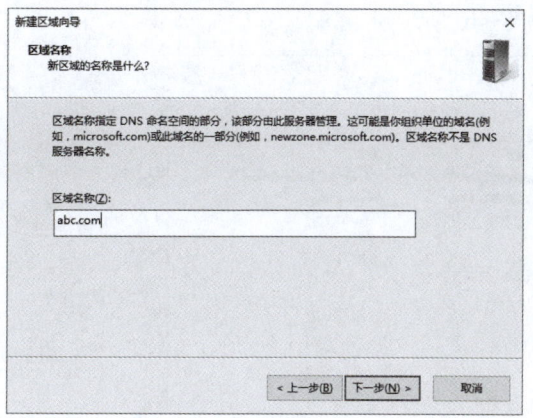

图 8-34　区域名称　　　　　　　　　图 8-35　区域文件

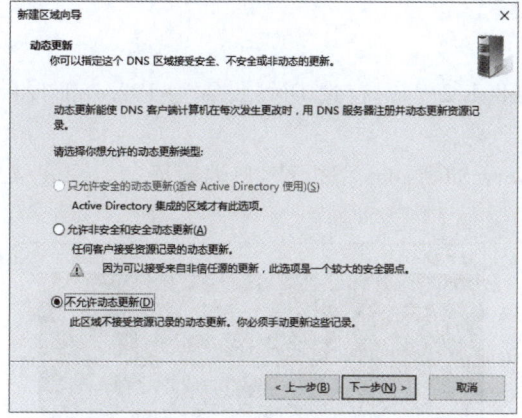

图 8-36　动态更新　　　　　　　　　图 8-37　完成创建

⑧ 打开"新建主机"对话框，在"名称"文本框中输入 www，在"IP 地址"文本框中输入 192.168.1.1，建立主机域名 www.abc.com，并单击"添加主机"按钮，如图 8-39 所示。

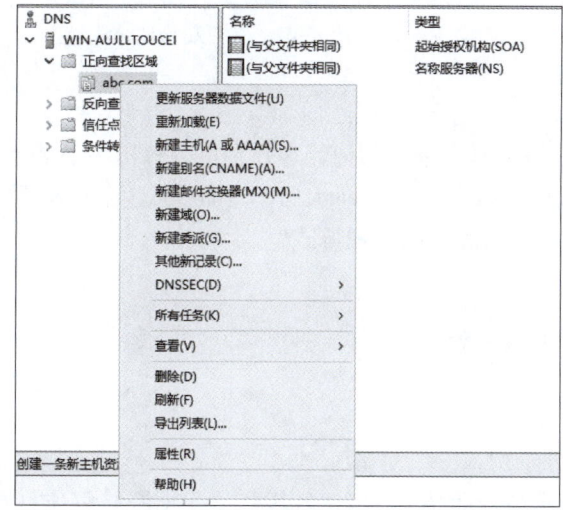
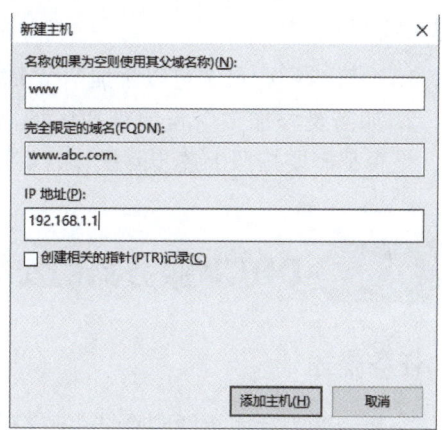

图 8-38　新建主机　　　　　　　　　图 8-39　新建主机对话框

235

⑨ 完成正向查找区域及主机的创建，如图 8-40 所示。

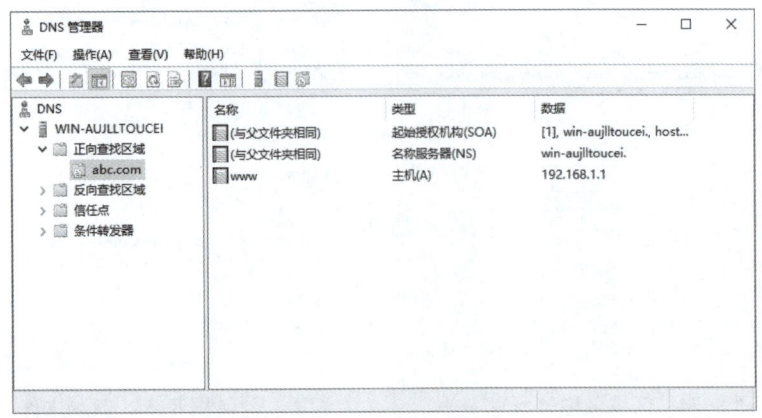

图 8-40 主机创建成功

3. 客户端验证

① 将学生计算机的 IP 地址设置为 192.168.1.2/24，首选 DNS 设置为 192.168.1.1，如图 8-41 所示。

② 进入 Windows 命令行界面，输入 ping www.abc.com，进行客户端验证，如图 8-42 所示。

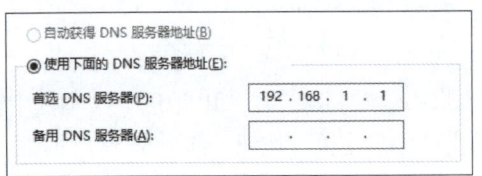

图 8-41 配置计算机 DNS

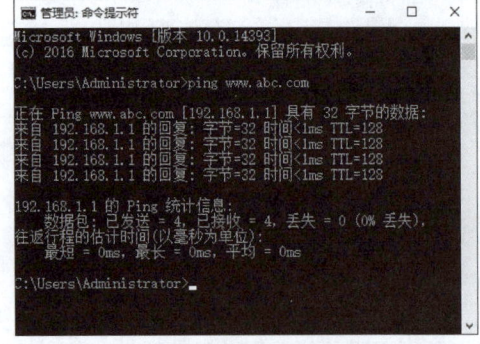

图 8-42 客户端验证

【思考问题】

1. 在客户端中最多可以添加两个 DNS 服务器地址，如何让客户端可以解析多个域名？
2. 如需要添加多个正向查找区域，如 abc.com、test.com、123.com 等，为了方便管理，是否都需要按照上述步骤操作，有没有更加优化的实现方式？

任务 8.3 DHCP 服务器的安装与配置

任务描述

一年一度的社团招新刚刚结束，信研网络社团招录了 20 名新社员，小海给每位社员安排了新的工位。但在社团工作过程中，经常有计算机因 IP 地址问题无法联网。小海决定将这些计算机的 IP 地址获取方式改为动态获取，这样可以简化网络管理，还能节约 IP 地址资源。

任务目的

了解计算机 IP 地址配置的方式和 DHCP 工作过程及原理，掌握 DHCP 服务器的安装和基本配置方法。

知识准备

8.3.1 DHCP 概述

1. IP 地址配置的两种方式

网络中 TCP/IP 配置的计算机 IP 地址，可以采用两种方式：一种是设置为静态 IP 地址，另一种是设置为动态 IP 地址。

（1）静态 IP 地址

当网络中使用静态 IP 地址时，必须通过手工输入方式，给每一台计算机分配一个固定的 IP 地址。这种方式的特点是运行速度快，对服务器的要求较低，占用网络的带宽资源较小。但在较大型的网络中，IP 地址在配置中容易出错，加重了管理人员的负担。静态地址配置方式只适用于拥有计算机数量较少的小型网络中，当网络中的用户数较多时，不适合使用这种方式。

（2）动态 IP 地址

当网络中使用动态 IP 地址时，不需要直接给计算机输入固定的 IP 地址，而是由 DHCP 服务器来提供并自动完成设置操作。由于使用动态 IP 地址时，网络中必须要有一台以上的 DHCP 服务器，而且客户端 IP 地址的获取过程及其使用中都需要占用一定的网络带宽，所以对网络整体性能尤其是服务器要求较高。但是，使用动态 IP 地址时，可以避免手工设置时可能出现的错误，减轻了管理上的负担，所以很适合于较大型的网络使用。

2. DHCP 的功能

DHCP 的任务是集中管理 IP 地址并自动配置 IP 地址的相关参数（如子网掩码、默认网关等）。当 DHCP 客户端启动时，它会自动与 DHCP 服务器建立联系，并要求 DHCP 服务器给 DHCP 客户端提供 IP 地址。当 DHCP 服务器收到 DHCP 客户端的请求后，会根据 DHCP 服务器中现有的 IP 地址情况，采取一定的方式给 DHCP 客户端分配一个 IP 地址。

微课 8-3 DHCP

简单地说，可以给 DHCP 服务器配置一个 IP 地址范围（如 192.168.0.1 至 192.168.0.200），表示该 DHCP 服务器可为 DHCP 客户端提供的 IP 地址从 192.168.0.1 到 192.168.0.200，然后就可以让 DHCP 服务器来分配 IP 地址及其参数（如子网掩码、默认网关、DNS 服务器地址等）。之后当每次启动 DHCP 客户端时，便向 DHCP 服务器发出一个请求，要求从 DHCP 服务器中得到一个 IP 地址和一个子网掩码等资源，DHCP 服务器就给该 DHCP 客户端提供一段时间的 IP 地址使用期。若所有的 DHCP 服务器上的 IP 地址都已用完，或网络中没有 DHCP 服务器对 DHCP 客户端的请求做出应答时，DHCP 服务将宣告失败。

8.3.2 DHCP 工作机制

当作为 DHCP 客户端的计算机第一次启动时，它必须经过一系列的步骤以获得其 TCP/IP 配置信息，并得到 IP 地址的租期。DHCP 客户端从 DHCP 服务器上获得完整的 TCP/IP 配置一般需要经过以下几个步骤。

1. DHCP 发现

当一个设备（客户端）连接到网络并需要配置时，它会发送一个 DHCPDISCOVER 消息到网络上的所有设备，寻找可用的 DHCP 服务器。由于此时客户端还没有 IP 地址，所以这个请求使用广播方式发送。

2. DHCP 提供

网络中的 DHCP 服务器接收到 DHCPDISCOVER 消息后，会从其配置的 IP 地址池中选择一个未分配的 IP 地址，连同其他配置信息（如子网掩码、默认网关、DNS 服务器地址等）通过一个 DHCPOFFER 消息回应给客户端。此响应也是以广播形式发送，确保客户端能够接收到。

3. DHCP 请求

如果客户端收到了来自多个 DHCP 服务器的 DHCPOFFER 消息，它会选择其中一个，并向选定的服务器发送一个 DHCPREQUEST 消息，表示接受提供的 IP 地址和其他配置参数。同时，这个消息也通知其他服务器释放他们为该客户端保留的地址。

4. DHCP 应答

选中的 DHCP 服务器接收到 DHCPREQUEST 消息后，会发送一个 DHCPACK 确认消息给客户端，正式确认该 IP 地址及其他配置参数的分配。此时，客户端可以使用这些配置参数正常接入网络。

在整个过程中，如果 DHCP 服务器无法分配请求的 IP 地址（例如，没有可用的地址），则会返回一个 DHCPNAK 否定响应给客户端，告知请求被拒绝。

8.3.3 IP 地址租用和续租

当一个 DHCP 客户端租到一个 IP 地址后，不可能长期占用该 IP 地址，IP 地址会有一个使用期，即租期。租期可以从几分钟到数天不等，具体取决于管理员的设置。

为了防止 IP 地址频繁更换导致网络不稳定，DHCP 允许设备在租期到期前请求续租当前的 IP 地址。

续租请求：在租期过半时，如果设备仍然在线且需要继续使用当前的 IP 地址，它会自动向为其分配 IP 地址的 DHCP 服务器发送一个续租请求（DHCPREQUEST），以延长其使用期限。

续租处理：如果服务器同意续租（例如，没有其他设备请求相同的 IP 地址），它将通过发送一个新的确认消息（DHCPACK）来更新租期。如果没有收到服务器的响应或者服务器拒绝了续租请求，设备可能会尝试再次请求续租直至租期结束。

租期结束后：若租期结束且未能成功续租，设备必须放弃当前的 IP 地址，并可能需要重新开始整个 DHCP 发现过程以获得新的 IP 地址。

DHCP 客户端可以使用 ipconfig/renew 命令来强制更新租约，续租原 IP 地址；也可使用 ipconfig/release 命令将 IP 地址释放。

▶ 任务实战

DHCP 服务器的安装与配置

【实践环境】

1. 装有 Windows Server 2016 操作系统的虚拟机。
2. 以学生计算机为客户端,以装有 Windows Server 2016 操作系统虚拟机为 DHCP 服务器。
3. 学生计算机 IP 地址为 192.168.1.2,Windows Server 2016 虚拟机 IP 地址为 192.168.1.1。

【任务步骤】

信研网络社团管理的实训室约有 80 台计算机需要上网,该实训室可以用的 IP 地址为 192.168.1.100~200,子网掩码为 24 位。排除 IP 地址范围 192.168.1.150、192.168.1.180~192.168.1.190。默认网关为 192.168.1.245;DNS 服务器为 192.168.1.1。

1. 安装 DHCP 服务器

① 在虚拟机中单击 Windows 图标,打开菜单,选择"服务器管理器",在配置此本地服务器中单击"添加角色和功能",进入"添加角色和功能向导"窗口,根据提示,选择"从服务器池中选择服务器"选项。

② 进入"选择服务器角色"对话框,选中"DHCP 服务器"复选框,单击"下一步"按钮,如图 8-43 所示。

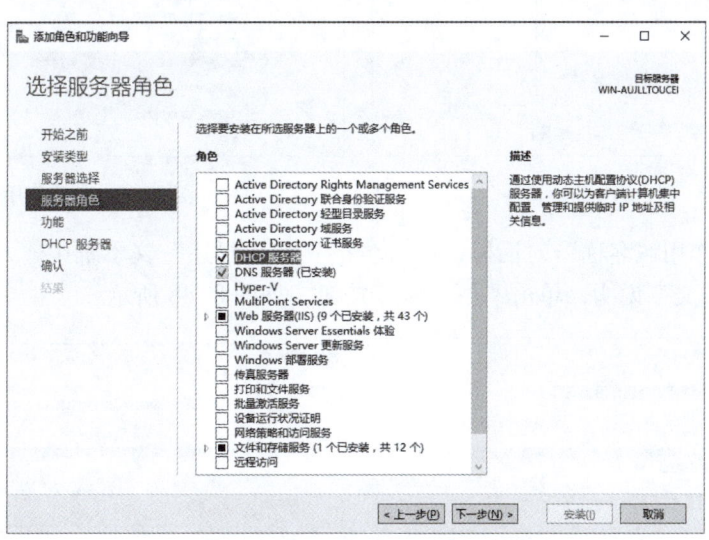

图 8-43 选择 DHCP 角色

③ 进入 DHCP 服务器安装确认阶段。此次需要确定安装 DHCP 服务器的计算机应配置的一个静态 IP 地址,并事先做好可使用地址的规划等。在确认自己的准备工作已经完成后,单击"下一步"按钮,如图 8-44 所示。

④ 单击"安装"按钮开始自动安装,安装完毕后出现"安装成功"提示。

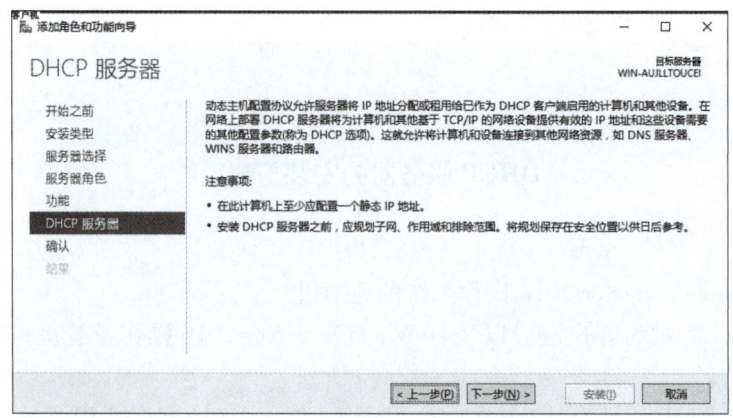

图 8-44　注意事项

2. 创建作用域

① 在"管理工具"中打开 DHCP 窗口，如图 8-45 所示。

② 右击 IPv4，在打开的快捷菜单中选择"新建作用域"命令，打开新建作用域向导对话框，单击"下一步"按钮，如图 8-46、图 8-47 所示。

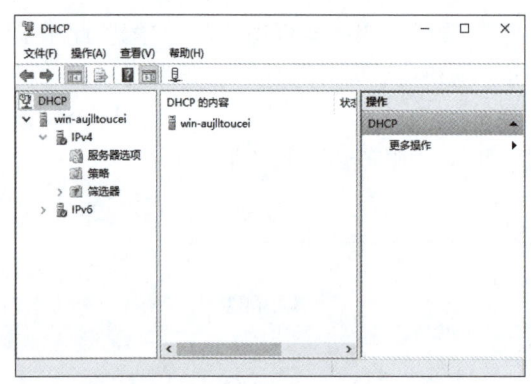

图 8-45　DHCP 窗口

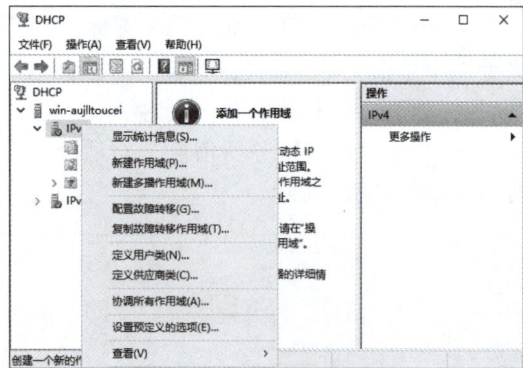

图 8-46　新建作用域

③ 进入"作用域名称"对话框，在"名称"和"描述"文本框中输入要建立的作用域的名称及相关文字说明，单击"下一步"按钮，如图 8-48 所示。

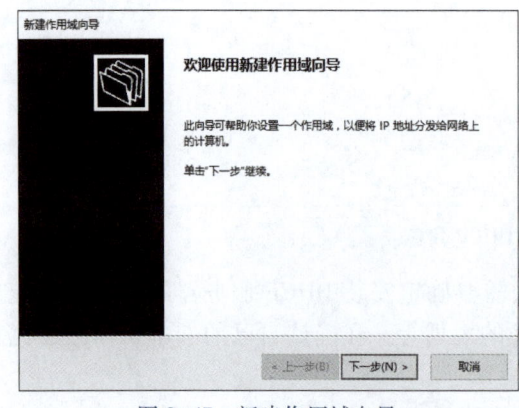

图 8-47　新建作用域向导

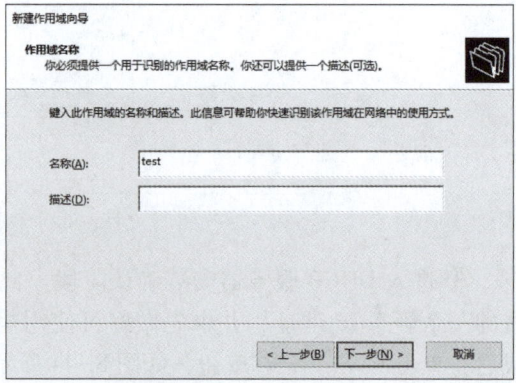

图 8-48　作用域名称

任务 8.3 DHCP 服务器的安装与配置

④ 进入"IP 地址范围"对话框,输入可以租给 DHCP 客户端的起始与结束的 IP 地址,配置该网段的子网掩码。子网掩码可以在"长度"文本框中设置,也可以在"子网掩码"文本框中直接输入,单击"下一步"按钮,如图 8-49 所示。

⑤ 进入"添加排除和延迟"对话框。在"起始 IP 地址"和"结束 IP 地址"文本框中输入要排除的地址范围,然后单击"添加"按钮即可;假如需要排除的 IP 地址只有一个,那么只需要在"起始 IP 地址"文本框中输入该 IP 地址,然后单击"添加"按钮,单击"下一步"按钮,如图 8-50 所示。

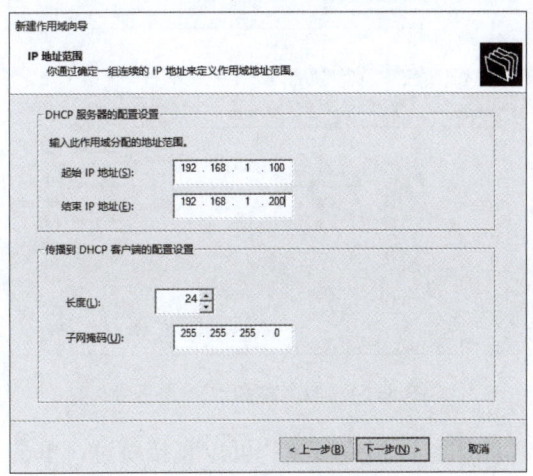

图 8-49　IP 地址范围

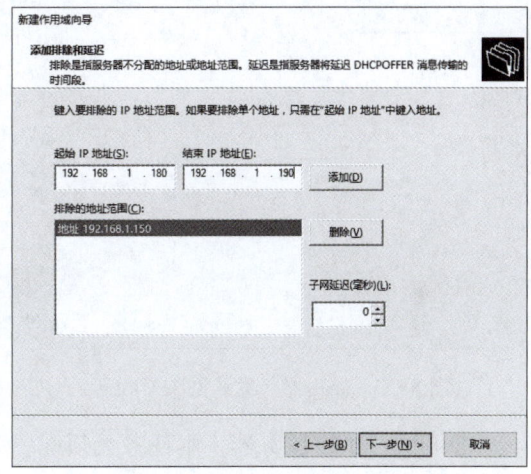

图 8-50　添加排除和延迟

⑥ 进入"租用期限"对话框,系统一般默认期限是 8 天,用户可以根据实际需求进行修改,这里改为"1"天,单击"下一步"按钮,如图 8-51 所示。

⑦ 进入"配置 DHCP 选项"对话框,选择"是,我想现在配置这些选项"选项,单击"下一步"按钮,如图 8-52 所示。

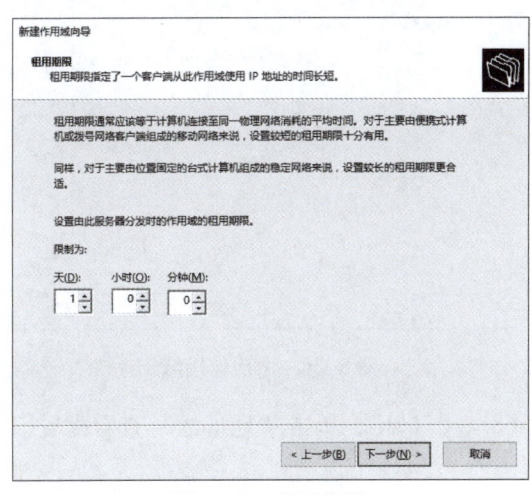

图 8-51　租用期限

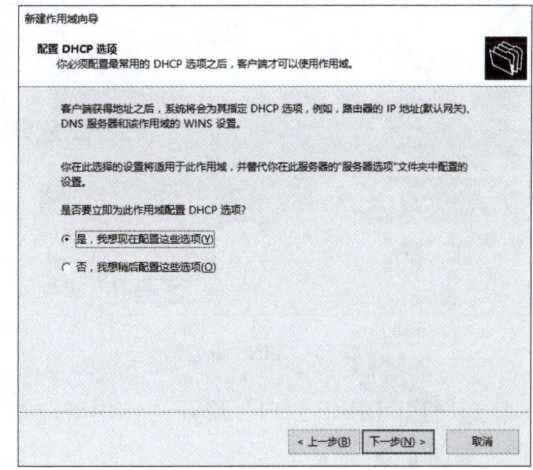

图 8-52　配置 DHCP 选项

3. 配置 DHCP 选项

① 配置默认路由器(默认网关)。在"IP 地址"文本输入框中输入 192.168.1.125,

单击"添加"按钮，单击"下一步"按钮，如图 8-53 所示。

② 配置域名称和 DNS 服务器。在"任务 2 DNS 服务器的安装与配置"中，已经创建了 DNS 服务器，IP 地址为 192.168.1.1。可以在 IP 地址对话框中输入 192.168.1.1 后，单击"添加"按钮，再单击"下一步"按钮，如图 8-54 所示。

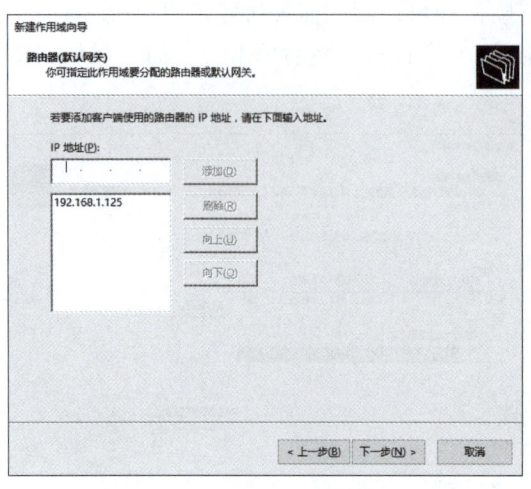

图 8-53　路由器（默认网关）设置

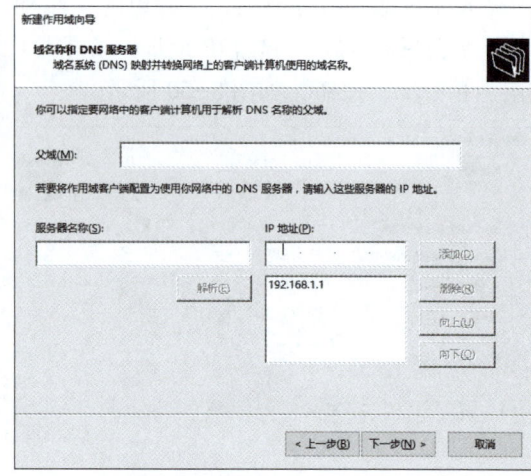

图 8-54　域名称和 DNS 服务器

③ 配置 WINS 服务器。本任务无须配置 WINS 服务器相关参数，可以直接跳过，单击"下一步"按钮，如图 8-55 所示。

④ 选择"是，我想现在激活此作用域"选项，单击"下一步"按钮，如图 8-56 所示。

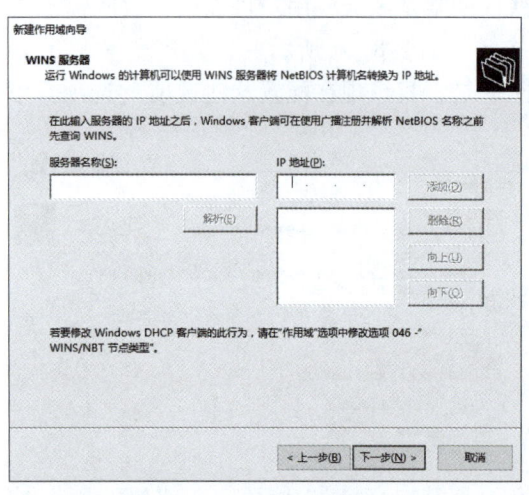

图 8-55　WINS 服务器

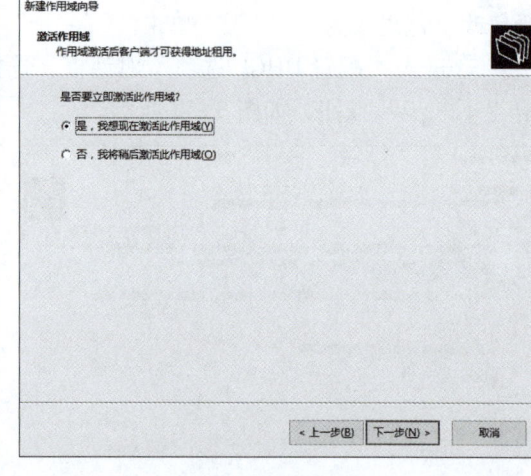

图 8-56　激活作用域

⑤ 打开 DHCP 窗口，展开"作用域[192.168.1.0]test"，单击"地址池"查看配置信息，如图 8-57 所示。

4. 客户端验证

① 打开客户端"本地连接 属性"对话框，选择"此连接使用下列项目"中的"Internet 协议版本 4(TCP/IPv4)"，单击"属性"按钮，打开"Internet 协议版本 4(TCP/IPv4)属

性"对话框,将学生计算机的 IP 地址设置为"自动获得 IP 地址"、"自动获得 DNS 服务器地址",单击"确定"按钮,如图 8-58 所示。设置完毕后,计算机就可以从 DHCP 服务器自动获得 IP 配置信息了。

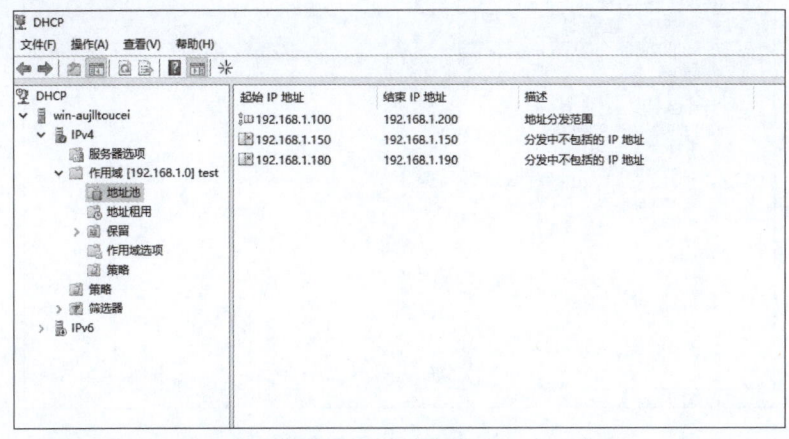

图 8-57 地址池

② 查看客户端网络连接详细信息,可以看到客户端从服务器获取了 IP 地址等相关信息,如图 8-59 所示。

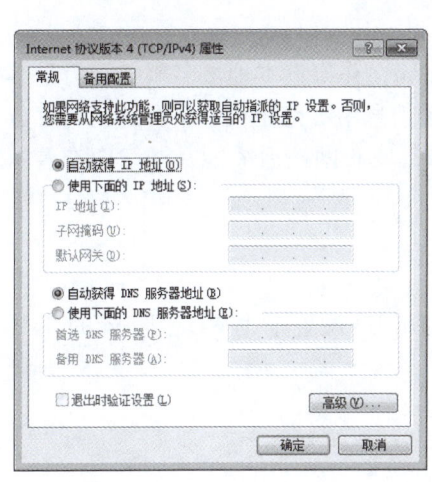

图 8-58 客户机本地连接设置

图 8-59 客户端验证

③ 打开 DHCP 窗口,单击"地址租用",可以看到客户端 IP 地址的租用情况,如图 8-60 所示。

【思考问题】

1. 在实际网络应用中,有些客户端需要从 DHCP 服务器中获取一个固定的 IP 地址,如何绑定设置?

2. 一般情况下中小型网络中 DHCP 服务器和客户端是同一个局域网也就是一个网段,但是在大型网络中可能是服务器在另外一个广播域中,直接的 DHCP 通信仅限于单个广播域。那么如何才能实现允许跨越这些逻辑边界，确保所有子网的设备都能获取必要的网络配置？

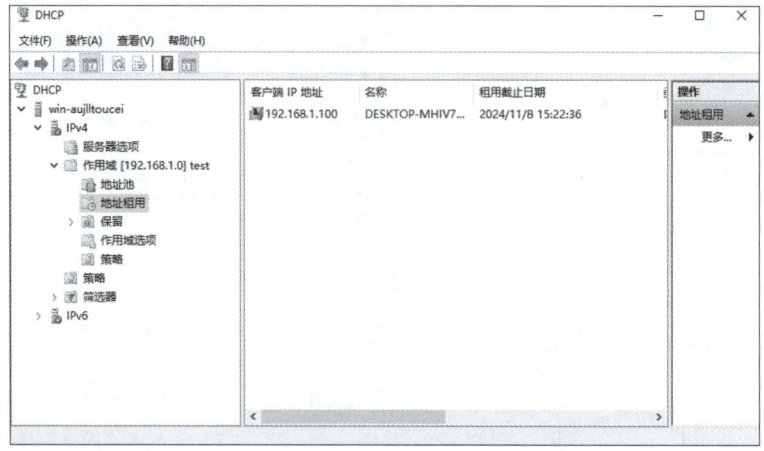

图 8-60　租用信息

任务 8.4　WWW 服务器的安装与配置

▶ 任务描述

小海给社团门户网站申请了域名：www.abc.com，并架设本地域名服务。但是其他人员无法通过浏览器正常访问网站。小海请教了学校信息中心范主任，了解到网页存放在计算机硬盘上只能本地浏览，只有架设 Web 服务器，发布网站后才能在网络中查看。那么网页如何发布呢？

▶ 任务目的

了解万维网的概念和 HTTP 工作机制，掌握利用 IIS 配置企业 Web 服务器的方法。

▶ 知识准备

8.4.1　WWW 服务的相关概念

1. WWW 概述

万维网（World Wide Web，WWW）并非某种特殊的计算机网络，而是一个大规模的、联网式的信息储藏所，英文简称为 WWW。万维网不是独立于 Internet 的另一个网络，而是 Internet 的一部分。它基于超文本（Hypertext）或超媒体（Hypermedia）技术，将许多信息资源链接成一个信息网，由节点和超链接组成超媒体信息查询服务系统，使用户能快速方便地在 Internet 上搜索和浏览信息。万维网由遍布在 Internet 上的 WWW 服务器组成。

微课 8-4
WWW 服务

万维网以服务器/客户端（Server/Client）的模式工作。在 Internet 的一些计算机上运行着 WWW 服务器程序，它是信息的提供者，称为 WWW 服务器；在用户的计算机上运行着 WWW 客户端程序（网络浏览器），用来帮助用户完成信息浏览或查询，用户的计算机称为客户端。当然，同一台计算机上可以既运行服务器程序，也运行客户端程序。客户端向用户提供友好的界面，将用户的查询请求转换成查询命令传送给 Internet 上相应的 WWW 服务器；相应的 WWW 服务器接到请求后就进行查询，并将得到的数据返回提出请求的客户端，WWW 客户端程序将这些数据转换成相应的形式显示给用户。WWW 服务器和浏览器通过超文本传输协议（HyperText Transfer Protocol，HTTP）来建立连接、传输信息和终止连接，因此，WWW 服务器也称 HTTP 服务器。

WWW 服务器就是 Web 站点。每一个 Web 站点都有一个服务进程侦听 TCP 的 80 号端口，获取来自客户端（一般是指浏览器）的连接。连接建立后，客户端发送一个请求，服务器给予一个应答，然后连接被断开。定义这种合法的请求与应答的协议就是 HTTP。

一个 Web 站点是由若干页面组成的。客户机程序一般首先访问预先设定的 Web 站点的某一页，该页称为访问 Internet 的初始页或主页。包含有"超链接"（Hyperlink）的文本称为"超文本"。超链接所指向的网页可能是同一站点上的另一页，也可能是另一个 Web 站点上的一页，而这另一个 Web 站点甚至可能处于大洋彼岸，但超链接却可以在几秒内完成。网页上的超链接可以是文字，也可以是图片、图像，甚至视频。

2. 统一资源定位符（URL）

在 Internet 中有如此众多的 WWW 服务器，而每台服务器中又包含很多的主页，如何找到要看的主页呢？这时就需要使用 URL。URL 是对能从 Internet 上得到的资源的位置和访问方法的一种简洁的表示。URL 给资源的位置提供一种抽象的识别方法，并用这种方法给资源定位。只要能够对资源定位，系统就可以对资源进行各种操作，如存取、更新、替换和查找其属性。URL 相当于一个文件名在网络范围的扩展。因此，URL 是与 Internet 相连的计算机上的任何可访问对象的一个指针。

标准的 URL 由 3 部分组成：协议类型、主机名和路径及文件名。例如，WWW 服务器的 URL 为：

$$\underset{\text{协议类型}}{\text{http:}} // \underset{\text{主机名}}{\text{www. abc. com}} / \underset{\text{路径及文件名}}{\text{s}/180/\text{main. htm}}$$

其中，"http:"指出要使用的 HTTP 协议，"www.abc.com"指出要访问的服务器的主机名，"s/180/main.htm"指出要访问的主页的路径与文件名。

因此，通过使用 URL 机制，用户可以指定要访问什么服务器、哪台服务器、服务器中的哪个文件。如果用户希望访问某台 WWW 服务器中的某个页面，只要在浏览器中输入该页面的 URL，便可以浏览到该页面。

3. 超文本传输协议（HTTP）

Web 浏览器和服务器间连接的建立、信息的传输和连接的终止都是通过 HTTP 来实现的。HTTP 主要由两项组成：从浏览器到服务器的请求集和从服务器到浏览器的应答集。HTTP 是一种面向对象的协议，为了保证 WWW 客户机与 WWW 服务器之间的通信不会产生二义性，HTTP 精确定义了请求报文和响应报文的格式。HTTP 会话过程包括以下 4 个步骤：建立连接、请求数据、服务器响应和终止连接。

用户浏览页面的方法有两种。一种方法是在浏览器的 Location 文本框中输入所要找的页面的 URL，另一种方法是在页面中单击超链接，这时浏览器会自动在 Internet 上找到所要链接的页面。

假定用户单击了一个超链接，他使用的链接指向另一个专门负责 HTTP 研究和开发机构网站，其 URL 是 http://www.＊＊.org/Protocols/HTTP-NG/Activity.html。用户单击了这个超链接后，计算机网络发生了如下过程，也就是 HTTP 的操作过程：

① 浏览器分析链接指向页面的 URL；
② 浏览器向 DNS 请求解析 www.＊＊.org 的 IP 地址；
③ DNS 解析出服务器的 IP 地址；
④ 浏览器与服务器建立 TCP 连接（使用默认端口 80）；
⑤ 浏览器发出取文件命令：GET/Protocols/HTTP-NG/Activity.htlm；
⑥ www.＊＊.org 服务器给出响应，将文件 Activity.htlm 发送给浏览器；
⑦ TCP 连接释放；
⑧ 浏览器显示文件 Activity.html 中的所有信息。

如图 8-61 所示表示 HTTP 的操作过程。

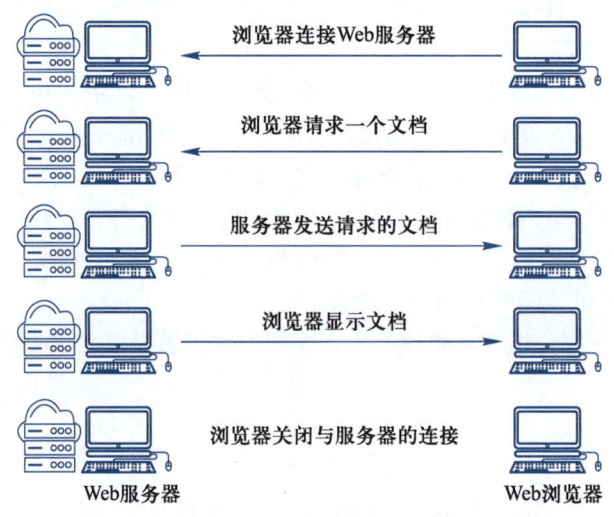

图 8-61　HTTP 的操作过程

4. 超文本标记语言（HTML）

万维网要使 Internet 上的任何一台计算机都能正确地显示出任何一个万维网服务器上的页面，页面的制作必须遵循共同的标准。超文本标记语言（HyperText Markup Language，HTML）就是一种制作万维网页面的标准语言，它消除了不同计算机系统之间信息交流的障碍。

HTML 定义了许多用于排版的命令，即"标签"（Tag）。例如，<I> 表示后面开始用斜体字排版，而</I> 则表示斜体字排版到此结束。HTML 就将各种标签嵌入到万维网的页面中。这样就构成了所谓的 HTML 文档。HTML 文档是一种可以用任何文本编辑器创建的 ASCII 码文件，但是仅当 HTML 文档是以".html"或".htm"为后缀时，浏览器才对这样的 HTML 文档的各种标签进行解释，如果 HTML 文档以".txt"为其后缀，则 HTML 解释程序就不对标签进行解释，而浏览器只能看见原来的文本文件。

当浏览器从服务器读取某个页面的 HTML 文档后，就按照 HTML 文档中的各种标签，根据浏览器所使用的显示器的尺寸和分辨率大小，重新进行排版并恢复出所读取的页面。

8.4.2 Web 服务的工作过程

Web 系统是一种基于超链接（Hyperlink）的超文本（Hypertext）和超媒体（Hypermedia）系统，由于其提供媒体信息的多样性，也称超媒体环球信息网。

Web 的工作过程如图 8-62 所示。

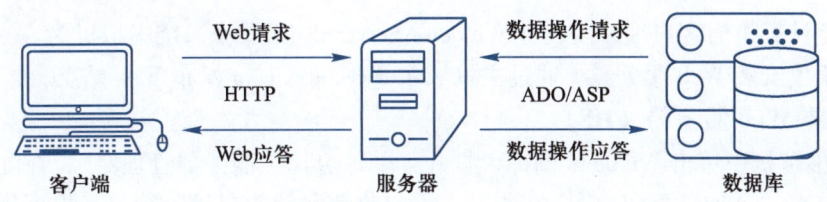

图 8-62　Web 工作过程

① 用户启动客户端浏览器，在浏览器中确定将要访问页面的 URL 地址。

② Web 服务器根据浏览器发来的请求，需要查询服务，Web 服务器根据某种机制请求数据库服务器的数据服务，然后 Web 服务器把查询结果转变为 HTML 的网页返回浏览器；如果 URL 指向 HTML 文档，Web 服务器使用 HTTP 把该文档直接返回给浏览器。

③ 浏览器解释 HTML 文档，在客户端显示器上向用户展示结果。

8.4.3 HTTPS

随着互联网的快速发展，网络安全问题日益凸显。在互联网上传输敏感信息、进行在线交易和共享个人数据时，确保数据的安全性和隐私保护成为至关重要的任务。为了解决这些问题，HTTPS（超文本传输安全协议）成为保护网络通信的重要一环。

HTTPS 全称为 Hypertext Tranfer Protocol Secure，HTTPS 也是一个应用层协议，是在 HTTP 的基础上引入了一个加密层。HTTPS 使用的端口号是 443。

传统的 HTTP，数据是以明文的形式在网络上传输，意味着一些重要信息（如账户信息、支付信息）可能会被窃取而造成泄露。而为了解决这个问题，HTTPS 通过使用安全套接字层（SSL）或传输层安全（TLS）协议对 HTTP 进行加密，为数据传输提供了保密性、完整性和身份认证。与传统的 HTTP 相比，HTTPS 能够防止敏感信息被窃取、篡改和劫持，为用户和网站提供了更安全可靠的通信方式。

HTTPS 采用对称加密、非对称加密、数字证书三大机制的相互配合，保证了在传输过程中的数据加密、身份认证和完整性保护，提供了更安全可靠的网络通信。

任务实战

WWW 服务器的安装与配置

【实践环境】

1. 装有 Windows Server 2016 操作系统的虚拟机。
2. 创建网站页面，内容自拟。
3. 学生计算机 IP 地址为 192.168.1.2，Windows Server 2016 虚拟机 IP 地址为 192.168.1.1。

【任务步骤】

以学生计算机为客户端，以装有 Windows Server 2016 操作系统虚拟机为 www 服务器。通过添加角色安装 Web 服务器，通过主机域名 www.abc.com 发布 Web 站点。

1. 安装 Web 服务器（IIS）

① 在虚拟机中单击 Windows 图标，打开菜单，选择"服务器管理器"，在配置此本地服务器中单击"添加角色和功能"，进入"添加角色和功能向导"窗口，根据提示，选择"从服务器池中选择服务器"选项。

② 选择服务器角色，选中"角色"选项框中的"Web 服务器（IIS）"复选框，添加"IIS 管理控制台"，单击"下一步"按钮，如图 8-63、图 8-64 所示。

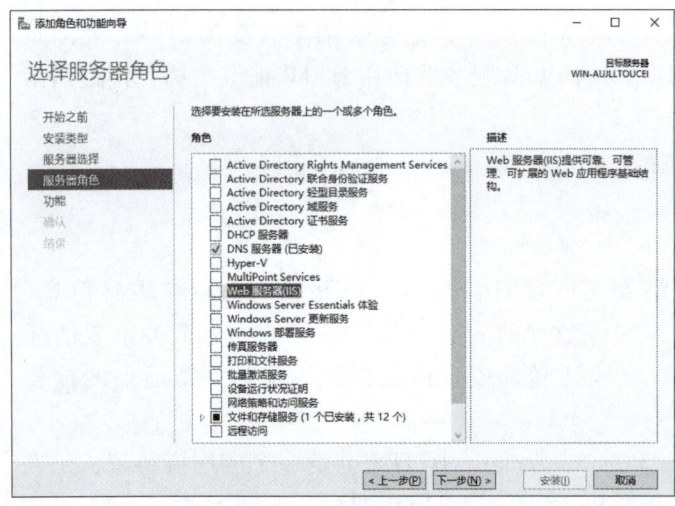
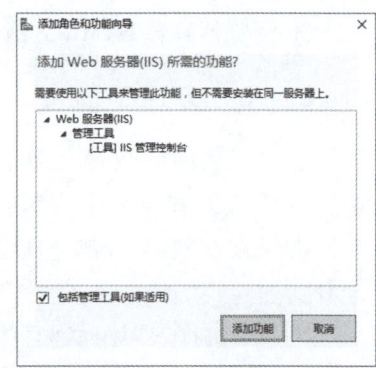

图 8-63　选择服务器角色　　　　　　　　图 8-64　添加功能

③ 选择要安装在所选服务器上的一个或多个功能。此处默认设置，单击"下一步"按钮，如图 8-65 所示。

④ 添加 Web 服务器角色功能，在功能列表中，可以选中需要的功能，如安全性设置。本任务保持默认设置，单击"下一步"按钮，如图 8-66 所示。

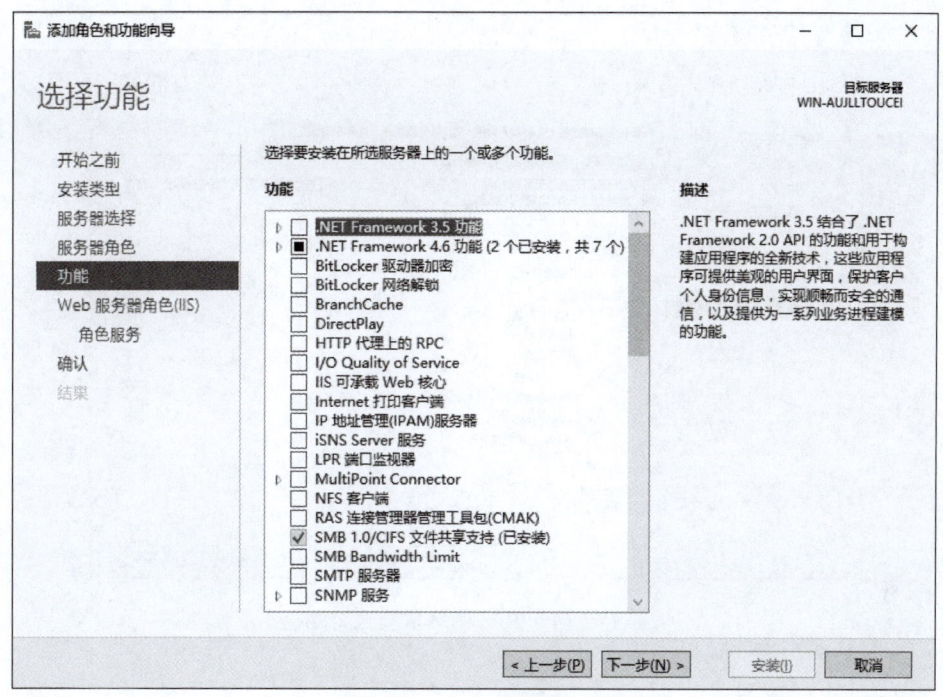

图 8-65　功能选择

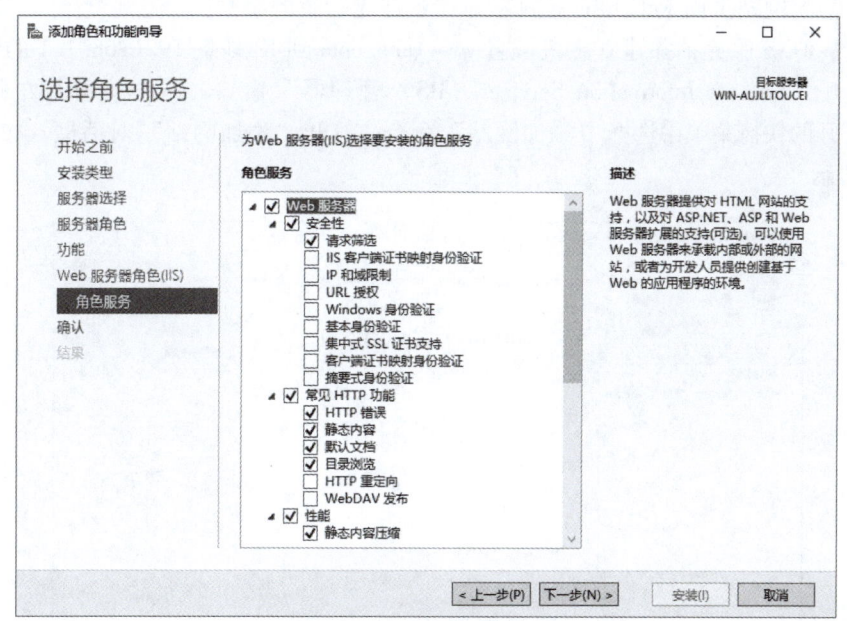

图 8-66　选择角色服务

⑤ 确认安装所选内容后,单击"下一步"按钮,开始安装,如图 8-67 所示。

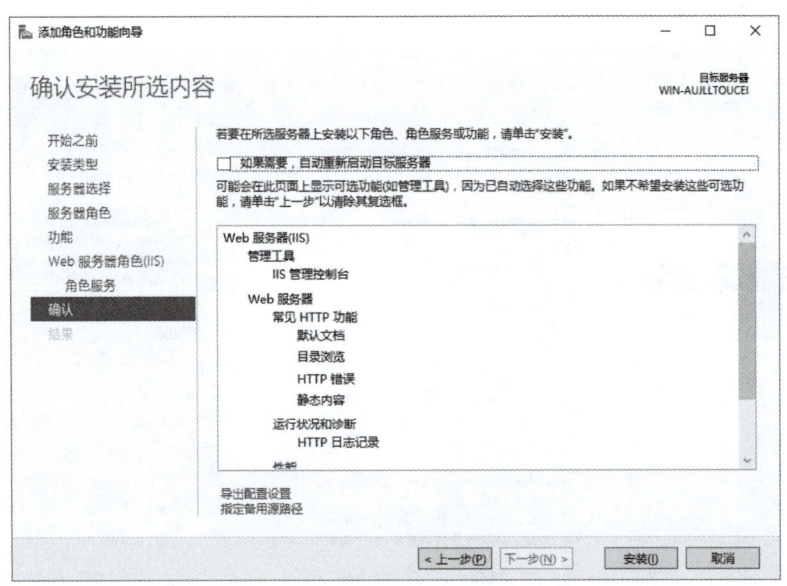

图 8-67　确认安装

2. 发布 Web 站点

① 在装有 Windows Server 2016 的虚拟机的 E 盘中新建文件夹 web，在文件夹内创建所要发布的 Web 网站页面 web.html，内容为"欢迎光临我的小站"。

② 安装 DNS 服务，并建立主机域名 www.abc.com 到 IP 地址 192.168.1.1 的映射。

③ 打开"Internet Information Services（IIS）管理器"窗口，右击该窗口左侧的"网站"，在打开的快捷菜单中选择"添加网站"命令，打开"添加网站"对话框，如图 8-68、图 8-69 所示。

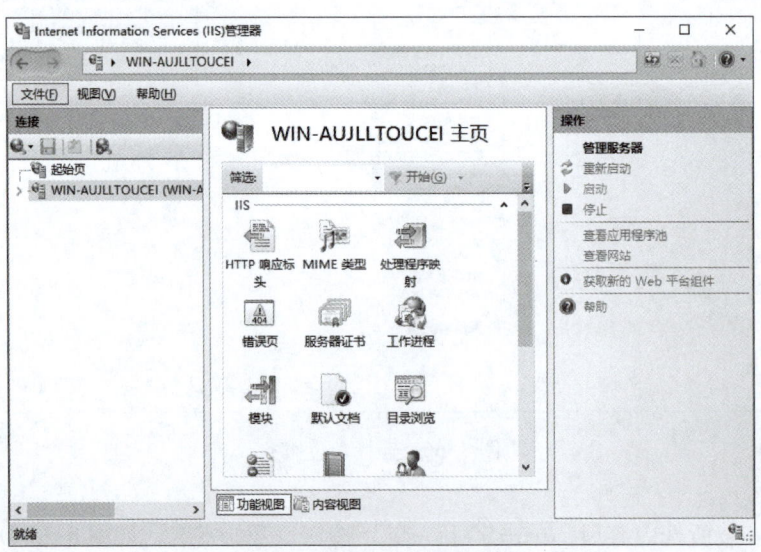

图 8-68　IIS 管理器界面

任务 8.4 WWW 服务器的安装与配置

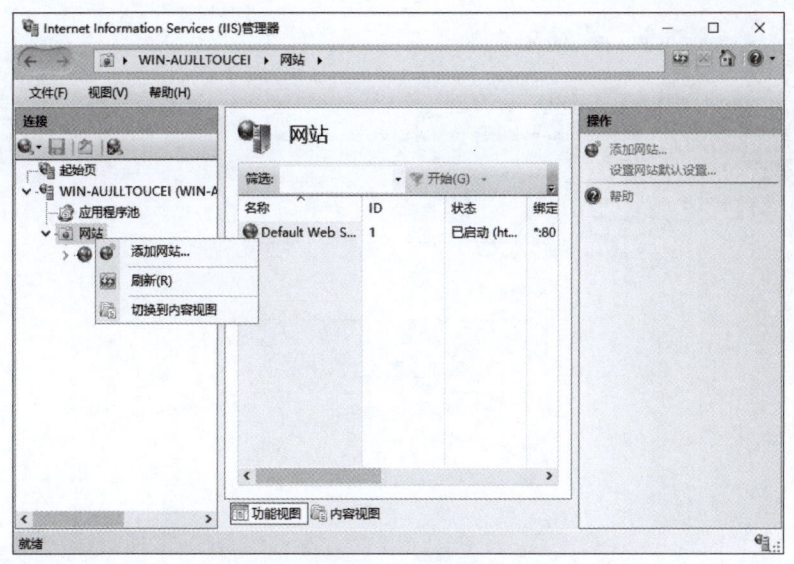

图 8-69 添加网站

④ 在"网站名称"文本框中输入 web，单击"物理路径"文本框右侧按钮，找到网站所在目录 E:\web，在"IP 地址"选项框中选择 192.168.1.1，单击"确定"按钮，如图 8-70 所示。

⑤ Web 站点发布成功，如图 8-71 所示。

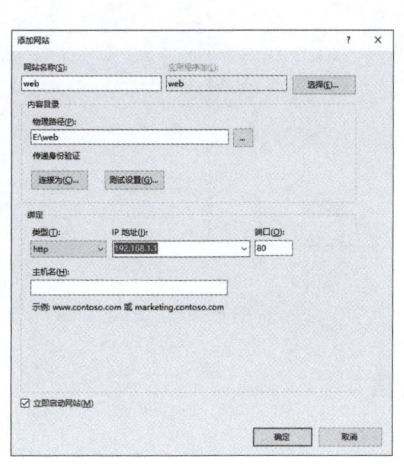

图 8-70 添加网站信息

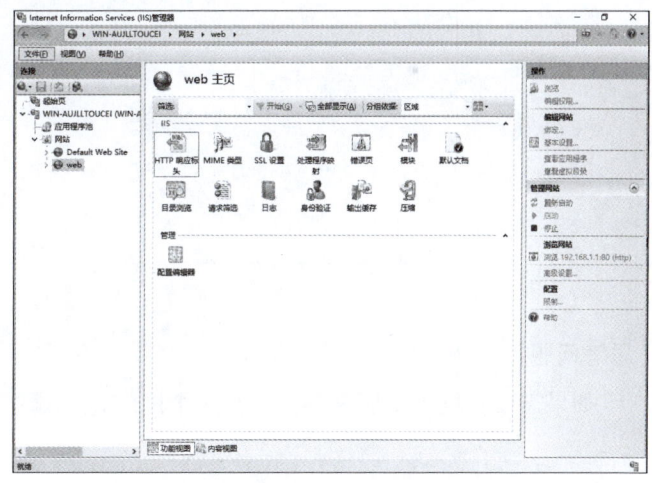

图 8-71 Web 站点

⑥ 创建要发布的网站后，可以通过添加"默认文档"设置该网站的默认发布主页。双击"默认文档"，单击右侧"添加"命令，输入默认文档名称 web.html，单击"确定"按钮，如图 8-72 所示。

3. 客户端验证

在客户端打开浏览器，输入网址 http://192.168.1.1 或 http://www.abc.com，打开测试网站，如图 8-73 所示。

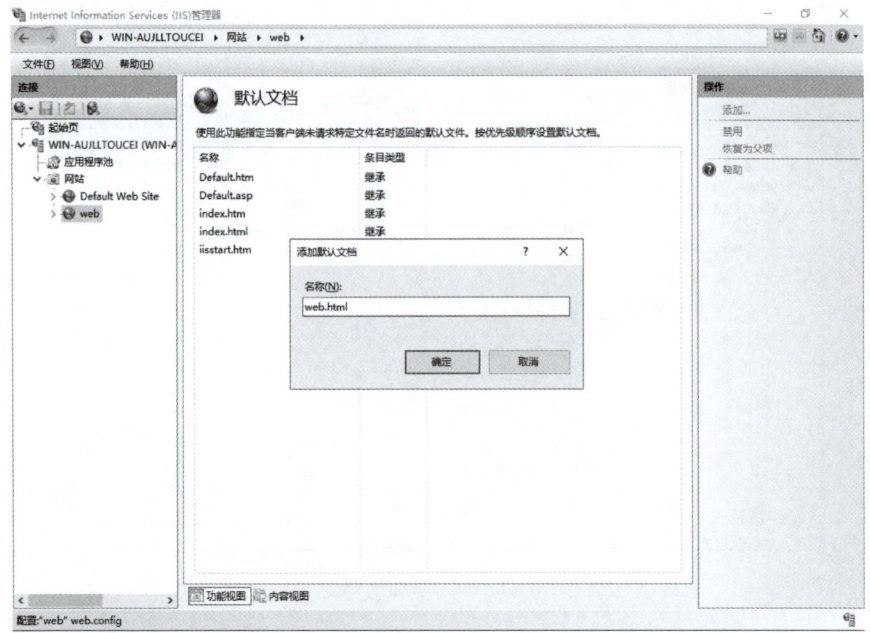

图 8-72 添加默认文档

图 8-73 客户端验证

【思考问题】

如果需要在同一个服务器上发布多个网站，有哪些方法？

任务 8.5 FTP 服务器的安装与配置

▶ 任务描述

资源共享是计算机网络的基本功能。小海需要给社团成员分发学习资料，资料大小为 100 GB。如果用 U 盘复制，需要复制多次，并且容易感染病毒。如果通过 QQ 发送则传输速率非常低，花费时间较长。那么小海该怎样实现内部数据资源共享？怎么保障共享资源的安全呢？

任务 8.5　FTP 服务器的安装与配置

▶ 任务目的

了解 FTP 服务器的工作原理，掌握 FTP 服务器的安装配置及 FTP 站点客户端的登录方式。

▶ 知识准备

8.5.1　FTP 概述

微课 8-5
FTP 服务

FTP 可将文件从网络上的一台计算机传送到另一台计算机。FTP 的一项突出优点就是可在不同类型的计算机之间传送文件。无论是 PC 机、服务器、大型机还是 Windows 平台、Unix 平台，只要双方都支持 FTP，就可以方便地交换文件。

Internet 上很多站点都提供了匿名 FTP 服务，允许任何用户访问该站点，并可从该站点免费拷贝文件。许多商业软件都是通过 FTP 发行的，不过下载时需要特定的账号。在 WWW 服务流行之前，FTP 是比较好的文件下载服务，而且 FTP 还有上传功能，在服务器端许可的前提下可以非常方便地将文件从本地计算机发送给远程 FTP 站点。

FTP 服务要求用户登录服务器来使用服务。登录后，用户可指向 FTP 服务可用的目录。专用 FTP 客户软件允许远程用户将文件复制到 FTP 站点，并发布其他 FTP 命令（包括注销）。

FTP 服务主要用于以下 3 个方面：

① 提供软件下载的高速站点；
② Web 站点维护和更新；
③ 在不同类型计算机之间传输文件。

建立 FTP 服务器可能带来一些安全问题，应当在降低安全风险的前提下建立和维护 FTP 服务器。

8.5.2　FTP 服务的工作过程

FTP 也是采用客户端/服务器模式，客户端和服务器使用 TCP 进行连接，为建立连接，客户端和服务器都必须各自打开一个 TCP 端口。FTP 服务器预置两个端口 21 和 20，其中端口 21 用来发送和接收 FTP 的控制信息，一旦建立 FTP 会话，端口 21 的连接在整个会话期间始终保持打开状态；端口 20 用来发送和接收 FTP 数据，只有在传输数据时才打开，一旦传输数据结束就断开。

FTP 工作的过程就是一个建立 FTP 会话并传输文件的过程，具体工作过程如图 8-74 所示。

① FTP 客户端程序向远程的 FTP 服务器申请建立连接。
② FTP 服务器 21 号端口在侦听到 FTP 客户端请求之后做出响应，与其建立会话连接。
③ 客户端程序打开一个控制端口，连接到 FTP 服务器的 21 号端口。
④ 需要传输数据时，客户端打开一个数据端口，连接到 FTP 服务器的 20 号端口，文件传输完毕后断开连接，释放端口。

⑤ 要传输新文件时，客户端会再打开一个新的数据端口，连接到 FTP 服务器 20 号端口。

⑥ 空闲时间超过规定后，FTP 会话自行终止。也可由客户端或 FTP 服务器强行断开连接。

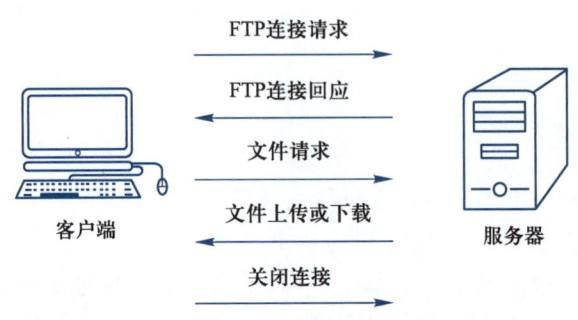

图 8-74　FTP 文件传输的工作过程

1. 匿名 FTP 服务和用户 FTP 服务

用户对 FTP 服务的访问有两种形式：匿名 FTP 服务和用户 FTP 服务。

（1）匿名 FTP 服务

匿名 FTP 服务允许任何用户访问 FTP 服务器，无论用户是否拥有该 FTP 服务器的账号，都可以使用用户名 anonymous 进行登录。

（2）用户 FTP 服务

这种方式为已在 FTP 服务器上建立了特定账号的用户使用，必须以用户名和口令来登录。对于不同的用户，FTP 往往限制某些功能，防止用户对系统进行全面的访问或完全控制。一些通过 FTP 开展的商业服务，赋予用户的账号和口令都是在短期内有效的临时账号。

在许多 FTP 站点上都可以自动匿名登录，从而查看或下载文件。要上传、重命名或删除文件，可能需要使用特殊的用户名和密码登录。同时，相同站点的不同区域也可能需要进行不同的登录。

2. FTP 服务器软件和客户端程序

（1）FTP 服务器软件

FTP 服务器软件是用于搭建和管理 FTP 服务器的工具，它可以使计算机成为一个 FTP 服务器，允许用户通过 FTP 协议上传、下载、删除和管理文件。目前有许多 FTP 服务器软件可供选择。

Core FTP Server 是一个功能丰富的 FTP 服务器软件，支持 SSL/TLS/FTPS、SSH/SFTP、HTTP/S 虚拟路径，适用于需要快速建立和管理 FTP 服务器的场景，特别适合小型企业和个人用户。FileZilla 是一款开源的 FTP 服务器软件，支持跨平台运行。Vsftpd 是一个在 Linux 和 Unix 系统上广泛使用的轻量级的 FTP 服务器软件，支持虚拟用户、限速、IP 访问控制和 SSL/TLS 加密等功能，同时具有较高的性能和可扩展性。ProFTPD 支持多种操作系统，包括 Linux、Unix 和 Windows，可以通过模块来扩展功能，并且支持虚拟主机和 IP 限制等高级功能。

（2）FTP 客户端程序

常用的 FTP 客户端程序通常有以下 3 种类型：传统的 FTP 命令行、浏览器和 FTP 下载工具。

传统的 FTP 命令行是最早的 FTP 客户端程序，它在 Windows 操作系统中仍然能够使用，但是需要进入 MS-DOS 窗口，对初学者来说是比较难于使用的。

目前的浏览器不但支持 WWW 方式访问，还支持 FTP 方式访问，通过它可以直接登录到 FTP 服务器并下载文件。

使用 FTP 命令行或浏览器从 FTP 服务器下载文件时，如果在下载过程中网络连接意外中断，下载完的那部分文件将会前功尽弃。FTP 下载工具可以解决这个问题，通过断点续传功能就可以继续进行剩余部分的传输。

目前，常用的 FTP 下载工具主要有：Cute FTP、Yummy FTP、WinSCP、Cyberduck、Classic FTP 等。其中，Cute FTP 是较早出现的一种 FTP 下载软件，它的功能比较强大，支持断点续传、文件拖放、上传、标签与自动更名等功能。Yummy FTP 是一款专门为 Mac 平台设计的 FTP 文件传输工具，支持多个连接和并发传输，文件传输效率高。WinSCP 是一款开源 FTP 客户端，与 Microsoft Windows 完全集成，支持跳转列表、快捷方式图标和 URL。Cyberduck 是一个强大的文件传输协议客户端，用于连接各种服务器、企业文件共享和云存储。

8.5.3 SFTP 介绍

安全文件传输协议（Secure File Transfer Protocol，SFTP）是一种在网络上进行安全文件传输的协议。它基于 SSH 协议实现，通过加密技术确保数据在传输过程中的安全性。SFTP 广泛应用于各种需要高安全性的文件传输场景，如企业内部文件共享、跨地域数据传输等。

SFTP 使用单一的 22 号 TCP 端口。其工作原理主要基于 SSH 协议。首先，客户端与服务器之间建立一个加密的 SSH 会话。接着，客户端向服务器发送身份验证信息，如用户名和密码或公钥。身份验证通过后，客户端可以向服务器发送 SFTP 命令，如上传、下载、删除文件等。服务器根据客户端的命令执行相应的操作，并将结果返回给客户端。文件传输完成后，客户端与服务器之间的连接会被断开。整个过程通过加密和认证机制确保了文件传输的安全性。

SFTP 因其安全性高、功能全面而被广泛应用于各种场景。例如，银行和金融服务机构经常使用 SFTP 来交换与金融交易相关的敏感数据，确保数据在传输过程中的安全性。开发人员部署应用到生产服务器时也经常使用 SFTP 来上传程序文件，防止代码在传输过程中被窃取或篡改。此外，SFTP 还适用于远程办公、文件备份和同步、远程服务器管理等场景。

▶ **任务实战**

FTP 服务器的安装与配置

【实践环境】

1. 装有 Windows Server 2016 操作系统的虚拟机。

2. 学生计算机 IP 地址为 192.168.1.2，Windows Server 2016 虚拟机 IP 地址为 192.168.1.1。

【任务步骤】

以学生计算机为客户端，以装有 Windows Server 2016 操作系统虚拟机为 FTP 服务器。通过添加角色安装 FTP 服务器，发布 FTP 站点，在客户端上传和下载文件。

1. 安装 FTP 服务器

① 单击 Windows 图标，打开菜单，选择"服务器管理器"，在配置此本地服务器中单击"添加角色和功能"，进入"添加角色和功能向导"窗口，根据提示，选择"从服务器池中选择服务器"选项。

② 选择服务器角色，展开"角色"选项框中的"Web 服务器（IIS）"子菜单，选中"FTP 服务器"复选框，单击"下一步"按钮，如图 8-75 所示。

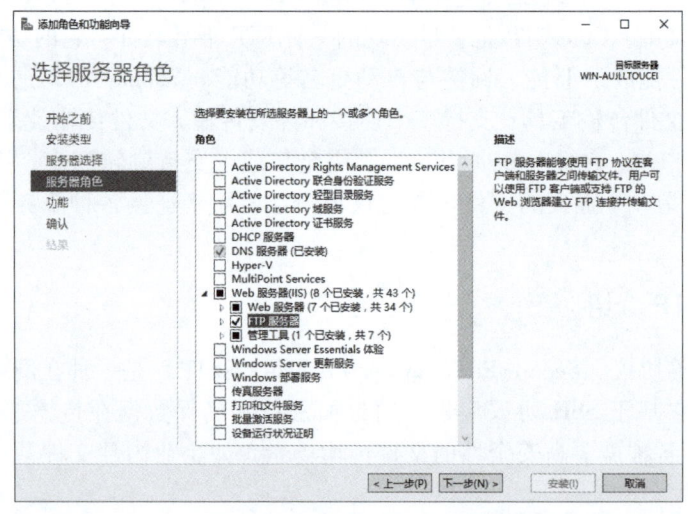

图 8-75 选择 FTP 服务器角色

③ 单击"安装"按钮，如图 8-76 所示。

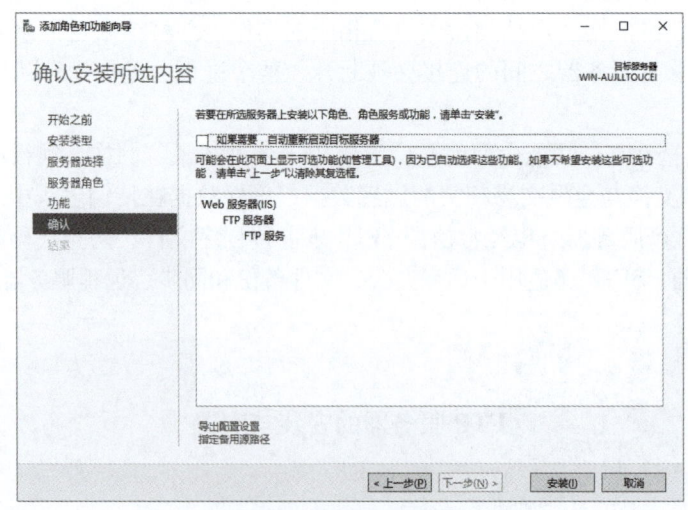

图 8-76 安装 FTP 服务

2. 发布 FTP 站点

① 打开"IIS 管理器"窗口，右击"网站"，在打开的快捷菜单中选择"添加 FTP 站点"命令，如图 8-77 所示。

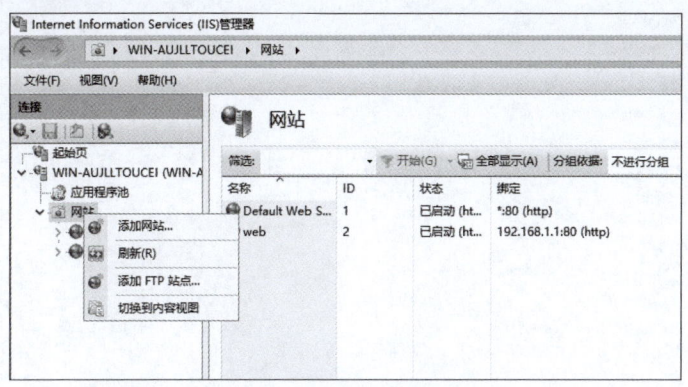

图 8-77　添加 FTP 站点

② 站点信息设置，填入 FTP 站点名称：ftp，选择物理路径：E:\FTP，单击"下一步"按钮，如图 8-78 所示。

图 8-78　添加站点信息

③ 绑定和 SSL 设置，选择 IP 地址：192.168.1.1，端口号设置为 21，选择"无 SSL"选项，单击"下一步"按钮，如图 8-79 所示。

④ 身份验证和授权信息。身份验证选择"匿名"，授权选择"匿名"或"所有用户"，权限选择"读取"和"写入"，单击"下一步"按钮，如图 8-80 所示。

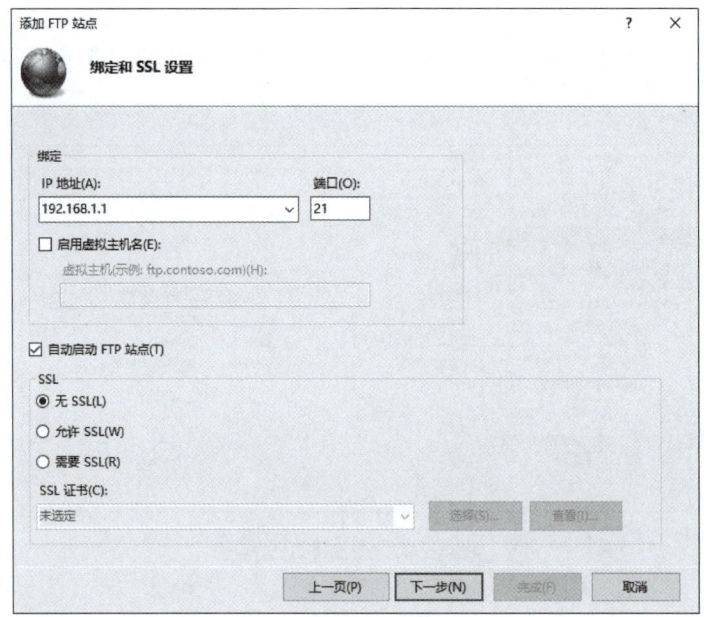

图 8-79　绑定和 SSL 设置

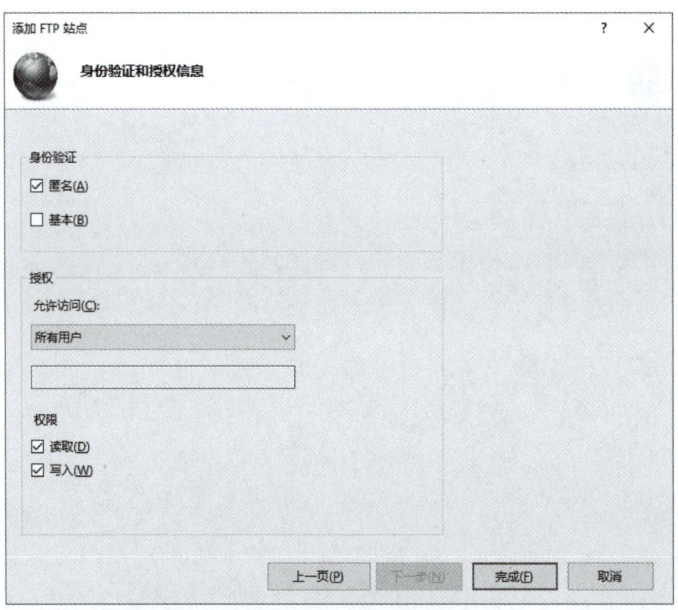

图 8-80　身份验证和授权信息

3. 客户端验证

① 在客户端打开资源管理器，在地址栏中输入 ftp://192.168.1.1，打开 FTP 站点，默认采用匿名登录，如图 8-81 所示。

② 创建任意文件夹，测试匿名用户访问权限，如图 8-82 所示。

任务 8.5　FTP 服务器的安装与配置

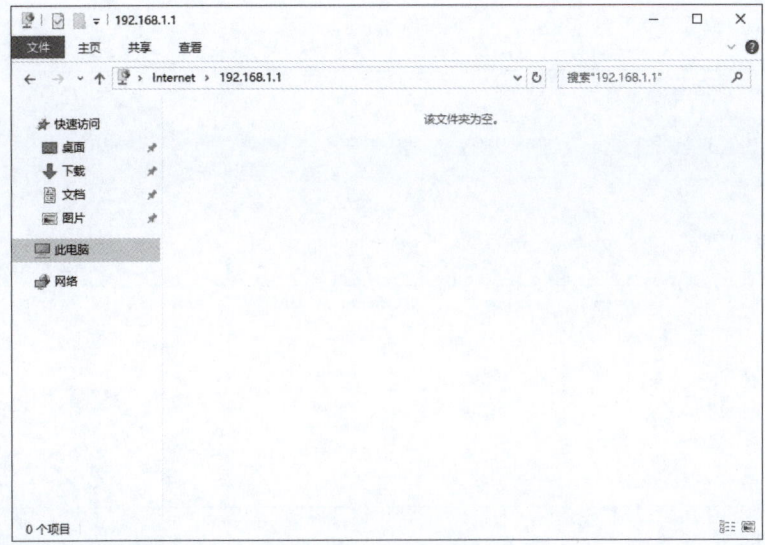

图 8-81　客户端验证

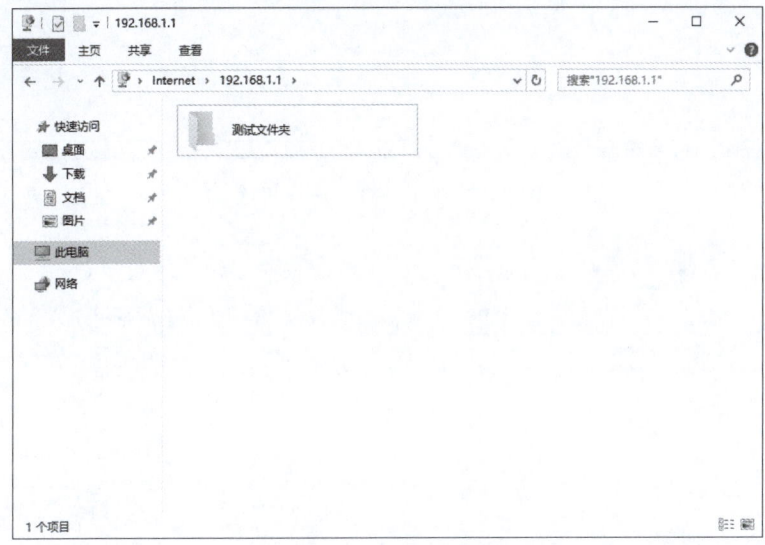

图 8-82　创建文件夹

SFTP 服务器的安装与配置

【实践环境】

1. 安装 Core FTP Server 软件的服务器，学生机安装 WinSCP 软件。

2. 学生机 IP 地址为：172.19.13.236，安装有 Core FTP Server 软件的服务器 IP 地址为：172.19.13.235。

【任务步骤】

1. 搭建 SFTP 服务器端

（1）打开 Core FTP Server 软件，单击 Setup 按钮，进入设置页面，如图 8-83、

259

图 8-84 所示。

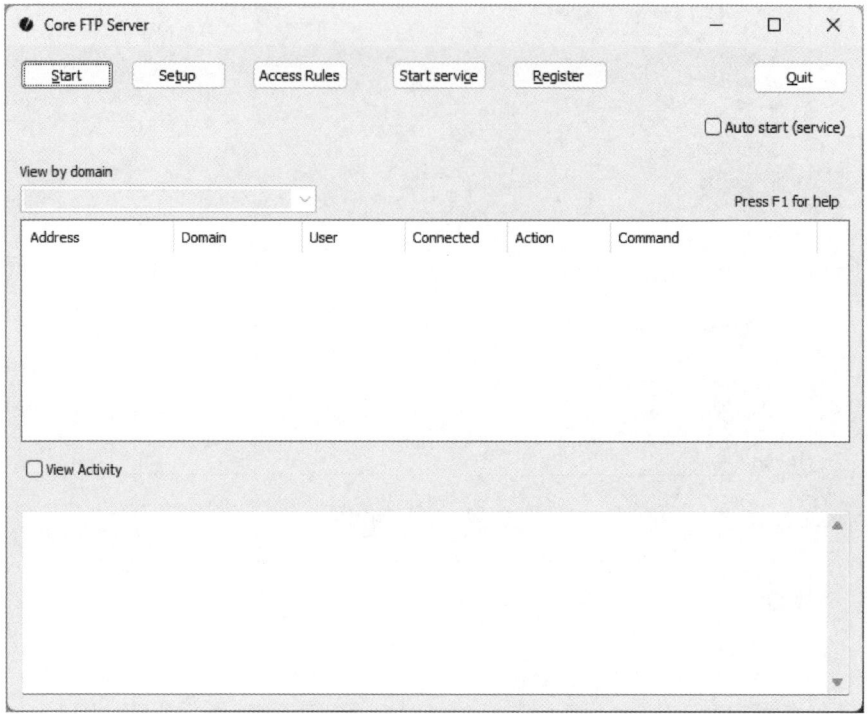

图 8-83 Core FTP Server 界面

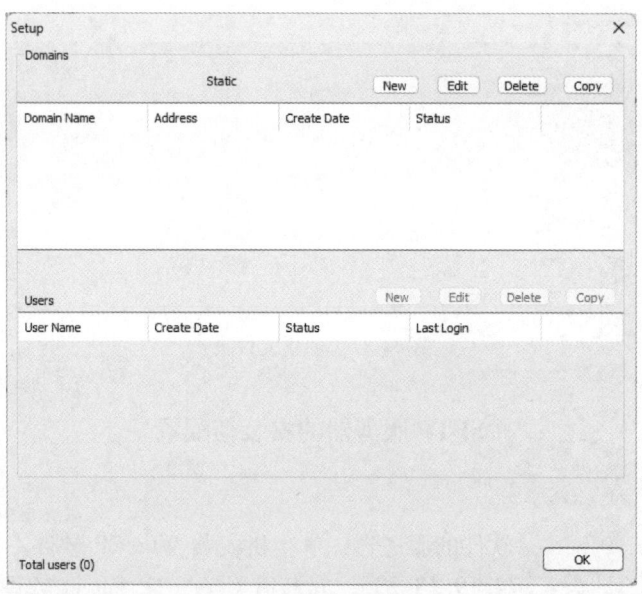

图 8-84 Setup 界面

（2）单击 New 按钮，新建 Domain，在 Domain Name 输入 sftp，在 Domain IP/Address 输入 172.19.13.235，Base directory 输入 D:\SFT。勾选 Disable FTP 和 SSH/SFTP 复选框，然后单击 OK 按钮，如图 8-85 所示。

任务 8.5 FTP 服务器的安装与配置

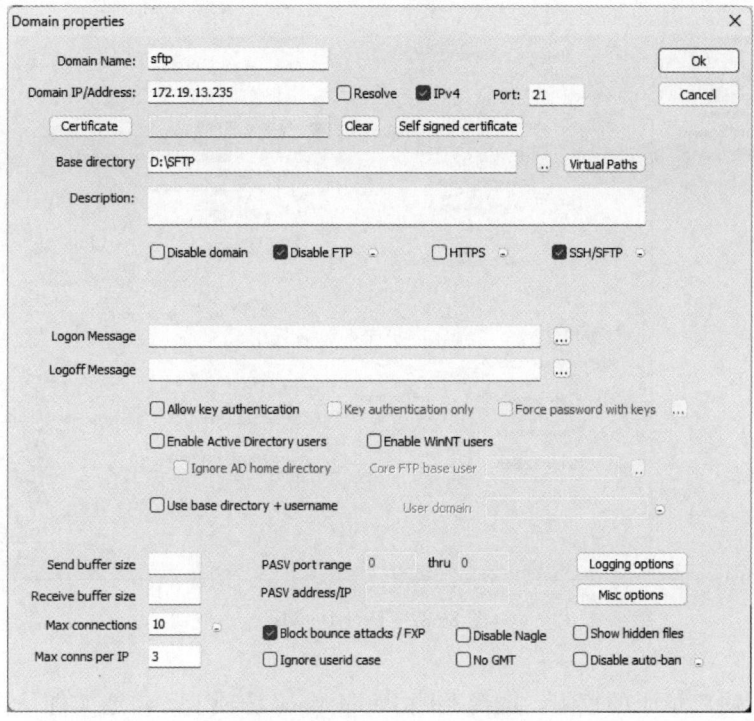

图 8-85 新建 Domain

（3）选择新建的 sftp 后，单击 New 按钮，新建用户，如图 8-86 所示。在 User Details 界面中创建用户。用户名设置为 net1，密码设置为 123456，并设置用户的文件访问目录为 D:\SFTP，如图 8-87 所示。

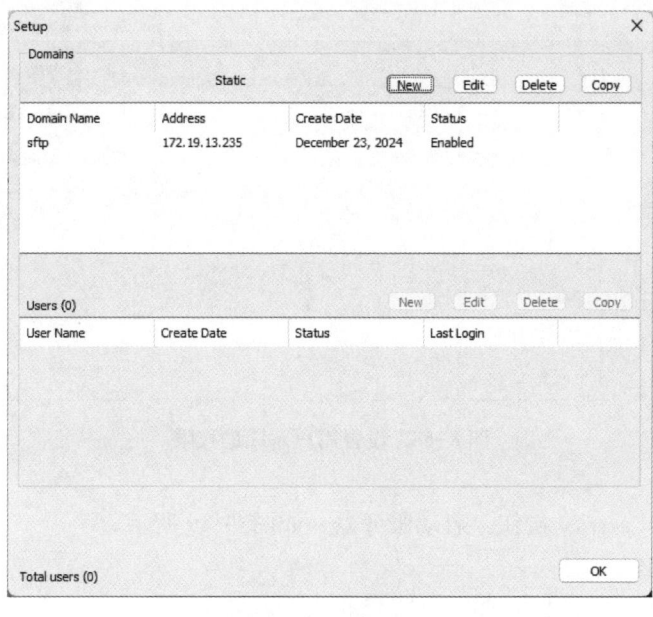

图 8-86 新建用户

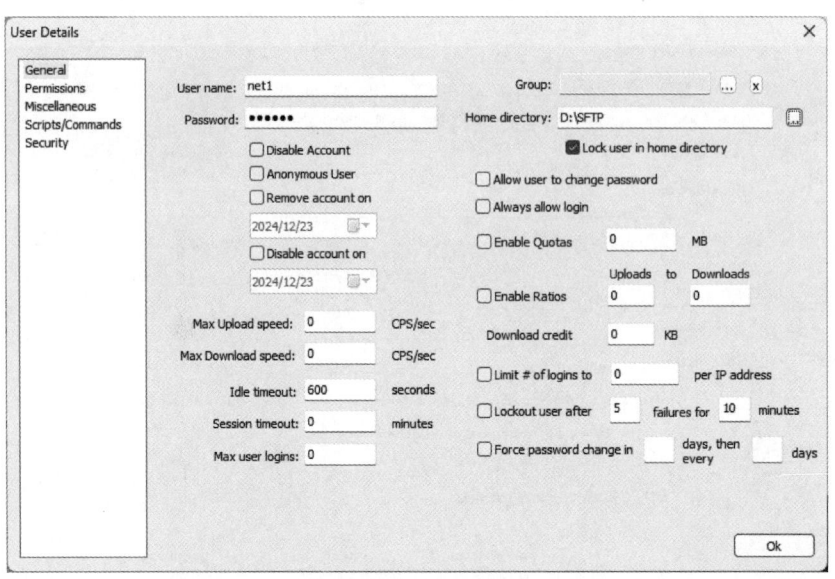

图 8-87　User Details

（4）设置用户 net1 的权限。选择左侧 Permissions 选项卡，勾选文件及目录权限，如图 8-88 所示。单击 Ok 按钮，完成设置。

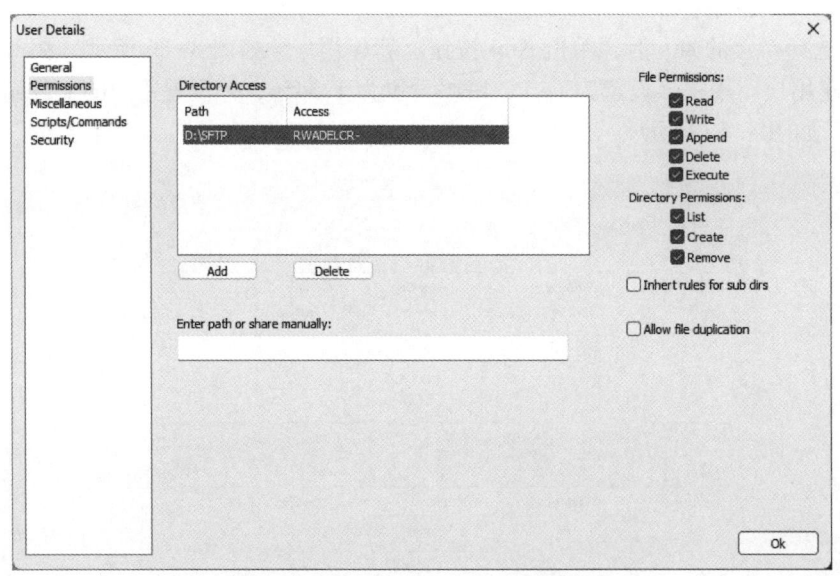

图 8-88　设置用户 net1 的权限

（5）单击 Start service 按钮，启动服务器，如图 8-89 所示。

2. 测试 SFTP

（1）在学生机中打开 WinSCP 软件，如图 8-90 所示。

任务 8.5　FTP 服务器的安装与配置

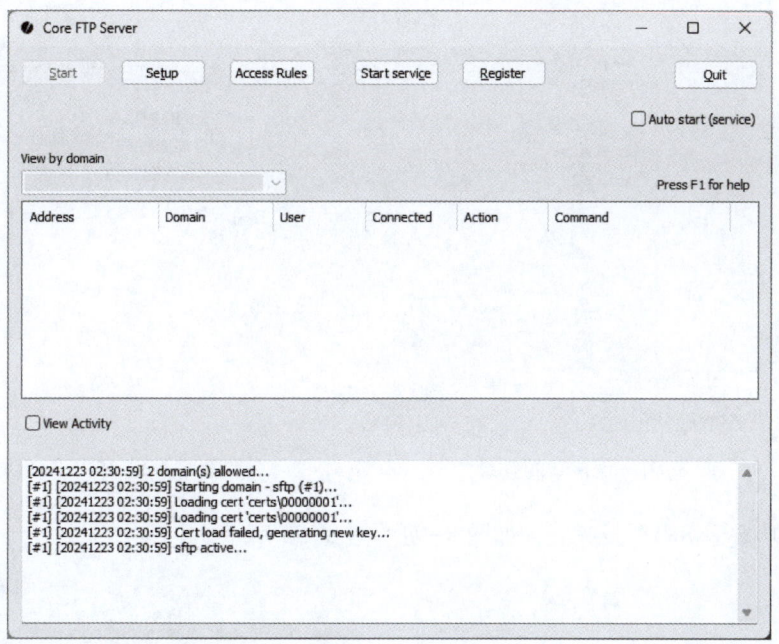

图 8-89　启动服务器

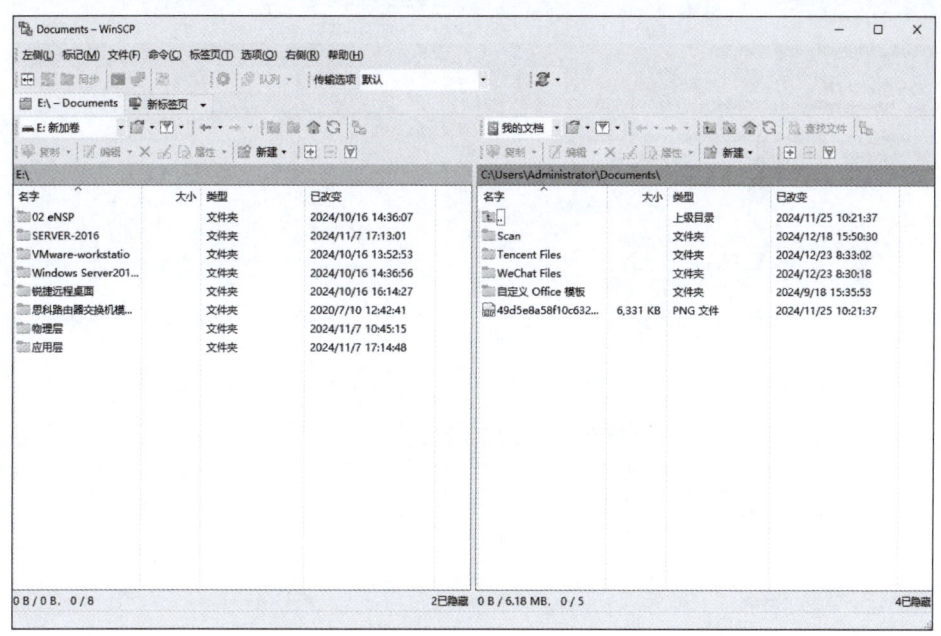

图 8-90　WinSCP 界面

（2）选择"新建标签页"，创建新的登录。在"登录"对话框中，文件协议选择 SFTP，输入创建的用户名及密码，如图 8-91 所示。

（3）单击"登录"按钮后，客户端自动连接服务，如图 8-92 所示。初次登录时，可以将主机密钥添加到缓存中，如图 8-93 所示。

263

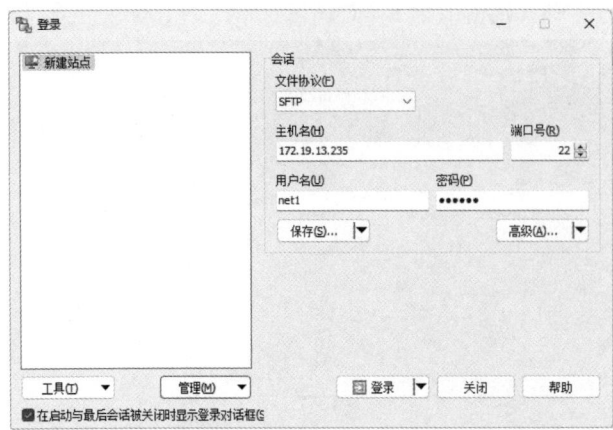

图 8-91 创建新的登录

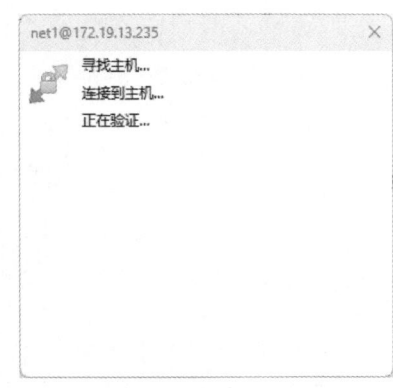

图 8-92 客户端自动连接服务

（4）成功登录 SFTP 服务器，如图 8-94、图 8-95 所示。

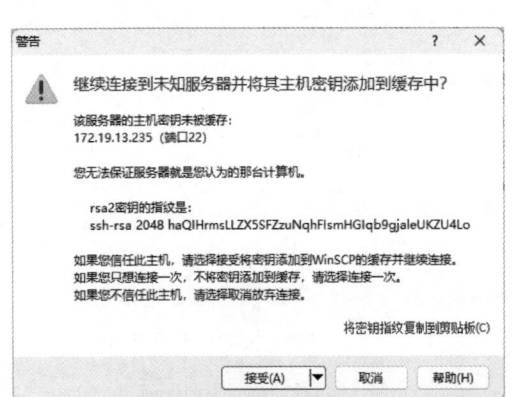

图 8-93 将密钥添加到缓存

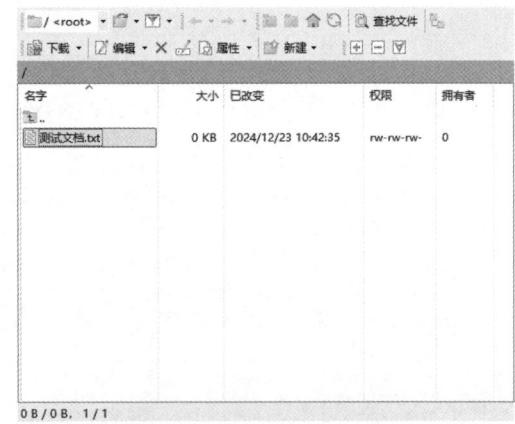

图 8-94 登录 SFTP 服务器

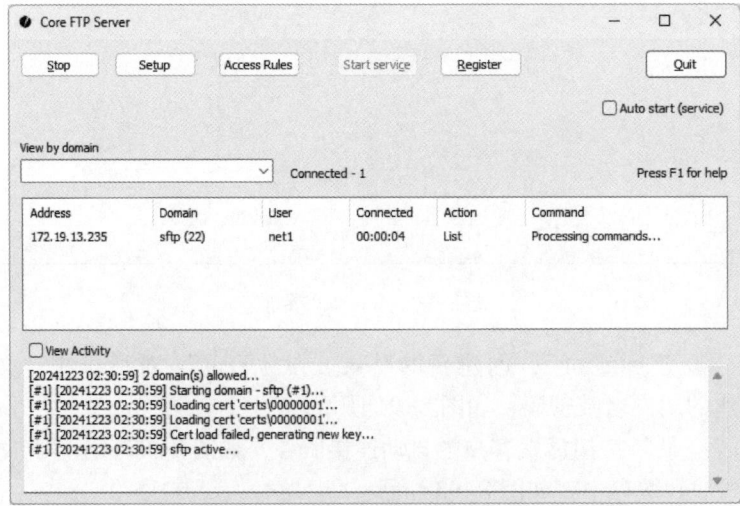

图 8-95 SFTP 服务器端用户清单

【思考问题】

在实际网络应用中,每个 FTP 用户都有专属的文件夹,每个用户具有不同的访问权限。如果要实现匿名用户登录匿名主目录,FTP 用户登录自己的主目录,该如何操作?

思考与练习

一、选择题

1. (《网络系统建设与运维》1+X 证书样题)万维网上的每个页面都有一个唯一的地址,这些地址统称( )。
   A. 域名地址　　　　B. WWW 地址　　　　C. 统一资源定位符 URL　　　　D. IP 地址
2. 下列说法错误的是( )。
   A. IP 子网中的主机可以由不同的域名服务器来维护其映射
   B. 多个域名可以指向同一台主机 IP 地址
   C. 同一域名在不同时间可能解析出不同的 IP 地址
   D. Internet 上提供客户访问的主机一定要有域名
3. 封装有 DHCP DISCOVER 报文的 IP 数据报的源 IP 地址和目的 IP 地址是( )。
   A. 255.255.255.255,127.0.0.1　　　　B. 127.0.0.1,255.255.255.255
   C. 0.0.0.0,127.0.0.1　　　　　　　　D. 0.0.0.0,255.255.255.255
4. 下列 TCP/IP 应用层协议中,可以使用传输层无连接服务的是( )。
   A. SMTP　　　　B. HTTP　　　　C. FTP　　　　D. DNS
5. 下列协议中,可以使用 TCP/IP 传输层面向连接服务的是( )。
   A. DNS　　　　B. DHCP　　　　C. RIP　　　　D. HTTP
6. DNS 是基于( )模式的分布式系统。
   A. 以上都不正确　　　　B. P2P　　　　C. B/S　　　　D. C/S
7. TCP 和 UDP 的一些端口保留给一些特定的应用使用。为 HTTP 保留的端口号为( )。
   A. TCP 的 80 端口　　　　　　　　　B. UDP 的 80 端口
   C. TCP 的 25 端口　　　　　　　　　D. UDP 的 25 端口
8. 与域名具有一一对应关系的是( )。
   A. IP 地址　　　　　　　　　　　　B. 主机
   C. MAC 地址　　　　　　　　　　　D. 以上都不是
9. 在 DNS 的递归查询中,给客户端返回地址的是( )。
   A. 目的地址所在服务器　　　　　　　B. 最后连接的服务器
   C. 最开始连接的服务器　　　　　　　D. 不确定
10. 下列关于网络应用模型的叙述中,错误的是( )。
    A. 在客户-服务器(C/S)模型中,客户端与客户端之间可以直接通信
    B. 在 P2P 模型中,节点之间具有对等关系
    C. 在向多用户分发一个文件时,P2P 模型通常比 C/S 模型所需时间短
    D. 在 C/S 模型中,主动发起通信的是客户端,被动通信的是服务器

11. 在客户-服务器模型中，客户端指的是（　　）。
　　A. 硬件　　　　　　B. 软件　　　　　　C. 请求方　　　　　　D. 响应方
12. 当客户端请求域名解析时，如果本地域名服务器不能完成解析，就把请求发送给其他域名服务器，当某个域名服务器完成解析后，将结果按原路返回给本地域名服务器，本地域名服务器再告诉客户端，这种域名查询方式称为（　　）。
　　A. 递归查询　　　　　　　　　　　　B. 缓存查询
　　C. 迭代查询　　　　　　　　　　　　D. 迭代与递归查询
13. 使用浏览器访问某大学 Web 网站主页时，不可能使用到的协议是（　　）。
　　A. DNS　　　　　B. SMTP　　　　　C. TCP　　　　　　D. ARP
14. 下列关于 FTP 工作模型的描述中，错误的是（　　）。
　　A. FTP 使用控制连接，数据连接来完成文件的传输
　　B. 用于控制连接的 TCP 连接在服务器端使用的熟知端口号为 21
　　C. 用于控制连接的 TCP 连接在客户端使用的端口号为 20
　　D. 服务器端由控制进程、数据进程两部分组成
15. 下面关于域名内容正确的是（　　）。
　　A. CN 代表中国，COM 代表商业机构　　　B. CN 代表中国，EDU 代表科研机构
　　C. UK 代表美国，GOV 代表政府机构　　　D. UK 代表中国，AC 代表教育机构

二、填空题

1. TCP/IP 体系中，应用层基本的工作模型是_____。
2. 在 Internet 中，使用_____表示服务器上可以访问的资源。
3. Web 浏览器和 Web 服务器交互时要遵循的协议是_____。
4. Web 服务器默认的端口号是_____。
5. HTTP 报文分为两类，分别是_____和_____。
6. FTP 服务器会用到两个端口，分别是_____和_____。
7. 发送电子邮件使用的协议是_____，接收电子邮件使用的协议是_____。
8. 域名服务器的默认服务端口号是_____。
9. DHCP 服务器的端口号是_____，DHCP 客户端的端口号是_____。
10. 客户进程的端口号是由_____随机分配的，它的值一般大于_____。
11. 域名服务器解析域名的方式一共有两种：_____和_____。
12. DHCP 客户端只在一段时间内可使用被分配的 IP 地址，这段时间称为_____。

三、问答题

1. 简述客户-服务器模型。
2. 什么是 DNS？它的作用是什么？
3. 简述 DHCP 的工作原理。

项目 9 网络安全护卫——网络安全与管理

 项目导读

本项目的目标是让读者了解网络安全与管理相关知识，增强网络安全意识，培养网络安全管理能力。主要内容为：网络扫描器的使用、通信加密原理与加密通信部署、常见的网络攻击方式与常见的防御方式、模拟网络攻防等。本项目重、难点以及课证融通点见表 9-1。

表 9-1 项目 9 重难点及课证融通点

重点	网络安全法规、常见的攻击模式、常见的防御手段
难点	使用网络扫描器、搭建加密通信通道、模拟网络攻击
课证融通点	其中常见的攻击模式、常见的防御手段与搭建加密通信通道相关内容对接 1+X 证书"网络安全与管理"考点

 职业能力目标和要求

知识目标
❖ 理解网络安全模型的定义与功能；
❖ 了解常见的网络安全模型；
❖ 了解网络安全法律法规；
❖ 掌握常见的通信加密方法；
❖ 了解常见的网络攻击方法与防御方法。

能力目标
❖ 能够使用网络扫描器发掘网络漏洞；

项目 9　网络安全护卫——网络安全与管理

- ❖ 能够配置加密网络通信。

素养目标
- ❖ 加强职业道德教育，培养学生的职业道德观念，坚守职业操守；
- ❖ 培养自主学习，勇于尝试的习惯；
- ❖ 具备全局观念，能够与团队其他成员进行良好的协调合作。

情景导入

每年 9 月的第三周是国家网络安全宣传周（即网安周），信研网络社团每年都会在这个时间开展网络安全校园科普活动，在本次校园科普活动中，小海也成为一名知识科普员参与活动。

小马：本次科普活动设置了知识科普环节、网络攻击实验环节、有奖问答环节与常规网络安全设备指导环节。

小海：社团内是如何安排分工的呢？

小马：在为期一周的活动中，社团成员采用轮换制度，每天担任不同活动片区的引导工作，也方便社员同步学习、体验网安周活动。

小海：好的，我知识储备还不够充足，第一天先从知识科普区开始吧。

任务 9.1　使用 Nmap 进行网络扫描

▶ 任务描述

小海来到知识科普区，作为一名知识科普员需要引导学生参观网络安全展厅、讲述网络安全知识点，有时还要回答学生提问，为此小海需要提前做足准备，他打算从以下几个方面巩固网络安全知识：

1. 网络安全具体有什么内容？
2. 常见的网络安全问题有哪些？常见的攻击防御手段又是怎样的？
3. 如何发掘生活中的网络安全问题？

▶ 任务目的

通过学习常见的网络攻击方式与网络安全模型，了解网络扫描器的用途，并学习现行法律法规在网络安全方面的条例。

▶ 知识准备

9.1.1　常见威胁和攻击

微课 9-1
常见威胁和攻击

1. 恶意软件

"恶意软件"一词用于描述具有险恶意图的软件，包括间谍软件、勒索软件、病毒和蠕虫。恶意软件通常会在用户点击危险链接或邮件附件时通过漏洞侵入网络，而这些链接或附件随后会安装危险的软件。一旦进入系统内部，恶意软件会执行以下操作：

① 阻止对网络关键组件的访问（勒索软件），如图 9-1 所示；
② 安装恶意软件或其他有害软件；
③ 通过从硬盘驱动器传输数据，隐蔽地获取信息（间谍软件）；
④ 破坏某些组件并使系统无法运行。

2. 网络钓鱼

网络钓鱼是一种发送欺诈性通信的行为，此类通信往往貌似发自信誉良好的来源，通常是通过电子邮件发送。其目的是窃取信用卡和登录信息等敏感数据或在受害者的设备上安装恶意软件。网络钓鱼是当今日益常见的网络威胁。

3. 中间人攻击

中间人 MITM 攻击也称窃听攻击，是攻击者将自身插入双方事务中时发生的攻击。攻击者中断流量后，他们会过滤并窃取数据，如图 9-2 所示。

MITM 攻击有两个常见入口点：

① 在不安全的公共 Wi-Fi 网络中，攻击者可将自身插入访客的设备与网络之间，在不知情的情况下，访客的所有信息都会经由攻击者传输；

② 恶意软件侵入设备后，攻击者可以安装软件来处理受害者的所有信息。

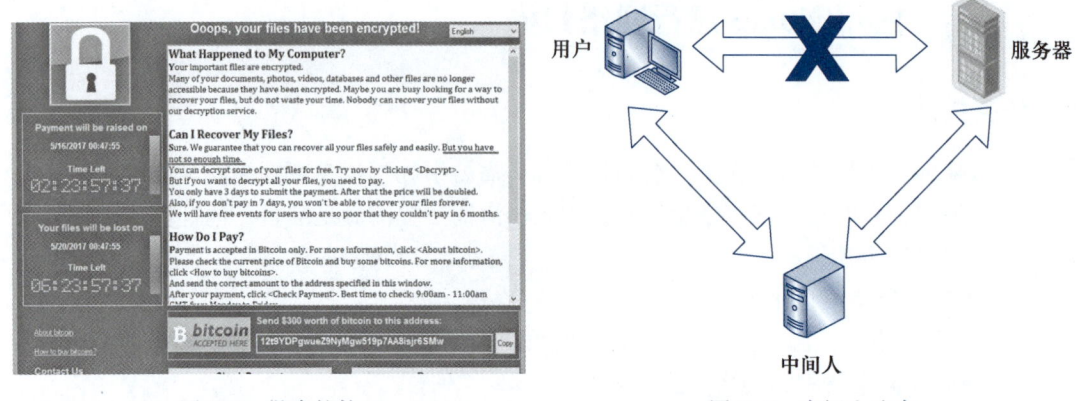

图 9-1　勒索软件　　　　　　　　图 9-2　中间人攻击

4. 拒绝服务攻击

拒绝服务（DoS）攻击旨在使系统的资源不堪重负，以致其无法响应合法的服务请求。分布式拒绝服务（DDoS）攻击类似于 DoS 攻击，因为它同样试图耗尽系统的资源，如图 9-3 所示。DDoS 攻击由感染了恶意软件并被攻击者控制的大量主机发起。这些攻击之所以称为"拒绝服务"攻击，是因为被攻击的网站无法向有需要的人提供服务。

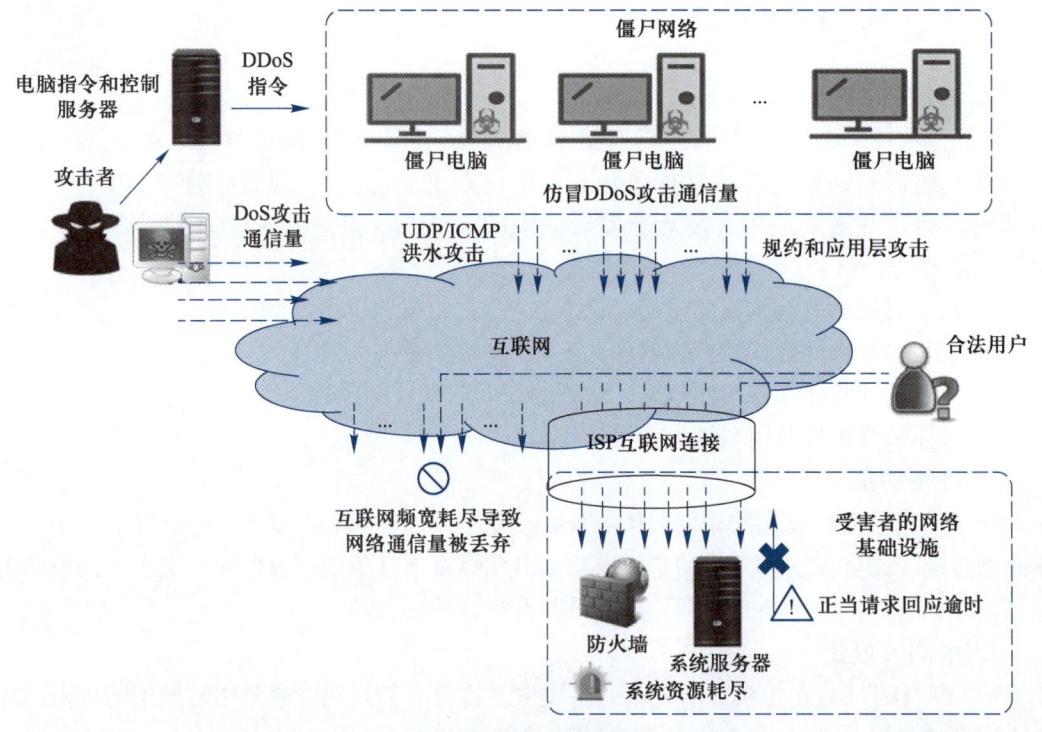

图 9-3　DDoS 攻击

DoS 攻击会使目标站点被非法请求淹没。由于网站必须响应每个请求，因此其资源会被所有响应占用。这使得网站无法像往常一样为用户提供服务，而且通常会导致网站完全关闭。

防御 DoS 攻击的一种常见方法是，使用防火墙来检测发送到网站的请求是否合法。如果发现伪造请求，则将其丢弃，从而允许正常数据流不间断地流动。

5. SQL 注入

当攻击者将恶意代码插入使用结构化查询语言（SQL）的服务器中并强制服务器透露通常不会透露的信息时，即 SQL 注入攻击。攻击者只需要在易受攻击网站的搜索框中提交恶意代码，即可实施 SQL 注入攻击，如图 9-4 所示。

6. 零日漏洞攻击

零日漏洞攻击发生在网络漏洞宣布后但补丁或解决方案还没来得及实施前，攻击者在这段时间内以披露的漏洞为目标发起攻击。零日漏洞威胁检测需要始终保持警惕。

7. DNS 隧道

DNS 隧道利用 DNS 协议在端口 53 上进行非 DNS 流量通信，它通过

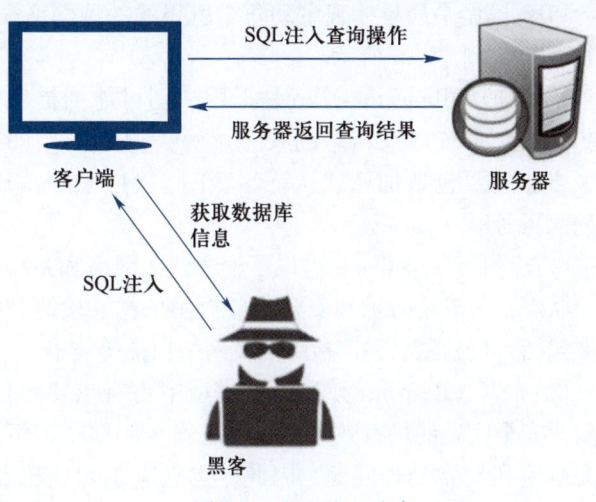

图 9-4　SQL 注入攻击

DNS 发送 HTTP 和其他协议的流量。攻击者可能会利用 DNS 隧道将出站流量伪装成 DNS，隐藏通常通过互联网连接共享的数据，将数据从受感染系统泄露到攻击者的基础设施，如图 9-5 所示。此外，攻击者还将其用于从攻击者基础设施到受感染系统的命令与控制回调。

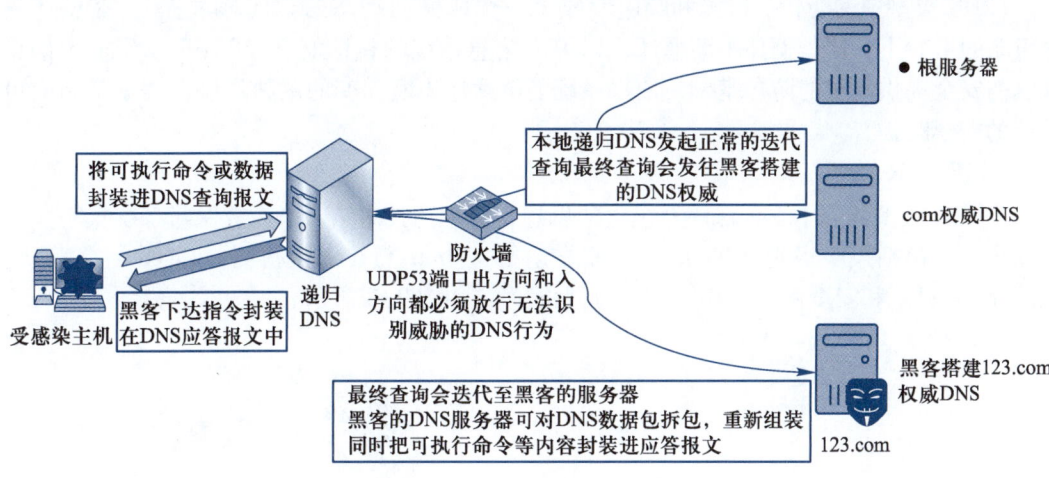

图 9-5　DNS 隧道攻击

9.1.2　网络安全模型

1. 网络安全模型的定义

网络安全建模可以帮助组织更全面、深入地理解其网络安全环境，从而更有效地预测和对抗潜在的威胁与风险；网络安全工作者也可以借助优秀的

微课 9-2
网络安全模型

网络安全模型和框架的辅助更加直观清晰、更有条理的开展工作；网络安全模型还可以是网络安全规划、安全运营的重要辅助工具，使用网络安全模型对业务安全进行总结和指导，避免思维被局限，出现安全短板。

2. PDR 模型

PDR 模型是最早体现主动防御思想的一种网络安全模型。模型包括保护、检测和响应 3 个环节，如图 9-6 所示。

① 保护（Protection）就是采用一切可能的措施来保护网络、系统以及信息的安全。保护通常采用的技术及方法主要包括加密、认证、访问控制、防火墙以及防病毒等。

② 检测（Detection）可以了解和评估网络和系统的安全状态，为安全防护和安全响应提供依据。检测技术主要包括入侵检测、漏洞检测以及网络扫描等技术。

③ 响应（Response）在安全模型中占有重要地位，是解决安全问题的最有效办法。解决安全问题就是解决紧急响应和异常处理问题，因此，建立应急响应机制，形成快速安全响应的能力，对网络和系统而言至关重要。

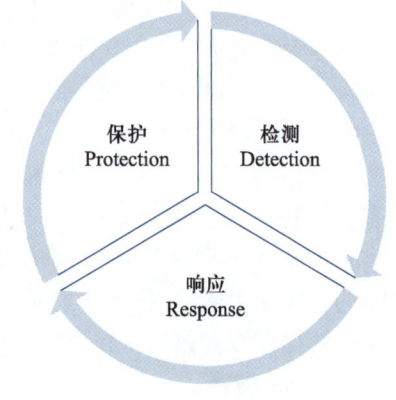

图 9-6　PDR 模型

3. P2DR 模型

P2DR 模型被认为是动态网络安全体系的代表模型，承载着动态安全模型的雏形，如图 9-7 所示。

P2DR 模型中的防护、检测和响应形成了一个协同而动态的"闭环过程"。在整体安全策略的引导下，这一循环不断循环，以保障信息系统的整体安全。P2DR 模型能为信息系统的安全提供坚实的防护基础，使得系统能够适应不断演变的威胁环境，实现动态而可持续的安全防护。

4. IPDRR 模型

IPDRR 模型体现了安全保障系统化的思想，管理与技术结合来有效保障系统核心业务的安全。它包括风险识别（Identify）、安全防御（Protect）、安全检测（Detect）、安全响应（Respond）和安全恢复（Recover）五大能力，如图 9-8 所示。

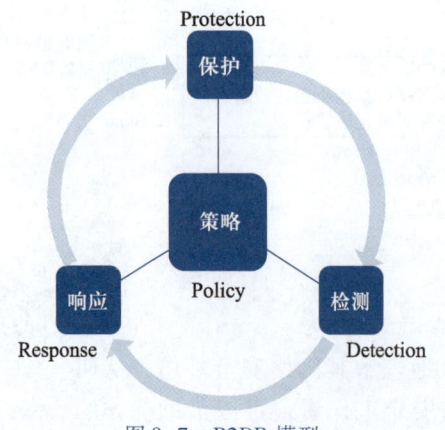

图 9-7　P2DR 模型

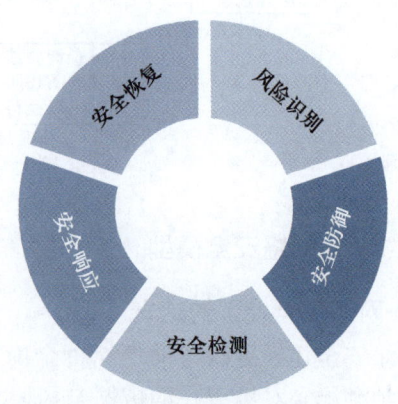

图 9-8　IPDRR 模型

这个框架从以防护为核心的模型，转向以检测和业务连续性管理的模型，变被动为主动，最终达成自适应的安全能力。通过持续的安全检测，可以及时发现并应对网络攻击事件，减少其对业务的影响，同时也可以对系统进行恢复和修复，确保系统的正常运行。

5. WPDRRC 模型

WPDRRC 安全模型是我国在 PDR 模型、P2DR 模型及 IPDRR 等模型的基础上提出的，适合我国国情的网络动态安全模型，重点在 IPDRR 模型的前后增加了预警和反击功能，如图 9-9 所示。

WPDRRC 模型有 6 个环节和 3 大要素。

① 6 个环节：包括预警、保护、检测、响应、恢复和反击，它们具有较强的时序性和动态性，能够较好地反映出信息系统安全保障体系的预警能力、保护能力、检测能力、响应能力、恢复能力和反击能力；

② 3 大要素：包括人员、策略和技术，人员是核心，策略是桥梁，技术是保证；3 大要素落实在 WPDRRC 模型 6 个环节的各个方面，将安全策略变为安全现实。

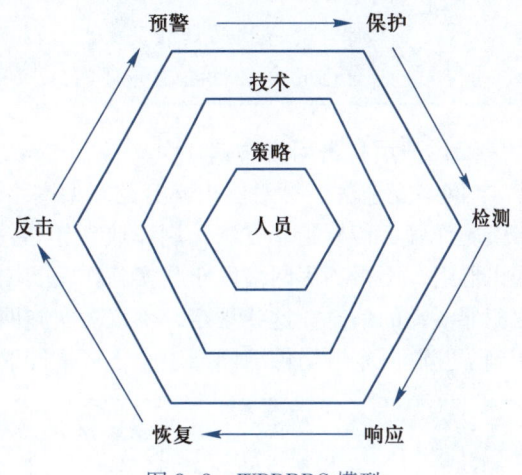

图 9-9　WPDRRC 模型

9.1.3　网络安全法律法规

1. 为什么要制定《网络安全法》

我国是名副其实的网络大国，网民规模位居全球第一，网络创新活动活跃，网络商务如火如荼，处处展现出欣欣向荣的景象。但繁荣之下，也暴露出一些安全隐患和问题。

微课 9-3
网络安全法律法规

保证网络空间持续健康发展，需要社会形成一致性的价值认同和行为认同。以法律的形式对网络行为提出规范，能够对网络行为主体权利义务进行规定，在发生问题时提供法律解决途径。网络空间不是法外之地，加快网络空间的法制化建设，是落实全面依法治国、加强和改进网络管理工作的必然要求。

《中华人民共和国网络安全法》（以下简称《网络安全法》）作为网络安全的基本法，对网络安全的定位、目标、管理体制机制、主要制度、防范监督等基本问题做出了明确规定。同时，通过加强我国网络安全领域的立法和执法，不断完善相关规定，积累网络管理经验，将社会各群体的权益法定下来，能够为今后国际合作竞争中保障国家和国民利益争取更多主动。

2.《网络安全法》的亮点

（1）不得出售个人信息

《网络安全法》规定：网络产品、服务具有收集用户信息功能的，其提供者应当向用户明示并取得同意；网络运营者不得泄露、篡改、毁损其收集的个人信息；任何个人和组织不得窃取或者以其他非法方式获取个人信息，不得非法出售或者非法向他人提供个人信息。

《网络安全法》聚焦个人信息泄露，不仅明确了网络产品服务提供者、运营者的责任，而且严厉打击出售贩卖个人信息的行为，对于保护公众个人信息安全将起到积极作用。

> **小贴士**　网络安全法强调了对个人信息的保护。学生应妥善保管自己的个人信息，如姓名、身份证号码、电话号码等，避免随意泄露。在使用网络服务时，要仔细阅读相关条款，了解个人信息如何被收集、使用和存储，确保自己的合法权益不受侵害。

（2）严厉打击网络诈骗

《网络安全法》针对层出不穷的新型网络诈骗犯罪规定：任何个人和组织不得设立用于实施诈骗、传授犯罪方法、制作或者销售违禁物品、管制物品等违法犯罪活动的网站、通讯群组，不得利用网络发布与实施诈骗，制作或者销售违禁物品、管制物品以及其他违法犯罪活动的信息。这些规定，不仅对实施网络诈骗的个人和组织起到震慑作用，而且也明确了互联网企业对保障网络安全不可推卸的责任。

> **小贴士**　学生应提高警惕，防范网络诈骗和攻击。不轻易点击不明链接、下载未知来源的软件或文件，以免遭受病毒或恶意软件的侵害。同时，要学会识别网络诈骗手段，如假冒网站、虚假广告等，避免上当受骗。

（3）以法律形式明确"网络实名制"

《网络安全法》以法律的形式对"网络实名制"作出规定：网络运营者为用户办理网络接入、域名注册服务，办理固定电话、移动电话等入网手续，或者为用户提供信息发布、即时通信等服务，应当要求用户提供真实身份信息。用户不提供真实身份信息的，网络运营者不得为其提供相关服务。

网络是虚拟的，但使用网络的人是真实的。此法让每个人使用互联网时，增强责任意识和自我约束，同时督促网络服务提供商落实主体责任，加强审核把关。

> **小贴士**　学生应遵守网络道德规范，不发表、传播违法和不良信息。在网络交流中，要尊重他人，不进行人身攻击、谩骂和恶意造谣。同时，要积极参与网络文明建设，传播正能量，共同营造健康、和谐的网络环境。

（4）重点保护关键信息基础设施

《网络安全法》对关键信息基础设施的运行安全进行明确规定，指出国家对公共通信和信息服务、能源、交通、水利、金融、公共服务、电子政务等重要行业和领域的关键信息基础设施实行重点保护。

信息化的深入推进，使关键信息基础设施成为社会运转的神经系统。保障这些关键信息系统的安全，不仅仅是保护经济安全，更是保护社会安全、公共安全乃至国家安全。

（5）惩治攻击破坏我国关键信息基础设施的境外组织和个人

《网络安全法》规定：境外的个人或者组织从事攻击、侵入、干扰、破坏等危害中华人民共和国的关键信息基础设施的活动，造成严重后果的，依法追究法律责任；国务院公安部门和有关部门可以决定对该个人或者组织采取冻结财产或者其他必要的制裁措施。

这一规定，不仅符合国际惯例，而且表明了我们维护国家网络主权的坚定决心。

（6）重大突发事件可采取"网络通信管制"

《网络安全法》对建立网络安全监测预警与应急处置制度专门列出一章做出规定，明确了发生网络安全事件时，有关部门需要采取的措施。特别规定：因维护国家安全和社会公共秩序，处置重大突发社会安全事件的需要，经国务院决定或者批准，可以在特定区域对网络通信采取限制等临时措施。

▶ 任务实战

使用 Nmap 进行网络扫描

【实践环境】

学校计算机机房网络设备。

【任务步骤】

1. Nmap 是 Network Mapper 的缩写，是开源网络通信端口扫描工具，在渗透测试或红队演练的作业中，常用于第一步侦察网络环境。本任务使用 Zenmap 作为 Nmap 的 GUI 可视化操作工具，如图 9-10 所示。

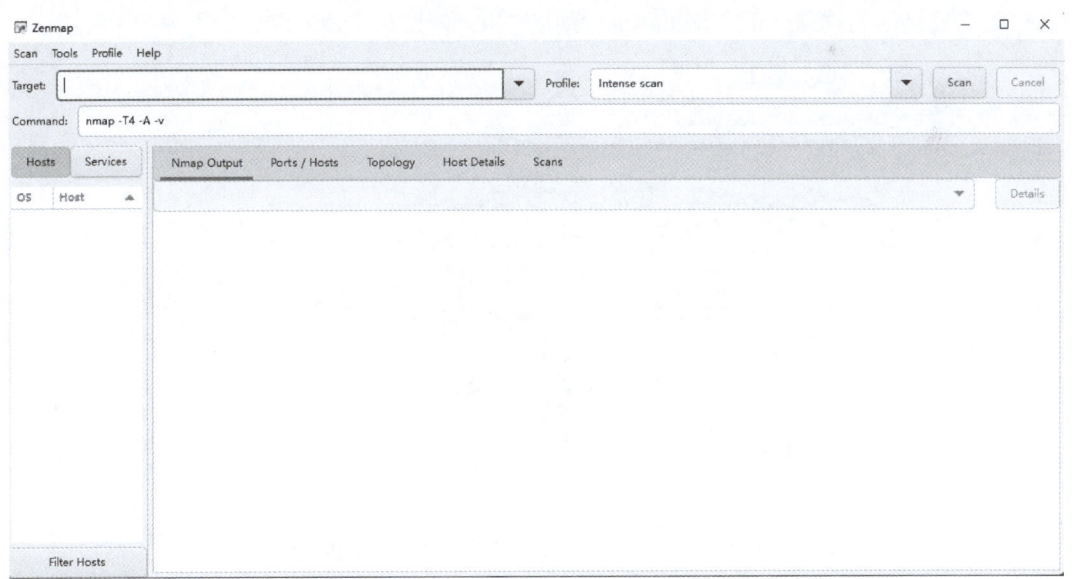

图 9-10　打开 Zenmap 软件

2. **请注意**：以下 **Nmap** 指令操作禁止在非授权环境下执行！利用虚拟机软件练习，建立虚拟主机，以进行扫描。可在 Nmap 官方网站下载安装包，如图 9-11 所示。

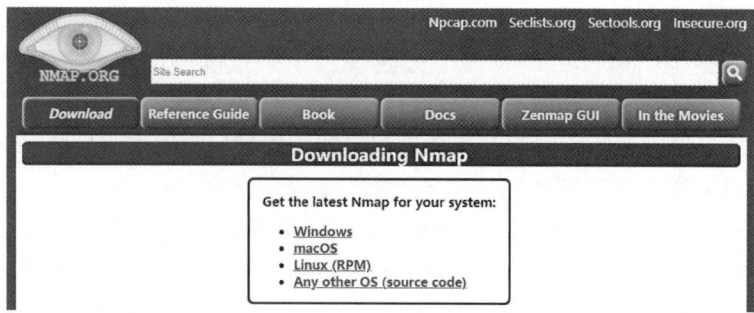

图 9-11　Nmap 官方网站

3. 当需要使用 GUI 时，可以选择包含 GUI 的安装包，如图 9-12 所示。

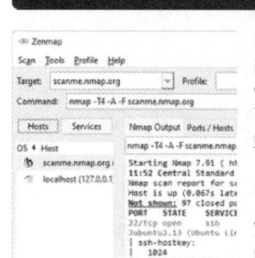

图 9-12　Nmap GUI 安装包

4. 在安装时勾选 Npcap 与 Zenmap，单击"Next"按钮完成安装，如图 9-13 所示。

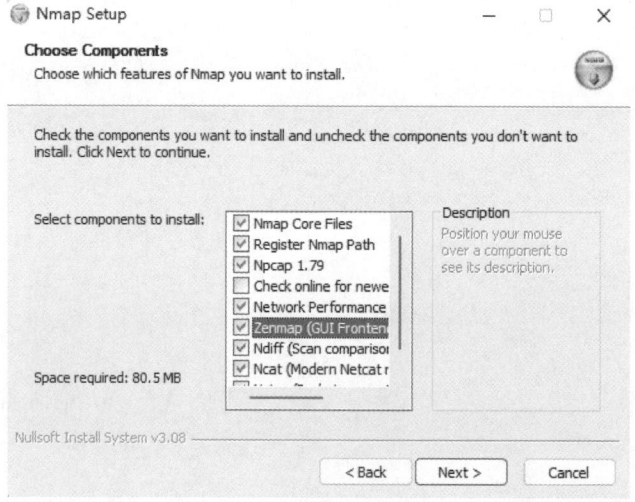

图 9-13　勾选相关选项

5. 打开 Zenmap，界面上方的 Target 为扫描目标，Profile 为扫描配置选项，Profile 默认为 Intense scan，如图 9-14 所示。

任务 9.1　使用 Nmap 进行网络扫描

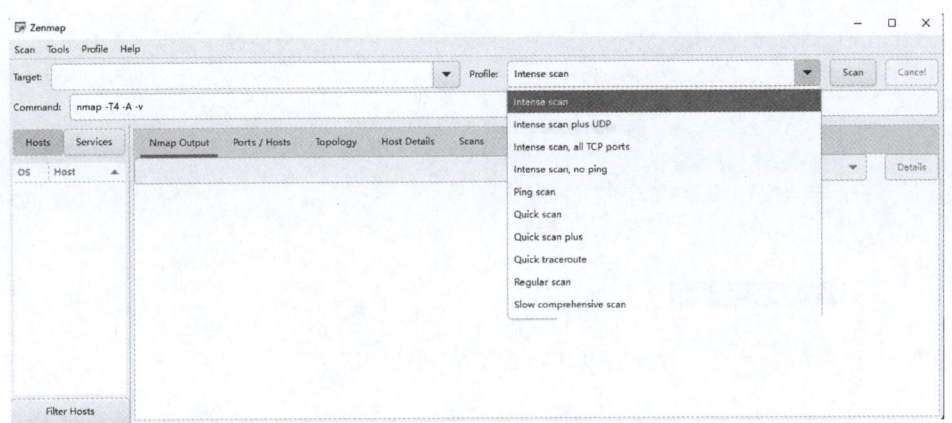

图 9-14　打开 Zenmap 软件

6. 尝试对网络进行一次快速扫描。在 Target 中填入本地网络，Profile 中选择 Quick scan，单击"Scan"按钮开始扫描，如图 9-15 所示。

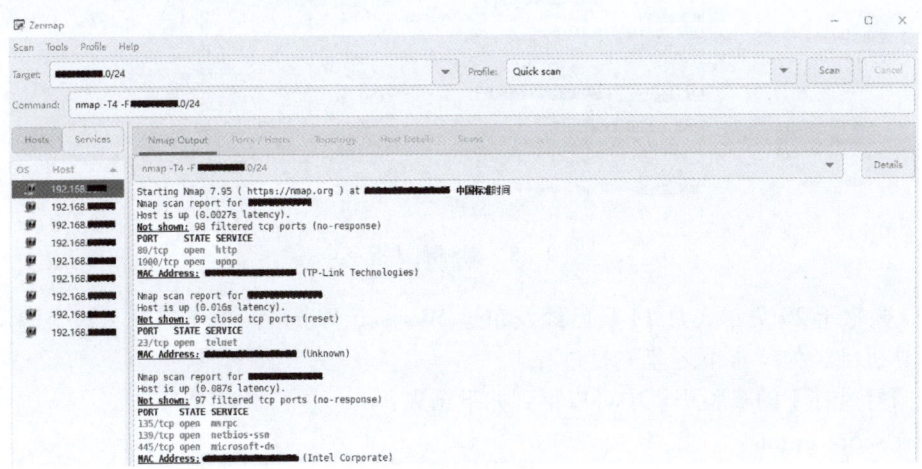

图 9-15　进行快速扫描

7. 单击主要窗口的 Ports/Hosts 标签，可以看到每台网络设备开放的端口，如图 9-16 所示。

Nmap Output	Ports / Hosts	Topology	Host Details	Scans
Port	Protocol	State	Service	Version
80	tcp	open	http	
1900	tcp	open	upnp	

图 9-16　查看端口

8. 将左侧列表切换为 Services 模式，选择 microsoft-ds，可以看到网络中有两台设备开放了此端口，此端口为 SMB 协议端口，也是"永恒之蓝"攻击的端口，如图 9-17 所示。

9. 接下来可以通过指令测试是否存在漏洞，指令为：nmap --script smb-vuln＊ 目标主机 IP 地址，如图 9-18 所示。

277

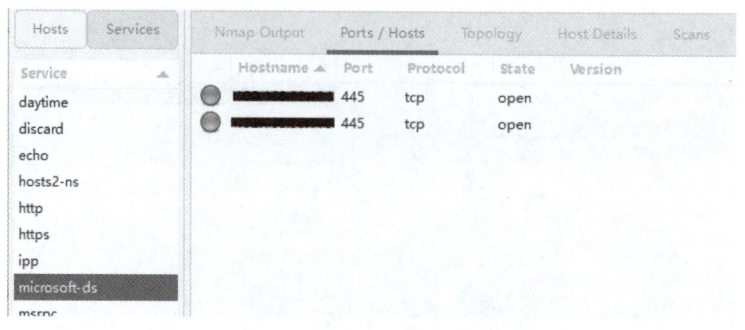

图 9-17　选择查看特定端口

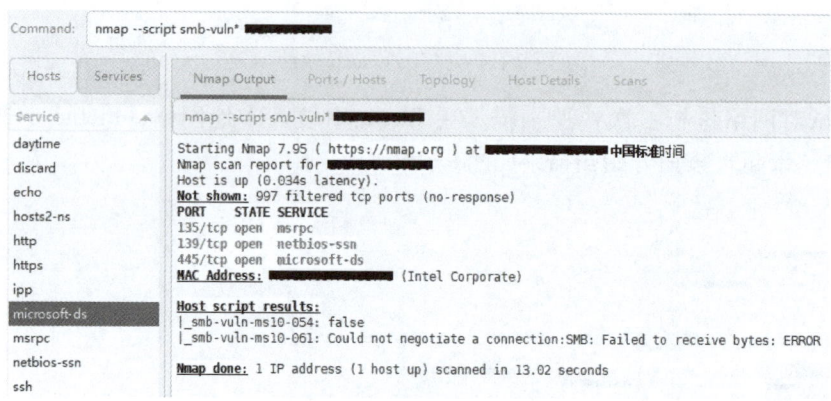

图 9-18　漏洞测试指令

10. 微软于 2017 年 3 月 14 日已经发布过 Microsoft Windows 补丁修补了这个漏洞，大多数计算机已经为"永恒之蓝"打过补丁。

在未打过补丁的实验靶机中可以得到如下结果：

Host script results：

|_smb-vuln-ms17-010：

|　　VULNERABLE：

|　　Remote Code Execution vulnerability in Microsoft SMBv1 servers（ms17-010）

【思考问题】

1. 客户端访问 Web 服务器使用了哪些传输层协议？
2. 访问 Web 服务器使用的端口号是什么？

任务 9.2　使用 eNSP 搭建加密通信信道

▶ 任务描述

在第二天的安全周活动中，小海担任常规网络安全设备指导员开展科普活动，今天的活动内容是防火墙的使用与加密通信连接的建立，现场聚集了不少不同专业的同学，小海打算通过以下几个步骤开展今天的活动：

1. 讲述加密与加密算法的发展历史。
2. 介绍防火墙的功能与使用方法。
3. 带领参与体验的同学搭建加密通信实验。

任务目的

通过学习常见的加密算法，了解加密算法的工作原理，并利用防火墙搭建加密通信。

知识准备

9.2.1 加密算法的历史

从最基本的层面来讲，加密是一种保护信息或数据的方法，它通过数学算法对数据进行转换，使得只有拥有正确密钥的用户才能解读这些数据。这种方式确保了数据的保密性，防止未经授权的访问。

1. 历史上最早的加密算法

早期加密算法主要使用在军事中，历史上最早关于加密算法的记载出自于周朝兵书《六韬·龙韬》中的《阴符》和《阴书》。阴符是以八种长度的符来表达不同的消息和指令，属于密码学中的替代法，在应用中是把信息转变成敌人看不懂的符号，但知情者知道这些符号代表的含义。这种符号法无法表达丰富的含义，只能表述最关键的八种含义。阴书作为阴符的补充，运用了文字拆分法直接把一份文字拆成三份，由三种渠道发送到目标方手中。敌人只有同时截获三份内容才可能破解阴书上写的内容。

微课 9-4
加密算法的历史

2. 古典密码演变的凯撒密码

古典密码主要采用的就是移动法和替换法，经过逐渐发展和完善，最有名的莫过于凯撒密码，凯撒密码有两种模式——移位法和替换法，如图 9-19 所示。

明文	a	b	c	d	e	f	g	h	i	j	k	l	m	n	o	p	q	r	s	t	u	v	w	x	y	z
密文	d	e	f	g	h	i	j	k	l	m	n	o	p	q	r	s	t	u	v	w	x	y	z	a	b	c

明文	A	B	C	D	E	F	G	H	I	J	K	L	M	N	O	P	Q	R	S	T	U	V	W	X	Y	Z
密文	D	E	F	G	H	I	J	K	L	M	N	O	P	Q	R	S	T	U	V	W	X	Y	Z	A	B	C

图 9-19 凯撒密码

古典密码后期发展出维吉尼亚密码、ROT5/13/18/47、摩尔斯密码等一系列密码种类，但都是以替换法和移位法为核心基础，安全性也主要是靠算法不公开来保证，所使用的加密算法只能算是现在加密算法的雏形，或者仅作为可以借鉴的最初加密思路。

3. 现代人更科学的加密算法

古典加密算法本质上主要考虑的是语言学模式上的改变,直到20世纪中叶,香农发表了《秘密体制的通信理论》一文,标志着加密算法的重心往应用数学上的转移。于是,逐渐衍生出了当今重要的3类加密算法:非对称加密、对称加密以及哈希算法。这3类算法在现实场景中也往往组合起来使用,以发挥最佳效果。

9.2.2 现代加密算法

1. 对称加密算法

对称加密算法是使用最广泛的加密算法之一,常用的对称性加密算法有DES算法、AES算法、3DES算法、TDEA算法、Blowfish算法、RC5算法、IDEA算法等。对称加密的特点是,加密和解密两方使用同一密钥进行加、解密。加密算法本身泄露不会对安全性造成影响,密钥才是安全性的关键。按照原理不同,对称加密可以大体分成流加密和分组加密两种类型。

(1) 流加密

流加密是将明文按字符逐位地,对应地进行加密的一种对称密码算法,流加密中最有名的算法是RC4和GSM。流加密算法相对简单,明文和密钥按位对其做约定的运算,即可获得密文,见表9-2。

表9-2 流加密算法

密文	00000110	10010011	00101100	10110110	00001100	10110010	11000111	01101000
密钥	01101011	11111010	01001000	11011000	01100101	11010101	10101111	00011100
明文	01101101	01101001	01100100	01101110	01101001	01100111	01101000	01110100

由于流加密原理简单,其算法结构存在弱点,如果密钥流又多次重复使用,只要泄露局部明文,攻击者很容易算出密钥。另外,由于是按位进行加密,攻击者即使对数据进行篡改,也不会破坏原有数据结构,接收者很难发现其中变化。流加密虽然是一种快捷高效的加密方法,但其安全性较低,不建议用户使用流加密对关键信息进行加密。

(2) 分组加密

分组加密内部实现则复杂得多,每一个加密块都会经历至少16轮运算,其代表算法有DES和AES。目前推荐使用AES,DES已经不再安全。

① DES

DES是较早时期的对称加密标准,在当时得到了广泛的应用,核心主要分成初始置换、轮函数、逆置换三步。随着计算机性能的不断提高,暴力破解DES变得越来越容易,所以DES已经不再安全,近十几年逐渐地被3DES和AES代替。

② AES

AES的诞生是为了替代原先的DES,它已经被多方分析论证,在全世界范围广泛使用,是目前最为安全的对称加密算法之一。支持128、192和256位密钥长度,并能够高效地处理128位的数据块。

2. 非对称加密算法

非对称加密算法和对称加密算法的最大区别在于,加密的密钥和解密的密钥不再是一个,这就像两个人互对暗号一样。这种加密方式主要为了应对"多个加密者,一个解密者"的模式,对称密钥只能解决解密用户为一对一的关系。

于是在这种多对一的关系中就出现了一个公钥体系:一个公钥对应一个私钥,公钥是公开的,任何数据发送者都用公钥对数据进行加密,但公钥加密的内容只有私钥才能解开。其中著名的算法包括 DSA 算法、RSA 算法、ElGamal 算法、背包算法、Rabin 算法、D-H 算法、ECC 算法。

大部分应用主要把非对称加密算法用在身份验证中,并不会在通信中使用。

3. 哈希算法

哈希算法是非常常见的加密算法之一,它和对称算法以及非对称算法最大的区别是,它不是用来做数据传输,而是对数据是否被篡改加以验证,防止不法分子篡改数据。它的特点是无论原文多长都会被变成固定长度的字符串,哈希算法只能加密不能解密(只能单向运算)。对于不同的输入,理论上会生成不同的输出(部分算法已出现大规模碰撞,碰撞就是指不同明文相同密文的情况)。

常见的哈希算法包含 MD5、SHA-1 和 SHA224/256/512 等。其中,MD5 和 SHA-1 已经被证明不再安全,所以,建议使用 SHA256/512 等安全性高的算法。

> **小贴士** 密码学是一门综合性的学科,涉及数学、计算机科学、信息论等多个领域。学生应培养跨学科学习的能力,拓宽视野,将不同学科的知识相互融合、相互借鉴,以更好地解决实际问题。

9.2.3 国产密码算法

2023 年 7 月 1 日起,修订后的《商用密码管理条例》(以下简称《条例》)正式施行。修订后的《条例》重点规定了要促进商用密码科技创新和标准化建设,鼓励支持商用密码科技成果转化和产业化应用。随着《条例》的公布,国产密码算法的应用再次被提上日程,受到各行业尤其是关键信息基础设施运营者的关注。

1. 国密算法分类

国密算法是指国家密码管理局认定的一系列国产密码算法,包括 SM1-SM9 以及 ZUC 等。其中 SM1、SM4、SM5、SM6、SM7、SM8、ZUC 等属于对称密码,SM2、SM9 等属于公钥密码,SM3 属于单向散列函数。目前我国主要使用公开的 SM2、SM3、SM4 作为商用密码算法。

国密算法从 SM1-SM4 分别实现了对称、非对称、摘要等算法功能,目前已普遍应用于日常工作生活中的各个方面,如工作中使用的 VPN,金融业务中的资金流转、刷卡支付,以及门禁设施、身份认证等。

> **小贴士** 国密算法作为保障国家信息安全的重要手段之一,对于学生来说具有重要的教育意义和实践价值。学生应重视信息安全,培养国家安全意识,不断提升自己的信息安全素养,为维护国家安全和社会稳定贡献自己的力量。

2. 国密 SSL 证书

国密 SSL 证书是遵循国家标准技术规范并参考国际标准,采用我国自主研发的 SM2 公钥算法体系，支持 SM2、SM3、SM4 等国产密码算法及国密 SSL 安全协议的数字证书。国密 SSL 证书采用自主可控的密码技术，能够满足国家机关、事业单位、央企国企、金融机构等重点领域用户对 HTTPS 国产化改造和国密算法应用的合规需求。

任务实战

使用 eNSP 搭建加密通信通道

【实践环境】

学校计算机机房网络设备。

【任务步骤】

本任务将模拟企业总部与遍布不同地理位置的分支机构建立安全的通信通道，通过 IPSec VPN 隧道安全地访问网络资源。

1. 实验将搭建 3 台防火墙，防火墙通过网页端进行配置，为此需要再为环境新增 3 个虚拟网卡。新增虚拟网卡需要在 Oracle VM VirtualBox 软件中操作，Oracle VM VirtualBox 是华为 eNSP 的必要组件之一，可以通过 Windows 搜索并打开，如图 9-20 所示。

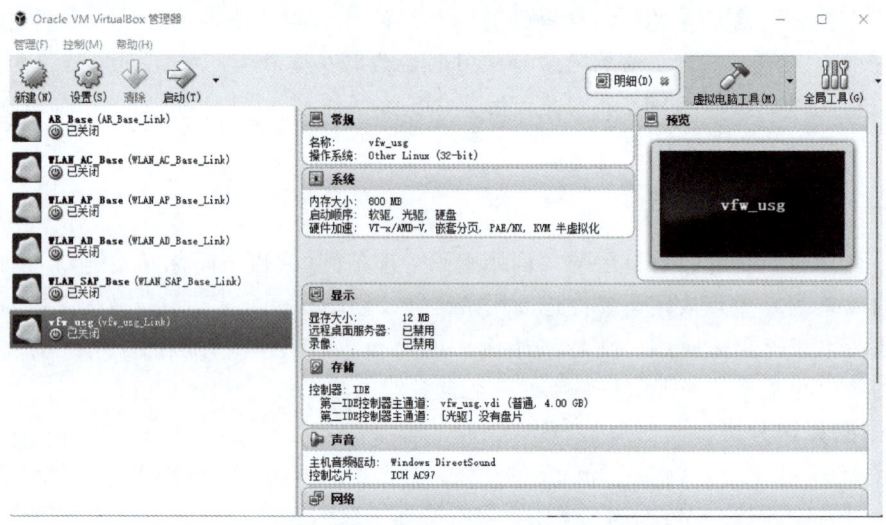

图 9-20　打开 Oracle VM VirtualBox 软件

2. 在 Oracle VM VirtualBox 管理器中可以看到已存在多个虚拟环境，都是 eNSP 中模拟设备使用的。单击右上角"全局工具"的下拉按钮，选择"主机网络管理器"，如图 9-21 所示。

图 9-21　打开"主机网络管理器"

3. 单击左侧"创建"按钮，添加网卡，如图 9-22、图 9-23 所示。

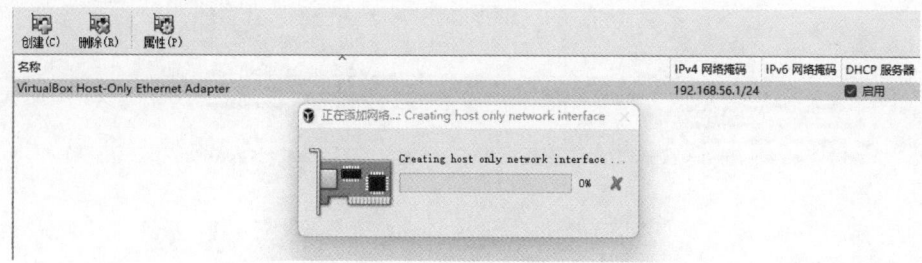

图 9-22　添加网卡

图 9-23　成功添加网卡

4. 单击"属性"按钮，修改 IP 地址为 192.168.10.1，子网掩码为 255.255.255.0，单击"应用"按钮，如图 9-24 所示。

图 9-24　修改网卡网络参数

5. 按此操作新增 3 张网卡，IP 地址分别为 192.168.10.1、192.168.20.1、192.168.30.1，如图 9-25 所示。

6. 为了 eNSP 数据得到同步更新，需要重装 eNSP 系统组件之一的 WinPcap，如图 9-26 所示。

7. 打开 eNSP 软件，单击左上角第一个"新建拓扑"按钮，完成新建后，单击"保存"按钮，选择合适的位置保存，本任务名称为"加密通信"，如图 9-27 所示。

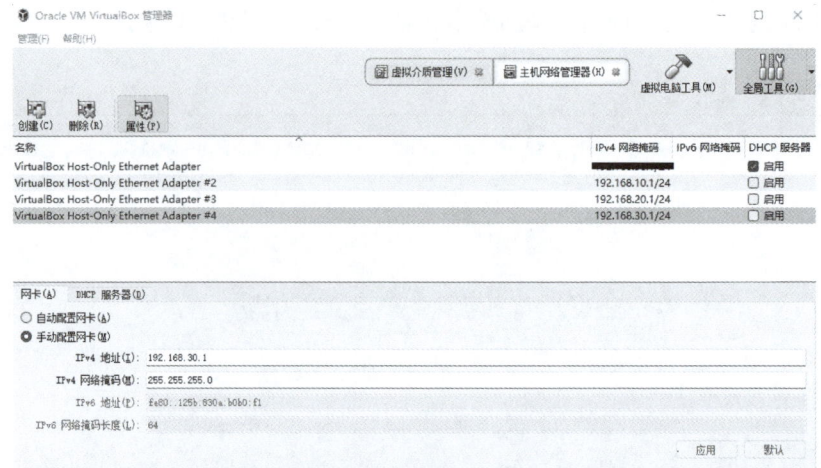

图 9-25　3 张网卡的参数

图 9-26　重新安装 WinPcap

图 9-27　新建工程项目

8. 搭建拓扑图，其中路由器为 AR2220，防火墙为 USG6000V，Cloud 在其他设备栏中，用于将虚拟设备连接至物理计算机，如图 9-28 所示。

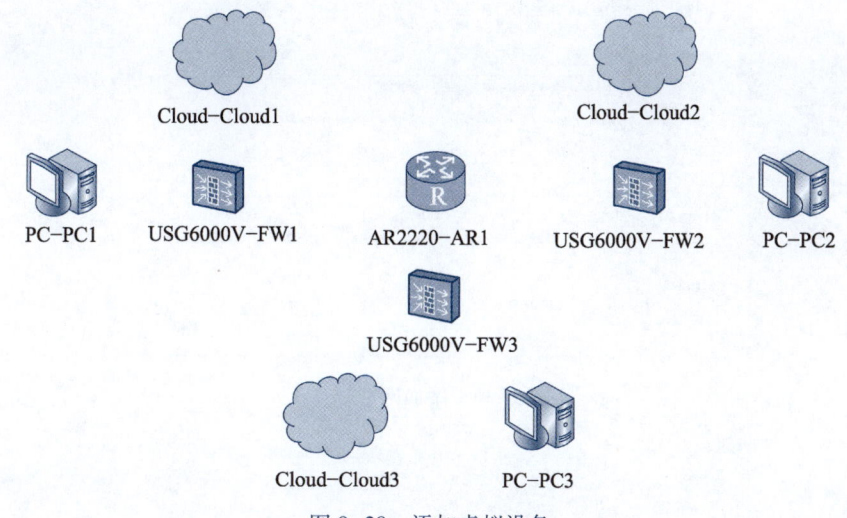

图 9-28　添加虚拟设备

9. 双击 Cloud1 进入设置窗口，单击"增加"按钮，将默认的 UDP 增加至端口列表，如图 9-29 所示。

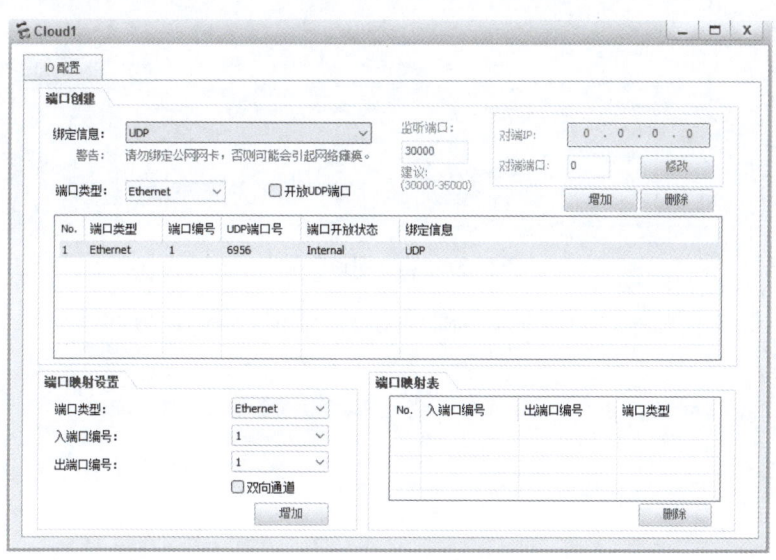

图 9-29　添加 UDP 端口

10. 将"绑定信息"改为 VirtualBox Host-Only Network #2，再次单击"增加"按钮，如图 9-30 所示。

11. 在左下"端口映射设置"中，将"入端口编号"设置为 1，将"出端口编号"设置为 2，选中"双向通道"选项，单击"增加"按钮。可以看到右侧"端口映射表"中出现两条新的规则，如图 9-31 所示。

图 9-30　添加网卡端口

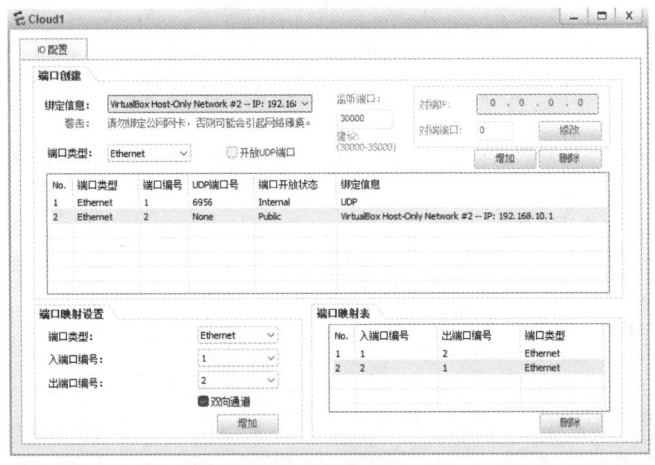

图 9-31　建立端口映射表

12. 将类似的操作应用于 Cloud2 和 Cloud3，分别使用#3 与#4 网卡，如图 9-32、图 9-33 所示。

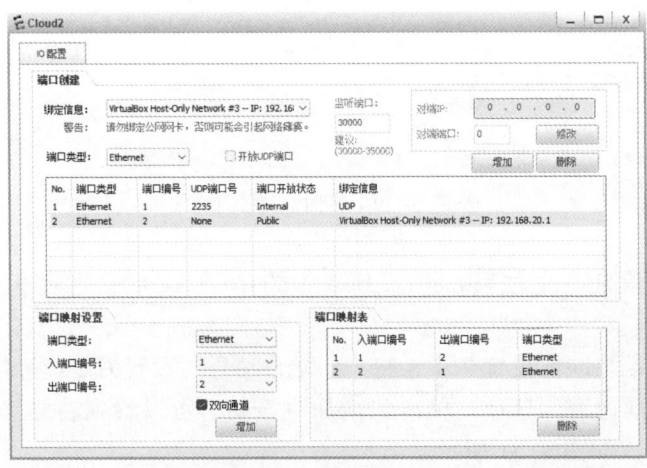

图 9-32　Cloud2 设置

任务 9.2 使用 eNSP 搭建加密通信信道

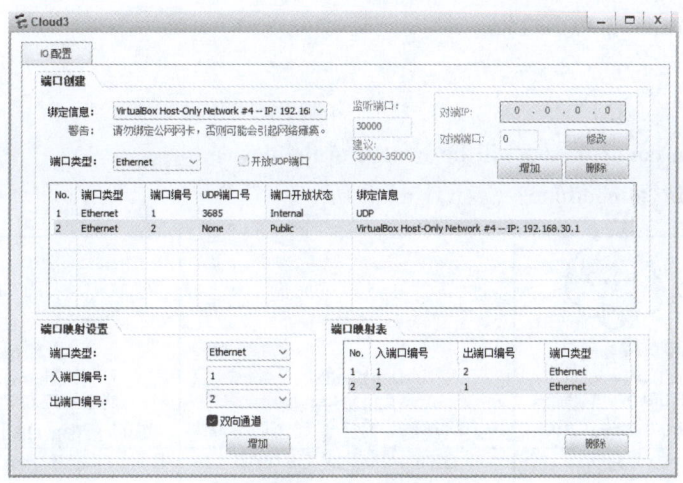

图 9-33 Cloud3 设置

13. 使用设备连线中的 Copper 按图中端口连接设备，如图 9-34 所示。

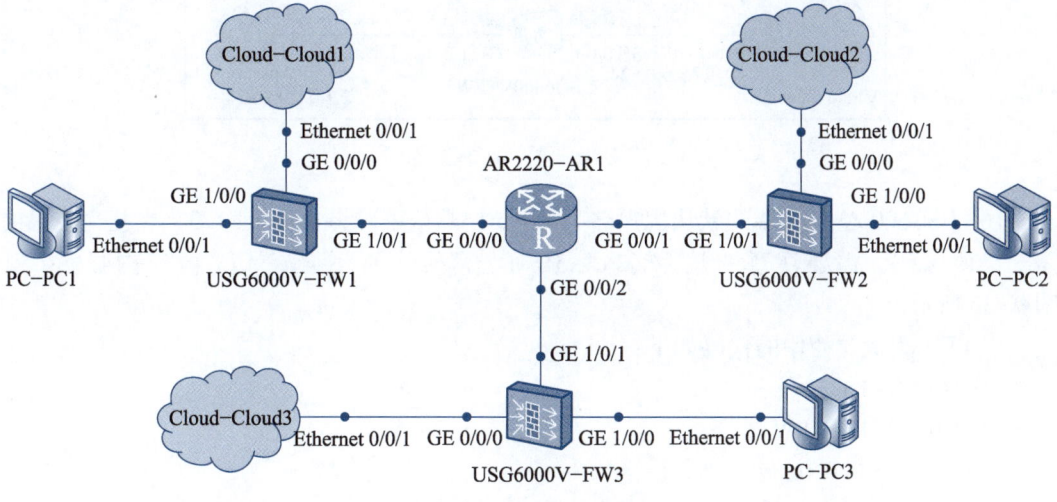

图 9-34 连接各设备

14. 单击"开启设备"按钮，由于设备较多，需要等待较长时间，此处将参数也标在图上，如图 9-35 所示。

15. 其中，模拟 ISP 的路由器 AR2220 所使用的代码如下：

<Huawei>sys
［Huawei］sy ISP
［ISP］int g 0/0/0
［ISP-GigabitEthernet0/0/0］ip add 10.1.1.101 24
［ISP-GigabitEthernet0/0/0］int g 0/0/1
［ISP-GigabitEthernet0/0/1］ip add 20.1.1.101 24
［ISP-GigabitEthernet0/0/1］int g 0/0/2
［ISP-GigabitEthernet0/0/2］ip add 30.1.1.101 24

［ISP-GigabitEthernet0/0/2］q

［ISP］q

<ISP>save

　　The current configuration will be written to the device.

　　Are you sure to continue? (y/n)［n］:y

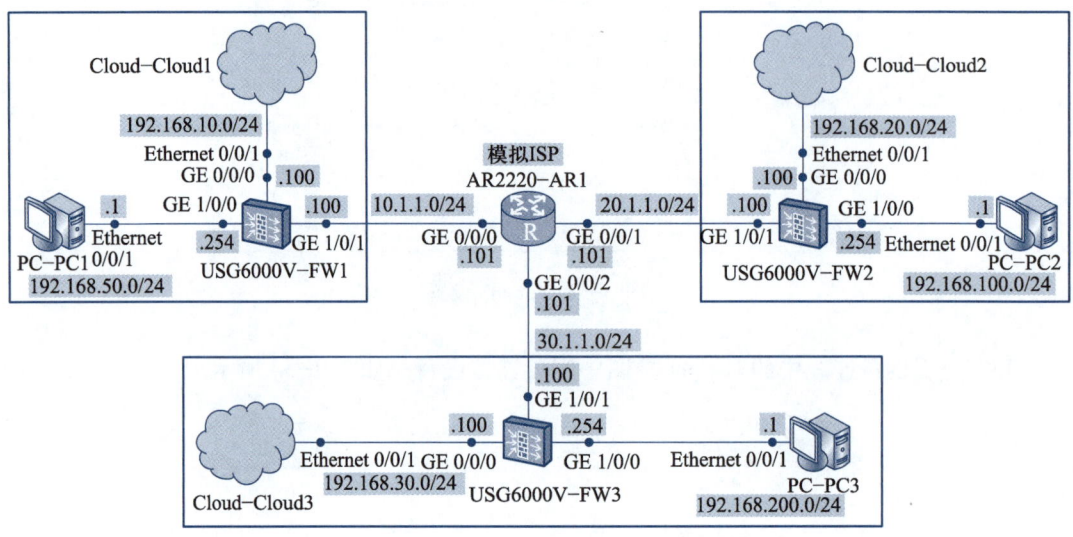

图 9-35　启动所有设备

16. USG6000V 防火墙的默认用户名为 admin，默认密码为 Admin@123，在初次登录时需要修改密码。需要注意的是，输入密码时，密码字符不会在 CLI 窗口内显示，如图 9-36 所示。

以 FW1 为例，使用的代码如下：

<USG6000V1>sys

［USG6000V1］sy FW1

［FW1］int g 0/0/0

［FW1-GigabitEthernet0/0/0］ip add 192.168.10.100 24

［FW1-GigabitEthernet0/0/0］service-manage https permit

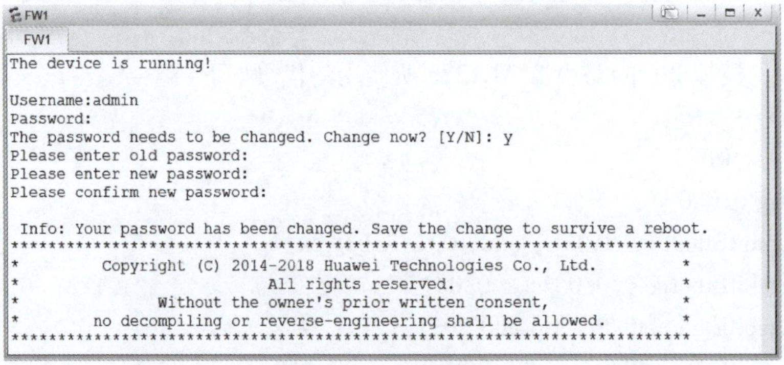

图 9-36　修改默认密码

17. 现在可以通过浏览器登录 https://192.168.10.100:8443，进入防火墙，会打开非私密链接警告，单击左下"高级"按钮，单击"继续前往"链接，如图9-37、图9-38所示。

图 9-37　单击高级按钮　　　　　　　图 9-38　继续前往访问网页

18. 输入用户名 admin 与修改过后的密码，即可进入防火墙管理后台，如图 9-39 所示。

图 9-39　登录管理界面

19. 类似的，FW2 与 FW3 的代码如下：
<USG6000V1>sys
［USG6000V1］sy FW2
［FW1］int g 0/0/0
［FW1-GigabitEthernet0/0/0］ip add 192.168.20.100 24
［FW1-GigabitEthernet0/0/0］service-manage https permit

```
<USG6000V1>sys
[USG6000V1]sy FW3
[FW1]int g 0/0/0
[FW1-GigabitEthernet0/0/0]ip add 192.168.30.100 24
[FW1-GigabitEthernet0/0/0]service-manage https permit
```

20. 选择上方“策略”选项卡，单击左侧“安全策略”图标，在“安全策略列表”中新建 4 个策略，均为全部允许通过：

lc1：local → untrust

lc2：untrust → local

lc3：untrust → trust

lc4：trust → untrust

3 台防火墙均需要执行该步骤，如图 9-40、图 9-41 所示。

图 9-40　修改安全策略

安全策略列表

序号	名称	描述	标签	VLA...	源安...	目的...	源地...	目的...	用户	服务	应用	时间段	动作	内容...	命中...	启用	编辑
1	lc-1			any	local	untrust	any	any	any	any	any	any	允许		0 ...	☑	
2	lc-2			any	untrust	local	any	any	any	any	any	any	允许		0 ...	☑	
3	lc-3			any	untrust	trust	any	any	any	any	any	any	允许		0 ...	☑	
4	lc-4			any	trust	untrust	any	any	any	any	any	any	允许		0 ...	☑	
5	default	This ...		any	any	any	any	any	any	any	any	any	禁止		0 ...	☑	

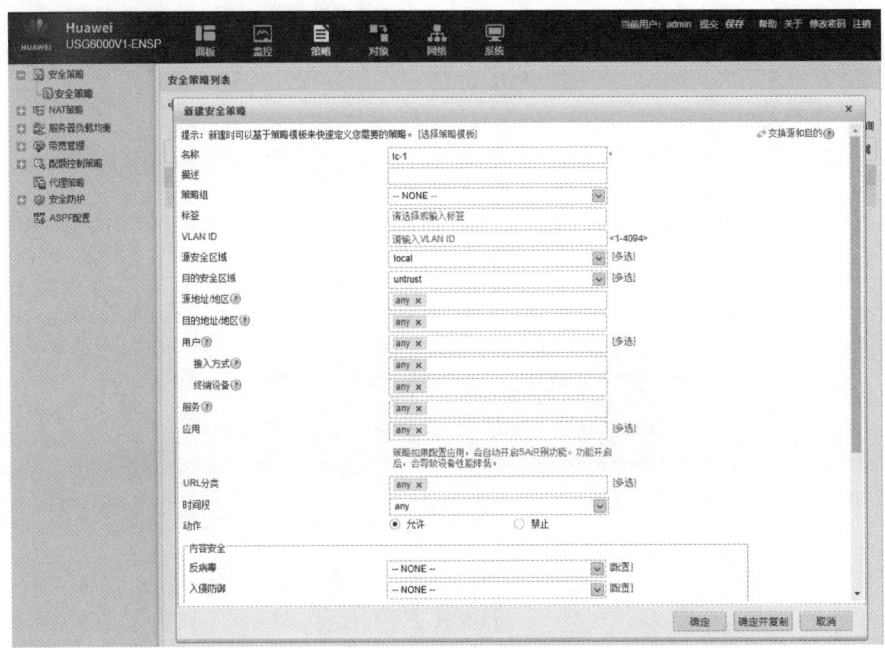

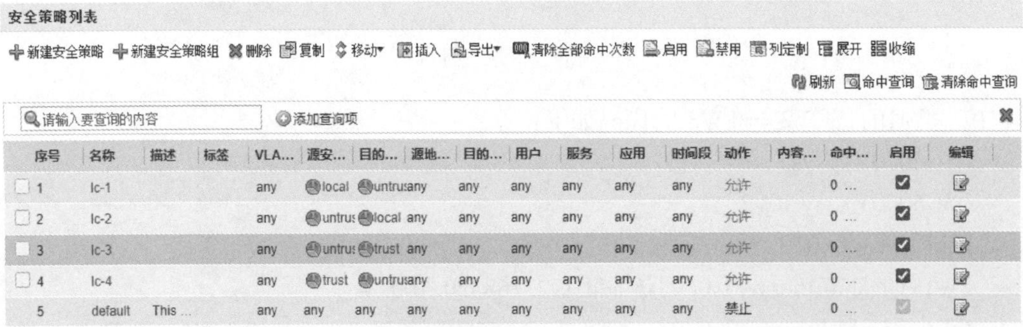

图 9-41　新增的策略列表

21. 以下为 FW1 单独设置步骤

① 选择上方"网络"选项卡，在左侧工具栏找到"接口→接口"，单击并进入接口列表，如图 9-42 所示。

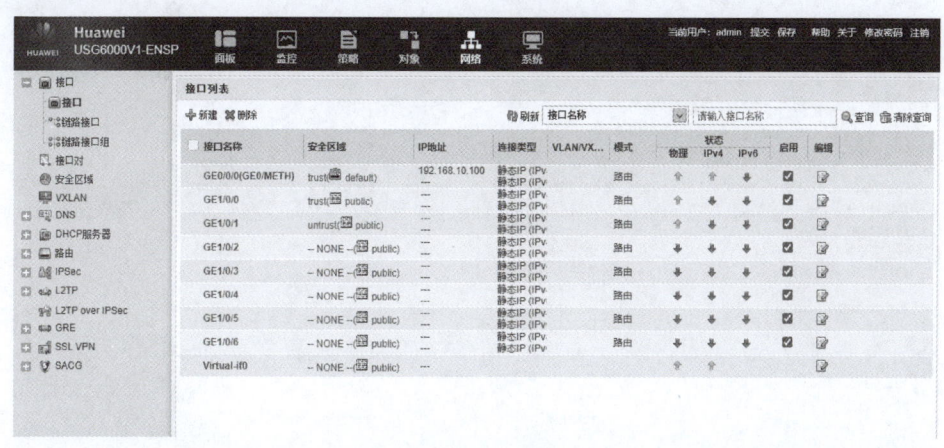

图 9-42　FW1 接口列表

② 单击右侧"编辑"图标，修改端口 GE1/0/0、GE1/0/1 的安全区域与 IP 地址等配置参数，如图 9-43 所示。

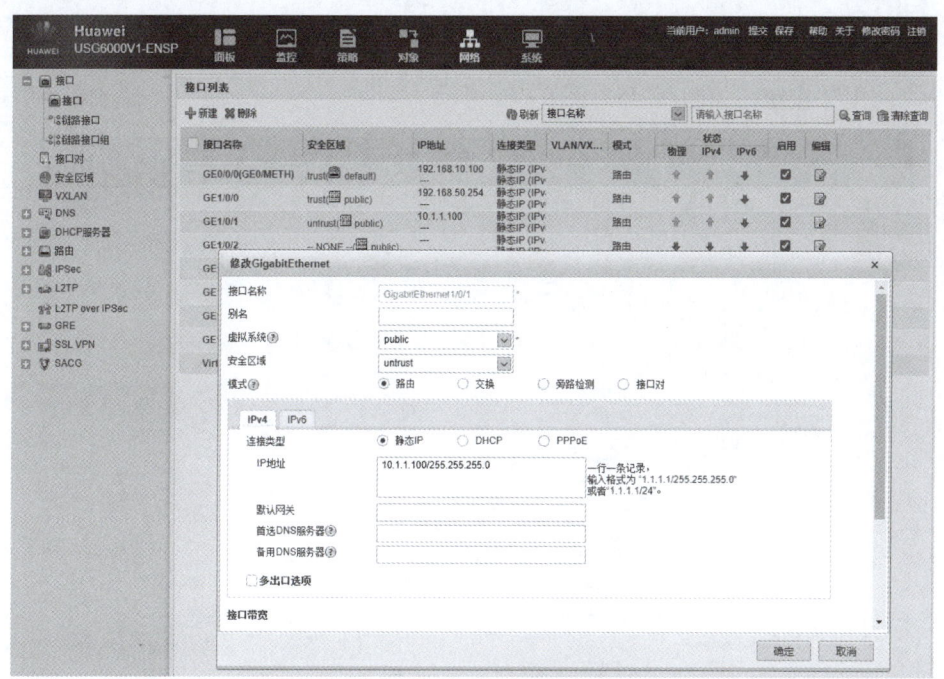

图 9-43　FW1 安全区域设置

GE1/0/0：IP 地址为 192.168.50.254/24，安全区域为 trust；

GE1/0/1：IP 地址为 10.1.1.100/24，安全区域为 untrust。

③ 单击左侧工具栏"路由→静态路由"，新增一条静态路由，用于连接模拟 ISP，如

图 9-44 所示。

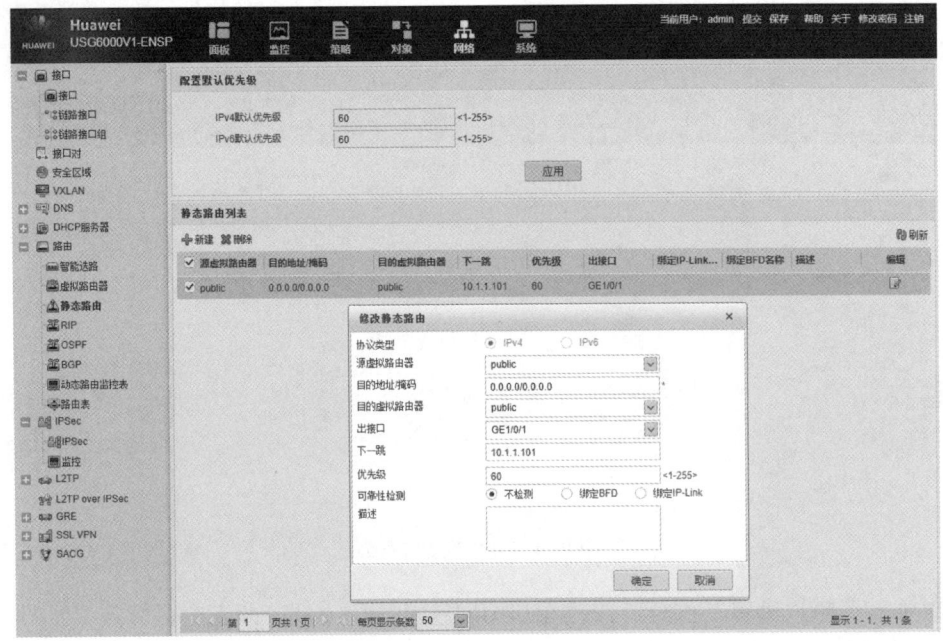

图 9-44　FW1 静态路由

④ 单击左侧工具栏"IPSec→IPSec",在 IPSec 策略表中新建策略,参数如下,完成后单击"应用"按钮,如图 9-45、图 9-46 所示。

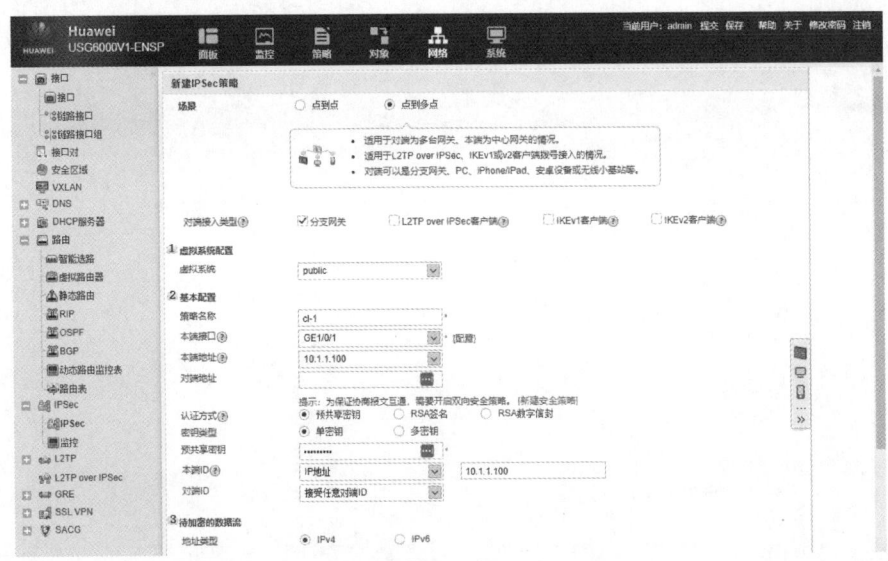

图 9-45　编辑 FW1 的 IPSec 策略-1

22. 以下为 FW2 单独设置步骤

① 选择"网络"选项卡,在左侧工具栏找到"接口→接口",单击并进入接口列表,按照图 9-47 所示参数修改接口。

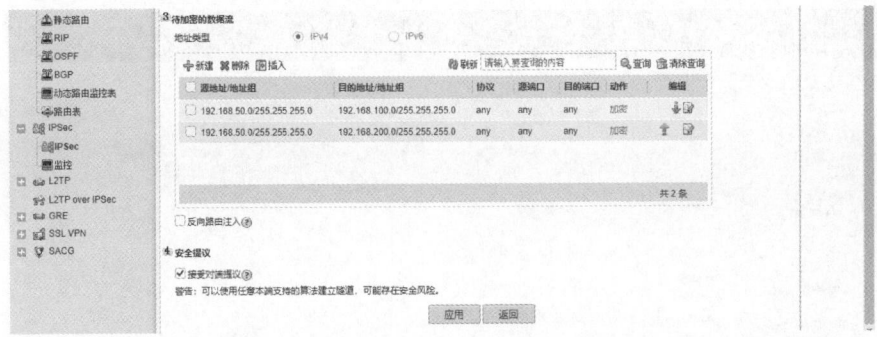

图 9-46　编辑 FW1 的 IPSec 策略-2

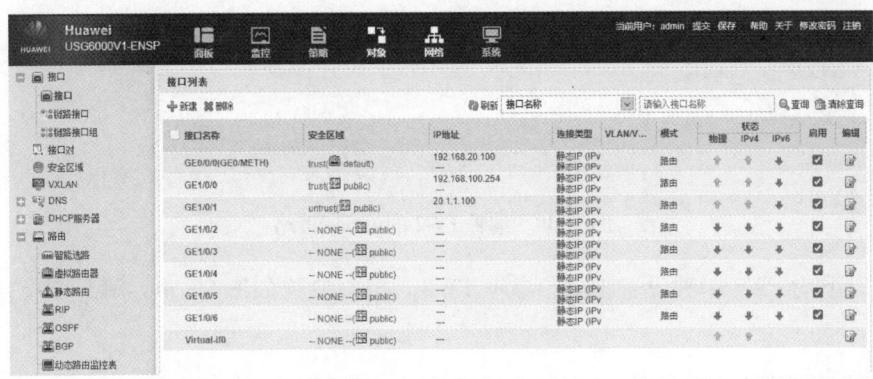

图 9-47　FW2 接口列表

② 单击左侧工具栏"路由→静态路由",新增两条静态路由,用于连接模拟 ISP 与公司总部,如图 9-48 所示。

图 9-48　FW2 静态路由

③ 单击左侧工具栏 IPSec→IPSec,在 IPSec 策略表中新建策略,参数如下,完成后单击"应用"按钮,如图 9-49 所示。

项目 9　网络安全护卫——网络安全与管理

图 9-49　编辑 FW2 的 IPSec 策略

23. 以下为 FW3 单独设置步骤，参考 FW2，相关参数如图 9-50、图 9-51、图 9-52 所示。

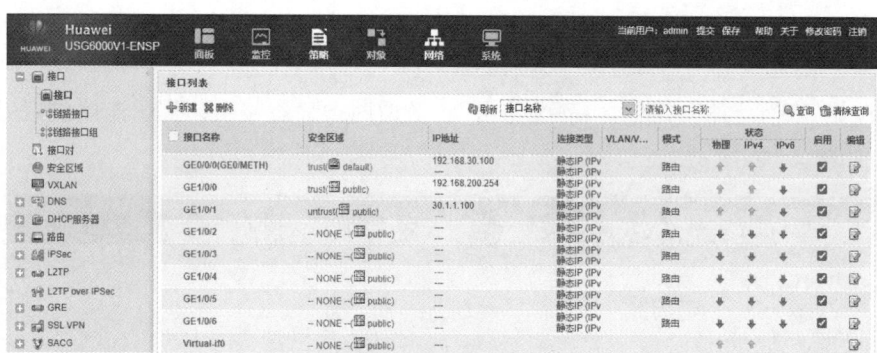

图 9-50　FW3 接口列表

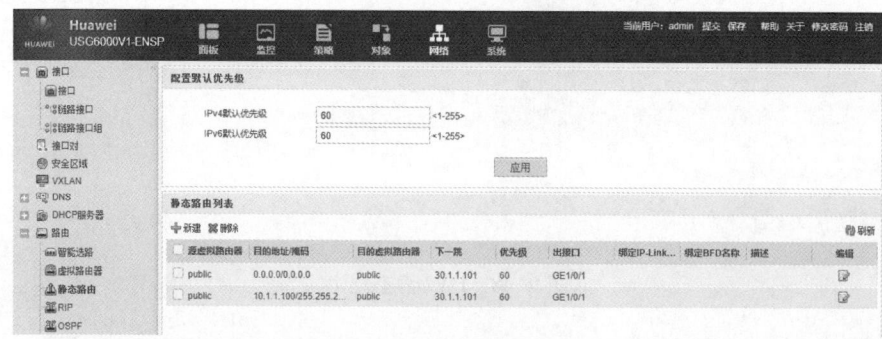

图 9-51　FW3 静态路由

任务 9.2 使用 eNSP 搭建加密通信信道

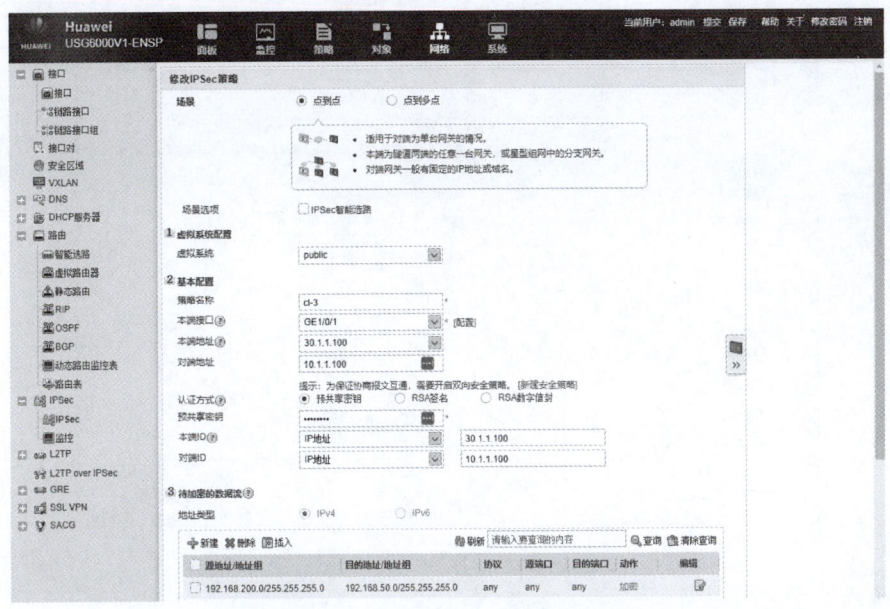

图 9-52 编辑 FW3 的 IPSec 策略

24. 回到 eNSP 界面，设置 PC1 的 IP 地址为 192.168.50.1，子网掩码为 255.255.255.0，网关为 192.168.50.254，单击"应用"按钮，如图 9-53 所示。

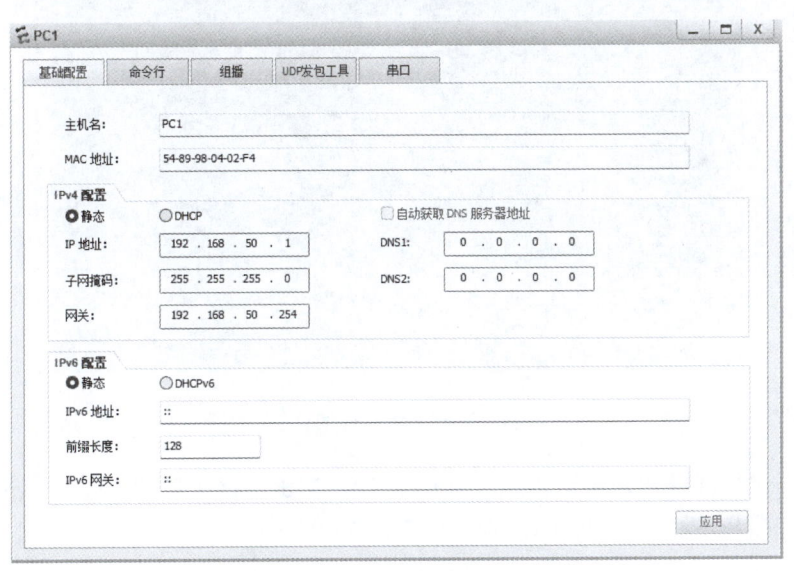

图 9-53 设置 PC1 网络参数

25. 设置 PC2 的 IP 地址为 192.168.100.1，子网掩码为 255.255.255.0，网关为 192.168.100.254，单击"应用"按钮，如图 9-54 所示。

26. 右击模拟 ISP 路由器 AR2220 左侧连接 FW1 的接口 GE 0/0/0，单击"开始抓包"按钮。通过 PC1 的命令行界面，执行命令 ping 192.168.100.1，测试结果为可以连通，如图 9-55 所示。

295

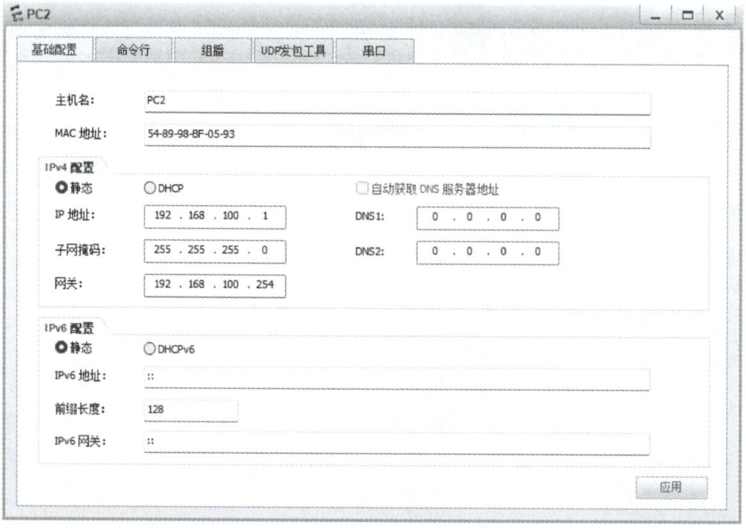

图 9-54 设置 PC2 网络参数

图 9-55 测试连通性

27. 从抓包数据可知，数据传递中采用了 ESP 加密，默认采用的是对称加密的 AES-256 算法，如图 9-56 所示，也可以选择非对称的 RSA 算法。

No.	Time	Source	Destination	Protocol	Length	Info
15	99.015000	10.1.1.100	20.1.1.100	ISAKMP	122	INFORMATIONAL MID=47 Responder
16	99.015000	20.1.1.100	10.1.1.100	ISAKMP	122	INFORMATIONAL MID=47 Initiator
17	99.250000	10.1.1.100	20.1.1.100	ESP	138	ESP (SPI=0x0b8bc00b)
18	101.234000	10.1.1.100	20.1.1.100	ESP	138	ESP (SPI=0x0b8bc00b)
19	101.250000	20.1.1.100	10.1.1.100	ESP	138	ESP (SPI=0x0bd148ea)
20	102.265000	10.1.1.100	20.1.1.100	ESP	138	ESP (SPI=0x0b8bc00b)
21	102.281000	20.1.1.100	10.1.1.100	ESP	138	ESP (SPI=0x0bd148ea)
22	103.281000	10.1.1.100	20.1.1.100	ESP	138	ESP (SPI=0x0b8bc00b)
23	103.297000	20.1.1.100	10.1.1.100	ESP	138	ESP (SPI=0x0bd148ea)
24	104.312000	10.1.1.100	20.1.1.100	ESP	138	ESP (SPI=0x0b8bc00b)
25	104.312000	20.1.1.100	10.1.1.100	ESP	138	ESP (SPI=0x0bd148ea)
26	120.000000	30.1.1.100	10.1.1.100	ISAKMP	122	INFORMATIONAL MID=19 Initiator

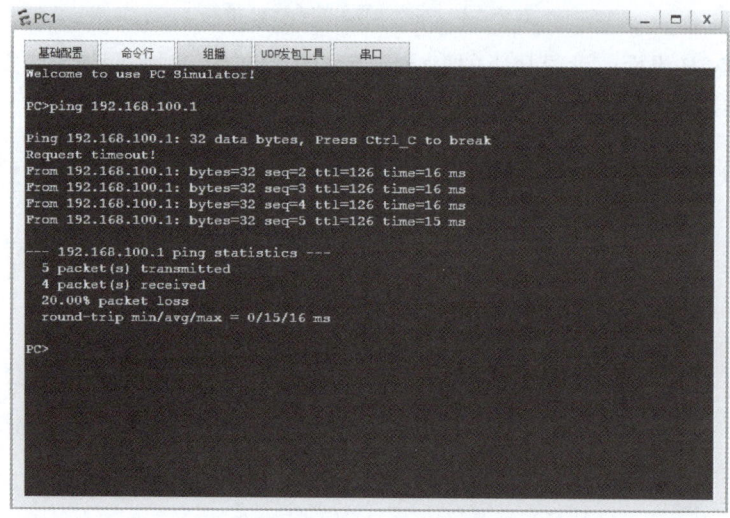

图 9-56 抓包数据

【思考问题】
1. 在整个搭建过程中 Cloud 这个组件起到了什么作用?
2. 在哪一步可以更改加密算法?

思考与练习

一、选择题

1. 网络安全是在分布网络环境中对（   ）。
   A. 信息载体提供安全保护   B. 信息的处理、传输提供安全保护
   C. 信息的存储、访问提供安全保护   D. 以上 3 项都是
2. 对攻击可能性的分析在很大程度上带有（   ）。
   A. 客观性   B. 主观性   C. 盲目性   D. 以上 3 项都是
3. 机密性服务提供信息的保密，机密性服务包括（   ）。
   A. 文件机密性   B. 信息传输机密性 C. 通信流的机密性 D. 以上 3 项都是
4. 网络协议的关键成分是（   ）。
   A. 硬件、软件与数据   B. 语法、语义、体系结构
   C. 语法、定时、层次结构   D. 语法、语义、定时
5. 可以被数据完整性机制防止的攻击方式是（   ）。
   A. 假冒源地址或用户的地址欺骗攻击
   B. 抵赖做过信息的递交行为
   C. 数据中途被攻击者窃听获取
   D. 数据在途中被攻击者篡改或破坏
6. VPN 的加密手段是（   ）。
   A. 具有加密功能的防火墙
   B. 带有加密功能的路由器
   C. VPN 内的各台主机对各自的信息进行相应的加密
   D. 单独的加密设备
7. 通常所说的移动 VPN 是指（   ）。
   A. Access VPN   B. Intranel VPN   C. Extranet VPN   D. 以上都不是
8. 入侵检测系统的检测分析技术主要有两大类，它们是（   ）。
   A. 特征检测和模型检测   B. 异常检测和误用检测
   C. 异常检测和概率检测   D. 主机检测和网络检测
9. 身份鉴别是安全服务中的重要一环，以下关于身份鉴别的叙述不正确的是（   ）。
   A. 身份鉴别是授权控制的基础
   B. 身份鉴别一般不用提供双向认证
   C. 目前一般采用基于对称密钥或公开密钥加密的方法
   D. 数据签名机制是实现身份鉴别的重要机制
10. 对动态网络地址转换（NAT），不正确的说法是（   ）。

A. 将很多内部地址映射到单个真实地址
B. 外部网络地址和内部地址一对一的映射
C. 最多可有 64000 个同时的动态 NAT 连接
D. 每个连接使用一个端口

二、简答题

1. 常见防火墙种类有哪些？
2. HTTP 和 HTTPS 的区别是什么？
3. HTTPS 的工作原理是什么？

参考文献

[1] 徐红，曲文尧．计算机网络技术基础［M］．3 版．北京：高等教育出版社，2021．

[2] 蒋建峰，杜梓平．计算机网络基础项目化教程［M］．2 版．北京：高等教育出版社，2024．

[3] 梅创社．计算机网络技术［M］．3 版．北京：北京理工大学出版社，2019．

[4] 杨云，胡海波．计算机网络技术基础（微课版）［M］．北京：人民邮电出版社，2021．

[5] 阚宝朋．计算机网络技术基础［M］．3 版．北京：高等教育出版社，2021．

[6] 李观金．基于工作过程的计算机网络基础［M］．北京：机械工业出版社，2018．

[7] 朱迅，赵陇．计算机网络基础基于案例与实训［M］．3 版．北京：机械工业出版社，2023．

[8] 盛立军．计算机网络技术基础［M］．上海：上海交通大学出版社，2017．

郑重声明

高等教育出版社依法对本书享有专有出版权。任何未经许可的复制、销售行为均违反《中华人民共和国著作权法》，其行为人将承担相应的民事责任和行政责任；构成犯罪的，将被依法追究刑事责任。为了维护市场秩序，保护读者的合法权益，避免读者误用盗版书造成不良后果，我社将配合行政执法部门和司法机关对违法犯罪的单位和个人进行严厉打击。社会各界人士如发现上述侵权行为，希望及时举报，我社将奖励举报有功人员。

反盗版举报电话　　(010)58581999　58582371
反盗版举报邮箱　　dd@hep.com.cn
通信地址　　北京市西城区德外大街4号　高等教育出版社知识产权与法律事务部
邮政编码　　100120

读者意见反馈

为收集对教材的意见建议，进一步完善教材编写并做好服务工作，读者可将对本教材的意见建议通过如下渠道反馈至我社。

咨询电话　　400-810-0598
反馈邮箱　　gjdzfwb@pub.hep.cn
通信地址　　北京市朝阳区惠新东街4号富盛大厦1座　高等教育出版社总编辑办公室
邮政编码　　100029

资源服务提示

授课教师如需获得本书配套的PPT课件、教学设计、习题答案等教学资源，请登录"高等教育出版社产品信息检索系统"（xuanshu.hep.com.cn）搜索下载，首次使用本系统的用户，请先进行注册并完成教师资格认证。